Ulrike Sailer

Untersuchungen zur Bedeutung der Flurbereinigung für agrarstrukturelle Veränderungen – dargestellt am Beispiel des Kraichgaus

HEIDELBERGER GEOGRAPHISCHE ARBEITEN

Herausgeber: Dietrich Barsch, Werner Fricke und Peter Meusburger
Schriftleitung: Ulrike Sailer und Heinz Musall

Heft 77

1984

Im Selbstverlag des Geographischen Institutes der Universität Heidelberg

Untersuchungen zur Bedeutung der Flurbereinigung für agrarstrukturelle Veränderungen – dargestellt am Beispiel des Kraichgaus

von

Ulrike Sailer

Mit 36 Karten, 58 Figuren und 116 Tabellen

(mit englischem summary)

ISBN 3-88570-077-8

1984

Im Selbstverlag des Geographischen Institutes der Universität Heidelberg

Die vorliegende Arbeit wurde von der Naturwissenschaftlichen Gesamtfakultät
der Ruprecht-Karl-Universität Heidelberg als Dissertation angenommen.

Tag der mündlichen Prüfung: 4. Juli 1983

Referent: Prof. Dr. Werner Fricke
Korreferent: Prof. Dr. Ursula Ewald

ISBN 3-88570-077-8
Druck: Erich Goltze GmbH & Co. KG, Göttingen

INHALTSVERZEICHNIS

	Seite
1. EINLEITUNG UND PROBLEMSTELLUNG	1
2. ENTWICKLUNG DER FLURBEREINIGUNG IN DEUTSCHLAND	4
2.1 Vorläufer der Flurbereinigung vor der Agrarreformgesetzgebung	4
2.2 Flurbereinigende Maßnahmen im Rahmen der Agrarreformgesetzgebung	6
2.3 Flurbereinigung als selbständige Agrarstrukturmaßnahme	8
2.3.1 Die Entwicklung vor 1945	8
2.3.2 Die Entwicklung nach 1945	11
3. DER BEGRIFF "AGRARSTRUKTUR"	16
4. FLURBEREINIGUNG ALS GESTALTUNGSFAKTOR DER AGRARSTRUKTUR	19
4.1 Forschungsübersicht	19
4.1.1 Auswirkungen auf Betriebsgrößenstruktur und sozioökonomischen Betriebstyp	19
4.1.2 Auswirkungen auf die Bodennutzung	22
4.1.3 Auswirkungen auf die Viehhaltung	24
4.1.4 Auswirkungen auf die arbeitswirtschaftlichen Verhältnisse	25
4.2 Tatsächliche und potentielle Bedeutung der Flurbereinigung für Veränderungen in der Agrarstruktur	28
5. METHODISCHE FRAGEN, DATENGRUNDLAGEN UND VORGEHENSWEISE BEI DER EMPIRISCHEN UNTERSUCHUNG	36
6. CHARAKTERISIERUNG DES UNTERSUCHUNGSGEBIETES	40
6.1 Natürliche Voraussetzungen	40
6.2 Bevölkerungs- und Wirtschaftsstruktur	45
6.3 Agrarstruktur	51

6.3.1 Ausgangssituation vor 1945	51
6.3.2 Entwicklung nach 1945	53
6.3.2.1 Betriebsgrößenstrukturen	54
6.3.2.2 Bodennutzung und Viehhaltung	58
6.3.2.3 Arbeitswirtschaft	62
6.3.2.4 Agrarstrukturverbesserungsmaßnahmen	64
7. AGRARSTRUKTURELLE GEMEINDETYPISIERUNG	69
7.1 Analyse der Agrarstruktur 1949/50	69
7.2 Analyse der Agrarstruktur 1960/61	78
7.3 Analyse der Agrarstruktur 1970/71/72	90
7.4 Auswahl der Untersuchungsgemeinden	104
8. AGRARSTRUKTURTYP II: MECKESHEIM - MAUER	107
8.1 Grundzüge der Bevölkerungs- und Wirtschaftsentwicklung	107
8.2 Flurbereinigung als agrarstrukturverbessernde Maßnahme	110
8.3 Entwicklung von Betriebsgrößenstruktur und sozioökonomischen Betriebstypen	120
8.4 Entwicklung von Bodennutzung und Viehhaltung	135
8.5 Entwicklung der arbeitswirtschaftlichen Verhältnisse	147
9. AGRARSTRUKTURTYP III: ESCHELBACH - WALDANGELLOCH	151
9.1 Grundzüge der Bevölkerungs- und Wirtschaftsentwicklung	151
9.2 Flurbereinigung als agrarstrukturverbessernde Maßnahme	153
9.3 Entwicklung von Betriebsgrößenstruktur und sozioökonomischen Betriebstypen	161
9.4 Entwicklung von Bodennutzung und Viehhaltung	177
9.5 Entwicklung der arbeitswirtschaftlichen Verhältnisse	187

10.	AGRARSTRUKTURTYP IV: DÜRRN - WEILER	191
10.1	Grundzüge der Bevölkerungs- und Wirtschaftsentwicklung	191
10.2	Flurbereinigung als agrarstrukturverbessernde Maßnahme	193
10.3	Entwicklung von Betriebsgrößenstruktur und sozioökonomischen Betriebstypen	200
10.4	Entwicklung von Bodennutzung und Viehhaltung	212
10.5	Entwicklung der arbeitswirtschaftlichen Verhältnisse	221
11.	AGRARSTRUKTURTYP VI: OBERACKER - NEUENBÜRG	224
11.1	Grundzüge der Bevölkerungs- und Wirtschaftsentwicklung	224
11.2	Flurbereinigung als agrarstrukturverbessernde Maßnahme	227
11.3	Entwicklung von Betriebsgrößenstruktur und sozioökonomischen Betriebstypen	234
11.4	Entwicklung von Bodennutzung und Viehhaltung	248
11.5	Entwicklung der arbeitswirtschaftlichen Verhältnisse	258
12.	AGRARSTRUKTURTYP I: ROHRBACH - ELSENZ	261
12.1	Grundzüge der Bevölkerungs- und Wirtschaftsentwicklung	261
12.2	Flurbereinigung als agrarstrukturverbessernde Maßnahme	263
12.3	Entwicklung von Betriebsgrößenstruktur und sozioökonomischen Betriebstypen	269
12.4	Entwicklung von Bodennutzung und Viehhaltung	277
12.5	Entwicklung der arbeitswirtschaftlichen Verhältnisse	283
13.	ZUSAMMENFASSUNG UND ERGEBNISSE	285
	LITERATURVERZEICHNIS	292
	SUMMARY	306

VERZEICHNIS DER KARTEN   Seite

Karte 1: Lage des Untersuchungsgebietes   41
Karte 2: Geologische Übersichtskarte des Kraichgaus   42
Karte 3: Bodengütewerte im Kraichgau   44
Karte 4: Gemeindegrenzenkarte des Kraichgaus   46
Karte 5: Flurbereinigungsverfahren vor 1950 im Kraichgau   66
Karte 6: Stand der Flurbereinigung im Kraichgau   67
Karte 7: Räumliche Verteilung der Werte für den 1. Faktor
          1949/50   72
Karte 8: Räumliche Verteilung der Werte für den 2. Faktor
          1949/50   74
Karte 9: Räumliche Verteilung der Werte für den 3. Faktor
          1949/50   75
Karte 10: Agrarstrukturelle Gemeindetypisierung 1949/50   76
Karte 11: Räumliche Verteilung der Werte für den 1. Faktor
          1960/61   81
Karte 12: Räumliche Verteilung der Werte für den 2. Faktor
          1960/61   83
Karte 13: Räumliche Verteilung der Werte für den 3. Faktor
          1960/61   84
Karte 14: Räumliche Verteilung der Werte für den 4. Faktor
          1960/61   85
Karte 15: Agrarstrukturelle Gemeindetypisierung 1960/61   86
Karte 16: Räumliche Verteilung der Werte für den 1. Faktor
          1970/71/72   93
Karte 17: Räumliche Verteilung der Werte für den 2. Faktor
          1970/71/72   94
Karte 18: Räumliche Verteilung der Werte für den 3. Faktor
          1970/71/72   96
Karte 19: Räumliche Verteilung der Werte für den 4. Faktor
          1970/71/72   97
Karte 20: Räumliche Verteilung der Werte für den 5. Faktor
          1970/71/72   99
Karte 21: Agrarstrukturelle Gemeindetypisierung 1970/71/72   100

Karte 22: Ausschnitt aus der Gemarkung Mauer	111
Karte 23: Ausschnitt aus der Gemarkung Meckesheim vor der Flurbereinigung	112
Karte 24: Ausschnitt aus der Gemarkung Meckesheim nach der Flurbereinigung	112
Karte 25: Ausschnitt aus der Gemarkung Waldangelloch	154
Karte 26: Ausschnitt aus der Gemarkung Eschelbach vor der Flurbereinigung	155
Karte 27: Ausschnitt aus der Gemarkung Eschelbach nach der Flurbereinigung	155
Karte 28: Ausschnitt aus der Gemarkung Weiler	194
Karte 29: Ausschnitt aus der Gemarkung Dürrn vor der Flurbereinigung	195
Karte 30: Ausschnitt aus der Gemarkung Dürrn nach der Flurbereinigung	195
Karte 31: Ausschnitt aus der Gemarkung Neuenbürg	228
Karte 32: Ausschnitt aus der Gemarkung Oberacker vor der Flurbereinigung	229
Karte 33: Ausschnitt aus der Gemarkung Oberacker nach der Flurbereinigung	229
Karte 34: Ausschnitt aus der Gemarkung Elsenz vor der Flurbereinigung	264
Karte 35: Ausschnitt aus der Gemarkung Rohrbach vor der Flurbereinigung	265
Karte 36: Ausschnitt aus der Gemarkung Rohrbach nach der Flurbereinigung	265

VERZEICHNIS DER FIGUREN

Fig. 1: Vereinfachte Darstellung der wesentlichsten Handlungsalternativen auf einzelbetrieblicher Ebene nach erfolgter Flurbereinigung	32
Fig. 2: Betriebsgrößenstrukturen im Kraichgau, in Baden-Württemberg und in der BRD 1949, 1960, 1971	56
Fig. 3: Anbau auf dem Ackerland im Kraichgau, in Baden-Württemberg und in der BRD 1949, 1960, 1971	59

Fig. 4: Matrix der Faktorenladungen 1949/50 — 70
Fig. 5: Matrix der Faktorenladungen 1960/61 — 80
Fig. 6: Matrix der Faktorenladungen 1970/71/72 — 92
Fig. 7: Entwicklung der Anzahl der landwirtschaftlichen Betriebe (≥ 0,5 ha) in Meckesheim und Mauer (1965 - 1978) — 120
Fig. 8: Entwicklung der durchschnittlichen Betriebsgröße in Meckesheim und Mauer (1965 - 1978) — 123
Fig. 9: Betriebsgrößenstrukturen in Meckesheim und Mauer 1949, 1960, 1971 — 126
Fig. 10: Entwicklung der Anteile der Betriebsgrößenklassen an der Gesamtzahl der Betriebe (≥ 0,5 ha) in Meckesheim (1965 - 1978) — 129
Fig. 11: Entwicklung der Anteile der Betriebsgrößenklassen an der Gesamtzahl der Betriebe (≥ 0,5 ha) in Mauer (1965 - 1978) — 129
Fig. 12: Entwicklung der Anteile der Betriebsgrößenklassen an der landwirtschaftlichen Nutzfläche in Meckesheim (1965 - 1978) — 130
Fig. 13: Entwicklung der Anteile der Betriebsgrößenklassen an der landwirtschaftlichen Nutzfläche in Mauer (1965 - 1978) — 130
Fig. 14: Entwicklung der Bodenmobilität der in die Befragung eingegangenen Betriebe in Meckesheim und Mauer — 132
Fig. 15: Entwicklung des Anbaus auf dem Ackerland in Meckesheim (1952 - 1979) — 138
Fig. 16: Entwicklung des Anbaus auf dem Ackerland in Mauer (1952 - 1979) — 138
Fig. 17: Entwicklung der Zuckerrübenanbaufläche in Meckesheim und Mauer (1952 - 1979) — 139
Fig. 18: Entwicklung des Viehbestandes in Meckesheim und Mauer (1950 - 1978) — 144
Fig. 19: Entwicklung der Anzahl der landwirtschaftlichen Betriebe (≥ 0,5 ha) in Eschelbach und Waldangelloch (1965 - 1978) — 162
Fig. 20: Entwicklung der durchschnittlichen Betriebsgröße in Eschelbach und Waldangelloch (1965 - 1978) — 164
Fig. 21: Betriebsgrößenstrukturen in Eschelbach und Waldangelloch 1949, 1960, 1971 — 166

Fig. 22: Entwicklung der Anteile der Betriebsgrößenklassen an der Gesamtzahl der Betriebe (≥ 0,5 ha) in Eschelbach (1965 - 1978)   168

Fig. 23: Entwicklung der Anteile der Betriebsgrößenklassen an der Gesamtzahl der Betriebe (≥ 0,5 ha) in Waldangelloch (1965 - 1978)   168

Fig. 24: Entwicklung der Anteile der Betriebsgrößenklassen an der landwirtschaftlichen Nutzfläche in Eschelbach (1965 - 1978)   169

Fig. 25: Entwicklung der Anteile der Betriebsgrößenklassen an der landwirtschaftlichen Nutzfläche in Waldangelloch (1965 - 1978)   169

Fig. 26: Entwicklung der Bodenmobilität der in die Befragung eingegangenen Betriebe in Eschelbach und Waldangelloch   173

Fig. 27: Entwicklung des Anbaus auf dem Ackerland in Eschelbach (1952 - 1979)   180

Fig. 28: Entwicklung des Anbaus auf dem Ackerland in Waldangelloch (1952 - 1974)   180

Fig. 29: Entwicklung des Viehbestandes in Eschelbach und Waldangelloch (1950 - 1978)   185

Fig. 30: Entwicklung der Anzahl der landwirtschaftlichen Betriebe (≥ 0,5 ha) in Dürrn und Weiler (1965 - 1978)   201

Fig. 31: Entwicklung der durchschnittlichen Betriebsgröße in Dürrn und Weiler (1965 - 1978)   203

Fig. 32: Betriebsgrößenstrukturen in Dürrn und Weiler 1949, 1960, 1971   204

Fig. 33: Entwicklung der Anteile der Betriebsgrößenklassen an der Gesamtzahl der Betriebe (≥ 0,5 ha) in Dürrn (1965 - 1978)   206

Fig. 34: Entwicklung der Anteile der Betriebsgrößenklassen an der Gesamtzahl der Betriebe (≥ 0,5 ha) in Weiler (1965 - 1978)   206

Fig. 35: Entwicklung der Anteile der Betriebsgrößenklassen an der landwirtschaftlichen Nutzfläche in Dürrn (1965 - 1978)   207

Fig. 36: Entwicklung der Anteile der Betriebsgrößenklassen an der landwirtschaftlichen Nutzfläche in Weiler (1965 - 1978)   207

Fig. 37: Entwicklung der Bodenmobilität der in die Befragung eingegangenen Betriebe in Dürrn und Weiler   209

Fig. 38: Entwicklung des Anbaus auf dem Ackerland in Dürrn (1952 - 1979)   216

Fig. 39: Entwicklung des Anbaus auf dem Ackerland in Weiler (1952 - 1979)   216

Fig. 40: Entwicklung des Viehbestandes in Dürrn und Weiler (1950 - 1978)   219

Fig. 41: Entwicklung der Anzahl der landwirtschaftlichen Betriebe ($\geq 0,5$ ha) in Oberacker und Neuenbürg (1965 - 1978)   237

Fig. 42: Entwicklung der durchschnittlichen Betriebsgröße in Oberacker und Neuenbürg (1965 - 1978)   237

Fig. 43: Betriebsgrößenstrukturen in Oberacker und Neuenbürg 1949, 1960, 1971   239

Fig. 44: Entwicklung der Anteile der Betriebsgrößenklassen an der Gesamtzahl der Betriebe ($\geq 0,5$ ha) in Oberacker (1965 - 1978)   242

Fig. 45: Entwicklung der Anteile der Betriebsgrößenklassen an der Gesamtzahl der Betriebe ($\geq 0,5$ ha) in Neuenbürg (1965 - 1978)   242

Fig. 46: Entwicklung der Anteile der Betriebsgrößenklassen an der landwirtschaftlichen Nutzfläche in Oberacker (1965 - 1978)   243

Fig. 47: Entwicklung der Anteile der Betriebsgrößenklassen an der landwirtschaftlichen Nutzfläche in Neuenbürg (1965 - 1978)   243

Fig. 48: Entwicklung der Bodenmobilität der in die Befragung eingegangenen Betriebe in Oberacker und Neuenbürg   246

Fig. 49: Entwicklung des Anbaus auf dem Ackerland in Oberacker (1952 - 1979)   251

Fig. 50: Entwicklung des Anbaus auf dem Ackerland in Neuenbürg (1952 - 1979)   251

Fig. 51: Entwicklung des Viehbestandes in Oberacker und Neuenbürg (1950 - 1978)   256

Fig. 52: Entwicklung der Anteile der Betriebsgrößenklassen an der Gesamtzahl der Betriebe ($\geq 0,5$ ha) in Rohrbach (1949 - 1968)   272

Fig. 53: Entwicklung der Anteile der Betriebsgrößenklassen an der Gesamtzahl der Betriebe ($\geq 0,5$ ha) in Elsenz (1949 - 1968)   272

Fig. 54: Entwicklung der Anteile der Betriebsgrößenklassen an der landwirtschaftlichen Nutzfläche in Rohrbach (1960 - 1968)   272

Fig. 55: Entwicklung der Anteile der Betriebsgrößenklassen an der landwirtschaftlichen Nutzfläche in Elsenz (1960 - 1968)   272

Fig. 56: Entwicklung des Anbaus auf dem Ackerland in Rohrbach (1952 - 1968)   279

Fig. 57: Entwicklung des Anbaus auf dem Ackerland in Elsenz (1952 - 1968)   279

Fig. 58: Entwicklung des Viehbestandes in Rohrbach und Elsenz (1952 - 1968)   282

VERZEICHNIS DER TABELLEN

Tab. 1: Bevölkerungsdichte (E/km^2) im Kraichgau und in Baden-Württemberg (1950, 1961, 1970)   45

Tab. 2: Anteile der Erwerbspersonen (1950, 1961) bzw. der Erwerbstätigen (1970) nach Wirtschaftsbereichen im Kraichgau, in Baden-Württemberg und in der BRD   50

Tab. 3: Variationskoeffizienten für die Anteile der Erwerbspersonen/Erwerbstätigen nach Wirtschaftsbereichen im Kraichgau (1950, 1961, 1970)   51

Tab. 4: Durchschnittliche Betriebsgröße (ha) der landwirtschaftlichen Betriebe $\geq 0,5$ ha (1949, 1960) bzw. ≥ 1 ha (1971) im Kraichgau, in Baden-Württemberg und in der BRD   55

Tab. 5: Variationskoeffizienten für die Flächenanteile der wichtigsten Anbaufrüchte im Kraichgau (1949, 1960, 1971)   60

Tab. 6: Rindvieh- und Schweinebesatz im Kraichgau und in Baden-Württemberg (1949, 1960, 1971)   61

Tab. 7: Schlepperbesatz im Kraichgau und in Baden-Württemberg 1960 und 1971/72   63

Tab. 8: Arbeitskräftebesatz (familienfremde Arbeitskräfte) im Kraichgau und in Baden-Württemberg 1960 und 1971/72   63

Tab. 9: Variablenliste zur Agrarstruktur 1949/50   69

Tab. 10: Variablenliste zur Agrarstruktur 1960/61   78

Tab. 11: Variablenliste zur Agrarstruktur 1970/71/72   90

Tab. 12: Bevölkerungsdichte (E/km^2) in Meckesheim und Mauer   108

Tab. 13: Anteile der Erwerbspersonen (1950, 1961) bzw. der Erwerbstätigen (1970) nach Wirtschaftsbereichen in Meckesheim und Mauer   109

Tab. 14: Außerlandwirtschaftlicher Arbeitsplatzindex und Pendlerzahlen in Meckesheim und Mauer (1950, 1961, 1970)   109

Tab. 15: Zusammenlegungsverhältnisse (Besitzstücke) nach Betriebsgrößenklassen in Meckesheim — 111

Tab. 16: Durchschnittliche Teilstückgrößen in den Betriebsgrößenklassen und den sozioökonomischen Betriebstypen in Meckesheim und Mauer — 114

Tab. 17: Festgestellte bzw. erwartete Vorteile durch die Flurbereinigung in Meckesheim und Mauer — 115

Tab. 18: Festgestellte bzw. erwartete Nachteile durch die Flurbereinigung in Meckesheim und Mauer — 117

Tab. 19: Bewertung der Agrarstrukturmaßnahme Flurbereinigung in Meckesheim und Mauer — 118

Tab. 20: Zustimmungsbereitschaft zur Flurbereinigung in Meckesheim und Mauer — 118

Tab. 21: Anzahl der land- und forstwirtschaftlichen Betriebe ≥ 0,5 ha in Meckesheim und Mauer (1949, 1960, 1971) — 120

Tab. 22: Durchschnittliche Betriebsgröße (ha) der landwirtschaftlichen Betriebe ≥ 0,5 ha (1949, 1960) bzw. ≥ 1 ha (1971) in Meckesheim und Mauer — 122

Tab. 23: Wesentliche Gründe für Betriebsverkleinerungen der Nebenerwerbslandwirte in Meckesheim und Mauer — 133

Tab. 24: Entwicklung des Acker-Grünlandverhältnisses in Meckesheim und Mauer (1952 - 1979) — 135

Tab. 25: Entwicklung des Anteils der Sonderkulturen (%) an der landwirtschaftlich genutzten Fläche in Meckesheim und Mauer (1952 - 1979) — 136

Tab. 26: Entwicklung des Anteils der Sozialbrache (%) an der landwirtschaftlichen Nutzfläche in Meckesheim und Mauer — 136

Tab. 27: Entwicklung der Bodennutzungssysteme in Meckesheim und Mauer (1952 - 1979) — 137

Tab. 28: Bodennutzungsänderungen in Meckesheim und Mauer — 142

Tab. 29: Viehbesatz in Meckesheim und Mauer (1949, 1960, 1971) — 143

Tab. 30: Viehbesatz in Meckesheim und Mauer 1978 — 145

Tab. 31: Änderungen in der Viehhaltung in Meckesheim und Mauer — 146

Tab. 32: Arbeitskräftebesatz in Meckesheim und Mauer (1960, 1971/72) — 148

Tab. 33: Wesentliche Gründe für Arbeitsaufwandveränderungen in Meckesheim und Mauer — 149

Tab. 34: Besatz an Familienarbeitskräften und an familienfremden Arbeitskräften in Meckesheim und Mauer 1980 — 149

Tab. 35: Schlepperbesatz in Meckesheim und Mauer (1960, 1971/72) — 150

Tab. 36: Bevölkerungsdichte (E/km^2) in Eschelbach und Waldangelloch (1950, 1961, 1970) — 152

Tab. 37: Anteile der Erwerbspersonen (1950, 1961) bzw. der Erwerbstätigen (1970) nach Wirtschaftsbereichen in Eschelbach und Waldangelloch — 152

Tab. 38: Außerlandwirtschaftlicher Arbeitsplatzindex und Pendlerzahlen in Eschelbach und Waldangelloch (1950, 1961, 1970) — 153

Tab. 39: Zusammenlegungsverhältnisse (Besitzstücke) nach Betriebsgrößenklassen in Eschelbach — 156

Tab. 40: Durchschnittliche Teilstückgröße in den Betriebsgrößenklassen und den sozioökonomischen Betriebstypen in Eschelbach und Waldangelloch — 156

Tab. 41: Festgestellte bzw. erwartete Vorteile durch die Flurbereinigung in Eschelbach und Waldangelloch — 158

Tab. 42: Festgestellte bzw. erwartete Nachteile durch die Flurbereinigung in Eschelbach und Waldangelloch — 159

Tab. 43: Bewertung der Agrarstrukturmaßnahme Flurbereinigung in Eschelbach und Waldangelloch — 160

Tab. 44: Zustimmungsbereitschaft zur Flurbereinigung in Eschelbach und Waldangelloch — 160

Tab. 45: Anzahl der land- und forstwirtschaftlichen Betriebe ≥ 0,5 ha in Eschelbach und Waldangelloch (1949, 1960, 1971) — 161

Tab. 46: Durchschnittliche Betriebsgröße (ha) der landwirtschaftlichen Betriebe ≥ 0,5 ha (1949, 1960) bzw. ≥ 1 ha (1971) in Eschelbach und Waldangelloch — 163

Tab. 47: Wesentliche Gründe für Betriebsverkleinerungen der Nebenerwerbslandwirte in Eschelbach und Waldangelloch — 174

Tab. 48: Entwicklung des Acker-Grünlandverhältnisses in Eschelbach und Waldangelloch (1952 - 1979) — 177

Tab. 49: Entwicklung des Anteils der Sonderkulturen (%) an der landwirtschaftlich genutzten Fläche in Eschelbach und Waldangelloch (1952 - 1979) — 177

Tab. 50: Entwicklung der Bodennutzungssysteme in Eschelbach und Waldangelloch (1952 - 1979) ... 179

Tab. 51: Entwicklung des Anteils der Sozialbrache (%) an der landwirtschaftlichen Nutzfläche in Eschelbach und Waldangelloch ... 179

Tab. 52: Bodennutzungsänderungen in Eschelbach und Waldangelloch ... 182

Tab. 53: Viehbesatz in Eschelbach und Waldangelloch (1949, 1960, 1971) ... 183

Tab. 54: Änderungen in der Viehhaltung in Eschelbach und Waldangelloch ... 186

Tab. 55: Arbeitskräftebesatz in Eschelbach und Waldangelloch (1960, 1971/72) ... 187

Tab. 56: Besatz an Familienarbeitskräften und an familienfremden Arbeitskräften in Eschelbach und Waldangelloch 1980 ... 188

Tab. 57: Wesentliche Gründe für Arbeitsaufwandveränderungen in Eschelbach und Waldangelloch ... 189

Tab. 58: Schlepperbesatz in Eschelbach und Waldangelloch (1960, 1971/72) ... 189

Tab. 59: Bevölkerungsdichte (E/km^2) in Dürrn und Weiler (1950, 1961, 1970) ... 192

Tab. 60: Anteile der Erwerbspersonen (1950, 1961) bzw. der Erwerbstätigen (1970) nach Wirtschaftsbereichen in Dürrn und Weiler ... 192

Tab. 61: Außerlandwirtschaftlicher Arbeitsplatzindex und Pendlerzahlen in Dürrn und Weiler (1950, 1961, 1970) ... 193

Tab. 62: Zusammenlegungsverhältnisse (Besitzstücke) nach Betriebsgrößenklassen in Dürrn ... 196

Tab. 63: Durchschnittliche Teilstückgröße in den Betriebsgrößenklassen und den sozioökonomischen Betriebstypen in Dürrn und Weiler ... 196

Tab. 64: Festgestellte bzw. erwartete Vorteile durch die Flurbereinigung in Dürrn und Weiler ... 198

Tab. 65: Festgestellte bzw. erwartete Nachteile durch die Flurbereinigung in Dürrn und Weiler ... 199

Tab. 66: Bewertung der Agrarstrukturmaßnahme Flurbereinigung in Dürrn und Weiler ... 199

Tab. 67: Zustimmungsbereitschaft zur Flurbereinigung in Dürrn und Weiler — 200

Tab. 68: Anzahl der land- und forstwirtschaftlichen Betriebe ≥ 0,5 ha in Dürrn und Weiler (1949, 1960, 1971) — 202

Tab. 69: Durchschnittliche Betriebsgröße (ha) der landwirtschaftlichen Betriebe ≥ 0,5 ha (1949, 1960) bzw. ≥ 1 ha (1971) in Dürrn und Weiler — 202

Tab. 70: Entwicklung des Acker-Grünlandverhältnisses in Dürrn und Weiler (1952 - 1979) — 212

Tab. 71: Entwicklung des Anteils der Sonderkulturen (%) an der landwirtschaftlich genutzten Fläche in Dürrn und Weiler (1952 - 1979) — 212

Tab. 72: Entwicklung der Bodennutzungssysteme in Dürrn und Weiler (1952 - 1979) — 213

Tab. 73: Entwicklung des Anteils der Sozialbrache (%) an der landwirtschaftlichen Nutzfläche in Dürrn und Weiler — 214

Tab. 74: Bodennutzungsänderungen in Dürrn und Weiler — 215

Tab. 75: Viehbesatz in Dürrn und Weiler (1949, 1960, 1971) — 218

Tab. 76: Änderungen in der Viehhaltung in Dürrn und Weiler — 220

Tab. 77: Arbeitskräftebesatz in Dürrn und Weiler (1960, 1971/72) — 221

Tab. 78: Besatz an Familienarbeitskräften und an familienfremden Arbeitskräften in Dürrn und Weiler 1980 — 222

Tab. 79: Schlepperbesatz in Dürrn und Weiler (1960, 1971/72) — 223

Tab. 80: Bevölkerungsdichte (E/km^2) in Oberacker und Neuenbürg (1950, 1961, 1970) — 225

Tab. 81: Anteile der Erwerbspersonen (1950, 1961) bzw. der Erwerbstätigen (1970) nach Wirtschaftsbereichen in Oberacker und Neuenbürg — 226

Tab. 82: Außerlandwirtschaftlicher Arbeitsplatzindex und Pendlerzahlen in Oberacker und Neuenbürg (1950, 1961, 1970) — 226

Tab. 83: Zusammenlegungsverhältnisse (Besitzstücke) nach Betriebsgrößenklassen in Oberacker — 228

Tab. 84: Durchschnittliche Teilstückgröße in den Betriebsgrößenklassen und den sozioökonomischen Betriebstypen in Oberacker und Neuenbürg — 229

Tab. 85: Festgestellte bzw. erwartete Vorteile durch die Flurbereinigung in Oberacker und Neuenbürg — 231

Tab. 86: Festgestellte bzw. erwartete Nachteile durch die Flurbereinigung in Oberacker und Neuenbürg — 233

Tab. 87: Bewertung der Agrarstrukturmaßnahme Flurbereinigung in Oberacker und Neuenbürg — 233

Tab. 88: Zustimmungsbereitschaft zur Flurbereinigung in Oberacker und Neuenbürg — 234

Tab. 89: Anzahl der land- und forstwirtschaftlichen Betriebe $\geq 0,5$ ha in Oberacker und Neuenbürg (1949, 1960, 1971) — 236

Tab. 90: Durchschnittliche Betriebsgröße (ha) der landwirtschaftlichen Betriebe $\geq 0,5$ ha (1949, 1960) bzw. ≥ 1 ha (1971) in Oberacker und Neuenbürg — 238

Tab. 91: Wesentliche Gründe für Betriebsverkleinerungen der Nebenerwerbslandwirte in Oberacker und Neuenbürg — 247

Tab. 92: Entwicklung des Acker-Grünlandverhältnisses in Oberacker und Neuenbürg (1951 - 1979) — 249

Tab. 93: Entwicklung des Anteils der Sonderkulturen (%) an der landwirtschaftlich genutzten Fläche in Oberacker und Neuenbürg (1952 - 1979) — 249

Tab. 94: Entwicklung der Bodennutzungssysteme in Oberacker und Neuenbürg (1952 - 1979) — 250

Tab. 95: Entwicklung des Anteils der Sozialbrache (%) an der landwirtschaftlichen Nutzfläche in Oberacker und Neuenbürg — 250

Tab. 96: Bodennutzungsänderungen in Oberacker und Neuenbürg — 253

Tab. 97: Viehbesatz in Oberacker und Neuenbürg (1949, 1960, 1971) — 255

Tab. 98: Änderungen in der Viehhaltung in Oberacker und Neuenbürg — 257

Tab. 99: Arbeitskräftebesatz in Oberacker und Neuenbürg (1960, 1971/72) — 258

Tab. 100: Besatz an Familienarbeitskräften und an familienfremden Arbeitskräften in Oberacker und Neuenbürg 1980 — 259

Tab. 101: Schlepperbesatz in Oberacker und Neuenbürg (1960, 1971/72) — 260

Tab. 102: Bevölkerungsdichte (E/km^2) in Rohrbach und Elsenz (1950, 1961, 1970) — 262

Tab. 103: Anteile der Erwerbspersonen (1950, 1961) bzw. der Erwerbstätigen (1970) nach Wirtschaftsbereichen in Rohrbach und Elsenz — 262

Tab. 104: Außerlandwirtschaftlicher Arbeitsplatzindex und Pendlerzahlen in Rohrbach und Elsenz (1950, 1961, 1970) — 263

Tab. 105: Zusammenlegungsverhältnisse (Besitzstücke) nach Betriebsgrößenklassen in Rohrbach — 266

Tab. 106: Durchschnittliche Teilstückgröße in den Betriebsgrößenklassen und den sozioökonomischen Betriebstypen in Rohrbach — 266

Tab. 107: Festgestellte Vorteile durch die Flurbereinigung in Rohrbach — 267

Tab. 108: Festgestellte Nachteile durch die Flurbereinigung in Rohrbach — 268

Tab. 109: Bewertung der Agrarstrukturmaßnahme Flurbereinigung in Rohrbach — 268

Tab. 110: Entwicklung der Anzahl der landwirtschaftlichen Betriebe $\geq$ 0,5 ha in Rohrbach und Elsenz (1949 - 1968) — 269

Tab. 111: Entwicklung der durchschnittlichen Betriebsgröße (ha) der landwirtschaftlichen Betriebe $\geq$ 0,5 ha in Rohrbach und Elsenz (1949 - 1968) — 270

Tab. 112: Entwicklung des Acker-Grünlandverhältnisses in Rohrbach und Elsenz (1952 - 1968) — 277

Tab. 113: Entwicklung des Anteils der Sonderkulturen (%) an der landwirtschaftlich genutzten Fläche in Rohrbach und Elsenz (1952 - 1968) — 277

Tab. 114: Entwicklung der Bodennutzungssysteme in Rohrbach und Elsenz (1952 - 1968) — 278

Tab. 115: Entwicklung des Anteils der Sozialbrache (%) an der landwirtschaftlichen Nutzfläche in Rohrbach und Elsenz — 278

Tab. 116: Viehbesatz in Rohrbach und Elsenz 1949, 1960 und 1968 — 281

VORWORT

Ohne die wohlwollende Unterstützung vieler Behörden hätte die vorliegende Arbeit nicht durchgeführt werden können. Für die Überlassung von Daten und die Einsichtnahme in unveröffentlichtes Material zu danken ist den Damen und Herren des Statistischen Landesamtes von Baden-Württemberg (Stuttgart), des Landesamtes für Flurbereinigung und Siedlung (Ludwigsburg), der Flurbereinigungsämter Heilbronn, Heidelberg, Karlsruhe, Sinsheim und der Landwirtschaftsämter Bruchsal, Eppingen, Pforzheim und Sinsheim. Den Bürgermeistern und Ortsvorstehern der Gemeinden Mauer, Meckesheim, Eschelbach (Sinsheim), Waldangelloch (Sinsheim), Oberacker (Kraichtal), Neuenbürg (Kraichtal), Weiler (Keltern), Dürrn und Rohrbach (Eppingen) ist für ihr freundliches Entgegenkommen zu danken.

Ein herzlicher Dank gilt vor allem den Landwirten, die an der Befragung, trotz der teilweise für sie ungünstigen Jahreszeit, bereitwillig teilgenommen haben.

Besonders danken möchte ich meinem verehrten Lehrer, Herrn Professor Dr. Werner Fricke, für die wesentlichen Hinweise und Ratschläge, insbesondere in der Anfangsphase der Arbeit.

Danken möchte ich auch meiner Kollegin Frau Cornelia Niemeitz und Herrn Dr. Robert König für wichtige methodische Diskussionen.

In der Anfangsphase der Arbeit war mir ein durch die Friedrich-Naumann-Stiftung gewährtes Stipendium sehr hilfreich. Dafür möchte ich mich an dieser Stelle herzlich bedanken, ebenso bei der Kurt-Hiehle-Stiftung, Heidelberg, für die Bereitstellung eines Druckkostenzuschusses.

Für die Aufnahme der Arbeit in die Reihe der Heidelberger Geographischen Arbeiten danke ich den Herausgebern Prof. Dr. D. Barsch, Prof. Dr. W. Fricke und Prof. Dr. P. Meusburger.

1. EINLEITUNG UND PROBLEMSTELLUNG

Die Entwicklung in der Landwirtschaft nach dem 2. Weltkrieg war geprägt durch umwälzende Veränderungen, die verursacht worden sind durch die parallel zur gesamtwirtschaftlichen Entwicklung notwendig gewordene Umkombination der grundlegenden Produktionsfaktoren Arbeit, Boden, Kapital hin zum Ersatz von Arbeit durch Kapital und Boden. Die nach 1950 stark ansteigenden Löhne, die Disparität zwischen landwirtschaftlichem und außerlandwirtschaftlichem Einkommen führte zu einer umfangreichen Abwanderung an Arbeitskräften aus der Landwirtschaft - Betriebsaufgaben, damit verbunden Umschichtungen in der Betriebsgrößenstruktur, im Betriebssystem und Veränderungen in der Arbeitswirtschaft waren die Folge. Betrug die Anzahl der landwirtschaftlichen Betriebe $\geq$ 1 ha 1949 noch 1,6 Millionen[1], so ging diese bis 1981 auf 781 000 zurück, der Anteil der Betriebe $\geq$ 20 ha an der Gesamtzahl, der 1949 nur 8% umfaßte, erhöhte sich bis 1981 auf 27%, der von diesen Betrieben bewirtschaftete Anteil an der landwirtschaftlichen Nutzfläche stieg von 35% 1949 auf 65% 1981; die zunehmenden Einkommenserwartungen zwangen zur ständigen flächenmäßigen Aufstockung der Haupterwerbsbetriebe, womit notwendigerweise Betriebsvereinfachungen bzw. -spezialisierungen und Vollmechanisierung verbunden waren[2].

In dieser Entwicklung sind allerdings beträchtliche zeitliche und räumliche Unterschiede zu vermerken. Verringerte sich in Phasen des Wirtschaftswachstums die Zahl der landwirtschaftlichen Arbeitskräfte in der BRD um 4-5% pro Jahr, so ging diese Abnahmerate in Jahren der Rezession, wie z.B. 1966/67, auf ca. 2% zurück. Der hierdurch entstehende Stau an Abwanderungswilligen wurde allerdings in den nachfolgenden Jahren mit höheren Wachstumszuwächsen (z.B. Übergang 60er zu 70er Jahren) durch überdurchschnittliche Abnahmeraten abgebaut; seit 1975/76 ist hierin erneut ein deutlicher Rückgang zu verzeichnen (BERGMANN, 1978, S. 161; HENRICHSMEYER, 1978, S. 96/97; KÖHNE & LORENZEN, 1977, S. 22). Diese Abwanderung aus der Landwirtschaft und damit verbunden das Freisetzen von landwirtschaftlicher Nutzfläche ermöglichte die ständige Er-

---

[1] Diese und die folgenden Zahlenangaben wurden den "Faustzahlen für Landwirtschaft und Gartenbau" (1983^{10}) entnommen

[2] Zur ausführlicheren Darstellung der Veränderungen in der Landwirtschaft und deren überregionaler Bestimmungsgründe sei verwiesen u.a. auf ANDREAE & GREISER (1978), ALBERS (1963), BERGMANN (1971), BERGMANN (1978), BLOHM (1979), BRÜSCHKE, VOGLER & WÖHLKE (1973), HERLEMANN (1976), KESSLER (1969), LAMPE (1976), LINDAUER (1972), SCHMITT (1982), von URFF & AHRENS (1982), WALTER (1977)

höhung des Kulminationspunktes zwischen Auf- und Abstockung, der als Indikator für die Verlagerung des Differenzierungsprozesses in Haupt- und Nebenerwerbsbetriebe herangezogen werden kann, von < 20 ha 1960 auf 30 ha 1972/74 (KÖHNE & LORENZEN, 1977, S. 17). Die räumlichen Unterschiede zeigen sich bei Betrachtung der Erhöhung dieses Kulminationspunktes. Ist in Schleswig-Holstein in der Anzahl der Betriebe mit 30 - 50 ha bereits seit 1970 ein Rückgang zu verzeichnen, so hat in Baden-Württemberg die Anzahl der Betriebe dieser Größenklasse auch zwischen 1979 und 1980 noch zugenommen und sogar für die darunterliegende Grössenklasse 20 - 30 ha ist in diesem Bundesland erst seit 1979 eine Abnahme zu vermerken (FASTERDING & PETERS, 1981, S. 168).

Zur Erleichterung und Beschleunigung dieses notwendig gewordenen Anpassungsprozesses der Landwirtschaft an die außerlandwirtschaftliche Entwicklung sind seitens der staatlichen Agrarpolitik eine Vielzahl von Maßnahmen geschaffen worden (NEANDER, 1981, S. 147/148), von denen die auf den Einezlbetrieb abzielenden "die land- und forstwirtschaftlichen Betriebe in die Lage versetzen sollen , ein ausreichendes Einkommen auch längerfristig zu erwirtschaften, wobei die überbetrieblichen Maßnahmen oft erst die Voraussetzung dafür schaffen, daß einzelbetriebliche Maßnahmen sinnvoll durchgeführt werden können." (Die Verbesserung der Agrarstruktur in der Bundesrepublik Deutschland 1971, o.J., S. 7).

Unter den überbetrieblichen Maßnahmen kommt der Flurbereinigung die überragende Bedeutung zu, da gerade sie zu einer deutlichen Verbesserung der innerwirtschaftlichen Erzeugungsgrundlagen auf Gemeindeebene führt. (Die Verbesserung der Agrarstruktur in der Bundesrepublik Deutschland 1970, o.J., S. 20; 1971, o.J., S. 7; 1979 und 1980, o.J., S. 11; BOHTE, 1957, S. 7; BRANDKAMP, 1964, S. 269; BRÜNNER, 1973, S. 246; LÄPPLE, 1981, S. 323; SCHÄFLE, 1967, S. 2; WOLF, 1961, S. 6, u.a.). Für 1964 wurden von offizieller Seite 46% der gesamten landwirtschaftlichen Nutzfläche der Bundesrepublik als flurbereinigungsbedürftig eingestuft und es wurde darauf verwiesen, daß "ohne die Flurbereinigung die Lösung agrarstruktureller Probleme, insbesondere der Kleinbetriebsfrage, unmöglich ist." (Die Verbesserung der Agrarstruktur in der Bundesrepublik Deutschland 1964/65, o.J., S. 7).

Der Umfang der Flurbereinigungstätigkeit nach dem 2. Weltkrieg weist innerhalb der Bundesrepublik beträchtliche räumliche Unterschiede auf. Schwerpunktmäßig wird diese überbetriebliche Maßnahme in den Realteilungsgebieten, in denen hohe Besitzersplitterung und eine kleinbetriebliche Betriebsgrößenstruktur vorherrscht, durchgeführt.

In der vorliegenden Arbeit soll untersucht werden, welche Bedeutung der agrarpolitischen Maßnahme Flurbereinigung für eine Verstärkung der oben skizzierten Agrarstrukturveränderungen auf regionaler Ebene in Realteilungsgebieten zukommt. Mittels empirischen Untersuchungen in

Gemeinden im Kraichgau, einer Naturräumlichen Einheit im südwestdeutschen Realteilungsgebiet, soll geklärt werden, ob durch die Flurbereinigung Veränderungen in der agrarstrukturellen Entwicklung einer Gemeinde kurz- oder längerfristig hervorgerufen werden, die auf kleinräumiger Ebene zur Erklärung etwaiger deutlicher Unterschiede zwischen flurbereinigten und nichtflurbereinigten Gemeinden herangezogen werden müssen. Weiterhin soll hierdurch ermittelt werden, ob sich bezüglich der flurbereinigungsbedingten Veränderungen zwischen flurbereinigten Gemeinden Unterschiede feststellen lassen und worauf diese zurückzuführen sind.

Die vorliegende Arbeit ist in mehrere aufeinander aufbauende Abschnitte gegliedert. Nach einem kurzen Abriß der Entwicklung der Flurbereinigung bis heute und nach Erläuterungen zum Begriff der Agrarstruktur folgt im Rahmen des Kapitels zur Bedeutung der Flurbereinigung als Gestaltungsfaktor der Agrarstruktur eine Übersicht über bereits vorliegende Forschungsergebnisse, daran anschließend werden die theoretischen Überlegungen zu tatsächlichen und potentiellen agrarischen Flurbereinigungswirkungen vorgestellt, die die Grundlage für die empirische Untersuchung bilden. Nach einer Diskussion der methodischen Fragen und einer Charakterisierung des Untersuchungsgebietes erfolgt die Darlegung der Auswertung der empirischen Untersuchung und anschließend die Zusammenfassung der Ergebnisse.

2. ENTWICKLUNG DER FLURBEREINIGUNG IN DEUTSCHLAND

Erste Vorläufer der heutigen Flurbereinigung sind in einem Zeitraum zu verzeichnen, in dem in Deutschland eine starke territoriale Zersplitterung herrschte. Entsprechend den jeweils zeitlich und räumlich differenzierten Agrarverfassungen und der mit diesen in engem Zusammenhang stehenden gesellschaftlich-sozialen und wirtschaftlichen Gesamtentwicklung wandelten sich in den letzten Jahrhunderten Zielsetzung, Einleitungs- und Verfahrensvorschriften und praktische Durchführung der Verfahren (BERKENBUSCH, 1972, S. 183; GAMPERL, 1955, S. 53). Diese Unterschiede finden ihren Niederschlag in regional unterschiedlichen Bezeichnungen für Vorläufer der Flurbereinigung: Separation und Zusammenlegung in Preußen, Vereinödung in Bayern, Konsolidation in Nassau, Verkoppelung in Schleswig-Holstein, Feldbereinigung und Gemarkungsregelung in Baden und Württemberg (vgl. BERKENBUSCH, 1972, S. 1; ERTL, 1953, S. 9). Gemeinsame Grundlage all dieser Verfahren ist die Bewertung historisch gewachsener Agrarstrukturmerkmale als schwerwiegende Mängel für die weitere Entwicklung im Agrarbereich. Trotz unterschiedlicher Ausgestaltung der einzelnen Landesverordnungen und -gesetze läßt sich, basierend auf gemeinsamen Grundzügen, in Anlehnung an BERKENBUSCH (1972) eine Periodisierung in der Entwicklung der Flurbereinigung vornehmen. Das gegenwärtige Flurbereinigungsrecht stellt die jüngste Entwicklungsstufe der Ländergesetze vergangener Jahrhunderte dar (WELLING, 1955, S. 46; HEINRICHS, 1975, S. 39).

2.1 Vorläufer der Flurbereinigung vor der Agrarreformgesetzgebung

Wirtschaftliche Verbesserungen waren die wesentlichsten Ziele in der 1. Periode der Flurbereinigungsgesetzgebung. Erste Verkoppelungen adliger Güter, hervorgerufen durch den Wunsch nach Arrondierung und Erweiterung des bestehenden Hoffeldes und nach dessen Ausscheiden aus der Feldgemeinschaft mit bäuerlichen Besitzstücken, wurden in den ehemaligen Herzogtümern Schleswig und Holstein seit dem 15. Jahrhundert im Zusammenhang mit der sich entwickelnden Gutsherrschaft durchgeführt (BERKENBUSCH, 1972, S. 14ff; ERTL, 1953, S. 28).

Veränderte Wirtschaftsbedingungen führten dann im 17. Jahrhundert zum Übergang von der ungeregelten zur geregelten Feldgraswirtschaft in der Ausprägung als Koppelwirtschaft mit dem betriebswirtschaftlichen Schwergewicht auf der Milchviehhaltung. Da eine rationelle Durchführung dieses Betriebssystems annähernd gleich große Nutzungsparzellen voraussetzte (von ARNIM, 1957, S. 84 und 89), waren für den Entschluß zur Verkoppelung nicht mehr die oben genannten Gründe, sondern der Wechsel im Betriebssystem ausschlaggebend. Seit dem Ende des 16. Jahrhunderts ist ein freiwilliger Austausch von Grundstücken in Schleswig-Holstein auch von Bauern durchgeführt worden (BERKENBUSCH, 1972, S. 22ff). Ziel dieser nur in geringem Umfang und daher oft ohne Wissen der zuständigen Behörden vorgenommenen Zusammenlegungen war die Verringerung der Besitzzerstreuung und damit verbunden eine Verbesserung der Bewirtschaftungsbedingungen im Rahmen der noch bestehenden Gewannverfassung. Mit dem Übergang vom 17. zum 18. Jahrhundert nahmen freiwillige Verkoppelungen von bäuerlichem Besitz nach Anzahl und Umfang zu. Ursache hierfür war der stärker werdende Wunsch nach Auflösung der Feldgemeinschaften, um damit die Grundlage für die Dispositionsfreiheit des Einzelnen zu schaffen und um gleichzeitig den Anlaß für viele Streitigkeiten unter den Bauern zu beseitigen.

Zu den frühesten Zusammenlegungsverfahren zählen auch die Vereinödungen, die seit 1550 im Gebiet der Reichsabtei Kempten urkundlich nachweisbar sind (u.a. BERKENBUSCH, 1972, S. 26ff; GAMPERL, 1955, S. 55). Ursachen für Vereinödungen waren auf den Grundstücken lastende Servituten, geringe Besitzstückgrößen, starke Besitzersplitterung und damit verbunden Gemengelage und Flurzwang und schließlich die aus diesen Mängeln resultierenden Streitigkeiten unter den Bauern. Durch Vereinödung, d.h. durch eine größtmögliche Arrondierung und die Übernahme des Einödinensrechts[1] (GAMPERL, 1955, S. 38/39) für die zusammengelegten Parzellen, sollten die Grundlagen für eine verbesserte Bewirtschaftung geschaffen werden. Häufig damit verbunden, aber nicht zwingend im Rahmen einer Vereinödung durchgeführt, waren Ausbauten von Höfen aus dem Dorfverband in die freie Feldmark (ERTL, 1953, S. 23). Die Initiative für Zusammenlegungen ging von den Bauern selbst aus; eine zwar überwiegend passive, aber für den Erfolg der Verfahren nicht zu unterschätzende Einflußnahme[2] der Kemptischen Regierung zeigte sich in der bereitwilligen Erteilung der notwendigen Konsense, in der Erhebung nur niedriger Gebühren, in Schlichtungsbemühungen beim Auftreten von Meinungsverschiedenheiten und - da seit Ende des 17. Jahrhunderts die Anzahl der Verfahren anstieg - in der Bereitstellung von ausgebildeten Feldmessern, die die vorher tätigen "Spruch- und Tädingsleute" ablösten. War anfäng-

---

[1] Der Begriff "Einöde" beinhaltete im frühen Mittelalter noch eine Aussage über den örtlichen (außerhalb der Gemarkung), wirtschaftlichen und rechtlichen (frei von Flurzwang und Servituten) Charakter eines Grundstückes; durch Geldabfindung konnte ab dem 15. Jahrhundert das Einödinensrecht für Parzellen auch innerhalb der Gemarkung erworben werden, der örtliche Charakter ging somit verloren (DORN, 1904, S. 13ff).

[2] Fehlende positive Einstellung der Obrigkeit, sichtbar in hohen Gebühren und in unwilliger Konsenserteilung, war u.a. ein Grund dafür, daß die Vereinödungsbewegung nicht ins angrenzende Kurfürstentum Bayern übergriff (BERKENBUSCH, 1972, S. 37, 97, 98).

lich die Zustimmung aller Beteiligten zur Durchführung einer Vereinödung erforderlich, so entwickelte sich im 18. Jahrhundert das Gewohnheitsrecht, daß ein Mehrheitsvotum von 2/3 der Beteiligten nach Anzahl bzw. Fläche für eine Zusammenlegung ausreichte. Die Vereinödungsbewegung ging von einigen wenigen Gemeinden aus, überzeugte durch ihre Erfolge erst umliegende Gemeinden, dann auch Gemeinden außerhalb des Gebietes der Reichsabtei im übrigen Oberschwaben, Südbaden, Südwürttemberg und in Teilen von Vorderösterreich (GAMPERL, 1955, S. 55, S. 62; PANTHER, 1963, S. 387). Eine gesetzliche Regelung fanden die Vereinödungen erst durch die Fürstlich Kemptische Vereinödungsverordnung von 1791.

2.2. Flurbereinigende Maßnahmen im Rahmen der Agrarreformgesetzgebung

Sind bis zur Mitte des 18. Jahrhunderts Zusammenlegungen nur in flächenmäßig kleinen Gebieten durchgeführt worden, so kann ab dem ausgehenden 18. bis zur Mitte des 19. Jahrhunderts eine beträchtliche Zunahme der Flurbereinigungsgesetzgebung und -tätigkeit verzeichnet werden. Mittelbare Ursache hierfür waren die geistesgeschichtlichen Bewegungen jener Zeit, die in der Agrarreformgesetzgebung, in deren Rahmen Verordnungen und Gesetze zu Zusammenlegungen erlassen wurden, ihren Niederschlag fanden (BERKENBUSCH, 1972, S. 39ff).

So erachteten Exponenten des Kameralismus, des Wirtschaftsliberalismus, der Landwirtschaftslehre und der landwirtschaftlichen Vereine die feudale Gebundenheit des ländlichen Grundbesitzes, Flurzersplitterung, Flurzwang und die Gemeinheiten als wesentliche Hindernisse für eine Weiterentwicklung in der Landwirtschaft hin zu einer rationelleren und ertragreicheren Bewirtschaftung und forderten daher die Auflösung der bisherigen Agrar- und Flurverfassungen. Von besonderer Bedeutung aber war das Gedankengut der Aufklärung, der Naturrechtslehre und der Physiokratischen Schule, traten doch deren Vertreter für die Freiheit des Eigentums, die sie aus ihrer zentralen Forderung nach persönlicher Freiheit herleiteten, ein (BERKENBUSCH, 1972, S. 49).

Durch die liberale Agrarreformgesetzgebung, die die persönliche Freiheit und das Eigentumsrecht an Grund und Boden erwirkt hatte, waren zwar erst die wesentlichen Hindernisse für Zusammenlegungen beseitigt worden, dennoch war deren tatsächliches Ausmaß gering, da Zwangsmaßnahmen zur Durchführung von Zusammenlegungsverfahren wegen des damit notwendigerweise verbundenen Eingriffs in das erst neu geschaffene Eigentumsrecht abgelehnt wurden. Hinzu kam, daß das erklärte Ziel der Agrarreformgesetzgebung die Auflösung von Bestandteilen mittelalterlicher Agrar- und Flurverfassungen war, da diese als unvereinbar mit dem liberal-individualistischen Eigentumsbegriff angesehen wurden, - einer Zusammenlegung landwirtschaftlich genutzter Besitzstücke aus wirtschaftlichen Gründen wurde von den Gesetzgebern eine untergeordnete Bedeutung zugemessen, da die Besitzzersplitterung unter rechtlichen Aspekten keine unmittelbare Restriktion des Rechts auf Eigentum bedeutete (BERKENBUSCH, 1972, S. 54). Unterschieden werden muß in dieser Entwicklungsphase der Flurbereinigung zwischen den gesetzlichen Regelungen in den nord- und ostdeutschen Staaten einerseits und den west- und süddeutschen andererseits, da diese - vereinfacht gesehen - von zwei verschiedenen Agrarverfassungen geprägt waren - hier Gutsherrschaft, dort Grundherrschaft. Dennoch sind als grundlegende Gemeinsamkeiten für beide Verbreitungsgebiete in diesem Zeitraum einmal die Durchführung der Zusammenlegung nicht als selbständige Landeskulturmaßnahme, sondern im Zusammenhang mit anderen Maßnahmen, zum anderen die fehlende Ausübung von Zwangsmaßnahmen anzuführen.

Zu Gemeinheitsteilungen und damit zu Zusammenlegungen sind in Preußen seit 1769 gesetzliche Regelungen zu verzeichnen (BERKENBUSCH, 1972, S. 67ff), deren Anwendung allerdings fast ausschließlich auf die Grundstücke der Gutswirtschaften, die durch diese Bestimmungen aus der Gemengelage mit bäuerlichen Grundstücken ausgeschieden werden konnten, beschränkt war. Widerstand gegen diese Verordnungen erfolgte von Seiten der Bauern, da diese aus einer Aufteilung der Gemeinheiten, solange sie selbst und die von ihnen bewirtschafteten Grundstücke in Abhängigkeit verharren mußten, nur geringen Nutzen ziehen konnten. Erst das Edikt von 1807, das die Aufhebung der Gutsuntertänigkeit bestimmte und jedem preußischen Bürger das Recht auf Eigentum an Boden zubilligte, beseitigte diese bedeutendste Ursache für den Widerstand der Bauern. Notwendig verbunden mit den im Edikt vorgesehenen gutsherrlich-bäuerlichen Regulierungen und den Gemeinheitsteilungen waren Landabfindungen, die in wirtschaftlichen, d.h. räumlichen Zusammenhang mit vorhandenem Grundeigentum gebracht, eine Zusammenlegung damit vorgenommen werden mußte. 1821 wurde zur Verbesserung der praktischen Durchführung eine Gemeinheitsteilungsordnung verabschiedet, die aber ebensowenig wie spätere Verordnungen und das in seiner Gültigkeit auch auf servitutfreie Grundstücke ausgedehnte Ergänzungsgesetz von 1850 eine Zusammenlegung als selbständige Landeskulturmaßnahme ohne gleichzeitige Gemeinheitsteilung zuließ, so daß in vielen Gebieten, in denen diese Voraussetzungen nicht gegeben waren, Arrondierungen unterbleiben mußten. Die Gesetzgebung in den meisten anderen Staaten in diesem Raum (Braunschweig, Sachsen, Hannover und verschiedene Kleinstaaten) ist entscheidend von den preußischen Verordnungen beeinflußt worden, so daß Zusammenlegungen auch in diesen Staaten als Folge von Gemeinheitsteilungen durchgeführt wurden. Die Erfolge der Zusammenlegungen waren unterschiedlich, überwiegend jedoch gering (GAMPERL, 1955, S. 60; HEINRICHS, 1975, S. 43ff), da in diesen Staaten, ebenso wie in Preußen, Zwangsmaßnahmen vom Gesetzgeber nicht vorgesehen waren und die Bereitschaft der Bauern ausschlaggebend war.

Die in diesem Zeitraum in Süd- und Westdeutschland durchgeführten Zusammenlegungen waren im Gegensatz zu den Verfahren im nord- und ostdeutschen Raum weder in gutsherrlich-bäuerliche Regulierungen noch in Gemeinheitsteilungen eingebunden. Ursache hierfür waren verschiedenartige Agrarverfassungen. So überwogen in Süd- und Westdeutschland die grundherrschaftlichen Verhältnisse, verknüpft mit einer geringeren persönlichen Abhängigkeit als in Gutsherrschaften. Weitere Kennzeichen waren eine bedeutend stärkere Besitzerspllitterung trotz vieler Dismembrationsverbote und damit verbunden das Vorherrschen einer kleinbetrieblichen Betriebsgrößenstruktur, die eine Allmendaufteilung im Umfang der Gemeinheitsteilungen ausschloß, da gemeine Weiden eine unabdingbare Voraussetzung für Kleinbetriebe zur Haltung des notwendigen Viehbestandes waren. Dennoch wurden auch in diesem Raum Zusammenlegungen nicht als selbständge Landeskulturmaßnahme durchgeführt, sondern wurden fast ausschließlich im Zusammenhang mit der Anlage von Feldwegen vorgenommen. Hierbei wurde die Gemarkung einer Gemeinde entsprechend ihrer Bodengüte nacheinander in Bezirke, diese wiederum in mehrere Gewanne so untergliedert und mit Feldwegen versehen, daß in jedem der Gewanne den einzelnen Bauern Parzellen, die ungefähr einem Tagwerk entsprachen und jeweils zumindest einen Wegeanschluß aufwiesen, zugeteilt werden konnten. Ein hoher Zusammenlegungsgrad konnte durch diese schrittweise in einer Gemarkung durchgeführten Konsolidationen bzw. Feldbereinigungen nicht erreicht werden (PANTHER, 1963, S. 389/390), wurde aber auch nicht angestrebt; denn vorrangiges Ziel dieser Verfahren war es, dem Einzelnen die freie Verfügungsgewalt über den Boden nicht nur nach dem Gesetz (Aufhebung des Flurzwanges und der Grunddienstbarkeit), sondern tatsächlich zu ermöglichen.

In Nassau sind erste Verordnungen zu Konsolidationen seit 1764 erlassen worden, in Hessen, Bayern, Württemberg und Baden erfolgte die Schaffung gesetzlicher Grundlagen Anfang bzw. Mitte des 19. Jahrhunderts. Neben den bereits angeführten Gründen wurde ein durchgreifender Erfolg dieser Regelung durch die für die Einleitung eines Verfahrens erforderlichen hohen Mehrheitsverhältnisse, durch die oft mangelnde Bereitschaft der Bauern und die häufig fehlende, aber notwendige Sachkenntnis bei der Verfahrensdurchführung verhindert (BERKENBUSCH, 1972, S. 94 - 106; FRICKE, 1959, S. 125; GAMPERL, 1955, S. 53; STAMMER, 1930, S. 22).

2.3. Flurbereinigung als selbständige Agrarstrukturmaßnahme

2.3.1 Die Entwicklung vor 1945

Waren bis zur Mitte des 19. Jahrhunderts Bestimmungen über Zusammenlegungen nur untergeordnet im Rahmen der Agrarreformgesetze enthalten, so sind seither mit zeitlichen Verschiebungen in den einzelnen Ländern Veränderungen in der Gesetzgebung vorgenommen worden, die sich darin zeigten, daß einerseits der Flurbereinigung der Stellenwert einer selbständigen Landeskulturmaßnahme zuerkannt wurde und andererseits der für die Durchführung einer Zusammenlegung ausschlaggebende Wille des Einzelnen vom Mehrheitsvotum der Beteiligten und schließlich, im 20. Jahrhundert, durch den amtlichen Beschluß abgelöst wurde. Wichtigste Ursache für diese Veränderungen war, daß wirtschaftlichen Gründen für Zusammenlegungen nicht mehr nur nebensächliche, sondern wie in der 1. Phase zentrale Bedeutung zugemessen wurde. Zur Realisierung des jetzt im Vordergrund stehenden staatswirtschaftlichen Interesses an Verbesserungen im Agrarbereich wurden umfassende Zusammenlegungen als notwendig erachtet. Diese aber scheiterten bisher am Provokationsrecht der Beteiligten, an fehlenden Zwangsbestimmungen, an der Verknüpfung der Zusammenlegung mit anderen Maßnahmen und an der starken Zunahme der Bodenzersplitterung, die als Folge des uneingeschränkten Eigentumsbegriffs möglich geworden ist, im norddeutschen Raum auch als ein Resultat der Gemeinheitsteilungen zu sehen ist, die zu einer Erhöhung der Anzahl der Besitzstücke geführt hatten (HEINRICHS, 1975, S. 45). Fördernd auf diese Veränderungen der gesetzlichen Bestimmungen wirkte die Revision des liberal-individualistischen Eigentumsbegriffes zugunsten eines Eigentumsbegriffes, in dem die Sozialbindung des Eigentums zum Ausdruck kommen sollte.

In den nord- und ostdeutschen Staaten wurde in der 2. Hälfte des 19. Jahrhunderts, im Königreich Sachsen bereits seit 1834, die Zusammenlegung fast ausnahmslos als selbständige Landeskulturmaßnahme behandelt. Größte Bedeutung für diesen Raum muß der preußischen Gesetzgebung zugemessen werden, da sich an dieser die Gesetzgebung der kleinen Staaten orientierte, in den neupreußischen Provinzen eine Angleichung an sie erfolgte und mehrere Kleinstaaten die Zusammenlegung sogar preußischen Behörden mittels Staatsvertrag überantworteten (BERKENBUSCH, 1972, S. 119ff; HEINRICHS, 1975, S. 39). 1872 wurde die Zusammenlegung als selbständige Landeskulturmaßnahme in der preußischen Gesetzgebung verankert. Obwohl dadurch die Bindung einer Zusammenlegung an Gemeinheiten und mindere Besitzrechte aufgehoben war und das für die Einleitung erforderliche Mehrheitsvotum auf die einfache Mehrheit der Beteiligten nach dem Grundsteuer-Kataster herabgesetzt wurde, wirkte die erforderliche Mehrheit bremsend (HEINRICHS, 1975, S. 45). In der für alle preußischen Provinzen verbindlichen Umlegungsordnung von 1920 war dann vorgesehen, daß eine Zusammenlegung ohne Antrag der Beteiligten von Amts wegen eingeleitet werden und nur durch eine 3/4 Mehrheit nach Fläche und Gemeindesteuerreinertrag verhindert werden konnte (GAMPERL, 1955, S. 62). 1929 wurde das unumschränkte Offizialprinzip für Unternehmensumlegungen gesetzlich festgelegt und 1934 auf alle Zusammenlegungsverfahren ausgedehnt. Den Abschluß der preußischen Zusammenlegungsgesetzgebung bildete 1935 das Gesetz zur Beschleunigung der Umlegung.

Zwar konnten auch im süd- und westdeutschen Raum seit der zweiten Hälfte des 19. Jahrhunderts nach den gesetzlichen Bestimmungen Zusammenlegungen unabhängig von Feldweganlagen durchgeführt werden, tatsächlich aber blieben sie weiterhin in diese eingebettet. Gekennzeichnet ist die Entwicklung der Flurbereinigungsgesetzgebung in den Ländern Baden, Bayern, Hessen und Württemberg durch stetige Herabsetzung der für die Zusammenlegungen erforderlichen Mehrheitsverhältnisse und durch zunehmende Verfahrensvereinfachung. So war z.B. in Baden nach dem Gesetz von 1856 für die Durchführung einer Zusammenlegung noch eine 2/3 Mehrheit nach Kopfzahl und Steuerkapital notwendig; seit 1886 genügte die einfache Mehrheit nach Kopfzahl und die 2/3 Mehrheit nach der Fläche (GAMPERL, 1955, S. 52); weiterhin wurde die Übernahme der Kosten für technische Vorarbeiten durch den Staat garantiert (STAMMER, 1930, S. 24). Trotz dieser Entwicklung unterblieben in diesen Ländern bis ins 20. Jahrhundert umfassende Zusammenlegungen[1]. Ursachen hierfür waren die für die Beseitigung der extremen Grundstückszersplitterung immer noch zu hohen Mehrheitsverhältnisse, die vorsichtige Anwendung von Zwangsmaßnahmen, die überwiegend praktizierte Verfahrensweise der schrittweisen Zusammenlegung einer Gemarkung und wie z.B. in Baden die im Gesetz enthaltene Forderung, daß jeder bei einer Zusammenlegung möglichst in gleicher Lage und Entfernung wie bisher Ersatz erhalten solle (PANTHER, 1963, S. 390).

In Baden z.B. wurde zwischen 1886 und 1930 nur eine Fläche von ca. 60 000 ha mit einem Zusammenlegungsgrad von 1,3 : 1 bereinigt (PANTHER, 1963, S. 391)[2]. Erst mit der Übernahme des Offizialprinzips in die Landesgesetze unter gleichzeitiger Zurückdrängung der Einflußmöglichkeiten der Beteiligten (GAMPERL, 1955, S. 57, S. 54) war der Flurbereinigung in den ersten Jahrzehnten des 20. Jahrhunderts ein größerer Erfolg in diesen Ländern beschieden. 1933 wurde dann in Baden und in Bayern für beschleunigte Verfahren im Zusammenhang mit dem Autobahnbau das unumschränkte Offizialprinzip eingeführt, so daß die Durchführung einer Zusammenlegung auch von einer Mehrheit der Beteiligten nicht verhindert werden konnte (GAMPERL, 1955, S. 58).

Durch die Reichsumlegungsordnung (RUO) von 1937 wurden die bisherigen Ländergesetze abgelöst und eine einheitliche Gesetzesgrundlage geschaffen. Ziel der Umlegungen war es, die "Ernährung des deutschen Volkes aus eigener landwirtschaftlicher Produktion sicherzustellen". (HEINRICHS,

---

[1] Die Folge hiervon war ein "gänzlich ungenügender Zusammenlegungsgrad" in Baden und Württemberg (SENKE, 1938, S. 127), da nur eine "bessere Eintheilung der Felder" oft ohne Verminderung der Parzellenanzahl durchgeführt wurde (DOEPPING, 1870, S. 2)

[2] In Niedersachsen dagegen betrug der Verkoppelungsgrad 3 : 1 (SCHWARZ, 1955, S. 191)

1975, S. 47). Hierfür notwendig war eine Intensivierung und Rationalisierung in der Landwirtschaft, für die durch Meliorationen und umfassende Umlegungen, bei denen die Teilnehmer wertgleich[1] abzufinden waren, die Grundlagen geschaffen werden sollte (BERKENBUSCH, 1972, S.116, S. 157; GAMPERL, 1955, S. 63). Wesentliche Kennzeichen der RUO, die überwiegend auf den bisherigen Ländergesetzen basierte, waren das von den Teilnehmern nicht anfechtbare Offizialprinzip, die Zulässigkeit von Landabzügen, die Einführung eines Vereinfachten Verfahrens für kleinere Umlegungsgebiete und die Zusammenfassung der Beteiligten in einer öffentlich-rechtlichen Körperschaft, der Teilnehmergemeinschaft, der eine beratende Funktion allerdings nicht zugestanden wurde, sondern die als geeignete Form für die Abwicklung der Verfahrenskosten eingerichtet worden ist (BERKENBUSCH, 1972, S. 159; GAMPERL, 1955, S. 64). Bis 1939 wurden auf der Grundlage der RUO ungefähr 330 000 ha zusammengelegt. Der Zusammenlegungsgrad variierte allerdings beträchtlich. Betrug er im Gesamtdurchschnitt 2,2 - 2,5:1, so fand eine Reduzierung der Parzellenanzahl in Württemberg und Baden (Zusammenlegungsgrad 1,1 - 1,3:1) kaum statt. Während des Krieges wurden praktisch keine Flurbereinigungen durchgeführt (WELLING, 1955, S. 64).

2.3.2 Die Entwicklung nach 1945

Erst nach der Währungsreform, seit 1949, wurden Flurbereinigungen wieder in größerem Umfange durchgeführt (WELLING, 1955, S. 64). Nur in Bayern sind die vor 1937 gültigen Regelungen wieder in Kraft gesetzt worden, im übrigen Bundesgebiet bildete die Reichsumlegungsordnung noch die rechtliche Grundlage für diese Verfahren. Veränderte rechtsstaatliche Gegebenheiten erforderten allerdings einige Neuregelungen, die ihren Niederschlag in dem für alle Bundesländer verbindlichen Flurbereinigungsgesetz von 1953 fanden, das bis heute, in der novellierten Fassung von 1976 gültig ist (BERKENBUSCH, 1972, S. 159 - 163; HEINRICHS, 1975, S. 48; WILSTACKE, 1978, S. 24).

Bedeutendste Ursache für die Durchführung von Flurbereinigungen ist die in vielen Teilen der Bundesrepublik immer noch hohe Besitzzersplitterung, die, verbunden mit oft ungenügender Wegeausstattung und ungünstiger Grundstücksformung, der nach dem 2. Weltkrieg verstärkt einsetzenden, notwendig gewordenen Mechanisierung zwecks Rationalisierung und Intensivierung im Wege stand[2] (BERKENBUSCH, 1972, S. 164; GAM-

---

[1] Wertgleiche Abfindung konnte auch in Form eines Geldausgleichs bei unerheblicher wirtschaftlicher Bedeutung des Landeigentums erfolgen (SPAETGENS, 1955b, S. 2)

[2] Die Flurbereinigungsbedürftigkeit war in den einzelnen Bundesländern sehr unterschiedlich; betrug diese für das Bundesgebiet 48% der landwirtschaftlichen Nutzfläche, so lagen die entsprechenden Werte für Schleswig-Holstein bei 13%, für Württemberg-Baden bei 67%, für Bayern bei 71% und für Rheinland-Pfalz sogar bei 80% (WELLING, 1955, S. 64/65).

PERL, 1955, S. 65; HEINRICHS, 1975, S. 48; WELLING, 1955, S. 7, 46).
Zentrale Zielsetzung der Flurbereinigung ist daher die Förderung der
land- und forstwirtschaftlichen Erzeugung (§ 1, Flurb.Gesetz 1953)
durch Neuordnung der Flur und durch landeskulturelle Maßnahmen wie
Bodenmeliorationen und Wirtschaftswegebau. Neben diesen Maßnahmen
bildet die Flurbereinigung den Rahmen für weitere Einzelmaßnahmen
zur Agrarstrukturverbesserung wie Aussiedlungen, Aufstockungen, Gewässerkorrekturen, Dorfauflockerungen, so daß die Flurbereinigung in
ihrer Bedeutung für den Agrarbereich als Integralmelioration charakterisiert worden ist (BOHTE, 1970[3], S. 52; GALLUSER, 1964, S. 315;
MEYER, 1964, S. 241; MIKUS, 1968a, S. 29; SPITZER, 1975, S. 116).
Verbesserungen in der Agrarstruktur zur Steigerung der landwirtschaftlichen Produktion, damit verknüpft eine Minderung der Einfuhrabhängigkeit, und daneben die Verbesserung der landwirtschaftlichen Einkommensverhältnisse mit dem längerfristigen Ziel der Verringerung der Einkommensdisparitäten zwischen landwirtschaftlichem und außerlandwirtschaftlichem Bereich standen in den Jahren nach dem Inkrafttreten des Flurbereinigungsgesetzes von 1953 im Vordergrund (BERKENBUSCH, 1972,
S. 164; HEINRICHS, 1975, S. 48; PEINEMANN, 1975, S. 59/60; WILSTACKE, 1978, S. 24). Anfang der 60er Jahre erfuhr die Förderung der
Landeskultur - ebenfalls in § 1 des Flurbereinigungs-Gesetzes von 1953
enthalten - eine stärkere Berücksichtigung (BRÜNNER, 1973, S. 246).
Veränderte Ansprüche an den ländlichen Raum führten seit Mitte der 60er
Jahre zum Hinauswachsen der Flurbereinigung über ihren eigentlichen
agrarischen Kern (ABB, 1971, S. 2/3; BECK, 1976, S. 8; BECKER, 1976,
S. 22; BERKENBUSCH, 1972, S. 165; BOHTE, 1976, S. 57; BRÜNNER,
1973, S. 246; WILSTACKE, 1978, S. 24ff). So wurde die Flurbereinigung
als Bodenordnungsmaßnahme angesehen (Grundlage war § 37), die es ermöglicht, neben landwirtschaftlichen auch außerlandwirtschaftlichen Gesichtspunkten im Bereich der Verkehrsplanung, der Bauleitplanung, der
Flächenbereitstellung für kommunale Belange, des Naturschutzes und
der Landschaftspflege im Zusammenwirken mit anderen Planungsträgern
gerecht zu werden (HANTELMANN, 1978, S. 206; HEINRICHS, 1975,
S. 57; STRÖSSNER, 1976, S. 341). In der Novelle des Flurbereinigungs-Gesetzes wurde neben der Verbesserung der Produktions- und Arbeitsbedingungen in der Land- und Forstwirtschaft, die weiterhin das Grundelement jeder Flurbereinigung bildet, und neben der Förderung der allgemeinen Landeskultur die Förderung der Landentwicklung als Zielvorgabe
genannt (BECK, 1976, S. 11; NIGGEMANN, 1980, S. 175; VIESER, 1964,
S. 13;WILSTACKE, 1978, S. 29).

Wurden bis zur Novellierung des Flurbereinigungsgesetzes 1976 vier
Verfahrensarten unterschieden, so ist seitdem der bis dahin nicht gesetzlich geregelte freiwillige Landtausch als fünfte Verfahrensart im
Flurbereinigungsgesetz enthalten (BECK, 1976, S. 12ff; WILSTACKE,
1978, S. 32ff). Gemeinsam ist allen Verfahren, mit Ausnahme des freiwilligen Landtausches, ein relativ einheitlicher Verfahrensablauf, der

beim Vereinfachten Verfahren, beim Unternehmensverfahren und beim Beschleunigten Zusammenlegungsverfahren in unterschiedlichem Maße im Vergleich zum Normalverfahren vereinfacht ist (WILSTACKE, 1978, S. 35). Zentrale Maßnahme stellt aber in allen Verfahren die Zusammenlegung der landwirtschaftlichen Grundstücke dar.

Ziel des Normalverfahrens (§§ 1 - 85, §§ 104 - 159) ist es, durch eine Zusammenlegung der Grundstücke und durch Errichtung gemeinschaftlicher Anlagen eine Verbesserung im Agrarbereich herbeizuführen. Eine Bereitstellung von Flächen für außerlandwirtschaftliche Funktionen ist im Rahmen eines Normalverfahrens nur in geringem Umfange möglich (HEINRICHS, 1975, S. 50/51; WILSTACKE, 1978, S. 32/33). Anordnung und Durchführung erfolgen durch die Flurbereinigungsbehörde, eine Zustimmung der Beteiligten ist nicht erforderlich. Nach Zusammenschluß der Teilnehmer in einer Körperschaft des öffentlichen Rechts, der Teilnehmergemeinschaft, der Wertermittlung der Grundstücke, der Anhörung der Beteiligten, der Aufstellung des Wege- und Gewässerplanes und des Flurbereinigungsplanes erfolgt die vorläufige Besitzeinweisung, bei der jedem Teilnehmer - soweit er nicht auf eigenen Wunsch mit Geld abgefunden wurde - entsprechend dem bisherigen Besitz, unter Berücksichtigung etwaiger anteiliger Landabzüge gleichwertiges Land zugeteilt wird.[1] Die daran anschließende Ausführungsanordnung (Besitzeinweisung) enthält den Zeitpunkt der Gültigkeit des neuen Rechtszustandes. Nach der Berichtigung des Grundbuches und der Kataster wird die Flurbereinigung mit der Schlußfeststellung abgeschlossen. Die Verfahrenskosten einer Flurbereinigung werden vom Land übernommen, die Ausführungskosten sind von den Beteiligten anteilsmäßig zu erbringen (BERKENBUSCH, 1972, S. 166ff; BECK, 1976, S. 15ff; HEINRICHS, 1975, S. 50ff; WELLING, 1953, S. 62/63; WILSTACKE, 1978, S. 36).

Das Vereinfachte Flurbereinigungsverfahren (§ 86) kann durchgeführt werden, z.B. um durch die Anlage von Straßen entstehende oder entstandene Nachteile für die allgemeine Landeskultur zu beseitigen. Seine Durchführung ist auch in kleineren Gemeinden oder bei Zweitflurbereinigungen vorgesehen. Vereinfachte Durchführungsbestimmungen, u.a. die Möglichkeit des Verzichts auf die Erstellung eines Wege- und Gewässerplanes unterscheiden neben den sachlichen Voraussetzungen dieses Verfahren vom Normalverfahren (BECK, 1976, S. 20/21; HEINRICHS

---

[1] In Schweden und Italien ist im Gegensatz zur bundesrepublikanischen gesetzlichen Regelung eine Möglichkeit vorgesehen, auf legalem Wege Enteignungen zum Zwecke von Betriebsvergrößerungen vorzunehmen (SCHWEDE, 1969, S. 534). Auch in der RUO (§ 53) war ein Geldausgleich wegen unerheblicher wirtschaftlicher Bedeutung des Landeigentums möglich; nach dem Flurbereinigungsgesetz ist dies nicht mehr durchführbar, da solch ein Verfahren gegen Art. 14 GG verstoßen würde (SPAETGENS, 1955a, S. 2)

1975, S. 52; WILSTACKE, 1978, S. 33). In der Statistik des Bundesministeriums für Ernährung, Landwirtschaft und Forsten wird das Vereinfachte Verfahren mit dem Unternehmensverfahren (§§ 87 - 90) als Sonderflurbereinigungen zusammengefaßt (HEINRICHS, 1975, S. 50). Durchgeführt werden kann ein Unternehmensverfahren, wenn ländliche Grundstücke in großem Umfange für Unternehmen (z.B. Bau von Autobahnen) benötigt werden, eine Enteignung zulässig ist und der dabei entstehende Landverlust auf einen größeren Kreis von Eigentümern umgelegt bzw. Nachteile für die allgemeine Landeskultur verhindert werden sollen (§ 87 Flurb.Gesetz, 1976). Im Rahmen eines solchen Verfahrens erfolgt die Bereitstellung von Flächen für Unternehmen durch anteiligen Landabzug gegen Geldentschädigung (BECK, 1976, S. 17 - 19; BERKENBUSCH, 1972, S. 169; SCHREYER, 1969, S. 209ff; WILSTACKE, 1978, S. 33 - 34). Bei diesen Sonderflurbereinigungen können die Unternehmensträger zur teilweisen Finanzierung des Verfahrens herangezogen werden.

Mit dem Beschleunigten Zusammenlegungsverfahren (§§ 91 - 103), das auf Antrag mehrerer Grundstückseigentümer, der landwirtschaftlichen Berufsvertretung oder der Flurbereinigungsbehörde eingeleitet werden kann, wird das Ziel verfolgt, die mit der Flurbereinigung angestrebte Verbesserung der Produktions- und Arbeitsbedingungen möglichst rasch herbeizuführen. Seit der Novellierung 1976 wird als weiteres Ziel die Ermöglichung von notwendigen Maßnahmen des Naturschutzes und der Landschaftspflege angeführt (§ 91; WILSTACKE, 1978, S. 34). Beträchtliche Verfahrensvereinfachungen wie einfachere Ermittlung der Grundstückswerte (§ 96) und ein nach Möglichkeit großzügiger Austausch ganzer Flurstücke ohne Neuvermessung sind im Rahmen eines Beschleunigten Zusammenlegungsverfahrens möglich. Weiterhin muß ein Wege- und Gewässerplan nicht aufgestellt (§ 97) und Bodenverbesserungen sollen nur - soweit unbedingt notwendig - durchgeführt werden. Ein Beschleunigtes Zusammenlegungsverfahren kann einem Normalverfahren vorangestellt oder als Zweitbereinigung durchgeführt werden (BECK, 1976, S. 16; BERKENBUSCH, 1977, S. 169/170; BOHTE, 1970[3], S. 65/66; HEINRICHS, 1975, S. 54/55; WILSTACKE, 1978, S. 34).

Ebenfalls zur schnellen Verbesserung der Agrarstruktur und aus Gründen des Naturschutzes und der Landschaftspflege kann ein weiteres Verfahren, der Freiwillige Landtausch, durchgeführt werden (§ 103 a - i). Zwar unterliegt dieses Verfahren behördlicher Leitung, muß jedoch von den Tauschpartnern beantragt werden und setzt damit deren Einverständnis und Bereitschaft voraus. Gekennzeichnet ist solch ein Verfahren von beträchtlichen Vereinfachungen und Besonderheiten wie eine großzügige Zusammenlegung der Tauschgrundstücke und den Wegfall von wege- und gewässerbaulichen und bodenverbessernden Maßnahmen (BECK, 1976, S. 22; WILSTACKE, 1978, S. 35). Weiterhin unterbleiben z.B. die Bildung einer Teilnehmergemeinschaft, die Wertermittlung und die vorläufige Besitzeinweisung, wie sie in den Bestimmungen zu den anderen Verfahrensarten enthalten sind (§ 103 b).

Insgesamt sind nach dem 2. Weltkrieg Flurbereinigungsverfahren in allen Bundesländern, besonders in den Realteilungsgebieten, in großem Umfang durchgeführt worden. Gegenwärtig werden in der Bundesrepublik ständig ca. 5000 Flurbereinigungsverfahren[1] mit einer durchschnittlichen Verfahrensfläche von 900 ha bearbeitet, die Fläche der 1980 anhängigen Verfahren (durchschnittliche Dauer von der Anordnung bis zur Schlußfeststellung: 15 Jahre) betrug insgesamt ca. 4,5 Mio ha. Die meisten dieser Verfahren sind Normalverfahren (80%), 13% werden als Sonderflurbereinigungen und 7% als Beschleunigte Zusammenlegungsverfahren durchgeführt; Verfahren als Freiwilliger Landtausch sind flächenmäßig unbedeutend (jährlich ca. 3500 ha). Die Ausführungskosten belaufen sich gegenwärtig bei Normalverfahren auf ca. 2500 DM/ha (Berechnungsgrundlage: Verfahren, in denen zwischen 1975 und 1979 die Besitzeinweisung erfolgt ist), bei Unternehmensverfahren auf 2260 DM/ha und bei Beschleunigten Zusammenlegungsverfahren auf 1000 DM/ha; bei Rebflurbereinigungen liegen die Kosten bei durchschnittlich 46 300 DM/ha.

Ein Ende der Flurbereinigungstätigkeit ist vorläufig nicht abzusehen. So wird auf der Grundlage von Voruntersuchungen der für die Flurbereinigung zuständigen Behörden 1980 davon ausgegangen, daß in den kommenden Jahren in der Bundesrepublik jährlich Verfahren im Gesamtumfang von ca. 300 000 ha neu eingeleitet werden müssen.

---

[1] Die Zahlen konnten hier und im folgenden der Broschüre "Die Flurbereinigung in Zahlen" (1980) entnommen werden.

3. DER BEGRIFF "AGRARSTRUKTUR"

Der Begriff "Agrarstruktur" umfaßt nach RÖHM (1964, S. 13) "das gesamte äußere Erscheinungsbild und das innere Ordnungsgefüge der Landwirtschaft". Als Elemente, die sich zur Agrarstruktur zusammensetzen und in wechselseitigem Zusammenhang stehen, nennt RÖHM Betriebsgröße, Betriebstyp, Anbaugefüge und Viehhaltung, Grundeigentumsverteilung, Rechtsformen der Landnutzung und der Landvererbung, Flurauftellung und Flurordnung, die technische Entwicklungsstufe der landwirtschaftlichen Betriebe und deren Arbeitsverfassung und schließlich die marktwirtschaftlichen Organisationsformen. Weiterhin weist er auf die Naturausstattung in ihrer wesentlichen Bedeutung für die Ausprägung der Agrarstruktur hin.

Nach einer Definition der Akademie für Raumforschung und Landesplanung (Grundlagen und Methoden der landwirtschaftlichen Raumplanung, 1969, S. 437) versteht man unter Agrarstruktur "den Ausdruck für die Elemente und Faktoren, die die Wirtschafts-, Arbeits- und Lebensbedingungen der Landwirtschaft eines Gebietes auch in ihrer Verflechtung mit außerlandwirtschaftlichen Gegebenheiten kennzeichnen und die im Prozeß technischen, wirtschaftlichen und sozialen Wandels relativ beständig sind, d.h. sich nur in längeren Zeiträumen oder durch umwälzende Eingriffe verändern".[1]

Neben diesen Begriffsbestimmungen sind von verschiedenen Seiten systematische Zusammenstellungen der Elemente der Agrarstruktur vorgenommen worden. Von DIETZE (1967, S. 22/23) unterscheidet bei der Agrarstruktur, die "alle relativ beständigen Faktoren, die den Ablauf (Prozeß) des landwirtschaftlichen Geschehens bestimmen" beinhaltet, zwischen der "technischen Agrarstruktur", der Elemente wie Boden, Kapital, Betriebsgröße und Bodennutzung zugeordnet werden, der "wirtschaftlichen Agrarstruktur", die u.a. Marktstruktur und Kreditwesen umfaßt, und der "sozialen Agrarstruktur", die weitgehend dem Begriff Agrarverfassung gleichgesetzt wird.

Ausgehend von einer weiten Fassung des Begriffes "Agrarstruktur" unter Einbezug der Vermarktungseinrichtungen und bei gleichzeitiger Einordnung in den gesamtwirtschaftlichen Rahmen, wurde vom ständigen Agrarstrukturausschuß der EWG eine Untergliederung in die Bereiche "interne Struktur", die Organisation des Einzelbetriebes betreffend, "externe

---

[1] Von einer "relativen Beständigkeit", so wie sie für die Entwicklung in den letzten Jahrhunderten charakteristisch war, kann aber heute nicht mehr gesprochen werden, da vor allem nach 1950 umwälzende Veränderungen in der Agrarstruktur in sehr kurzen Zeiträumen stattgefunden haben (s. 1.)

Struktur", die überbetrieblichen Elemente umfassend und in die "landwirtschaftlichen Dienstleistungen" vorgenommen. Interne und externe Struktur werden noch aufgeschlüsselt in Produktions- und Vermarktungsbereich (DAMS, 1970, Sp. 62 - 66).

Eine weitere Gliederung, basierend auf der Definition des Begriffes Agrarstruktur als "Gesamtheit der gesellschaftlichen und ökonomischen Grundlagen und Formen der Landbewirtschaftung" wurde 1964 vom "Ausschuß zur Verbesserung der Agrarstruktur" (Bundesministerium für Ernährung, Landwirtschaft und Forsten) vorgelegt. Diese beinhaltet neben den dem Betrieb zugeordneten Elementen (Betriebsgrundlagen, Erzeugung, Absatz) zum einen den Menschen in seiner Eigenschaft als dispositiven Faktor innerhalb der Agrarstruktur und bezieht zum anderen die Umwelt, den gesamten Wirtschafts- und Sozialbereich (u.a. Kaufkraft der Bevölkerung, außerlandwirtschaftliche Erwerbsquellen) in die Agrarstruktur mit ein (DAMS, 1970, Sp. 65 - 67).[1] Betrachtet man sich, ausgehend von den aufgeführten Versuchen einer inhaltlichen Auffüllung, die tatsächliche Verwendung des Begriffs[2] in agrargeographischen und agrarpolitischen Veröffentlichungen und in Beiträgen anderer agrarwissenschaftlicher Disziplinen, so läßt sich mit BLOHM & SCHMIDT (1970, S. 48) feststellen: "Dieser Begriff steht nicht ganz fest. Man bezeichnet damit vor allem Betriebsgrößen, aber auch Systeme der Bodennutzung und die Flurauteilung, das Pachtwesen, die Arbeitsverfassung u.a.m."

Zusammenfassend kann festgehalten werden, daß der komplexe Begriff "Agrarstruktur" nicht eindeutig festgelegt ist, eine große Anzahl miteinander verknüpfter Sachverhalte (LAUX, 1977, S. 6ff) in den verschiedenen Definitions- und Gliederungsversuchen diesem zugeordnet werden, so daß aus dieser Fülle von Elementen die für die jeweilige Problemstellung relevanten und operationablen herausgesucht werden müssen (s. hierzu auch WEICHBRODT, 1981, S. 1).

In der vorliegenden Arbeit wird, ausgehend von der behandelten Fragestellung, bei Verwendung des Begriffes "Agrarstruktur" darunter die

---

[1] Dem ist in dieser Form nicht zuzustimmen; zwar ist der Wirtschafts- und Sozialbereich für die Herausbildung der Agrarstruktur zu einem Zeitpunkt und für deren Weiterentwicklung von großer Bedeutung; aber die Agrarstruktur ist, wie auch die Struktur des II. und III. Sektors, selbst als Subsystem der gesamten Wirtschafts- und Sozialstruktur aufzufassen (s. hierzu auch BOHTE, 1957, S. 7; BREIT, 1968, S. 7/8; DAMS, 1970, Sp. 67; SCHÄFLE, 1967, S. 7)

[2] Stellvertretend seien hier genannt: BECKER (1978), BERGMANN (1971, 1978), BOHTE (1965), LAUX/THIEME (1978), OLSEN (1954), v. RANDOW (1964), SCHREINER (1974)

"Agrarstruktur im engeren Sinne" (SCHREINER, 1974, S. 18) verstanden, die dem Produktionsbereich der internen und externen Struktur des EWG-Schemas, dem Bereich "Betrieb" des Ausschusses zur Verbesserung der Agrarstruktur bzw. der technischen Agrarstruktur v. DIETZES weitgehend entspricht und als deren wesentliche Elemente Betriebsgröße, sozioökonomischer Status des Betriebsleiters, Bodennutzung und Viehhaltung, Arbeitskräftebesatz und Maschinenausstattung und Flurordnung zu nennen sind. Auf Elemente der "Agrarstruktur im weiteren Sinne" nach SCHREINER wird dagegen nur randlich eingegangen.

4. FLURBEREINIGUNG ALS GESTALTUNGSFAKTOR DER AGRARSTRUKTUR

4.1. Forschungsübersicht

4.1.1. Auswirkungen auf Betriebsgrößenstruktur und sozioökonomischen Betriebstyp

Auswirkungen von Flurbereinigungen auf Anzahl und Größe landwirtschaftlicher Betriebe werden, ohne direkte Bezugnahme auf empirische Untersuchungen, von einigen Autoren herausgestellt. So führt BECKER (1976, S. 33) Betriebsaufstockungen verbunden mit einer Abnahme der landwirtschaftlichen Betriebe auf die Flurbereinigung zurück. BIRKENHAUER (1964, S. 20) erwähnt die mit der Flurbereinigung verknüpfte Aufstockung. MAYHEW (1970, S. 38) erachtet eine radikale Änderung der Betriebsgrößenstruktur als häufiges Ergebnis der Flurbereinigung. Auf eine direkte Auswirkung auf die Betriebsgrößenstruktur bei Vorhandensein von Gemeindeland bzw. durch Vergrößerung aufstockungswürdiger Betriebe verweisen HOLFELDER (1955, S. 49), MIKUS (1968b, S. 76) und SPAETGENS (1955b, S. 3/4), wobei allerdings SPAETGENS hinzufügt, daß diese Änderung aussichtsvoller sei in "industrie- und gewerbedurchsetzten Räumen".

Diese unmittelbare Größenveränderung im Rahmen von Flurbereinigungsverfahren wird in dem Bericht über die Verbesserung der Agrarstruktur in der Bundesrepublik Deutschland (1965, S. 7) als relativ gering dargestellt, als bedeutender in ihrem Umfang wird die mittelbare, indirekte Veränderung der Betriebsgrößenstruktur bewertet.[1] Auch BOHTE (1970[3], S. 52), SCHICKE (1969, S. 324), SCHWEDE (1969, S. 535) und OSTHOFF (1967, S. 33/34) sehen als mittelbare Voraussetzung bzw. als Rahmen zur Verbesserung der Betriebsgrößenstruktur die Flurbereinigung an, da diese, worauf u.a. ebenfalls HELD (1971, S. 67), MIKUS (1968a, S. 22, 1968b, S. 76 - 81), JANETZKOWSKI (1960, S. 42) und SCHWEDE (1969, S. 536/7, 1971, S. 32) hinweisen, die Bodenmobilität fördere bzw. neben dem Generationswechsel d e n Anlaß darstelle, um Überlegungen zum Verbleib bzw. zum Ausscheiden aus der Landwirtschaft vorzunehmen und zudem, ausgehend von den arbeitswirtschaftlichen Verbesserungen, die Möglichkeit erst biete, Betriebsaufstockungen arbeitswirtschaftlich zu verkraften.

---

[1] Als Beleg hierfür wird angeführt, daß die Zonen starker Flurbereinigungstätigkeit mit den Gebieten stärkerer Veränderung in der Anzahl der landwirtschaftlichen Betriebe übereinstimmen; es wird darauf hingewiesen, daß auch andere Maßnahmen hierbei mitwirken, daß aber die Umschichtung innerhalb der Betriebsgrößenstruktur durch die Flurbereinigung beschleunigt werde.

Die meisten der zu diesem Fragenkomplex vorliegenden empirischen Untersuchungen wurden als vertikaler Entwicklungsvergleich (Vorher-Nachher) von Einzelbetrieben oder Gemeinden auf statistischer Grundlage durchgeführt, teilweise (z. B. HANTELMANN, 1978) ergänzt durch Befragungen von Schlüsselpersonen bzw. von betroffenen Landwirten.
FEITER (1969, S. 66), LEHMANN (1975, S. 110/111), MIKUS (1968a, S. 40, 43, 55) und SCHWEDE (1969, S. 535/536) berichten über eine Umschichtung in der Betriebsgrößenstruktur in ihren Untersuchungsgemeinden zugunsten der oberen Betriebsgrößenklassen. BRUNDKE et al. (1979, S. 24) weisen auf die flächenmäßige Aufstockung hin, die bei 7 ihrer 13 untersuchten Betriebe im Rahmen der Flurbereinigung vorgenommen wurden.
BOESLER (1969, S. 185) beschreibt eine nur geringe Abnahme der Anzahl der Betriebe, stellt aber, ebenso wie ERNST (1968b, S. 237), HEIMBÜRGER (1964, S. 94), JANETZKOWSKI (1960, S. 42) und NAGEL (1978, S. 25) eine Beeinflussung der Betriebsgrößenstruktur fest, wobei die genannten Autoren darauf hinweisen, daß Aufstockungsland, resultierend aus freiwilliger Landabgabe, aus der Bereitstellung von Gemeindehutung bzw. Domänenland hierfür von Bedeutung war.

Ausgehend von einer ebenfalls als Vorher - Nachher - Vergleich angelegten Untersuchung in sechs Gemeinden im norddeutschen Raum gelangten GUMMERT & WERSCHNITZKY (1965, S. 24, 43, 59) zu der Feststellung, daß die Anzahl der Betriebe < 20 ha im Verlauf der Flurbereinigungsverfahren abgenommen, die der Betriebe ≥ 20 ha dagegen zugenommen habe. Sie weisen allerdings darauf hin, daß diese Umschichtung in kausalem Zusammenhang mit Flurbereinigungsverfahren als staatlich durchgeführter Strukturmaßnahme u n d der gesamtwirtschaftlichen Entwicklung zu sehen ist. Auch HANTELMANN (1978, S. 164) stellt eine Abnahme der landwirtschaftlichen Betriebe in seinen drei flurbereinigten Untersuchungsgemeinden fest, kann allerdings durch eine Befragung klären, daß die durchgeführten Flurbereinigungen wohl "willkommener Anlaß", aber nicht eigentlicher Grund für die Betriebsaufgaben waren.
HAHN (1977, S. 194ff) konnte auf der Grundlage von Betriebsgrößenstatistiken und Befragungen in zwei benachbarten flurbereinigten Weinbaugemeinden einen differierenden Verlauf der Betriebsgrößenentwicklung nach der Flurbereinigung erkennen. Weiterführende Untersuchungen ergaben aber, daß dies auf Unterschiede z. B. im Alter, in der Ausbildung und in der sozioökonomischen Stellung der Betriebsleiter zurückgeführt werden muß. Auch die von THOMAS (1967, S. 154ff) vorgenommene Untersuchung in 8 sich bezüglich Naturausstattung, sozioökonomischer Einordnung u.a. unterscheidenden Gemeinden ergab, daß die Betriebsgrößenstruktur durch die Flurbereinigung unmittelbar nur in den Gemeinden verbessert wurde, in denen Aufstockungsland vorhanden war, sie aber in anderen Gemeinden erster Anlaß oder beschleunigender Faktor der Umstrukturierung war; in Gemeinden, in denen weder

Aufstockungsland noch außerlandwirtschaftliche Erwerbsquellen gegeben waren, blieb die Betriebsgrößenstruktur nahezu unverändert, obwohl der Wunsch zu Aufstockung bzw. zum Überwechseln in den Nebenerwerb wegen des verminderten Arbeitsaufwandes nach erfolgter Flurbereinigung bei den Landwirten bestand. KROÉS (1971, S. 101ff, S. 124ff) beobachtete ebenfalls in seinen Untersuchungsgemeinden eine Betriebsgrößenveränderung nach erfolgter Flurbereinigung und konnte durch Befragung herausfinden, daß vor der Zusammenlegung einige Parzellen nicht verpachtungsfähig gewesen waren. Er mußte dann aber die Feststellung treffen, daß es nicht schlüssig beweisbar ist, ob die Betriebsgrößenveränderungen tatsächlich auf die Flurbereinigung zurückzuführen sind. Zusammenfassend meinte er allerdings, daß die Betriebsgrößenveränderung als ein überwiegend "positiver intangibler Effekt" der Flurbereinigung erachtet werden könnte.

Bei den bisher angeführten empirischen Untersuchungen und deren Ergebnisse ergibt sich die methodische Schwierigkeit der tatsächlichen Isolierung von Einflüssen Dritter auf die Änderung der Betriebsgrößenstruktur und die Anzahl der Betriebe. Einige Autoren führten daher neben dem vertikalen Vorher - Nachher - Vergleich einen horizontalen Vergleich mit der Entwicklung einer nichtflurbereinigten Gemeinde, mit dem entsprechenden Landkreis oder Bundesland durch.

SICK (1952, S. 102) stellte für das in vergangenen Jahrhunderten vereinödete Gebiet im Vergleich zum nicht vereinödeten Raum westlich davon fest, daß heute in diesem bedeutend weniger Kleinbetriebe vorhanden sind, die Vereinödung langfristig damit eine - in heutiger agrarpolitischer Sicht - günstige Betriebsgrößenentwicklung bewirkt habe. Die Gegenüberstellung der Entwicklung von 160 ausgewählten Betrieben mit den zugehörigen Kreisen und Nordrhein-Westfalen (BRANDKAMP, 1963, S. 48) ergab, daß Flurbereinigung und Folgemaßnahmen eine stärkere Veränderung der Betriebsgrößenstruktur und der durchschnittlichen Betriebsgröße hervorgerufen hatten.

HAHR (zitiert nach HANTELMANN, 1978, S. 28) führte für die Bundesrepublik einen statistischen Entwicklungsvergleich von 93 flurbereinigten mit 93 nichtflurbereinigten strukturähnlichen Gemeinden durch. Hierbei konnte über einen Zeitraum von 10 Jahren kein auffälliger Unterschied in Umfang und Form betriebsgrößenwirksamer Bodenmobilität und Entwicklung der landwirtschaftlichen Betriebsgrößenstruktur erkannt werden. Ein ähnlicher Entwicklungsvergleich (EILFORT, 1975, S. 223ff) für alle hauptberuflich geführten Betriebe in 30 flur- und 30 nichtflurbereinigten Nachbargemeinden in Baden-Württemberg ergab im Gegensatz zur Untersuchung von HAHR, daß der Trend zum größeren Betrieb (unabhängig von natürlichen Produktionsbedingungen und der Wirtschaftsstruktur des Gebietes) deutlich stärker in den flurbereinigten Gemeinden war.

Die Untersuchungsergebnisse von SARA (1977, S. 9) wiederum, der 5 flurbereinigte mit 5 nichtflurbereinigten Referenzgemeinden in Schleswig-Holstein verglichen hat, zeigen eine geringere Bodenmobilität, eine geringere Erhöhung der durchschnittlichen Betriebsgrößen und eine bedeutend geringere Zunahme der Anzahl der Betriebe ≥ 30 ha in den flurbereinigten Gemeinden.

Bezüglich der Auswirkung der Flurbereinigung auf die sozioökonomische Stellung der landwirtschaftlichen Betriebsleiter berichtet BOESLER (1969, S. 197), daß nach der Flurbereinigung die Anzahl der Familienbetriebe angestiegen sei. AMTSFELD (1973, S. 80), LEHMANN (1975, S. 113) und THOMAS (1967, S. 128) stellen fest, daß sich die Arbeitserleichterung infolge der Flurbereinigung in einem Abstocken mehrerer Betriebsleiter zu Nebenerwerbslandwirten niedergeschlagen hat. Bedingt durch einen im Rahmen der Flurbereinigung erfolgten Pachtentzug nahm in einer der von HANTELMANN (1978, S. 168) untersuchten Gemeinde ein Haupterwerbslandwirt eine außerlandwirtschaftliche Beschäftigung auf.[1] Für Gemeindetypen im Siegerland gelangte BRAACH (1958, S. 96) zu der Feststellung, "daß die Kleinbauerngemeinden über die Flurbereinigung sich zu Bauerngemeinden hin entwickeln, ohne Flurbereinigung aber landwirtschaftlich degenerieren, während die Bauerngemeinden selbst ohne Flurbereinigung an der Landwirtschaft festhalten." SCHWEDE (1971, S. 32) stellt diesbezüglich fest, daß durch die flurbereinigungsbedingte Erhöhung der Arbeitsproduktivität oft erst eine außerlandwirtschaftliche Arbeit ermöglicht wird.

4.1.2. Auswirkungen auf die Bodennutzung

Auf unmittelbare Auswirkungen, wie die Neuregelung der Futterwirtschaft nach erfolgter Flurbereinigung und die Änderung der Bodennutzung durch den Ausbau von Vorflutern, durch Dränungen etc. weisen BOHTE (1957, S. 31), MIKUS (1968b, S. 76) und HOTTES/BLENCK/MEYER (1973, S. 15) hin. Von BABO (1956, S. 175), BOLLACK (1931, S. 87/88), GAMPERL (1949, S. 6), SENKE (1938, S. 163) und OSTHOFF (1967, S. 33/34) erwähnen die mittelbare Bedeutung der Flurbereinigung für die Bodennutzung: Der nach der Zusammenlegung verminderte Arbeitsaufwand erlaube eine Anbauumstellung zugunsten einer intensiveren Bewirtschaftung. SICK (1955, S. 181) macht auf die nach erfolgter Flurbereinigung mögliche bessere Anpassung in der Bodennutzung an natürliche Bedingungen aufmerksam.

Vertikale Untersuchungen von THOMAS (1967, S. 156/57) in mehreren Gemeinden ergaben eine geringe unmittelbare Bedeutung der Flurbereinigung für die Bodennutzung. Die mittelbar durch die Neuordnungsmaßnahmen geschaffenen Voraussetzungen für eine "zeitgemäße Bodenbewirtschaftung" wurden in zwei Gemeinden mit unterdurchschnittlichen außerlandwirtschaftlichen Verdienstmöglichkeiten zur Intensivierung des Anbaus genutzt, dagegen waren in den mit ausreichenden außerland-

---

[1] Dennoch konnte er insgesamt feststellen (S. 212), daß einige Landwirte ihre Betriebe ohne Flurbereinigung aufgegeben hätten, und daß die Agrarstrukturentwicklung im Bereich der Betriebsgröße ohne Flurbereinigung schneller verlaufen wäre.

wirtschaftlichen Arbeitsplätzen ausgestatteten Gemeinden Extensivierungserscheingungen festzustellen, die Arbeitszeitersparnis im I. Sektor wurde in den anderen Wirtschaftsbereichen eingesetzt.
HANTELMANN (1978, S. 178 - 181) gelangte ebenfalls für die von ihm untersuchten Gemeinden zu unterschiedlichen Ergebnissen. Wurde die in einer Gemeinde durchgeführte Anbauintensivierung erst durch die durch die Flurbereinigung geschaffene Beregnungsfähigkeit der Felder und die Arbeitszeitersparnis ermöglicht, so sind die im Anbauverhältnis der anderen Gemeinden zu verzeichnenden Veränderungen nach Meinung der befragten Landwirte und Wirtschaftsberater nicht auf die Bodenordnungsmaßnahme zurückzuführen. Eine Änderung des Acker-Grünlandverhältnisses zugunsten des Ackerlandes als unmittelbare Folge von im Rahmen von Flurbereinigungen durchgeführten Meliorationen konnten GUMMERT & WERSCHNITZKY (1965, S. 28 - 46, S. 57 - 76, S. 109 - 126) in einigen ihrer Untersuchungsgemeinden feststellen. In anderen flurbereinigten Gemeinden wiederum konnten von ihnen keine wesentlichen Veränderungen im Kulturarten- und im Nutzflächenverhältnis nachgewiesen werden.

BIRKENHAUER (1964, S. 18), ENDRISS (1961, S. 55), FEITER (1969, S. 56ff, S. 86) und MIKUS (1967, S. 56) konnten als Untersuchungsergebnisse eine Veränderung des Acker-Grünlandverhältnisses verbunden mit Betriebsumstellungen zugunsten des Dauergrünlandes vermerken. Gleichzeitig zeigt FEITER für seine Untersuchungsgemeinden ein nahezu unverändertes Ackerflächenverhältnis auf, ebenso wie NAGEL (1978, S. 26) und RADLOFF (1951, S. 24). RADLOFF (S. 52) berichtet allerdings für seine Untersuchungsgemeinde, wie auch DORN (1904, S. 126) für das von ihm bearbeitete Gebiet, von einer Intensivierung in der Bewirtschaftung des Dauergrünlandes.

Eine wenn auch z.T. nur geringe Intensivierung des Anbaus auf dem Ackerland als mittelbare Auswirkung von Flurbereinigungsverfahren (Arbeitseinsparung) konnten BOESLER (1969, S. 188ff), BRUNDKE et al. (1979, S. 24, S. 40), STEINDL (1954, S. 55), LEHMANN (1975, S. 85) und JANETZKOWSKI (1960, S. 36ff) für ihre Untersuchungsgebiete bzw. -gemeinden feststellen, wobei diese Entwicklung insbesondere bei den Betrieben in den oberen Betriebsgrößenklassen und hier vor allem bei den ausgesiedelten Betrieben verzeichnet werden konnte.

Bezüglich der Sozialbrache wird von BIRKENHAUER (1964, S. 25) der Flurbereinigung eine positive Wirkung zu deren Verhinderung zuerkannt. KRUMM (1954, S. 449) hingegen konnte für seine Untersuchungsgemeinde berichten, daß bereits während der Durchführung des Verfahrens Parzellen brachlagen und nach der Besitzeinweisung weitere 60 ha brachgefallen sind. Das erstmalige Auftreten von Sozialbrache in einer seiner Untersuchungsgemeinden als mittelbare Folge der Flurbereinigung konnte von THOMAS (1967, S. 46/47)[1] nachgewiesen werden.

Zu den Auswirkungen der Flurbereinigung auf die Bodennutzung liegen nur wenige Untersuchungen vor, die methodisch neben einem vertikalen einen horizontalen Vergleich zur Isolierung externer Einflüsse vornehmen. ENGBERDING (1952, S. 40ff) und SCHRÖDER (1951, S. 41ff und S. 70) stellen für ihre Untersuchungsbereiche bei einem Vergleich mit dem Bundesgebiet und Niedersachsen bzw. dem gesamten Wirtschaftsgebiet eine stärkere Intensivierung des Anbaus fest. Neben einer Zunahme des Grünlandes als unmittelbare Folge von Meliorationen im Zuge der Flurbereinigung konnte in der von SPAETGENS (1955a, S. 68ff) untersuchten flurbereinigten Gemeinde eine stärkere Ausdehnung des Getreide- und Hochfruchtbaues - insbesondere in den größeren Betrieben - als in der nichtflurbereinigten Vergleichsgemeinde verzeichnet werden. SICK (1952, S. 102) berichtet über das von ihm untersuchte Vereinödungsgebiet, daß hier der Umfang des Ackerlandes zugunsten des Grünlandes stärker abgenommen habe als in den räumlich benachbarten nichtvereinödeten Gebieten. Auch BRANDKAMP (1963, S. 52 und S. 76ff) konnte in dem von ihm bearbeiteten Gebiet eine höhere Zunahme der Getreideanbaufläche und eine stärkere Intensivierung des Grünlandes als in Nordrhein-Westfalen festhalten; daneben verzeichnete er eine flurbereinigungsbedingte Abnahme des Ödlandes. Dagegen vermerkte SPERBER (1938, S. 142ff) keine Auswirkungen der Zusammenlegung auf das Anbauverhältnis, was ihm auch von den befragten Landwirten bestätigt worden ist.

4.1.3. Auswirkungen auf die Viehhaltung

Auswirkungen der Flurbereinigung auf die Viehhaltung in Form einer rationelleren Gestaltung bzw. einer Erhöhung des Viehbesatzes erwähnen von BABO (1956, S. 175) und SICK (1955, S. 181).

Auf der Grundlage eigener Untersuchungen gelangten BIRKENHAUER (1964), ENDRISS (1961), DORN (1904) und NAGEL (1978) zu der Feststellung, daß sich in den jeweiligen Untersuchungsgebieten die Viehhaltung nach dem Zusammenlegungsverfahren verändert habe. So bewerteten BIRKENHAUER (1964, S. 20, S. 24) und ENDRISS (1961, S. 55) das Bodenordnungsverfahren als wichtigen Faktor für die Umstellung zu verstärkter Viehwirtschaft, NAGEL (1978, S. 26) vermerkte eine Vergrößerung des Viehbestandes insbesondere nach erfolgter Aufstockung und schon DORN (1904, S. 128) berichtete von einer zahlenmäßigen Zunahme des Viehbestandes hauptsächlich verursacht durch die nach der Vereinödung verbesserte Futterwirtschaft.

---

[1] Ein vor der Flurbereinigung im Vollerwerb bewirtschafteter Betrieb mit unzureichender Flächenausstattung wurde nach der Flurbereinigung zum Nebenerwerbsbetrieb abgestockt; parallel hierzu wurde eine Anbauextensivierung vorgenommen, dabei fielen mehrere vorher bewirtschaftete Parzellen brach.

Von einer mittelbaren Auswirkung der Flurbereinigung auf die Viehhaltung
- über die flurbereinigungsbedingten Faktoren der Arbeitszeitersparnis,
der Steigerung der Erträge und teilweise der Betriebsgrößenveränderung-
berichten für ihre Untersuchungsbereiche BOESLER (1969, S. 188),
MIKUS (1967, S. 56, 62, 77), LEHMANN (1975, S. 91, 92), STEINDL
(1954, S. 55) und STRAUB (1953, S. 103). GUMMERT & WERSCHNITZKY
(1965, S. 30 und S. 65) konnten nur für einige Untersuchungsgemeinden
eine Erhöhung des Viehbestandes feststellen, nicht ausreichende Stallkapazitäten werden als teilweise begrenzender Faktor genannt. Auch
THOMAS (1967, S. 48, 116, 160), HANTELMANN (1978, S. 181) und
BRUNDKE et al. (1979, S. 24) konnten nicht für alle in die Untersuchung
einbezogenen Gemeinden bzw. Betriebe eine innere Aufstockung in Form
einer Erhöhung der Viehhaltung vermerken; so war z.T. trotz Arbeitszeitersparnis keine Änderung in der Viehhaltung nach erfolgter Flurbereinigung nachweisbar. RADLOFF (1951, S. 52) stellte für seine Untersuchungsgemeinde sogar einen Rückgang in der Viehhaltung nach der
Durchführung eines Flurbereinigungsverfahrens fest.

Durch Untersuchungen, in denen die Viehbestandsentwicklung in flurbereinigten mit derjenigen in nichtflurbereinigten Gebieten verglichen wurde, konnten JANETZKOWSKI (1960, S. 47ff), SARA (1977, S. 89), SICK
(1952, S. 102) und SCHRÖDER (1951, S. 48ff) feststellen, daß insbesondere durch die flurbereinigungsbedingte Veränderung der Futtergrund-
lage eine beträchtliche Ausweitung des Viehbesatzes, z.T. in doppelt so
starkem Umfang im Vergleich zum gesamten Wirtschaftsgebiet (SCHRÖ-
DER, 1951, S. 70), zu verzeichnen war. BRAACH (1958, S. 96) berichtet von einem höheren Viehbesatz in den flurbereinigten Kleinbauerngemeinden im Vergleich zu den nichtflurbereinigten. Für seine Untersuchungsgemeinde beobachtete FEITER (1969, S. 59ff) zwar einen stärkeren Anstieg der durchschnittlichen Bestandsgröße in der Viehhaltung als
im Landkreis, stellte aber fest, daß diese Entwicklung allerdings nach
Betriebsgrößen differenziert werden kann. So konnte bei den größeren
Betrieben eine beträchtliche Aufstockung, bei den Betrieben <10 ha LN
hingegen eine Abstockung vermerkt werden. BRANDKAMP (1963, S. 65 -
69) beobachtete ebenfalls eine im Vergleich zum Landesdurchschnitt
stärkere Zunahme der Viehhaltung, die zudem über den produktions-
technisch bedingten Fortschritt hinausgereicht habe. Eine stärkere Abnahme des Viehbesatzes als in der Vergleichsgemeinde, parallel zur
Verkleinerung der Futteranbaufläche, verzeichnete SPAETGENS (1955a,
S. 80).

4.1.4. Auswirkungen auf die arbeitswirtschaftlichen Verhältnisse

Auf die Auswirkung von Flurbereinigungsverfahren auf die Arbeitswirtschaft (Umfang des betriebsnotwendigen menschlichen Arbeitskraftbe-
darfs und der Mechanisierung) wird von vielen Autoren verwiesen. Von
BABO (1956, S. 125), MIKUS (1968b, S. 76), MÜLLER (1967, S. 65),

SENKE (1938, S. 163ff) und WOLF (1961, S. 60) heben die grundlegende Veränderung der arbeitswirtschaftlichen Voraussetzungen durch die Flurbereinigung hervor und betonen die dadurch unmittelbar bedingte Verringerung des Arbeitsaufwandes bzw. die Erhöhung der Arbeitsproduktivität. Zusätzlich hierzu erwähnen BIRKENHAUER (1964, S. 24), BOLLACK (1931, S. 86ff), GAMPERL (1949, S. 6), HOTTES/BLENCK/MEYER (1973, S. 13), OSTHOFF (1967, S. 33/34), SCHÖCK (1970, S. 87), STETTLER (1960, S. 48) und WIESNER (1960, S. 26ff) die nach der Flurbereinigung verbesserte Einsatzmöglichkeit von Maschinen.

Ausgehend von eigenen Untersuchungen konnte bereits DORN (1904, S. 127) für die von ihm bearbeiteten Gebiete in Oberschwaben eine Minderung der Produktionskosten in Form einer Einsparung an Arbeitskräften feststellen. Die generelle Abnahme des Arbeitskräftebedarfs wird, worauf u.a. OPPERMANN (1960, S. 58ff) anhand seines Untersuchungsgebietes hingewiesen hat, insbesondere durch die Verringerung von Rüst- und Wegezeiten und durch die Verbesserung von Parzellengröße und -gestaltung hervorgerufen, und kann sich zum einen in einer tatsächlichen Einsparung an Arbeitskräften oder aber in einer Entlastung der bisherigen Arbeitskräfte niederschlagen. Allerdings variiert, in Abhängigkeit von der Betriebsgröße und dem Betriebstyp, die Arbeitszeiteinsparung (s. hierzu PRIEBE/ OPPERMANN, 1957, S. 66ff). Auch AMTSFELD (1973, S. 80), ERNST (1968b, S. 238), FEITER (1969, S. 86), HEIMBÜRGER (1964, S. 98), KOPP (1975, S. 107), SICK (1955, S. 181) und THOMAS (1976, S. 159ff) berichten für ihre Untersuchungsgebiete von einem nach einem Zusammenlegungsverfahren verminderten betriebsnotwendigen Arbeitskräftebedarf, der in vielen Fällen zu einem tatsächlichen Rückgang an Arbeitskräften geführt habe.

Ebenfalls durch Vorher - Nachher - Untersuchungen konnten DOEPPING (1870, S. 21ff), ENGBERDING (1952, S. 45ff), LEHMANN (1975, S. 95ff), MIKUS (1967, S. 53ff) und STEINDL (1954, S. 52ff) neben einer Arbeitszeitersparnis eine flurbereinigungsinduzierte Zunahme insbesondere von größeren landwirtschaftlichen Maschinen vermerken. Zu diesem Ergebnis gelangten auch RADLOFF (1951, S. 54ff) und STRAUB (1953, S. 23, S. 102ff). Sie verweisen zwar darauf, daß eine gewisse Mechanisierung sicher ohne Flurbereinigungsverfahren ebenso zu verzeichnen gewesen wäre, daß aber die Flurbereinigung die bessere Anwendbarkeit gewährleiste und sie damit beschleunigend auf die Mechanisierung gewirkt hätte. BRUNDKE et al. (1979, S. 28, S. 42) stellten fest, daß Neuanschaffungen von Maschinen i.a. nur im Rahmen der Ersatzbeschaffung durchgeführt werden, die Flurbereinigung aber häufig erst entsprechende Investitionen für leistungsfähigere Maschinen auslöse. HANTELMANN (1978, S. 168ff) konnte in einer detaillierten Untersuchung herausfinden, daß in zwei seiner von ihm bearbeiteten Gemeinden die Flurbereinigung nach Auffassung der befragten Landwirte und Wirtschaftsberater keinen Einfluß auf die Mechanisierung hatte, während in der dritten Untersuchungsgemeinde im Zusammenhang mit der flurbereinigungsbedingten Änderung des Anbauflächenverhältnisses neue Maschinen gekauft worden sind. Eine Arbeitszeitersparnis dagegen konnte von ihm in allen Untersuchungsgemeinden vermerkt werden.[1] GUMMERT & WERSCHNITZKY (1965, S. 125ff) konnten für eine Gemeinde ebenfalls nach der Flurbereinigung eine Verminderung des Arbeitsbedarfes und bessere Voraussetzungen für eine wirtschaftliche Mechanisierung feststellen; sie weisen aber darauf hin, daß ständige familienfremde Arbeitskräfte nicht entlassen werden konnten, da vor der Flurbereinigung in vielen Fällen eine Arbeitsüberlastung bestanden habe. Weiterhin konnten sie ihre Aussage dahingehend differenzieren, daß in der Gemeinde, in der vor der Flurbereinigung der betriebswirtschaftliche Schwerpunkt auf der nichtflächengebundenen Veredelung lag, die Verminderung des betriebsnotwendigen Arbeitsaufwandes am geringsten war.

In Vorher - Nachher - Untersuchungen, ergänzt durch horizontale Vergleiche, gelangten BRAACH (1958), BRANDKAMP (1964), SPAETGENS (1955a), SCHRÖDER (1951) und FEITER (1969) zu dem Ergebnis, daß die Arbeitswirtschaft in den flurbereinigten Untersuchungsgebieten eine stärkere Verbesserung erfahren hat als in den nichtflurbereinigten. So konnte BRANDKAMP (1963, S. 77ff) feststellen, daß in den flurbereinigten Gebieten nur noch eine geringe Anzahl von ständigen landwirtschaftlichen Lohnarbeitskräften vorhanden war und die Flurbereinigung und ihre Folgemaßnahmen eine Zunahme der Mechanisierung verursacht hat. SPAETGENS (1955a, S. 85ff), SCHRÖDER (1951, S. 37ff und S. 69) und JANETZKOWSKI (1960, S. 57ff) vermerkten einen bedeutend stärkeren Rückgang des Arbeitskräftebesatzes - vor allem in den größeren Betrieben - und eine höhere Mechanisierung in den von ihnen untersuchten flurbereinigten Gemeinden im Gegensatz zu den Vergleichsgemeinden, wobei die meisten der von SPAETGENS befragten Landwirte hervorheben, daß sie ohne Durchführung der Flurbereinigung wahrscheinlich keine Schlepper gekauft hätten. FEITER (1969, S. 63) betont zwar die Schwierigkeit der genauen Erfassung der Wirkung der Flurbereinigung auf die arbeitswirtschaftlichen Verhältnisse, berichtet aber dennoch, ebenso wie BRAACH (1958, S. 77) und SPERBER (1938, S. 195ff), für die flurbereinigten Gemeinden von einer stärkeren Mechanisierung als für die Vergleichsgemeinden.

---

[1] HANTELMANN verweist in diesem Zusammenhang auf die Schwierigkeiten der Quantifizierung von Arbeitszeiteinsparung. Arbeitstagebücher liegen in den seltensten Fällen vor; zudem erschwert die heute überwiegende Familienarbeitsverfassung die genauere Erfassung; auch SPERBER (1938, S. 195, 196) betont, daß die Zeitersparnis durch die Einsparung an menschlichen und tierischen Arbeitsstunden nicht genau quantifizierbar sei;

Als Ergebnis einer vergleichenden Untersuchung konnte SARA (1977, S. 94/95ff) dagegen festhalten, daß die nichtflurbereinigten Betriebe ihren Arbeitskräftebesatz stärker verringert haben als die flurbereinigten und daß zudem der Mechanisierungsgrad in den flurbereinigten Gemeinden geringer angestiegen ist als in den nichtflurbereinigten.

Die Literaturübersicht zeigt, daß zu den Auswirkungen der Flurbereinigung auf agrarstrukturelle Elemente in Abhängigkeit vom Durchführungszeitpunkt sowohl eines Flurbereinigungsverfahrens als auch einer wissenschaftlichen Untersuchung und der Lage des Untersuchungsgebietes sehr unterschiedliche Aussagen vorliegen. Eine Übereinstimmung ist nur bezüglich der Verringerung des Aufwandes an betriebsnotwendiger Arbeitskraft, der Veränderung der Bodennutzung nach Durchführung von Meliorationen etc. und, soweit Land zur Aufstockung bereitgestellt werden konnte, bezüglich der Veränderung der Betriebsgrößenstruktur festzustellen.

Die Bewertung dieser Einzeluntersuchungen bzw. ein Vergleich verschiedener Untersuchungsergebnisse wird zusätzlich dadurch erschwert, daß von den meisten Autoren ihr methodisches Vorgehen nicht explizit kenntlich gemacht wird. So wurde, falls überhaupt Befragungen durchgeführt wurden, fast nie die Grundgesamtheit angegeben und bei statistischen Entwicklungsvergleichen fehlen ebenfalls fast immer genaue quantitative Angaben. Zudem wurden von sehr vielen Autoren einfache Vorher - Nachher - Vergleiche vorgenommen, die hierdurch festgestellten Veränderungen wurden der Flurbereinigung zugeschrieben, was bei der durchschnittlichen Dauer eines Verfahrens (s. 2.3.2.) nicht zulässig ist, da hierdurch nicht eine Isolierung von Flurbereinigungswirkungen erreicht werden kann. Auch die meisten horizontalen Vergleiche sind nicht geeignet, Flurbereinigungswirkungen tatsächlich zu isolieren, da lediglich die Entwicklung einer Gemeinde oder eines Betriebes derjenigen auf Bundes-, Landes- oder Kreisebene gegenübergestellt wird. Hinzu kommt, daß zwar wohl von einigen Autoren darauf aufmerksam gemacht wird, daß die Flurbereinigung nicht immer in jeder Gemeinde dieselben Auswirkungen hervorrufe, aber eine umfassende Wirkungsanalyse, die nicht nur ein oder zwei agrarstrukturelle Elemente, sondern die die wechselseitig sich bedingenden Elemente Betriebsgrößenstruktur, sozioökonomische Stellung, Bodennutzung und Viehhaltung und Arbeitswirtschaft auf überbetrieblicher Ebene einbezieht, und die über einfache empirische Verallgemeinerungen hinausgeht, liegt nicht vor.

4.2. Tatsächliche und potentielle Bedeutung der Flurbereinigung für Veränderungen in der Agrarstruktur

Vor dem Hintergrund dieser differierenden Forschungsergebnisse zur Bedeutung der Flurbereinigung für agrarstrukturelle Veränderungen stellt sich die Frage, welche Umstrukturierungen in diesem Bereich tatsächlich auf die Bodenordnungsmaßnahme zurückgeführt werden können. Zur Klärung dieses Fragenkomplexes werden im folgenden, ausgehend von den im Rahmen eines Flurbereinigungsverfahrens durchzuführenden Maßnahmen, die unmittelbar hieraus resultierenden und die potentiellen Auswirkungen dargelegt werden.

Die Flurbereinigung kennt als wesentliche Maßnahmen im landwirtschaftlichen Bereich die Zusammenlegung und zweckmäßige Gestaltung der Flurstücke, den Ausbau des Wege- und Gewässernetzes und die Durchführung von Bodenmeliorationen.[1] Hierbei stellt die Zusammenlegung den Kern jeder Flurbereinigung dar, die anderen Maßnahmen können, je nach Verfahrensart, unterbleiben (s. 2.3.2.).

Direkte bzw. unmittelbare[2] Auswirkungen sind eine qualitativ und quantitativ verbesserte innere Verkehrslage, bezüglich Größe und Form bearbeitungsgerechte Flurstücke und ein verbesserter Produktionsfaktor Boden.

Diese Auswirkungen bedeuten eine Verminderung des betriebsnotwendigen Arbeitsbedarfs, damit eine Steigerung der Arbeitsproduktivität und wegen den nach einer Zusammenlegung verminderten Kosten auch eine Steigerung der Flächenproduktivität (MÜLLER, 1967, S. 65; OSTHOFF, 1967, S. 33). Zudem können durch Bodenverbesserungen (Dränungen u.a.) direkt Kulturartenveränderungen hervorgerufen werden (z.B. Umbruch von Dauergrünland zu Ackerland), weiterhin kann durch die Zusammenlegung und den Ausbau des Wege- und Gewässernetzes die Einsatzmöglichkeit von Maschinen verbessert werden (u.a. SCHÖCK, 1970, S. 87; OPPERMANN, 1960, S. 65).

Weiterreichende Maßnahmen und Teileffekte (s. 4.1. - 4.4.) wie verstärkte Bodenmobilität, Betriebsgrößen[3] - und Betriebssystemänderung, Aussiedlungen und Verstärkung der Mechanisierung sind nicht unmittel-

---

[1] Siehe hierzu auch STRÖSSNER (1976, S. 340), HANTELMANN (1978, S. 44ff); zu Maßnahmen, die nicht den landwirtschaftlichen Bereich betreffen, sei auf die Zusammenstellungen von WILSTACKE (1978) verwiesen.

[2] SCHRÖDER (1951, S. 23 und 48) und SPERBER (1938, S. 137) unterscheiden methodisch zwischen direkten und indirekten bzw. unmittelbaren und mittelbaren Auswirkungen einer Zusammenlegung

[3] Als direkte Auswirkungen treten geringfügige Veränderungen der Betriebsgröße bei fast jedem Verfahren in Form des alle Teilnehmer im selben Anteil betreffenden Landabzuges oder als Ausgleich für etwaige Unterschiede in der Bonität der Grundstücke auf; eine beträchtliche Veränderung der Betriebsgrößenstruktur ist dagegen nur dann möglich, wenn Landwirte einerseits bereit sind, Flächen abzugeben und auch andererseits willens sind, flächenmäßig aufzustocken.

bar bzw. direkt der Flurbereinigung zuzuschreiben. Zwar sind z.B. Aussiedlungen im Rahmen von Flurbereinigungen möglich und es eröffnen sich nach einer Flurbereinigung, ausgehend von den durch diese verbesserten innerwirtschaftlichen Erzeugungsgrundlagen, vielfältige Möglichkeiten für die weitere einzelbetriebliche Entwicklung, aber bestimmte Strukturveränderungen können durch die Flurbereinigung nicht vorprogrammiert werden, sondern diese sind gebunden an die Landwirte in ihrer Funktion als Entscheidungs- und Handlungsträger.

Zur Bedeutung des Betriebsleiters als Einflußgröße für Veränderungen nach erfolgter Zusammenlegung führt RADLOFF (1951, S. 69) aus: "Eine Flurbereinigung ist nicht Selbstzweck, nicht mit der Zusammenlegung der Grundstücke ist das erstrebte Ziel erreicht, sondern sie ist Mittel zum Zweck ... Eine Zusammenlegung ... kann ihr eigentliches Ziel nur dann erreichen, wenn die Landwirte die für sie völlig veränderten Verhältnisse in ihrem gesamten Umfang erfassen und in der Lage sind, sich umzustellen und die Vorteile, die ihnen die Umlegung bringt, bis ins letzte auszunutzen ... Wird eine derartige Anpassung an die Bedingungen, unter denen der Landwirt von nun an zu arbeiten gezwungen ist, versäumt, muß die schönste Flurbereinigung Stückwerk bleiben." Auch PRIEBE & OPPERMANN (1957, S. 69) stellen fest: "Mit der Flurbereinigung allein ist selten genügend getan; die Betriebsumstellung und Motorisierung, die Modernisierung der Gebäude muß hinzukommen ... Die Ausnutzung der verbesserten Produktionsbedingungen bleibt eine Aufgabe der Bauern. Sie ist von ihrer Einsicht und praktischen Selbsthilfe abhängig." Ähnlich äußert sich FEITER (1969, S. 70): "Die Maßnahmen der Flurbereinigung kommen erst voll zur Wirkung, wenn es gelingt, die durch die Verbesserungen in der Feldwirtschaft freiwerdenden Arbeitskräfte anderweitig produktiv einzusetzen." Von BABO (1956, S. 173ff) betont ebenfalls, daß "auch eine in betriebswirtschaftlicher und technischer Hinsicht vorzüglich durchgeführte Flurneuordnung keineswegs den erwarteten Erfolg gewährleistet, wenn die Bauern ihre Betriebe nicht systematisch auf die neugeschaffenen verbesserten Bewirtschaftungsmöglichkeiten umstellen".[1] Weiterhin fordert er (s. 174): "Eine wesentliche Änderung der bisherigen Wirtschaftsweise ist in jedem Fall nach einer Flurneuordnung notwendig, wenn alle nunmehr gebotenen Gelegenheiten zur Verbesserung des Betriebserfolges ausgenutzt werden sollen."

Die nach bzw. während einer Flurbereinigung von den Landwirten getroffenen Entscheidungen sind aber in starkem Maße abhängig von den jeweiligen Ausgangspositionen[2] der Betriebe, die ihrerseits wiederum als mo-

---

[1] Siehe hierzu auch die Hinweise bei BOHTE (1957, S. 31), BOLLACK (1931, S. 84ff), STETTLER (1960, S. 7), SENKE (1938, S. 163), GUMMERT & WERSCHNITZKY (1965, S. 16), WOLF (1961, S. 60).

[2] FRICKE (1959, S. 76) spricht hier von der "historischen Agrarlandschaft als Prägestock und Vorläufer der gegenwärtigen";

mentanes Ergebnis des Zusammenwirkens verschiedener Faktoren aufzufassen sind.

Diese Faktoren, von WIRTH (1979, S. 234ff) auch als Determinanten bezeichnet, können zusammengefaßt werden zu den interdependenten Bereichen wirtschaftliche, soziale und staatlich-politische Determinanten und tradierte Strukturen.[1] Hierzu zählen u. a. das Ausmaß der Industrie- und Gewerbedurchdringung, der Stand der volkswirtschaftlichen Entwicklung, die Verkehrsanbindung, Alter, Ausbildung und sozioökonomischer Status eines Landwirts, agrarpolitische Maßnahmen wie die Flurbereinigung und vor allem die historisch gewachsene Agrarstruktur. Auf diese Faktoren reagiert der Landwirt, diese bestimmen seine Vorstellungen, Einschätzungen und seine Entscheidungen.

Die wesentlichsten Handlungsalternativen für den Leiter eines landwirtschaftlichen Betriebes nach erfolgter Flurbereinigung sind in Fig. 1 dargestellt. Ausgangspunkt für alle agrarstrukturellen Umstellungen nach erfolgter Flurbereinigung ist die "grundlegende Veränderung der arbeitswirtschaftlichen Voraussetzungen" (PRIEBE & OPPERMANN, 1957, S. 20) in der Außenwirtschaft, die zu einer Verringerung des Gesamtarbeitsaufwandes in einem landwirtschaftlichen Betrieb führt. Verstärkt werden kann diese Entwicklung durch eine weitere Rationalisierung in Form einer Erhöhung des Maschinenbesatzes auf den nun bearbeitungsgerechteren Flurstücken und damit verbunden eine weitere Reduzierung des betriebsnotwendigen Arbeitszeitbedarfs. In Betrieben mit Lohnarbeitsverfassung kann dies eine Freisetzung von Arbeitskräften verursachen, in Betrieben mit Familienarbeitsverfassung kann die freiwerdende Arbeitskraft produktiv eingesetzt werden, wobei verschiedene Möglichkeiten denkbar sind.[2] Bei flächenmäßiger Abstockung aber auch bei gleichbleibender Flächenausstattung kann eine Änderung der sozioökonomischen

---

[1] Auch BOESLER (1966, S. 34), BRAACH (1958, S. 28), HANTELMANN (1978, S. 221), SCHWEDE (1971, S. 26), SPERBER (1938, S. 136) und THOMAS (1967, S. 154ff) verweisen auf die Bedeutung der Ausgangsposition für die regional unterschiedliche Wirksamkeit der Flurbereinigung; BIRKENHAUER (1964, S. 20), BREIT (1968, S. 4) und SCHWEDE (1969, S. 538) betonen in diesem Zusammenhang die Wichtigkeit der gesamtwirtschaftlichen Entwicklung; BRANDKAMP (1963, S. 13) und SPERBER (1938, S. 137, 225/226) weisen zudem darauf hin, daß die Möglichkeiten zu einer betrieblichen Umstellung nicht unbegrenzt sind, sondern abhängig sind u. a. von den natürlichen Voraussetzungen, den Fähigkeiten des Betriebsleiters, der Art des landwirtschaftlichen Betriebs und den verfügbaren Investitionsmitteln.

[2] Siehe hierzu auch BOLLACK (1931, S. 85), BRUNDKE et al. (1979, S. 40ff), FEITER (1969, S. 70), GAMPERL (1949, S. 6), HANTELMANN (1978, S. 45ff), SPERBER (1938, S. 166)

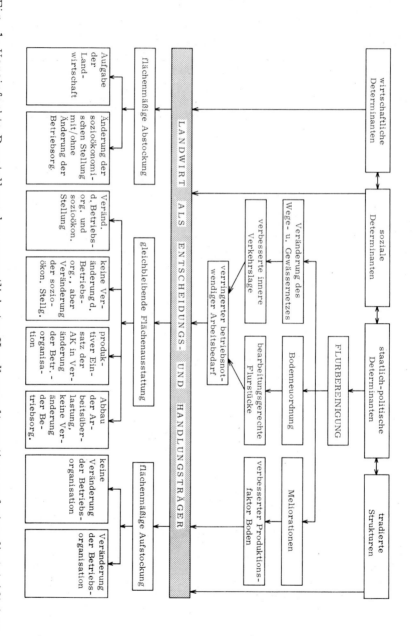

Fig. 1: Vereinfachte Darstellung der wesentlichsten Handlungsalternativen auf einzelbetrieblicher Ebene nach erfolgter Flurbereinigung (Betriebe mit Familienarbeitsverfassung)

Stellung des Betriebsleiters hin zu einer teilweisen oder vollständigen Abwanderung in außerlandwirtschaftliche Wirtschaftsbereiche hervorgerufen werden, unter Umständen begleitet von Veränderungen in der Betriebsorganisation. Bei gleichbleibender Flächenausstattung und bei flächenmäßiger Aufstockung kann in Abhängigkeit von der freiwerdenden Arbeitskapazität eine Umstellung in der Betriebsorganisation erfolgen in Form von Veränderungen oder Intensivierungen im Anbau und/oder in der Viehhaltung, begleitet von Veränderungen im Maschinenbestand. Bei gleichbleibender Flächenausstattung kann aber auch jegliche Veränderung in der Betriebsorganisation unterbleiben, da die freigewordene Arbeitskapazität zu einem Abbau einer etwaigen Arbeitsüberlastung der Familie des Betriebsleiters benutzt wird.[1] Nicht dargestellt in Fig. 1 ist die Möglichkeit, daß ein Landwirt die durch die Flurbereinigung freigewordene Arbeitskapazität weder in der Landwirtschaft noch in außerlandwirtschaftlichen Wirtschaftsbereichen produktiv einsetzt, sondern diese für zusätzliche Freizeitaktivitäten nutzt.

Bisher sind nur mögliche einzelbetriebliche Entwicklungen erörtert worden. Da aber die Flurbereinigung nicht als einzel- sondern als überbetriebliche Maßnahme konzipiert ist, worauf auch BRÜNNER (1973, S. 246) anhand einer Entscheidung des VGH Mannheim hingewiesen hat, daher mit der Durchführung einer Flurbereinigung eine Verbesserung der gesamten Agrarstruktur des jeweiligen Bereinigungsgebietes erzielt werden soll, genügt die Darlegung der wesentlichen Entwicklungsmöglichkeiten für den Einzelbetrieb nicht. Vielmehr ist es notwendig, die Bedeutung der Flurbereinigung für die agrarstrukturelle Entwicklung auf Gemeindeebene zu untersuchen, wobei hier wiederum davon ausgegangen werden muß, daß auch auf dieser Ebene, in Abhängigkeit vom jeweiligen geographischen Umfeld, verstanden als Gesamtheit der wirkenden Faktoren (s.o.), nicht in allen Gemeinden die gleichen Prozesse nach erfolgter Flurbereinigung stattfinden.

Denkbar sind mehrere agrarstrukturelle Entwicklungsvarianten auf Gemeindeebene, von den nachfolgend die wichtigsten aufgeführt werden:
- In Gemeinden, in denen während der Durchführung der Flurbereinigung bzw. direkt nach der Besitzeinweisung eine flächenmäßig bedeutende Anzahl an Betrieben aufgegeben oder verkleinert wird, könnte als kurzfristige Folge der Flurbereinigung eine Veränderung der Betriebsgrössenstruktur und gegebenenfalls - soweit noch Landwirte, die flächen-

---

[1] Hingewiesen sei aber in diesem Zusammenhang zum einen auf die wechselnden Arbeitskapazitäten im Rahmen einer Familienarbeitsverfassung in Abhängigkeit vom jeweiligen Stand im Lebenszyklus; zum anderen auf die relative Zunahme der Arbeitsüberlastung einer bäuerlichen Familie parallel zur Entwicklung der Arbeitszeitverkürzung im außerlandwirtschaftlichen Bereich und der zunehmenden Wertigkeit von Freizeit (BRUNDKE et al., 1979, S. 40; SPAETGENS, 1955a, S. 87).

mäßig aufstocken wollen, vorhanden sind - eine Beschleunigung der
Entwicklung zum größeren Betrieb eintreten. Dies wiederum kann sich
in Veränderungen in der Bodennutzung und/oder der Viehhaltung auf
Gemeindeebene niederschlagen, da die flächenmäßig aufstockenden Betriebsleiter aus arbeitswirtschaftlichen Gründen gezwungen sind, Vereinfachungen im Betriebssystem vorzunehmen. Voraussetzung für solch
einen Entwicklungsverlauf ist allerdings das Vorhandensein zum einen
von Nebenerwerbslandwirten, deren "Bindung" an die Landwirtschaft,
sei sie materieller oder immaterieller Art, überdeckt wird entweder von
der mangelnden Bereitschaft, die durch die Flurbereinigung entstehenden
Kosten zu übernehmen oder von den finanziellen Anreizen nach einer Besitzeinweisung (in der Regel höheres Niveau der Kauf- und Pachtpreise),
so daß diese Landwirte sich entschließen, ihren Betrieb aufzugeben oder
zu verkleinern. Zum anderen ist hierfür die Existenz von längerfristig
nicht entwicklungsfähigen Haupterwerbsbetrieben wesentlich, für deren
Inhaber die Flurbereinigung den Anlaß darstellt, ihre Situation zu überdenken und die Entscheidung zum Überwechseln in den außerlandwirtschaftlichen Haupterwerb zu treffen.

Berücksichtigt werden muß hierbei allerdings, daß in solch einer Gemeinde auch ohne Flurbereinigung die angesprochenen hauptberuflichen Betriebsleiter verkleinern bzw. aufgeben würden, denn diese entschließen
sich nur zum Überwechseln in den außerlandwirtschaftlichen Bereich, worauf auch BRÜNNER (1973, S. 245) deutlich hingewiesen hat, wenn es nicht
mehr möglich ist, ein ausreichendes Einkommen aus der Landwirtschaft
zu erzielen (s. 1.); das Potential an aufgabebereiten Nebenerwerbslandwirten wird ebenfalls nicht erst durch die Flurbereinigung geschaffen.
Die Flurbereinigung führt in solchen Gemeinden aber dazu, daß das Potential an Landwirten, die zur Aufgabe bzw. Verkleinerung bereit sind, nicht
nach und nach, sondern zeitlich konzentriert freigesetzt wird, die Flurbereinigung somit für eine kurzfristige Änderung in der Betriebsgrößenstruktur verantwortlich ist. Für die längerfristige Entwicklung kann aber
nicht angenommen werden, daß sich eine solche flurbereinigte Gemeinde,
in ihrer Betriebsgrößenstruktur von einer nichtflurbereinigten Gemeinde,
die eine ähnliche Ausgangsposition aufweist, deutlich unterscheidet, da
auch in der nichtflurbereinigten Gemeinde Betriebsaufgaben bzw. Verkleinerungen in ähnlichem Umfang erfolgen werden. Deutliche längerfristige Veränderungen, die auch zu Unterschieden zwischen flurbereinigter und nichtflurbereinigter Gemeinde führen, sind dann nur im
Bereich der Bodennutzung und Viehhaltung zu erwarten, Veränderungen,
die denjenigen der nachfolgend angeführten Entwicklungsvariante entsprechen:

- In Gemeinden, in denen das Potential an Landwirten, die zur Aufgabe
  oder zur Verkleinerung bereit sind, gering ist, wird es nicht zu einer
  umfangreichen flurbereinigungsinduzierten Veränderung in der Betriebsgrößenstruktur kommen. Bewirtschaften in solch einer Gemeinde aber
  Landwirte, die willens und von ihrer persönlichen Situation aus (landwirtschaftliche Ausbildung, Familienarbeitskapazität etc.) auch in der

Lage sind, die durch die Flurbereinigung freigesetzte Arbeitskraft wieder im landwirtschaftlichen Bereich einzusetzen[1], den größten Teil der landwirtschaftlichen Nutzfläche, so kann angenommen werden, daß, da diese Landwirte flurbereinigungsbedingt Veränderungen im Betriebssystem (Intensivierung im Anbau oder in der Viehhaltung) vornehmen, diese sich auch auf Gemeindeebene niederschlagen werden. Es muß hierbei allerdings berücksichtigt werden, daß in solch einer Gemeinde auch ohne Flurbereinigung von diesen Betriebsleitern Veränderungen im Betriebssystem vorgenommen werden müßten, da sie durch die außerlandwirtschaftliche Entwicklung gezwungen sind (s. 1.), ihre Produktion ständig zu erhöhen, was bei mangelnden flächenmäßigen Vergrößerungsmöglichkeiten nur durch Umstellungen im Betriebssystem (z.B. Erhöhung des Viehbestandes) möglich ist. In einer nichtflurbereinigten Gemeinde werden diese etwaigen Intensivierungen wegen den ungünstigeren arbeitswirtschaftlichen Bedingungen aber nicht so umfangreich sein wie in einer flurbereinigten Gemeinde. Bewirtschaften allerdings solche "intensivierungsbereiten" Landwirte nicht den überwiegenden Anteil der landwirtschaftlichen Nutzfläche einer Gemeinde, so kann davon ausgegangen werden, daß nur von diesen vorgenommene Veränderungen auf überbetrieblicher Ebene nicht feststellbar sein werden - die Flurbereinigung wird in solch einer Gemeinde kurz- und längerfristig für die Entwicklung der Agrarstruktur auf überbetrieblicher Ebene ohne nennenswerte Bedeutung sein.

Zusammenfassend kann festgehalten werden, daß die Beantwortung der Frage, welche der vorgestellten Entwicklungsvarianten, welche Kombinationen zwischen diesen oder welche modifizierten Entwicklungsabläufe nach erfolgter Flurbereinigung in einer Gemeinde zu verzeichnen sein werden, vor allem von der Ausgangsposition einer Gemeinde (s.o.) zum Zeitpunkt der Durchführung abhängig ist. Da diese Ausgangspositionen auch bei gleichen natürlichen Voraussetzungen beträchtliche räumliche Differenzierungen aufweisen, kann angenommen werden, daß sich auch bezüglich der agrarstrukturellen Entwicklung nach erfolgter Flurbereinigung Unterschiede zwischen den Gemeinden feststellen lassen. Da zudem, worauf bei der Vorstellung der potentiellen Entwicklungsvarianten verwiesen worden ist, durch die Flurbereinigung nicht allein weiterreichende Agrarstrukturveränderungen hervorgerufen werden, wird davon ausgegangen, daß sich in nichtflurbereinigten Gemeinden mit einem geographischen Umfeld, das demjenigen einer flurbereinigten Gemeinde ähnlich ist, ebenfalls ähnliche Entwicklungsleitlinien in der Agrarstruktur, wenn auch zeitlich verschoben oder in der Intensität variierend, vermerken lassen werden.

---

[1] Dies sind zumeist die hauptberuflichen Landwirte.

5. METHODISCHE FRAGEN[1], DATENGRUNDLAGEN UND VORGEHENSWEISE BEI DER EMPIRISCHEN UNTERSUCHUNG

Ausgehend von den Überlegungen zu den tatsächlichen und potentiellen Auswirkungen der Flurbereinigung konnte nur ein größeres Untersuchungsgebiet zur empirischen Überprüfung herangezogen werden, das zwar bezüglich der natürlichen Voraussetzungen relativ homogen ausgestattet ist[2], das aber hinsichtlich der oben genannten Determinantenbereiche Unterschiede aufweist.

Zur Überprüfung der theoretischen Vorgaben fiel die Entscheidung zugunsten eines ex-post-Untersuchungsansatzes[3] (tatsächliche Wirkungsanalyse) verknüpft mit einer Kausal- und einer Situationsanalyse.

Ex-ante-Untersuchungen (vorausschätzende Wirkungsanalysen) sind bei der dieser Arbeit zugrundeliegenden Zielsetzung ungeeignet, da hiermit nur potentielle Auswirkungen aufgezeigt, nicht aber die von den Landwirten tatsächlich vorgenommenen Veränderungen erfaßt werden. Ex-post-Untersuchungen wiederum können als Situationsanalyse, einen Vertikalvergleich (vorher - nachher) umfassend oder als Kausalanalyse in Form eines Horizontalvergleichs (mit - ohne) durchgeführt werden. Eine Isolierung von Flurbereinigungswirkungen kann aber bei einem Vertikalvergleich nicht erreicht werden, da die hierbei festgestellten Veränderungen in der Agrarstruktur zwischen 2 Zeitpunkten auch durch andere Faktoren verursacht sein können. Vielmehr ist eine Isolierung nur möglich, wenn flurbereinigte Gemeinden mit nichtflurbereinigten aber eine ähnliche Agrarstruktur aufweisenden Gemeinden verglichen werden.

Die alleinige Durchführung eines Horizontalvergleiches reicht allerdings auch nicht aus; es müssen zusätzlich vertikale Vergleiche angestellt werden, um die jeweils gemeindespezifischen Voraussetzungen vor der Flurbereinigung berücksichtigen zu können (SPAETGENS, 1955a, S. 66).

Bei einer ex-post-Untersuchung muß der Durchführungszeitpunkt eines Flurbereinigungsverfahrens beachtet werden. Da weitergehende Veränderungen zumindest in Haupterwerbsbetrieben nicht kurzfristig vorge-

---

[1] In diesem Kapitel werden nur die methodischen Hauptfragen erörtert; auf Einzelprobleme wird an den entsprechenden Stellen hingewiesen

[2] Unterschiede in der Naturausstattung sollten nicht für unterschiedliche Veränderungen nach erfolgter Flurbereinigung als Ursache herangezogen werden können

[3] Zu den methodischen Problemen sei neben STRUFF et al. (1978, S. 24), auch auf HANTELMANN (1978, S. 44), RADLOFF (1951, S. 50), MÜLLER (1967, S. 66) und SPAETGENS (1955a, S. 41ff) verwiesen

nommen werden können, sollten nur Gemeinden in die Auswahl einbezogen werden, in denen die Besitzeinweisung bereits mehrere Jahre zurücklag.[1]

Für die Aussagekraft einer Kausalanalyse wesentlich ist die Auswahl der entsprechenden nichtflurbereinigten Referenzgemeinde. Als Grundlage hierfür war es zuerst notwendig, sämtliche Gemeinden des Untersuchungsgebietes zu typisieren mit dem Ziel, die Gemeinden, die eine relative Homogenität bezüglich ihrer Agrarstruktur aufweisen, somit vergleichbar sind, jeweils ausgliedern zu können. Die meisten der bisher in der Literatur beschriebenen Gemeindetypisierungen[2] sind für die vorliegende Fragestellung nicht geeignet, da hier eine spezialisierte Raumgliederung unter dem Aspekt der Agrarstruktur erforderlich ist.[3] Da bei diesen "traditionellen" Gemeindetypisierungen zudem das Problem der Schwellenwertbildung bei der Anwendung zu verschiedenen Zeitschnitten auftritt, wurde als Methode auf die Faktorenanalyse mit anschließender Distanzgruppierung[4] zurückgegriffen.

Zu agrarstrukturellen Elementen wie Betriebsgrößenstruktur, Bodennutzung, Viehhaltung, Arbeitskräfte- und Maschinenbestand und zur Agrarquote liegen gemeindeweise nur die Daten der Volks-, Berufs- und Landwirtschaftszählungen von 1949/50, 1960/61 und 1970/71/72 vor, so daß agrarstrukturelle Gemeindetypisierungen in Anlehnung an diese Zeitschnitte durchgeführt werden mußten.

Für die eingehende Kausal- und Situationsanalyse reichen die für die 3 Zeitschnitte veröffentlicht vorliegenden Daten nicht aus. Deshalb wurde zusätzlich unveröffentlichtes Material des Statistischen Landesamtes, der Landwirtschafts- und Flurbereinigungsämter und der Gemeindever-

---

[1] Siehe hierzu auch BRANDKAMP (1964, S. 283), ENGBERDING (1952, S. 37), OPPERMANN (1960, S. 9), SPERBER (1938, S. 141)

[2] Es sei hier auf die ausführliche Darstellung von SCHNEPPE (1970) verwiesen

[3] Zur Differenzierung von allgemeiner und spezialisierter Raumgliederung siehe BOUSTEDT & RANZ (1957, S. 35)

[4] Zum Einsatz der Faktorenanalyse im Bereich der Gemeindetypisierung kann die einschlägige Literatur herangezogen werden (BAHRENBERG & GIESE, 1974; GIESE, 1978; KILCHENMANN, 1968, 1975; KEMPER, 1975; KLEMMER, 1971; BÄHR, 1971; RASE, 1970)

waltungen herangezogen.[1]

Ausgehend von diesem statistischen Material können zwar Veränderungen in wesentlichen agrarstrukturellen Bereichen einer Gemeinde dargestellt werden, offen bleibt allerdings, ob diese in kausalem Zusammenhang mit der Flurbereinigung zu sehen sind, da eine zeitliche Parallelität nicht unbedingt auf einen Kausalzusammenhang zurückzuführen ist. Hinzu kommt, daß mangels entsprechender Daten wichtige Aspekte der Agrarstruktur wie z.B. die Änderung der sozioökonomischen Stellung oder die landwirtschaftliche Ausbildung der Betriebsleiter nicht ermittelt werden können.[2] Daher war es erforderlich, eine Befragung der Betriebsleiter in den Untersuchungsgemeinden durchzuführen, denn - worauf auch HANTELMANN (1978, S. 144) hingewiesen hat - die Bewertung, welche agrarstrukturellen Veränderungen tatsächlich im Zusammenhang mit der Flurbereinigung vorgenommen wurden, muß den Landwirten als den Trägern dieser Veränderungen überlassen werden.

---

[1] Einzelbetriebliche Unterlagen durften aus Gründen des Datenschutzes nicht eingesehen werden; aus den Unterlagen der Flurbereinigungsämter sind die durchgeführten Maßnahmen für die flurbereinigten Gemeinden zu ersehen; Daten zur Betriebsgrößenstruktur lagen in jährlicher Abfolge seit 1965 für alle Betriebe ≥0,5 ha beim Statistischen Landesamt vor; Angaben, die als Grundlage für die Berechnung der Bodenmobilität dienten, konnten den Unterlagen der Gemeindeverwaltungen entnommen werden; aber mangels geeigneter Unterlagen war die Berechnung der jährlichen Bodenmobilität nicht für die gesamte Gemeinde, sondern nur für die in die Befragung einbezogenen Betriebe möglich; hierzu wurde der Umfang der flächenmäßigen Aufstockungen dieser Betriebe anhand Unterlagen der Gemeindeverwaltungen (jeweils zwischen 3 Jahren) erfaßt und als Grundlage für die Berechnung des prozentualen Anteils an der landwirtschaftlichen Nutzfläche der Gemeinde verwendet; zum Kultur- und Anbauflächenverhältnis wurden die jährlich durchgeführten Bodennutzungsvorerhebungen und die in mehrjährigen Abständen erstellten Bodennutzungshaupterhebungen herangezogen; Daten zur Viehhaltung liegen durch die jeweils im Dezember vorgenommenen Viehzählungen vor, Angaben zur sozioökonomischen Stellung der Betriebsleiter einer Gemeinde konnten für 1969 und 1975 den Unterlagen zu agrarstrukturellen Untersuchungen der Landwirtschaftsämter entnommen werden.

[2] Siehe hierzu auch BOESLER, 1969, S. 137

Bei einer solchen Befragung[1] sieht man sich allerdings mit der Schwierigkeit konfrontiert, daß, da keine allgemeine Buchführungspflicht besteht, die Betriebsleiter oft keine genauen quantitativen Angaben über das Ausmaß der Veränderungen machen können, so daß, ausgehend von entsprechenden Pretestergebnissen, einzelne Fragen so umformuliert wurden, daß qualitative Antworten erwartet wurden.

Aber eine Befragung der Landwirte ist auch mit Unsicherheiten behaftet, die zwar in ihrem Ausmaß nicht quantifiziert werden können, auf die aber hingewiesen werden muß. So stellen HANTELMANN (1978, S. 32) und von DEENEN (1971, S. 71) fest, daß Landwirte oft ein "unreflektiertes Verhältnis" zu den Daten ihres Betriebes haben. So zeigte es sich bei der Befragung, daß in einigen Bereichen der Agrarstruktur (gerade z.B. bei der Betriebsgröße) Aussagen bezüglich der Flurbereinigungsbedeutung vielfach "objektiv" falsch waren. Hier muß berücksichtigt werden, daß sehr viele Landwirte solche Veränderungen mangels entsprechender Vergleichsmöglichkeiten kausal nicht richtig einordnen können. Dennoch erschien eine Befragung der Landwirte noch am ehesten geeignet, um zumindest qualitative Angaben über agrarstrukturelle Veränderungen und deren Ursachen zu erhalten.

Das tatsächliche Vorgehen bei der empirischen Untersuchung vor dem Hintergrund der theoretischen Überlegungen (4.2.) und der methodischen Vorgaben gliederte sich in folgende Abschnitte:
- Typisierung der 143 Gemeinden des Kraichgaus ausgehend von ihren agrarstrukturellen Merkmalen mit Hilfe von Faktorenanalysen und darauf aufbauenden Distanzgruppierungen für die Zeitpunkte 1949/50, 1960/61 und 1970/71/72
- Auswahl je einer flurbereinigten und einer nichtflurbereinigten Gemeinde aus jedem Agrarstrukturtyp
- Beschaffung von unveröffentlichtem Material zur Agrarstruktur der ausgewählten Gemeinden und Befragung der jeweiligen Landwirte
- Auswertung der Befragungsergebnisse und der statistischen Angaben und damit Überprüfung der Überlegungen zur tatsächlichen und potentiellen Bedeutung der Flurbereinigung für agrarstrukturelle Veränderungen.

---

[1] Die Befragung wurde, nach Vorankündigung, mittels eines standardisierten Fragebogens (offene und geschlossene Fragestellung) persönlich durchgeführt (durchschnittliche Dauer eines Interviews 60 - 70 min.); da eine sinnvoll geschichtete Stichprobe beim geringen Umfang der jeweiligen Grundgesamtheiten nicht möglich war, wurden alle Betriebe, die in den Anträgen zur Gasölverbilligung aufgeführt waren, in die Befragung miteinbezogen; die hierdurch bedingte Abweichung von der Gesamtzahl der Betriebe $\geq 0,5$ ha war nur bei den unteren Betriebsgrößenklassen bedeutender; die Auswertung der Befragung wurde ebenso wie die Gemeindetypisierungen im Rechenzentrum der Universität Heidelberg vorgenommen.

6. CHARAKTERISIERUNG DES UNTERSUCHUNGSGEBIETES

Als Untersuchungsgebiet für die empirische Überprüfung wurde der Kraichgau (s. Karte 1) ausgewählt, der zwar als eine Naturräumliche Einheit relativ homogen bezüglich der physiogeographischen Voraussetzungen ist, der aber beträchtliche räumliche Unterschiede in der Ausprägung anderer, das jeweilige Entscheidungsverhalten der Landwirte mitbestimmender Faktoren aufweist.

Um die Ergebnisse der nachfolgenden agrarstrukturellen Gemeindetypisierung interpretieren, die Entwicklung in den ausgewählten Beispielsgemeinden einordnen und um Wiederholungen vermeiden zu können, wird ein Überblick über das Untersuchungsgebiet - verschiedene Aspekte umfassend - den weiteren Arbeitsschritten vorangestellt und, soweit notwendig und möglich, durch eine vergleichende Betrachtung mit Baden-Württemberg und der Bundesrepublik ergänzt.

6.1. Natürliche Voraussetzungen

Die Naturräumliche Einheit des Kraichgaus wird zwar bei einer ersten Grobgliederung des südwestdeutschen Raumes zu den Gäuplatten des Neckarlandes gezählt, bei einer genaueren Betrachtung aber unter geologisch-tektonischen, morphologischen, hydrologischen, klimatologischen und pedologischen Aspekten nimmt sie eine Sonderstellung ein und wird deshalb als selbständige Naturräumliche Einheit ausgeschieden.

Im Norden wird der Kraichgau begrenzt durch den Kleinen Odenwald, im Osten durch das Neckartal, im Südosten durch Strom- und Heuchelberg, im Süden durch den Nordschwarzwald und im Westen durch eine, aus rheinisch streichenden Verwerfungen resultierende, nur im Bereich der Langenbrückener Senke abgeschwächte, ansonsten ausgeprägte Geländestufe, die den Kraichgau von den Randniederungen und Schwemmkegeln der rechtsrheinischen Haardtebenen trennt (SCHOTTMÜLLER, 1961, S. 11).

Tektonisch gesehen stellt der Kraichgau eine variszisch streichende Mulde dar, die von Verwerfungen, hauptsächlich rheinisch, daneben auch variszisch und herzynisch gerichteten durchzogen ist. Begünstigt durch diese Störungen wurde die ins frühe Tertiär zu datierende Entstehung des Steinsberges bei Weiler, ein Vulkanschlot, mit ungefähr 300 m Durchmesser, dessen Füllung aus Nephelinbasalt und Tuff besteht (GEYER & GWINNER, 1964, S. 143/44). Auf fast der gesamten Fläche des Kraichgaus bildet Löß diskordant über Muschelkalk oder Keuper in unterschiedlichen Mächtigkeiten das Anstehende (s. Karte 2). Ablagerungen des Oberen Buntsandsteins finden sich im nördlichen und südlichen Verzahnungsbereich des Kraichgaus mit den anschließenden Naturräumlichen Einheiten. Muschelkalk ist infolge verstärkter Abtragung entlang Elsenz, Schwarzbach und deren Nebenflüsse und am Süd- und Nordrand des Kraichgaus freigelegt

Karte 1: Lage des Untersuchungsgebietes

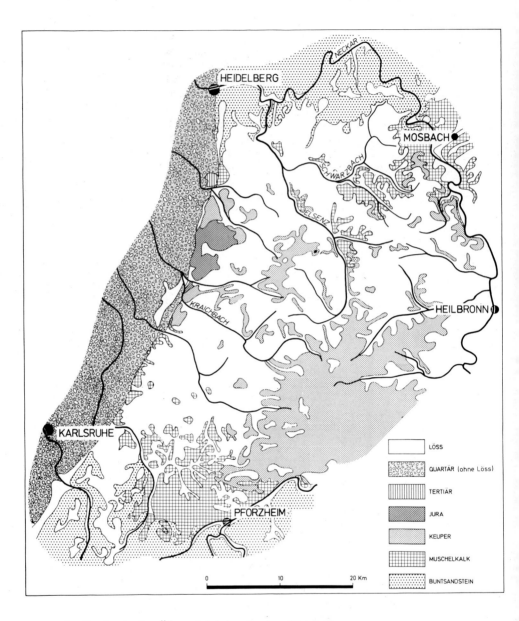

Karte 2: Geologische Übersichtskarte des Kraichgaus
(Quelle: Planungsatlas von Baden-Württemberg, 1969)

worden. Lettenkeuper bildet das Anstehende auf fast allen südwest- und nordwestexponierten Talhängen, die ursprüngliche Lößbedeckung ist hier bereits entfernt worden. Andere Formationen des Keupers sind in tektonisch tieferen Lagen im Eichelberggebiet und am Übergang zur Oberrheinebene anzutreffen. Ebenfalls tektonisch bedingt ist das Austreten von Jura (Lias und Dogger) im Bereich von Langenbrücken-Mingolsheim.

Unter morphologischen Aspekten kann der Kraichgau als sanft gewelltes Hügelland charakterisiert werden. Die durchschnittliche Reliefenergie beträgt 230 m (NEUMANN, 1892, S. 101). Typisch für den Kraichgau ist die durch ein weitverzweigtes Abflußnetz erzeugte kleinräumige Kammerung, wobei neben breiten Talsohlen lithofaziell bedingte enge steilwandige Talabschnitte in den Ausstrichsbereichen des Muschelkalks vorzufinden sind. Daneben sind als charakteristische Kleinformen im Löß Dellen und durch die vom Menschen initiierte quasinatürliche Bodenerosion hervorgerufene Hohlwege, Steilwände und Terrassen zu verzeichnen. Diese vor Jahren noch überall im Kraichgau feststellbaren Kleinformen sind inzwischen in den flurbereinigten Gemeinden im Zuge von Planierungsarbeiten weitgehend entfernt worden. Im Muschelkalk und in den Keuper-Sandsteingebieten herrschen mehr flächenhafte Elemente vor; an Kleinformen finden sich im Muschelkalk Verkarstungserscheinungen (Die Stadt- und die Landkreise Heidelberg und Mannheim, Bd. 1, 1966, S. 40).

Der Rhein stellt nur für die Flüsse des westlichen Kraichgaus den direkten Vorfluter dar, da, bedingt durch die ungefähr NW-SE den Kraichgau durchziehende Wasserscheide zum Neckar, die Gewässer des östlichen Kraichgaus, die Elsenz mit den Nebenflüssen des Schwarzbachs und im südöstlichen Randbereich der Lein, in den Neckar münden. Wichtigste Entwässerungssysteme westlich der Wasserscheide sind - von Norden nach Süden - der Leimbach mit Angelbach und Waldangelbach, Katzenbach, Kraich, Saalbach, Walzbach und Pfinz.

Die klimatischen Verhältnisse sind für den Ackerbau im Kraichgau sehr günstig. So liegen die langjährigen Jahresdurchschnittstemperaturen bei über 9° C (SCHOTTMÜLLER, 1961, S. 23), die jährlichen Niederschlagssummen zeigen Werte von 750 mm im Westen, nehmen nach Osten hin auf 700 mm ab und steigen in den nördlichen und südlichen Randbereichen zu den Mittelgebirgen hin auf 800 mm an (Klimaatlas von Baden-Württemberg, 1953). Der westliche und südwestliche Kraichgau wird bezüglich des Wuchsklimas durch die beiden höchsten Wärmestufen charakterisiert, Weinbau ist hier möglich. Obstbau wird fast im gesamten mittleren und östlichen Kraichgau, der als warm eingestuft wird, begünstigt, ebenso wie in den "mäßig warmen" Randbereichen im Süden und Norden ("Planungsatlas von Baden-Württemberg", 1969, S. 14).

Entsprechend dem jeweiligen Untergrund und den klimatischen Gegebenheiten sind zwar unterschiedliche Bodenverhältnisse im Kraichgau vorzu-

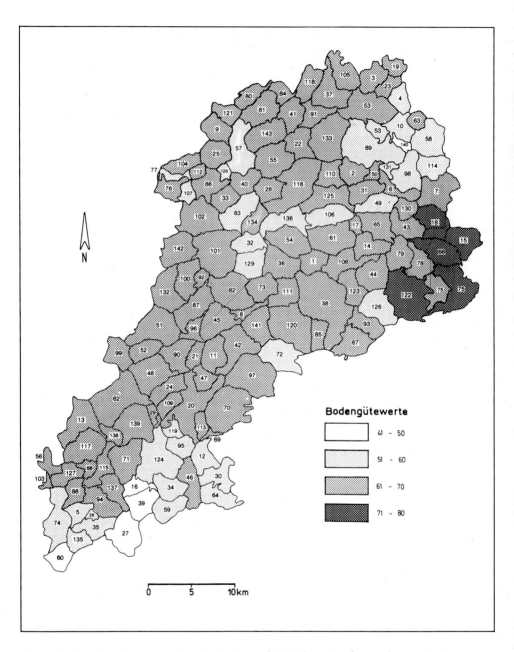

Karte 3: Bodengütewerte im Kraichgau (Mittelwerte der unbereinigten Bodenklimazahlen für Ackerland und Grünland)(Quelle:Planungsatlas von Baden-Württemberg, 1969)

finden. Betrachtet man sich aber die Bodengütewerte (s. Karte 3) dieser Naturräumlichen Einheit, so zeigt sich, daß diese in fast allen Gemeinden über 61 liegen, dieser Raum somit für eine ackerbauliche Nutzung sehr gut geeignet ist.

Auf Löß entwickelten sich überwiegend tiefgründige Braunerden bzw. Parabraunerden mit einem meist entkalkten sand-schluffigen Oberboden und einem lehmigen Unterboden. Auf Keuper und Jura findet man in Abhängigkeit von der Fazies Parabraunerden, Pelosole, schwere Pseudogleye und Rendzinen. Tonige Lehme sind die vorherrschenden Bodenarten. In den breiteren Flußtälern haben sich, insbesondere entlang der Elsenz und auf kalkigem Auelehm, über Sand und Kies Aueböden, Gleye und anmoorige Böden gebildet ("Planungsatlas von Baden-Württemberg", 1969, S. 10; Die Stadt- und die Landkreise Heidelberg und Mannheim, Bd. 1, 1966, S. 88/89).

6.2. Bevölkerungs- und Wirtschaftsstruktur

Der Kraichgau, bezüglich des Besiedlungsganges zum Altsiedelland zählend, umfaßt 143 Gemeinden (s. Karte 4), von denen die meisten in ihrem Innenbereich einen dichten, unregelmäßigen flächigen Grundriß, in ihren randlichen Bereichen regelhafte Erweiterungen der Siedlungsflächen aufweisen (DEUTSCH, 1973, S. 16ff; METZ, 1922, S. 36ff). Die durchschnittliche Gemarkungsfläche der Siedlungen beträgt 956 ha, wobei der Variationskoeffizient[1] von 57% allerdings zeigt, daß hier beträchtliche räumliche Unterschiede, weitgehend bedingt durch die zeitliche Abfolge der Siedlungsgründungen, bestehen. Die Bevölkerungsdichte nahm im Kraichgau von 1950 bis 1970 zu und lag aber, trotz der stärkeren Zunahme der Dichte zwischen 1961 und 1970, auch 1970 noch unter dem entsprechenden Wert für Baden-Württemberg (s. Tab. 1).

Tab. 1: Bevölkerungsdichte (E/km^2) im Kraichgau und in Baden-Württemberg[2] (1950, 1961, 1970)

	Baden-Württemberg	Kraichgau
1950	180	175
1961	217	183
1970	249	215

---

[1] Berechnet wurde hier und im folgenden der PEARSON'sche Variationskoeffizient, der als normiertes Streuungsmaß die Standardabweichung, die Streuung der Originaldaten um den Mittelwert also, in % des arithmetischen Mittelwertes angibt.

[2] Die Zahlenangaben im gesamten Kapitel 6 wurden, soweit nicht anders angegeben, nach folgenden Statistiken berechnet: Statistik von Baden-Württemberg, Bd. 3; Bd. 90, Teile 1, 3, 4; Bd. 161, Hefte 2, 3, 4a, 4b; Statistisches Jahrbuch für die Bundesrepublik Deutschland 1952, 1954, 1965, 1970, 1972, 1973

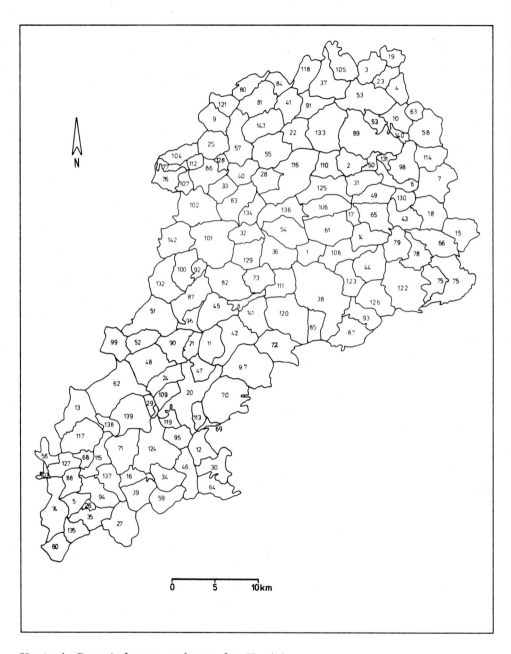

Karte 4: Gemeindegrenzenkarte des Kraichgaus

Gemeindeschlüssel zu Karte 4 (Stand: vor der Gemeindereform)

1 Adelshofen
2 Adersbach
3 Aglasterhausen
4 Asbach
5 Auerbach
6 Babstadt
7 Bad Rappenau
8 Bahnbrücken
9 Baiertal
10 Bargen
11 Bauerbach
12 Bauschlott
13 Berghausen
14 Berwangen
15 Biberach
16 Bilfingen
17 Bockschaft
18 Bonfeld
19 Breitenbronn
20 Bretten
21 Büchig
22 Daisbach
23 Daudenzell
24 Diedelsheim
25 Dielheim
26 Dietenhausen
27 Dietlingen
28 Dühren
29 Dürrenbüchig
30 Dürrn
31 Ehrstädt
32 Eichelberg
33 Eichtersheim
34 Eisingen
35 Ellmendingen
36 Elsenz
37 Epfenbach
38 Eppingen
39 Ersingen
40 Eschelbach
41 Eschelbronn
42 Flehingen
43 Fürfeld
44 Gemmingen
45 Gochsheim
46 Göbrichen
47 Gölshausen
48 Gondelsheim
49 Grombach
50 Hasselbach
51 Heidelsheim
52 Helmsheim
53 Helmstadt + Flinsbach
54 Hilsbach
55 Hoffenheim
56 Hohenwettersbach
57 Horrenberg
58 Hüffenhardt
59 Ispringen
60 Ittersbach
61 Ittlingen
62 Jöhlingen
63 Kälbertshausen
64 Kieselbronn
65 Kirchardt
66 Kirchhausen
67 Kleingartach
68 Kleinsteinbach
69 Kleinvillars
70 Knittlingen
71 Königsbach
72 Kürnbach
73 Landshausen
74 Langensteinbach
75 Leingarten
    (Großgartach + Schluchtern)
76 Malsch
77 Malschenberg
78 Massenbach
79 Massenbachhausen
80 Mauer
81 Meckesheim
82 Menzingen
83 Michelfeld
84 Mönchzell
85 Mühlbach
86 Mühlhausen
87 Münzesheim
88 Mutschelbach
89 Neckarbischofsheim
90 Neibsheim
91 Neidenstein
92 Neuenbürg
93 Niederhofen
94 Nöttingen
95 Nußbaum
96 Oberacker
97 Oberderdingen
98 Obergimpern
99 Obergrombach
100 Oberöwisheim
101 Odenheim
102 Östringen
103 Palmbach
104 Rauenberg
105 Reichartshausen
106 Reihen
107 Rettigheim
108 Richen
109 Rinklingen
110 Rohrbach/Sinsheim
111 Rohrbach/Eppingen
112 Rotenberg
113 Ruit
114 Siegelsbach
115 Singen
116 Sinsheim
117 Söllingen
118 Spechbach
119 Sprantal
120 Sulzfeld
121 Schatthausen
122 Schwaigern
123 Stebbach
124 Stein
125 Steinsfurt
126 Stetten
127 Stupferich
128 Tairnbach
129 Tiefenbach
130 Treschklingen
131 Untergimpern
132 Unteröwisheim
133 Waibstadt
134 Waldangelloch
135 Weiler/Pforzheim
136 Weiler/Sinsheim
137 Wilferdingen
138 Wöschbach
139 Wössingen
140 Wollenberg
141 Zaisenhausen
142 Zeutern
143 Zuzenhausen

Der Kraichgau, der schon vor dem 2. Weltkrieg zu den dichtestbesiedelten Räumen in Südwestdeutschland gehörte (Die badische Landwirtschaft ..., 1932, S. 284ff), weist bezüglich der Bevölkerungsdichte beträchtliche regionale Unterschiede auf, die sich von 1950 bis 1970 noch verstärkt haben. So betrug der Variationskoeffizient für die durchschnittliche Bevölkerungsdichte in den Gemeinden 1950 50%, 1961 59% und 1970 63%. Diese Unterschiede zwischen den Gemeinden mit hoher Bevölkerungsdichte (überwiegend im westlichen und südwestlichen Kraichgau) und den Gemeinden mit geringerer Bevölkerungsdichte in den östlichen Teilen waren bereits in der Vorkriegszeit ausgeprägt,[1] weitgehend entstanden durch die seit der Jahrhundertwende verstärkt ablaufenden Wanderungen, die in Abhängigkeit von derErreichbarkeit benachbarter frühindustrialisierter Städte wie Karlsruhe-Durlach-Ettlingen, Pforzheim, Bruchsal, Mannheim-Heidelberg und dem Vorhandensein einzelner gewerblich-industrieller Ansätze wie in Bretten räumlich differenziert stattgefunden haben (DEUTSCH, 1973, S. 21ff; "Planungsatlas von Baden-Württemberg", 1969, S. 19).

Ebenfalls in Abhängigkeit von den räumlichen Unterschieden in der Lage der Industriezentren erfolgte die moderne Verkehrserschließung im Kraichgau. Früheste industrielle Ansätze waren in den größeren Städten, die benachbart zum südwestlichen Kraichgau lagen, in der Ettlinger Textilindustrie, der Bruchsaler und Durlacher Maschinenindustrie und der Pforzheimer Edelmetallindustrie zu verzeichnen. Deren hoher Arbeitskräftebedarf war die wesentlichste Ursache für die schon vor der Jahrhundertwende weitgehend erfolgte Erschließung[2] des südwestlichen Kraichgaus durch Stich- und Nebenbahnen, die die umfangreiche Pendelwanderung der schon vorher an außerlandwirtschaftliche Tätigkeit gewöhnten Bevölkerung[3] erst ermöglichten (DEUTSCH, 1973, S. 20/21; SCHERER, 1940, S. 46ff; Die badische Landwirtschaft ..., 1932, S. 233) und die starke Abnahme der Agrarquote bedingten.

---

[1] Zwischen 1852 und 1925 war die Bevölkerungsentwicklung fast aller Kraichgaugemeinden durch Wanderungsverluste und Geburtenüberschuß geprägt, was in vielen Gemeinden im zentralen und östlichen Kraichgau, in denen die Wanderungsverluste deutlich höher waren als in Gemeinden im westlichen und südwestlichen Kraichgau, sogar zu einer Abnahme der Bevölkerung führte (DEUTSCH, 1973, S. 23).

[2] So vermerkt SCHERER (1940, S. 51), daß im südlichen Kraichgau nur noch wenige Orte nicht an das Eisenbahnnetz angeschlossen waren, und auch in "Die badische Landwirtschaft ... (1932, S. 230) wird erwähnt, daß im südwestlichen Teil 2/3 aller Gemeinden mit Bahnanschluß versehen waren.

[3] METZ (1922, S. 144) weist darauf hin, daß große Teile der Bevölkerung an der unteren Pfinz schon im vorigen Jahrhundert außerlandwirtschaftlichen Tätigkeiten (Hofhaltung, Garnison, Krappfabrik) nachgegangen sind.

Im Gegensatz dazu war in den meisten Gemeinden im östlichen und zentralen Kraichgau vor dem 2. Weltkrieg die Landwirtschaft noch die wichtigste Erwerbsgrundlage, wofür die nur unbedeutenden vereinzelten industriellen Ansätze, die bei den damaligen Verkehrsverhältnissen zu großen Entfernungen zu den industrialisierten Städten und die insgesamt schlechtere Verkehrserschließung bestimmenden Gründe waren (DEUTSCH, 1973, S. 20ff).

Der nordwestliche Kraichgau nahm eine Mittelstellung in der Entwicklung zwischen den anderen Teilen ein. Kleinere Industriebetriebe bzw. Manufakturen, die überwiegend die Verarbeitung landwirtschaftlicher Produkte (insbesondere Tabak) vornahmen, Verbrauchsgüter für den lokalen Markt herstellten oder dem Bereich der Industrie der Steine und Erden zuzuordnen waren, entwickelten sich in Gemeinden, die an die Nebenbahnen in den Flußtälern angeschlossen waren. Trotz der Errichtung privater Nebenbahnen (METZ, 1922, S. 151) blieben aber auch im nordwestlichen und westlichen Bereich Gemeinden ohne Bahnanschluß, was dazu führte, daß diese vor 1939 bezüglich ihrer Wirtschaftsstruktur durch eine relativ hohe Agrarquote gekennzeichnet waren.

Die Wirtschaftsentwicklung im Kraichgau nach dem 2. Weltkrieg war gekennzeichnet durch eine verstärkt einsetzende Industrialisierung in den 50er Jahren, allerdings in räumlicher Anlehnung an die bereits bestehenden benachbarten Wirtschaftszentren im südlichen bzw. südwestlichen Kraichgau. Im zentralen und insbesondere im östlichen Teil des Kraichgaus sind Industrieansiedlungen in größerem Umfange erst in den 60er Jahren erfolgt, ebenso wie die Gründung größerer Niederlassungen im nordwestlichen Teil. Insgesamt charakteristisch für diesen Entwicklungszeitraum war die flächenhafte Zunahme von kleineren Betrieben und das punkthafte Heranwachsen einzelner Großbetriebe[1] (DEUTSCH, 1973, S. 61ff). Der parallel hierzu erfolgte Ausbau des Straßennetzes verbun-

---

[1] Die durchschnittlichen Beschäftigtenzahlen pro Industriebetrieb für den gesamten Kraichgau im Vergleich zu den entsprechenden Werten für Baden-Württemberg mögen dies verdeutlichen:

	Kraichgau	Baden-Württemberg
1950	5,0	8,8
1961	9,5	16,1
1970	13,2	20,4

Das punkthafte Heranwachsen von größeren Betrieben zeigt sich bei Betrachtung des Variationskoeffizienten für die durchschnittliche Größe der Industriebetriebe im Kraichgau, der 1950 bereits 66 % betrug. Die damit sichtbar werdenden sehr großen Unterschiede zwischen den Gemeinden verstärkten sich noch bis 1970; für dieses Jahr lag der Variationskoeffizient bei 92%.

den mit der Zunahme der Individualmotorisierung ermöglichte zudem eine stetige Ausweitung der Pendlereinzugsbereiche, denn auch die bis 1970 geschaffenen außerlandwirtschaftlichen Arbeitsplätze reichten nicht aus, um die im Kraichgau lebende Bevölkerung zu versorgen. Betrug der ausserlandwirtschaftliche Arbeitsplatzindex (Einwohner/Arbeitsplatz, s. MÜLLER, 1970, S. 61) 1950 5,3, so stieg dieser immerhin bis 1961 auf 3,8, bis 1970 auf 3,5. Der Vergleich mit den entsprechenden Zahlen für das Land Baden-Württemberg 3,0 (1950), 2,2 (1961), 2,3 (1970) zeigt deutlich die Unterversorgung im Kraichgau in diesem Bereich.

Diese der gesamtwirtschaftlichen Entwicklung in der Bundesrepublik entsprechende Zunahme an außerlandwirtschaftlichen Arbeitsplätzen und die Abnahme der Bedeutung des Agrarsektors als Erwerbsgrundlage für breite Bevölkerungsschichten haben sich deutlich in der Umverteilung des Anteils der Erwerbspersonen in den einzelnen Wirtschaftsbereichen niedergeschlagen (Tab. 2).

Tab. 2: Anteile der Erwerbspersonen (1950, 1961) bzw. der Erwerbstätigen (1970)[1] nach Wirtschaftsbereichen im Kraichgau, in Baden-Württemberg und in der BRD[2]

	% Anteile 1950			% Anteile 1961			% Anteile 1970		
	BRD	BW	Kr.	BRD	BW	Kr.	BRD	BW	Kr.
I. Sektor	24,7	26,1	36,9	13,8	15,8	24,4	8,5	7,9	8,5
II. Sektor	42,6	45,8	46,0	47,7	52,5	55,8	48,8	54,7	62,4
III. Sektor	32,7	28,1	17,1	38,5	31,7	19,8	42,7	37,4	29,1

Lag 1950 und 1961 die Agrarquote im Kraichgau noch deutlich über derjenigen von Baden-Württemberg und der Bundesrepublik, so hat sich bis 1970 eine beträchtliche Abnahme vollzogen, die dazu führte, daß die 3 Agrarquoten sich nur noch geringfügig voneinander unterschieden. Der vergleichsweise hohe Anteil der Erwerbstätigen im sekundären Sektor ist unter anderem auf die Schaffung von Arbeitsplätzen überwiegend im Bereich des verarbeitenden Gewerbes zurückzuführen. Das Zurückbleiben des Kraichgaus zeigt sich allerdings in dem 1970 noch relativ geringen Anteil an Erwerbstätigen im III. Sektor.

---

[1] Bei diesen Zahlenangaben ist die wenn auch nur geringfügig eingeschränkte Vergleichbarkeit zu beachten; so wurden 1950 die Erwerbspersonen nach dem Hauptberufskonzept, 1961 dagegen nach dem Erwerbskonzept erfaßt, die durch den erweiterten Erwerbspersonenbegriff bedingte prozentuale Abweichung wird vom Statistischen Landesamt auf ca. 2% geschätzt; 1970 wurden im Gegensatz zu 1950 und 1961 die Erwerbslosen nicht mit erfaßt.

[2] Quelle für die Angaben zur BRD: Faustzahlen für Landwirtschaft und Gartenbau, 1983, S. 2

Entsprechend den eben angeführten räumlichen Unterschieden im Arbeitsplatzangebot bzw. in der Erreichbarkeit der Arbeitsplätze sind Unterschiede in der Erwerbsstruktur der Gemeinden festzustellen, die sich allerdings, parallel zur Abnahme des Gewichts des I. Sektors und zu erweiterten Pendelmöglichkeiten und zur Zunahme des außerlandwirtschaftlichen Arbeitsplatzangebots, bis 1970 vor allem im II. Sektor, daneben aber auch im III. Sektor verringert haben. Im I. Sektor dagegen haben sich die Unterschiede verstärkt (Tab. 3).

Tab. 3: Variationskoeffizienten für die Anteile der Erwerbspersonen/ Erwerbstätigen nach Wirtschaftsbereichen im Kraichgau (1950, 1961, 1970)

	Variationskoeffizienten (%)		
	1950	1961	1970
Anteil EWP/EWT I. Sektor	36.4	43.6	77.2
Anteil EWP/EWT II. Sektor	30.2	20.7	15.1
Anteil EWP/EWT III. Sektor	39.5	33.7	25.4

6.3. Agrarstruktur

6.3.1. Ausgangssituation vor 1945

Entsprechend den räumlich differenzierten Verhältnissen im außerlandwirtschaftlichen Bereich (s. 6.2.) bestanden trotz weitgehender Homogenität der natürlichen Voraussetzungen (s. 6.1.) beträchtliche Unterschiede in der Ausprägung agrarstruktureller Merkmale bereits vor dem 2. Weltkrieg.

Die vorherrschende Erbform der Freiteilbarkeit (RÖHM, 1957, S. 46; METZ, 1922, S. 111) war die wesentlichste Ursache für das zahlenmässige Überwiegen der landwirtschaftlichen Kleinbetriebe unter 5 ha im gesamten Kraichgau (DEUTSCH, 1973, S. 24; Die badische Landwirtschaft ..., 1932, S. 18, S. 290). In Abhängigkeit von der Realteilung war daher für das Untersuchungsgebiet eine sehr starke Besitzersplitterung festzustellen, die auch durch Feldbereinigungsverfahren nicht wesentlich verringert werden konnte (s. 2.3.2.). Die mit diesen Verfahren erzielten geringfügigen Erfolge bei der Vergrößerung der Besitzstücke wurden zudem oft durch nachfolgende Wiederaufsplitterungen aufgehoben.

Bezüglich der räumlichen Verteilung der Kleinbetriebe ist festzuhalten, daß im westlichen und insbesondere im südwestlichen Kraichgau die meisten Betriebe sogar nur Größen unter 2 ha aufwiesen, was die hier seit dem 19. Jahrhundert bestehende enge Verbindung von Industrie und Landwirtschaft (GERNER, 1960, S. 266; RÖHM, 1957, S. 301; Die badische Landwirtschaft ..., 1932, S. 235) erst ermöglicht hatte. Im nordwestlichen Kraichgau muß das Vorherrschen der Kleinstbetriebe zudem im Zusammenhang mit dem verbreiteten Anbau von Sonderkulturen gesehen werden.

Im mittleren und östlichen Kraichgau dagegen war die Mehrzahl der Betriebe der Größenklasse mit 2 - 5 ha zuzuordnen, weiterhin waren hier vergleichsweise mehr Betriebe ≥ 5 ha zu verzeichnen. Hierfür verantwortlich war neben dem weitgehenden Fehlen außerlandwirtschaftlicher Erwerbsmöglichkeiten, der deshalb starken Abwanderung und geringeren Bevölkerungsdichte ein damit zusammenhängendes, seit Generationen bei den größeren Betrieben ausgeübtes, freiwilliges Anerbenrecht. Diese modifizierte Erbsitte war auch mit die Ursache für das Vorhandensein einiger weniger größerer Betriebe in Gemeinden des nordwestlichen Kraichgaus wie z.B. in Mauer, Meckesheim, Schatthausen (RÖHM, 1957, S. 46; Die badische Landwirtschaft ..., 1932, S. 293).

Landwirtschaftliche Großbetriebe sind zum einen in früher reichsritterschaftlichen Dörfern verbreitet, zum anderen sind diese als Einzelsiedlungen in randlichen Gemarkungsteilen und auf den wasserarmen Hochflächen im südlichen Kraichgau zu finden (METZ, 1922, S. 111/112, S. 66).

Vor dem 2. Weltkrieg reichten 4 - 5 ha , beim Anbau von Sonderkulturen sogar 2 - 2,5 ha als Ackernahrung aus. Damit konnte eine größere Anzahl der Betriebe im nordwestlichen Kraichgau als Vollerwerbsbetriebe angesprochen werden. Die wenigen großbäuerlichen Betriebe wurden ebenfalls im Vollerwerb bewirtschaftet, unterschieden sich aber in ihrem Produktionsziel und durch ihre bessere maschinelle Ausstattung von den kleineren Betrieben und wiesen zudem, im Gegensatz zur sonst vorherrschenden Familienarbeitsverfassung, die Form der Lohnarbeitsverfassung auf (Die badische Landwirtschaft ..., 1936, S. 238; DEUTSCH, 1973, S. 29ff).

In Abhängigkeit von den natürlichen Voraussetzungen nahm das Dauergrünland im Kraichgau schon immer einen geringen Anteil an der landwirtschaftlichen Nutzfläche ein (METZ, 1922, S. 114). Für 1939 läßt sich ein Acker-Grünlandverhältnis von 5,5 : 1 berechnen. Das im westlichen und im südlichen Kraichgau davon abweichende engere Verhältnis wird hervorgerufen einmal durch den in der Nähe zur Oberrheinebene höheren Grundwasserstand, zum anderen durch die zum Schwarzwald hin abnehmenden Bodengüten (s. Karte 3). Bedingt durch den flächenmäßig geringen Umfang des natürlichen Grünlandes beanspruchte die Anbaufläche für Futterpflanzen einen großen Anteil am Ackerland, so daß der Getreideanteil geringer als in anderen, ebenfalls mit günstigen natürlichen Voraussetzungen ausgestatteten Gebieten Süddeutschlands war (Die badische

Landwirtschaft ..., 1932, S. 294). Zudem war der Anbau von Hackfrüchten insbesondere wegen der günstigen Absatzverhältnisse von Bedeutung. Kartoffeln konnten in den nahegelegenen Großstädten abgesetzt werden und wurden außerdem zur Selbstversorgung benötigt, der Zuckerrübenanbau war damals wie heute durch Anbauverträge mit den Zuckerfabriken geregelt (DEUTSCH, 1973, S. 27/28). Die günstigen natürlichen Voraussetzungen waren ausschlaggebend für die traditionell große Bedeutung des Anbaus von Sonderkulturen wie Tabak, Zicchorien[1] und Wein-, Obst- und Gemüseanbau (METZ, 1922, S. 115; Die badische Landwirtschaft ..., 1932, S. 288).

Bezüglich der Flächenanteile der verschiedenen Kulturarten und Ackerfrüchte waren ebenso wie in Art und Umfang der Viehhaltung räumliche Unterschiede weitgehend in Abhängigkeit von der vorherrschenden Betriebsgröße und dem damit verbundenen Produktionsziel festzustellen. Im südwestlichen und westlichen Kraichgau überwogen auf Selbstversorgung ausgerichtete nebenberuflich bewirtschaftete Kleinstbetriebe. Hier war der Anbau von Gemüse, Futterpflanzen und Kartoffeln und die Schweine- und Ziegenhaltung vorherrschend; Rindviehhaltung (Milchkühe) war nur in unmittelbarer Nähe größerer Städte bedeutend. Die Kleinst- und Kleinbetriebe im westlichen und nordwestlichen Kraichgau waren gekennzeichnet durch einen vielfältigen Anbau einerseits zur Deckung des Eigenbedarfs und andererseits zur Vermarktung, wobei insbesondere der klimatisch begünstigte Anbau von Sonderkulturen wie Tabak und Obst hervorstechend war. Das Produktionsziel der klein- und mittelbäuerlichen Familienbetriebe im nordwestlichen, mittleren und östlichen Kraichgau war ebenfalls doppelpolig ausgerichtet. Verstärkter Getreideanbau, Ackerfutteranbau, zumeist Rindviehhaltung, untergeordnet auch Zuckerrübenanbau und bei geringerer Betriebsgröße auch der Anbau von Sonderkulturen waren die Kennzeichen. Die Großbetriebe im mittleren und östlichen Kraichgau spezialisierten sich in ihrer marktorientierten Produktion auf den Anbau von Zuckerrüben und auf die Rindviehhaltung (DEUTSCH, 1973, S. 29ff; Die badische Landwirtschaft ..., 1932, S. 288ff).

6.3.2. Entwicklung nach 1945

Die Entwicklung der Agrarstruktur nach dem 2. Weltkrieg, ausgelöst durch die durch gesamtwirtschaftliche Veränderungen (s. 1.) bedingte Umkombination der Produktionsfaktoren, verlief in den einzelnen Teilen des Kraichgaus in Abhängigkeit von der jeweiligen Ausgangsposition und der räumlich und zeitlich differenzierten außerlandwirtschaftlichen Entwicklung (s. 6.2.) unterschiedlich.

---

[1]Deren Anbau war nur im südwestlichen und mittleren Kraichgau flächenhaft von Bedeutung, da in Bretten und Eppingen Filialen der Zicchorienfabrik Ludwigsburg als Abnehmer vorhanden waren.

6.3.2.1. Betriebsgrößenstrukturen

Auf die Veränderungen der Agrarquote, besonders seit 1960 stark abnehmend bei gleichzeitiger Zunahme der zwischengemeindlichen Unterschiede, wurde bereits hingewiesen (s. 6.2.).

Der nach 1960 stärkere Strukturwandel[1] schlägt sich auch in der Abnahme der Gesamtzahl der Betriebe nieder. Gab es 1949 im Kraichgau noch 28 081 land- und forstwirtschaftliche Betriebe mit einer Flächenausstattung $\geq 0,5$ ha, so verringerte sich diese Anzahl bis 1960 um 5158 auf 22 923 Betriebe (= 82% der Anzahl von 1949), bis 1971 sogar um weitere 9065 auf 13 858 Betriebe (= 49% Der Anzahl von 1949). Hierbei entspricht die Abnahmerate zwischen 1949 und 1960 derjenigen von Baden-Württemberg (1960 noch 84% der Betriebe von 1949), zwischen 1960 und 1971 allerdings ist im Kraichgau eine stärkere Abnahme zu verzeichnen als im gesamten Bundesland, in dem 1971 immerhin noch 60% - gemessen an der Anzahl der Betriebe von 1949 - vorhanden waren.

Parallel zu dieser Verminderung der Gesamtzahl an Betrieben sind seit 1949 in der Betriebsgrößenstruktur beträchtliche Verschiebungen festzustellen, die deutlich die wirtschaftlichen und sozialen Veränderungen widerspiegeln. Betrug die durchschnittliche Betriebsgröße der landwirtschaftlichen Betriebe 1949 nur 3,1 ha (Tab. 4), so hat sich diese bis 1971 stärker erhöht als in Baden-Württemberg und lag nur noch geringfügig unter dem entsprechenden Wert für das gesamte Bundesland. Auch unter Berücksichtigung der eingeschränkten Vergleichbarkeit[2] der Daten zeigt sich, daß der sich in der veränderten durchschnittlichen Betriebsgröße abzeichnende Prozeß der Zunahme der größeren Betriebe insbesondere seit 1960 stattgefunden hat.

---

[1] Siehe hierzu u.a. auch BUROSE, 1977, S. 22ff.

[2] Zwischen 1971 und den vorherigen Landwirtschaftszählungen bestehen Unterschiede in der Erfassungsgrenze; unter den landwirtschaftlichen Betrieben wurden 1971 nur die Betriebe mit der Hauptproduktionsrichtung Landwirtschaft ≥ 1 ha LF und landwirtschaftliche Betriebe < 1 ha mit einer Mindestmarktproduktion von 4000,- DM erfaßt; 1949 und 1960 lag die Erfassungsgrenze bei 0,5 ha LN; hinzu kommt, daß die Begriffe LN (landwirtschaftliche Nutzfläche) und LF (landwirtschaftlich genutzte Fläche) nicht übereinstimmen; LF ist enger gefaßt und schließt brachliegende, nicht mehr landwirtschaftlich genutzte Flächen, Ziergärten, private Parkanlagen und Rasenflächen aus. Die Abgrenzung zwischen land- und forstwirtschaftlichen Betrieben wurde 1970 ebenfalls auf anderer Grundlage vorgenommen.

Tab. 4: Durchschnittliche Betriebsgröße (ha) der landwirtschaftlichen Betriebe ≥ 0,5 ha (1949, 1960) bzw. ≥ 1 ha (1971) im Kraichgau, in Baden-Württemberg und in der BRD

	1949	1960	1971
BRD	6,7	7,7	12,4
Baden-Württemberg	4,6	5,2	8,3
Kraichgau	3,1	3,5	7,7

Diese Erhöhung der durchschnittlichen Betriebsgröße bis 1971 verlief räumlich wiederum nicht einheitlich, was sich in der Zunahme der schon 1949 beträchtlichen zwischengemeindlichen Unterschiede, ausgedrückt durch die Veränderung des Variationskoeffizienten von 1949 48% auf 56% 1971, niedergeschlagen hat.

1949 war der Kraichgau bezüglich der Betriebsgrößenstruktur wie in der Vorkriegszeit gekennzeichnet durch das insbesondere im Vergleich zum gesamten Bundesgebiet aber auch im Vergleich zu Baden-Württemberg starke Vorherrschen von Kleinbetrieben unter 5 ha. Nur 19% aller landwirtschaftlichen Betriebe wiesen eine Betriebsgröße ≥ 5 ha auf[1] (Fig. 2). Bis 1960 hat sich dieses Bild nicht wesentlich verändert, noch immer waren 77% der landwirtschaftlichen Betriebe nur mit einer Fläche unter 5 ha ausgestattet. Dennoch sind, bei Betrachtung der Veränderung der Anteile der einzelnen Betriebsgrößenklassen, Ansätze zu einer Entmischung hin zu dem von vielen Autoren beschriebenen 2-gipfligen Betriebsgrößenwachstum festzustellen (u.a. FRICKE, 1961, S. 51; OLSEN, 1954, S. 6; THIEME, 1971, S. 78). Eine Abnahme des prozentualen Anteils von 1949 bis 1960 war nur für die Betriebsgrößenklasse 2 - 5 ha zu verzeichnen, da die dieser zugehörigen Betriebe einerseits zu klein waren, um einer Familie als Ernährungsgrundlage dienen zu können, andererseits aber für eine nebenberufliche Bewirtschaftung bei der noch geringen Mechanisierung flächenmäßig zu groß waren (s. auch WIRTH, 1970, S. 36). Dagegen nahmen die Anteile der Betriebsgrößenklassen 0,5 - 2 ha und ≥ 5 ha zu; der Anteil der Betriebe ≥ 20 ha blieb allerdings, trotz einer absoluten Zunahme von 100 Betrieben 1949 auf 132 Betriebe 1960 unbedeutend. Entsprechend dieser geringen Anzahl (bei einer Gesamtanzahl von knapp 23000 Betrieben 1960) waren auch die zwischengemeindlichen Unterschiede in der Betriebsgrößenklasse ≥ 20 ha am größten. So betrug der Variationskoeffizient 1949 204% und ging bis 1960 nur unwesentlich auf 193% zurück. Am wenigsten unterschieden sich die Gemeinden bezüg-

---

[1] Der Anteil der im Vollerwerb geführten Betriebe lag aber sicherlich höher als bei 19%; da die für die Vorkriegszeit angegebenen Werte für die Ackernahrung (s. 6.3.1.) sich bis 1949 noch nicht wesentlich erhöht haben, können bestimmt noch viele Betriebe in der Betriebsgrößenklasse 2 - 5 ha als Vollerwerbsbetriebe angesprochen werden.

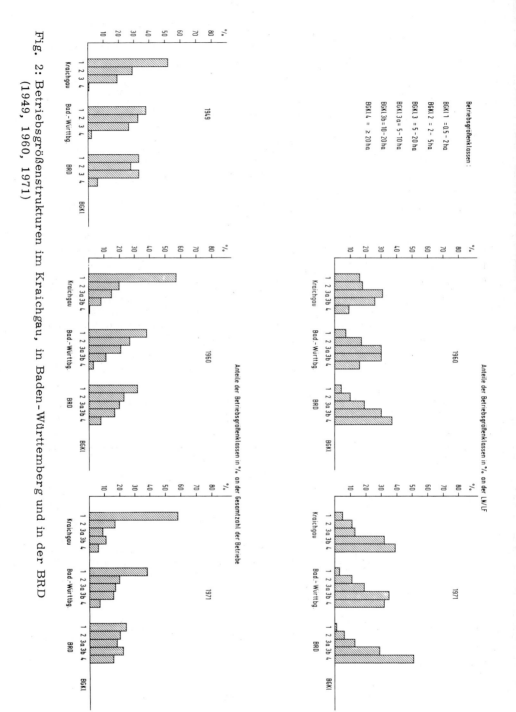

Fig. 2: Betriebsgrößenstrukturen im Kraichgau, in Baden-Württemberg und in der BRD (1949, 1960, 1971)

lich der Entwicklung des Anteils der Betriebe in der Größenklasse 0,5 - 2 ha: die entsprechenden Variationskoeffizienten von 33% (1949) und 34% (1960) verdeutlichen dies.

Um die weitere Betriebsgrößenentwicklung betrachten zu können, war es wegen der mangelhaften Vergleichbarkeit der Daten von 1971 mit den Daten der früheren Landwirtschaftszählungen (s. S. 54) nötig, eine Transformation[1] vorzunehmen, deren Ergebnis in Fig. 2 festgehalten ist.

Die zunehmende Entmischung der landwirtschaftlichen Betriebe bezüglich ihrer Betriebsgrößenstruktur wird anhand Figur 2 deutlich. War es 1960 noch die Betriebsgrößenklasse 2 - 5 ha, die im Vergleich zu 1949 die stärkste Abnahme zu verzeichnen hatte, so hat der hierin sich ausdrückende Differenzierungsprozeß in Neben- und Haupterwerbsbetriebe entsprechend des weiter gesteigerten Zwanges zur Erhöhung der Arbeitsproduktivität sich bis 1971 in die Größenklasse 5 - 10 ha verlagert (s. auch DEUTSCH, 1973, S. 111; THIEME, 1975, S. 21). Größere Zunahmen sind nur in den Betriebsgrößenklassen über 10 ha, insbesondere aber in der Größenklasse ≥ 20 ha festzustellen. Dennoch ist der Kraichgau aber auch 1971 noch durch einen relativ hohen Anteil an nur nebenberuflich bewirtschaftbaren Kleinbetrieben gekennzeichnet. Allerdings ist die Umstrukturierung hin zu einem höheren Anteil an größeren Betrieben gerade im Vergleich zu Baden-Württemberg stärker gewesen. Dies zeigt sich auch bei einem Vergleich des Anteils der Betriebsgrößenklassen an der LN bzw. LF[2].

Die von den Betrieben ≥ 20 ha bewirtschaftete Fläche hat im Kraichgau von 1960 bis 1971 um 282% zugenommen, in Baden-Württemberg und der Bundesrepublik dagegen nur um 81% bzw. 32%.[3]

---

[1] 1971 liegt als Gesamtzahl, die mit derjenigen vorheriger Landwirtschaftszählungen vergleichbar ist, die Anzahl der land- und forstwirtschaftlichen Betriebe ≥ 0,5 ha vor; 1960 wurde zusätzlich zu dieser Angabe die Zahl der forst-wirtschaftlichen Betriebe ≥ 0,5 ha (198) ausgegliedert; von dieser kann angenommen werden, daß sie sich bis 1971 zahlenmäßig sicherlich nicht wesentlich verändert hat; daher wurde von der Gesamtzahl der land- und forstwirtschaftlichen Betriebe ≥ 0,5 ha von 1971 die Zahl der forstwirtschaftlichen ≥ 0,5 ha von 1960 abgezogen, die hierdurch erhaltene Gesamtanzahl der landwirtschaftlichen Betriebe 1971 ≥ 0,5 ha in Höhe von 13 660 wurde den weiteren Berechnungen zugrunde gelegt.

[2] Mangels entsprechender Angaben konnten die Zahlen zur landwirtschaftlich genutzten Fläche nicht wie die Anzahl der landwirtschaftlichen Betriebe korrigiert werden; die Verzerrung ist hier aber wesentlich geringer, da die Betriebe unter 2 ha schon 1960 einen relativ geringen Flächenanteil einnahmen; ein Vergleich ist deshalb - mit den nötigen Einschränkungen - möglich.

[3] Berechnungen erfolgten auf der Grundlage der absoluten Flächenangaben in den einzelnen Betriebsgrößenklassen

Die zwischengemeindlichen Unterschiede bezüglich der Anteile der einzelnen Größenklassen an der Gesamtzahl der Betriebe haben sich sehr stark nur in der Größenklasse ≥ 20 ha verändert. Betrug der Variationskoeffizient hierfür 1960 noch 193%, so ist er immerhin auf 88% 1971 zurückgegangen; bei Betrachtung des Anteils an der landwirtschaftlich genutzten Fläche ist ein Rückgang von 175% 1960 auf 65% 1971 zu verzeichnen. Die Variationskoeffizienten für die anderen Betriebsgrößenklassen haben sich nur unwesentlich verändert, liegen aber alle über 50% und zeigen hiermit ganz deutlich, daß die räumlichen Unterschiede im Kraichgau unter dem Aspekt der Betriebsgrößenstruktur auch 1971 noch sehr hoch waren.

6.3.2.2. Bodennutzung und Viehhaltung

Die Entwicklung in der Bodennutzung[1] im Kraichgau nach dem 2. Weltkrieg war ebenso wie die gesamte Entwicklung in der Bundesrepublik geprägt durch den Übergang von einer Intensivierungs- zu einer Extensivierungsphase (ANDREAE & GREISER, 1978, S. 24), wofür die enorme Zunahme des inzwischen vollmechanisierbaren Getreideanbaus[2] das charakteristische Merkmal darstellt. Die Erhöhung des Anteils der Getreideanbaufläche (s. auch SCHWARZ, 1968b, S. 250) am Ackerland verlief im Kraichgau, ausgehend von 37,8% 1949 auf 66,4% 1971, sogar noch stärker als in der Bundesrepublik und in Baden-Württemberg (Fig. 3), wobei allerdings die spezifische Ausgangsposition im Untersuchungsgebiet berücksichtigt werden muß. Denn bedingt durch den geringen Dauergrünlandanteil[3] nahm die Feldfutteranbaufläche den relativ hohen Anteil von einem Drittel des Ackerlandes ein.

[1] Die Angaben zur Bodennutzung sind für die 3 Zeitschnitte teilweise nach unterschiedlichen Methoden erhoben worden, so daß die Vergleichbarkeit, wenn auch nur in geringem Umfang, beeinträchtigt ist; 1960 wurden die Futter- und Körnermaisanbauflächen der Betriebe < 2 ha nicht berücksichtigt, 1971 sind die Anbauflächen der Betriebe < 1 ha LF nicht mehr enthalten; weiterhin wird 1971 der Begriff Sonderkultur enger gefaßt - Heil- und Gewürzpflanzen werden nicht mehr dazu gerechnet.

[2] Körnermais, der seit Ende der 50er Jahre eine starke flächenmäßige Ausdehnung erfahren hat und in der Fruchtfolge Hackfrüchte ersetzen kann, wird in der Statistik zum Getreide gerechnet; eine Getreideanbaufläche von über 66% des Ackerlandes ist somit noch kein sicheres Indiz für eine ungesunde Fruchtfolge (ALLMENDINGER, 1976, S. 189ff; SCHWARZ, 1968b, S. 250ff)

[3] Das Acker-Grünlandverhältnis betrug im Kraichgau 1949 5,7:1 und lag damit weit über dem entsprechenden Wert für Baden-Württemberg (1,3:1) und für die Bundesrepublik (1,4:1)

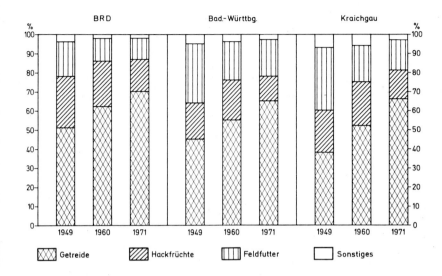

Fig. 3: Anbau auf dem Ackerland im Kraichgau, in Baden-Württemberg und in der BRD 1949, 1960, 1971

Die starke Verminderung der Futteranbaufläche bis 1971 bei gleichzeitiger Erhöhung der Viehhaltung war vor allem durch die in vielen Betrieben vorgenommene vertikale Betriebsvereinfachung in Form des Ankaufs importierter stärkereicher Futtermittel möglich. Weitere wichtige Faktoren waren (OLSEN, 1954, S. 3; SCHWARZ, 1968b, S. 253):

- höhere Futtererträge des Grünlandes, bedingt durch organisch-technische Fortschritte
- Ausbreitung des leicht silierbaren Grünmaises, der zudem höhere Erträge bei geringerem Arbeitsaufwand erbringt als "traditionelle" Futterpflanzen
- Zunahme der Flächenanteile der Futtergetreidearten insbesondere von Körnermais
- Zunahme des inzwischen auch mechanisierbaren Zwischenfruchtanbaus zur Futtergewinnung
- weiterhin der zunehmende Anfall von Nebenerzeugnissen wie Rübenblatt des flächenmäßig sich ausdehnenden Zuckerrübenanbaus

Auch der Hackfruchtanteil am Ackerland ist gekennzeichnet durch eine Verminderung der Anbaufläche, wofür die rückläufige Nachfrage nach Speisekartoffeln ein wesentlicher Grund ist (ANDREAE & GREISER, 1978,

S. 26; ALLMENDINGER, 1976, S. 189). Hinzu kommt, daß der Futterrübenanbau wegen des für diesen im Vergleich zum Silo- bzw. Grünmais beträchtlich höheren Arbeitsaufwandes eine starke Abnahme erfahren hat, obwohl die Futterrübe dem Silomais bezüglich des Nährstoffgehaltes überlegen ist (SCHWARZ, 1968b, S. 253). Sonstige Anbaufrüchte verlieren zunehmend an Bedeutung (s. Fig. 3). Geringe Mechanisierbarkeit und Zwang zur Auslastung des vorhandenen Maschinenparks und damit verbunden eine Betriebsvereinfachung bzw. Spezialisierung sind wesentliche Gründe hierfür (WIRTH, 1970, S. 15ff).

Diese Veränderungen im Anbau auf dem Ackerland sind allerdings nach Art und Umfang in den Gemeinden des Untersuchungsgebietes nicht gleich verlaufen. So zeigen die Variationskoeffizienten für die Mittelwerte der Anbauanteile an Hackfrüchten und Feldfutter deutlich die Zunahme der zwischengemeindlichen Unterschiede (s. Tab. 5).

Tab. 5: Variationskoeffizienten für die Flächenanteile der wichtigsten Anbaufrüchte im Kraichgau (1949, 1960, 1971)

Fruchtart	Variationskoeffizient (%)		
	1949	1960	1971
Getreide	18 %	20 %	20 %
Hackfrucht	24 %	27 %	43 %
Feldfutter	24 %	32 %	42 %

Ein wesentlicher Grund hierfür ist die sich insbesondere in Abhängigkeit von der jeweiligen Betriebsgrößenstruktur vollziehende, sich auch in den Bodennutzungserhebungen einer Gemeinde niederschlagende Ablösung des früher in fast allen Betrieben auf Vielseitigkeit ausgerichteten Produktionsziels durch Vereinfachung und Spezialisierung. Hinzu kommt die durch den Maschineneinsatz bedingte Selektivität des Anbaus in Abhängigkeit von der jeweiligen Bodenart. Nahm früher z.B. der Kartoffelanbau in jeder Gemeinde einen relativ hohen Anteil am Ackerland ein, so findet sich dieser wegen der eingeschränkten Mechanisierungsfähigkeit auf nicht siebfähigen Böden in größerem Umfang nur noch in Gemeinden mit entsprechenden Bodenarten (SCHWARZ, 1968b, S. 252; WIRTH, 1970, S. 12).

Für den Getreideanbau ist dagegen eine andere Entwicklung festzustellen. Die im Vergleich zu 1949 nur unwesentlich höheren Variationskoeffizienten verdeutlichen, daß die Gemeinden sich bezüglich des Getreideanteils relativ homogen verhalten, die sich in der Zunahme des Anteils der Getreideanbaufläche bis 1971 ausdrückende Extensivierung somit für alle Gemeinden charakteristisch ist.

Der Anbau von Sonderkulturen hat insgesamt gesehen im Untersuchungsgebiet leicht zugenommen. So lag der prozentuale Anteil an der landwirtschaftlichen Nutzfläche 1960 bei 2,7% und stieg bis 1971 auf 2,9% an.[1]

---

[1] Die entsprechenden Werte lagen für 1949 nicht vor

Die Variationskoeffizienten für die Mittelwerte der Gemeinden zeigen die extrem hohen Unterschiede zwischen den Gemeinden, die von 1960 (118%) bis 1971 (175%) sich noch verstärkt haben. Diese Zunahme der zwischengemeindlichen Unterschiede muß im Zusammenhang mit dem Rückzug insbesondere des Weinbaus auf die ertragreichsten und am leichtesten zu mechanisierenden Flächen gesehen werden.

Auch der Anteil des Dauergrünlandes an der landwirtschaftlichen Nutzfläche hat sich bis 1971 verändert. Betrug das Acker-Grünlandverhältnis 1949 noch 5,7:1, so ist es bis 1971 auf 6,4:1 gestiegen. Die zwischengemeindlichen Unterschiede haben ebenfalls zugenommen (Variationskoeffizienten 1949 = 66%, 1971 = 79%). Ein wichtiger Grund hierfür dürfte die Notwendigkeit zur Steigerung der Arbeits- und Flächenproduktivität sein, die dazu geführt hat, daß möglichst viel Dauergrünland, vielfach im Rahmen von flurbereinigungsbedingten Meliorationen, umgebrochen worden ist.

Die Veränderungen in der Rindvieh- und Schweinehaltung - andere Tierarten sind quantitativ unbedeutend - sind im Vergleich zu Baden-Württemberg in Tab. 6 festgehalten.

Tab. 6: Rindvieh- und Schweinebesatz im Kraichgau und in Baden-Württemberg (1949, 1960, 1971)[1]

	1949/50		1960		1971	
	Kr.	BW	Kr.	BW	Kr.	BW
Rindvieh/100 ha	71	86	81	103	84	116
Schweine/100 ha	73	64	63	63	158	86

Sowohl im Kraichgau als auch in Baden-Württemberg hat der Viehbesatz bis 1971 deutlich zugenommen, wobei für Baden-Württemberg, entsprechend der auf Landesebene stärkeren Umstrukturierung zum größeren Betrieb, zwischen 1949 und 1960 die höhere Zunahme im Viehbesatz zu ver-

---

[1] Beim Vergleich der Angaben zur Viehhaltung sind Unterschiede in der Art der Datengewinnung zu berücksichtigen; für 1950 lagen nur die Ergebnisse der Viehzählung nach dem Belegenheitsprinzip vor; 1960 und 1971 wurden die Angaben nach dem Betriebsprinzip erhoben, wobei 1960 nur die Betriebe ≥ 0,5 ha LN und 1971 nur diejenigen ≥ 1 ha LF einbezogen wurden; zudem mußten für den 1. Zeitschnitt mangels anderer Daten die Zahlen der Viehzählung von 1950 mit denen der landwirtschaftlichen Betriebszählung von 1949 verknüpft werden; hinzu kommt, daß die Zahlen des Schweinebesatzes für 1949/50 mit denjenigen von 1960 nur schwerlich vergleichbar sind, da die ersteren im Rahmen der Viehzählung im Dezember 1949, die letzteren dagegen im Mai erhoben wurden - die Anzahl der Schweine aber ist wegen der kurzen Umtriebszeit großen Schwankungen innerhalb eines Jahres unterworfen.

merken ist. In der Entwicklung im nachfolgenden Jahrzehnt läßt sich für den Kraichgau, im Gegensatz zu Baden-Württemberg, eine Schwerpunktbildung in der Schweinehaltung verzeichnen, was unter anderem im Zusammenhang mit den Bodengüteverhältnissen im Kraichgau, die als "zu gut" für den Futterpflanzenanbau bewertet werden, zu sehen ist. Insgesamt betrachtet ist die Zunahme des Viehbesatzes als Ergebnis vor allem von Betriebsvergrößerungen, -vereinfachungen und -spezialisierungen zu verstehen (SCHWARZ, 1968a, S. 261).

Parallel zu den differenzierten Betriebsgrößen- und Bodennutzungsentwicklungen nahmen auch in der Viehhaltung die zwischengemeindlichen Unterschiede, die bereits 1949 sehr hoch waren, zu. Lagen die Variationskoeffizienten 1949 für den Rindviehbesatz bei 51%, für den Schweinebesatz bei 53%, so betrugen die entsprechenden Werte 1971 68% bzw. 89%.

6.3.2.3. Arbeitswirtschaft

Zur Entwicklung der Arbeitswirtschaft, Arbeitskräfte und Maschinenausstattung umfassend, können nur Aussagen getroffen werden, die insbesondere bezüglich der Arbeitskräfte mit großer Vorsicht betrachtet werden müssen. Denn die hierzu vorliegenden Daten von 1960 und 1971/72[1] sind wegen ihrer unterschiedlichen inhaltlichen Bedeutung und wegen der Veränderung der Erfassungsgrenzen der landwirtschaftlichen Betriebe von 0,5 ha 1960 auf 1 ha 1971 nur eingeschränkt vergleichbar.[2]

Die Zahl der Schlepper, die einzige in der Gemeindestatistik enthaltene Angabe zum Maschinenbestand der landwirtschaftlichen Betriebe, hat ausgehend von den absoluten Werten, von 1960 bis 1971/72 um 12%, in Baden-Württemberg um 23% zugenommen. Berücksichtigt man die 1971/72 engere Datengrundlage - Einachsschlepper wurden nicht mehr erfaßt - so können diese Prozentzahlen höher veranschlagt werden. In der Zunahme

---

[1] Für 1949 liegen die entsprechenden Werte nicht vor

[2] Bei den agrarstrukturellen Merkmalen Bodennutzung und Viehhaltung war dies nicht bedeutend, da die 1971 nicht erfaßten Betriebe zwischen 0,5 ha und 1 ha keinen wesentlichen Anteil an der LF einnahmen und im Regelfall keine Rinder und keine oder nur wenige Schweine hielten; bei Betrachtung der Betriebsgrößenstruktur konnte dank der Art der vorliegenden Daten eine Transformation vorgenommen werden, was bei der Datenlage zur Arbeitswirtschaft nicht möglich war; dieser Wegfall der Betriebe mit 0,5 - 1 ha dürfte für die Anzahl der Schlepper und die Anzahl der ständigen familienfremden Arbeitskräfte ohne Bedeutung sein, ein Vergleich zwischen voll- und teilbeschäftigten familieneigenen Arbeitskräften 1960 und 1971 ist aber nicht möglich.

des Schlepperbesatzes (Tab. 7) wird die seit 1960 auch auf die kleineren Betriebe übergegriffene Mechanisierung sichtbar. Entsprechend dieser Erhöhung haben sich die zwischengemeindlichen Unterschiede verringert; betrug der Variationskoeffizient für 1960 noch 43%, so nahm dieser bis 1971/72 auf 29% ab.

Tab. 7: Schlepperbesatz im Kraichgau und in Baden-Württemberg 1960 und 1971/72

	1960		1971/72	
	Kraichgau	Bad.-W.	Kraichgau	Bad.-W.
Schlepperbesatz (pro 100 ha)	10,2	10,1	13,3	13,6

Parallel zur zunehmenden Mechanisierung und zur Abnahme der Betriebe ist bis 1971/72 ein Rückgang sowohl der ständigen familienfremden als auch der ständigen Arbeitskräfte insgesamt zu verzeichnen.

Ausgehend von den absoluten Zahlen ist das Ausmaß der Abnahme im Kraichgau mit 40% nur unwesentlich verschieden von dem in Baden-Württemberg mit 41%. Unter Berücksichtigung des Besatzes pro 100 ha (Tab. 8) zeigen sich allerdings Unterschiede in der Entwicklung, die im Zusammenhang mit der stärkeren Zunahme der Betriebe ≥ 20 ha im Untersuchungsgebiet gesehen werden könnten. Die zwischengemeindlichen Unterschiede bezüglich des Besatzes an ständigen familienfremden Arbeitskräften sind zwar 1971/72 geringer als 1960, sind aber immer noch, entsprechend den Unterschieden in den Betriebsgrößenstrukturen, sehr hoch (Variationskoeffizienten 1960 = 237%, 1971/72 = 160%).

Tab. 8: Arbeitskräftebesatz (familienfremde Arbeitskräfte) im Kraichgau und in Baden-Württemberg 1960 und 1971/72

	1960		1971/72	
	Kraichgau	Bad.-W.	Kraichgau	Bad.-W.
familienfremde Arbeitskräfte (pro 100 ha)	1,2	1,8	0,9	1,1

Die Angaben von 1960 und 1971/72 zur Anzahl der ständigen Arbeitskräfte insgesamt sind nicht vergleichbar wegen der beträchtlichen inhaltlichen Unterschiede von "vollbeschäftigt". Daher können nur Vergleiche zwischen dem Untersuchungsgebiet und Baden-Württemberg zu einem Zeitpunkt vorgenommen werden. Die 1960 im Kraichgau stärkere kleinbetriebliche Betriebsgrößenstruktur und die geringere Mechanisierung sind wesentliche Ursachen für den mit 40 pro 100 ha im Vergleich zum Landesdurchschnitt mit 35 pro 100 ha höheren Arbeitskräftebesatz. Die zwischen 1960 und 1971/72 im Kraichgau stärkere Zunahme an größeren Betrieben führte zu einer Angleichung der Arbeitsproduktivität. So betrug der Arbeitskräftebesatz (im Betrieb einschließlich des Haushalts Beschäftigte) im Kraichgau 1971/72 35 pro 100 ha, in Baden-Württemberg 34 pro 100 ha.

6.3.2.4. Agrarstrukturverbesserungsmaßnahmen

Der Kraichgau gehörte auch nach dem 2. Weltkrieg zu den Regionen Baden-Württembergs, die einen weit überdurchschnittlichen Zersplitterungsgrad der landwirtschaftlichen Nutzfläche aufwiesen. Betrug 1960 die durchschnittliche Größe eines Besitzstückes[1] im Untersuchungsgebiet nur 0,21 ha und entsprach damit dem Durchschnitt des Regierungsbezirkes Nordbaden, so lagen die vergleichbaren Werte für Baden-Württemberg (0,37 ha), Süd-Württemberg-Hohenzollern (0,51), Nordwürttemberg (0,39 ha) und für Südbaden (0,39 ha) deutlich höher.[2]

Allerdings waren für den Kraichgau räumliche Unterschiede in der Besitzzersplitterung festzustellen. Entsprechend den Unterschieden in der Betriebsgrößenstruktur war diese im südlichen und westlichen Kraichgau mit über 500 Besitzstücken[3]/100 ha am höchsten, am niedrigsten war sie im zentralen und östlichen Kraichgau, in dem für die meisten Gemeinden unter 400 Besitzstücke pro 100 ha zu verzeichnen waren. Der nordwestliche Kraichgau in der engeren Umgebung von Heidelberg und mehrere Gemeinden, die westlich an Heilbronn anschließen, nahmen mit 400-600 Besitzstücken pro 100 ha eine Mittelstellung ein. Zentrale überbetriebliche Maßnahmen zur Beseitigung dieses Strukturmangels waren im Kraichgau die Flurbereinigungen und - mit Einschränkungen - deren Vorläufer.

In einer Vielzahl von Gemeinden sind bereits vor 1950 entsprechende Verfahren[4] durchgeführt worden, wobei diese oftmals nur Teile der jeweili-

---

[1] Als Besitzstück wird eine landwirtschaftlich genutzte Fläche bezeichnet, die zusammenhängend bewirtschaftet werden kann, wobei Wege und Gräben (einfache Durchlässe) nicht als trennende Elemente angesehen werden; ein Besitzstück umfaßt daher zumeist mehrere Flurstücke

[2] Die Werte wurden nach den Angaben, die in der Statistik von Baden-Württemberg (1964, Bd. 90, Teil 4) enthalten waren, berechnet; nur für diesen Zeitpunkt lagen gemeindeweise aufgeschlüsselte Daten zur Besitzzersplitterung vor; der tatsächliche Wert für die durchschnittliche Größe eines Besitzstückes lag sogar noch niedriger, wenn man berücksichtigt, daß nur für die Betriebe mit $\geq 0,5$ ha diese Angaben erhoben worden sind.

[3] Diese Angaben wurden dem "Planungsatlas von Baden-Württemberg", 1969, S. 45 entnommen

[4] Die Angaben zum Stand der Flurbereinigung, zum Zusammenlegungsgrad und zu anderen, im Rahmen von Flurbereinigungen durchgeführten Maßnahmen wurden nach Statistischen Zusammenstellungen der für den Kraichgau zuständigen Flurbereinigungsämter (Heidelberg, Heilbronn, Karlsruhe, Sinsheim) berechnet

gen landwirtschaftlichen Nutzfläche umfaßten (s. Karte 5). Bezüglich des Zusammenlegungsgrades allerdings waren die Verfahren, die im Rahmen von Feldbereinigungsgesetzen vorgenommen worden sind, nicht zufriedenstellend (s. 2.3.2.). Aber auch bei den nach der RUO vorgenommenen Zusammenlegungen konnten keine großzügigen Ergebnisse erzielt werden, was insbesondere im Zusammenhang mit der noch sehr hohen Anzahl an Beteiligten zu sehen ist.

Dies war auch der wesentliche Grund für die noch relativ geringen Zusammenlegungsverhältnisse bei den Verfahren, bei denen die Besitzeinweisung zwischen 1950 und 1959 erfolgte (s. Karte 6). Immerhin hat sich der Zusammenlegungsgrad für die in diesem Jahrzehnt durchgeführten Verfahren auf 3,1:1 erhöht, was sich in der Besitzstückzahl pro 100 ha niedergeschlagen hat. So sind für die meisten der zwischen 1950 und 1959 bereinigten Gemeinden 1960[1] nur 100 - 200 Besitzstücke pro 100 ha zu verzeichnen.

Für die Verfahren, die zwischen 1960 und 1969 bzw. 1970 und 1980 durchgeführt worden sind (s. Karte 6), können mit 9,5:1 bzw. 9,9:1 wesentlich günstigere Zusammenlegungsverhältnisse vermerkt werden. Insgesamt sind nach 1950 80 Gemeinden mit einer Verfahrensfläche von knapp 50% des Gesamtkraichgaus bereinigt worden, daneben wurden in vielen Gemeinden Teilumlegungen, zumeist Rebflurbereinigungen, vorgenommen; für die meisten der noch nicht nach 1950 bereinigten Gemeinden sind inzwischen Verfahren angeordnet worden.

Neben der Zusammenlegung als Kernpunkt einer jeden Flurbereinigung (s. 2.3.) sind noch andere Maßnahmen im Rahmen von diesen Verfahren durchgeführt worden, über die leider nur unvollständige Unterlagen vorhanden sind.[2]

Für 46 der seit 1950 durchgeführten Verfahren lagen Angaben zu Aussiedlungen vor. Durchschnittlich wurden hierbei 5 Aussiedlungen pro Verfahren vorgenommen, wobei dies in 46% der Fälle mit einer flächenhaften Aufstockung verbunden war. Der Schwerpunkt an Aussiedlungen ist für die Jahre zwischen 1960 und 1969 zu verzeichnen. So konnte für die 26 Gemeinden, für die Angaben für diesen Zeitraum vorhanden waren, ein Durchschnitt von 7 Aussiedlungen pro Verfahren berechnet werden; für das vorhergehende Jahrzehnt waren es nur 3 pro

---

[1] Siehe hierzu "Planungsatlas von Baden-Württemberg", 1969, S. 45

[2] Für den Zeitraum vor 1960 sind die Unterlagen in den Flurbereinigungsämtern sehr dürftig; für den Zeitraum danach sind diese immer noch lückenhaft und nach Aussagen von Mitarbeitern der Flurbereinigungsämter teilweise nicht richtig, da z.B. Maßnahmen wie Aussiedlungen, die nicht im Rahmen von Flurbereinigungen erfolgt sind, als flurbereinigungsbedingt ausgewiesen werden.

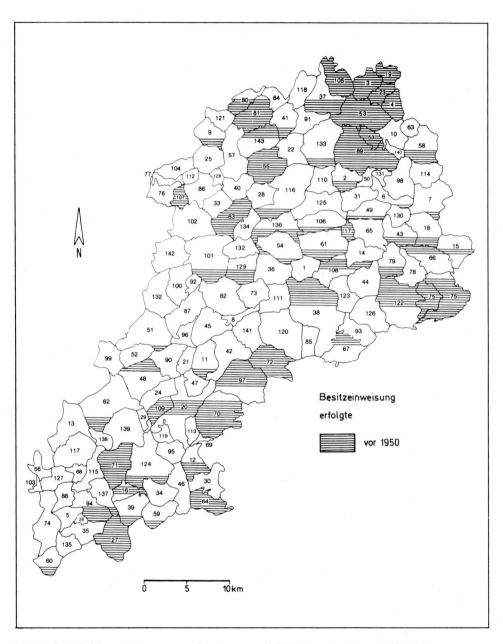

Karte 5: Flurbereinigungsverfahren vor 1950 im Kraichgau (Quelle: Unterlagen des Landesamtes für Flurbereinigung und Siedlung, Ludwigsburg)

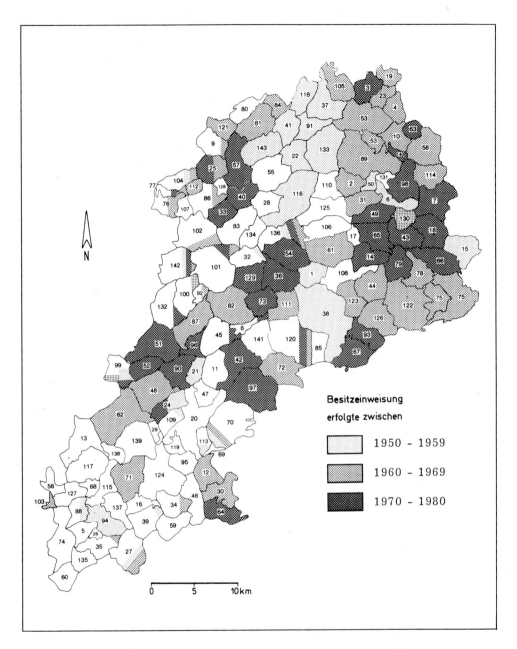

Karte 6: Stand der Flurbereinigung im Kraichgau (1.1.1980)(Quelle: Unterlagen des Landesamtes für Flurbereinigung und Siedlung, Ludwigsburg)

Verfahren, für die Verfahren nach 1970 konnten durchschnittlich 4 Aussiedlungen verzeichnet werden. Die nach 1970 beträchtlich verringerte Aussiedlungstätigkeit ist u.a. im Zusammenhang mit der Erkenntnis zu sehen, daß für auch langfristig ökonomisch sinnvolle Aussiedlungen nur wenige flächen- und kapitalmäßig sehr gut ausgestattete Betriebe in Frage kommen. Denn zwischen 1960 und 1969 wurden viele Betriebe mit ungenügendem Flächen- und Kapitalbestand ausgesiedelt, Betriebe, die schon nach wenigen Jahren eine Abstockung zumindest zum Zuerwerb vornehmen mußten, was zu berechtigten Zweifeln am längerfristigen Erfolg vieler dieser Aussiedlungen, gerade bei Berücksichtigung der hierfür getätigten Investitionsleistungen, führte. Vor 1959 dagegen mangelte es vielfach an der Bereitschaft der Landwirte, eine Aussiedlung durchzuführen.

Zur Bereitstellung von Land durch Teilnehmergemeinschaften oder durch Siedlungsgesellschaften lagen nur Angaben für den Zeitraum nach 1960 vor. Pro Verfahren konnten zwischen 1960 und 1969 30 ha, zwischen 1970 und 1980 18 ha bereitgestellt werden. Die hier ebenfalls feststellbare geringere Bereitstellungstätigkeit nach 1970 ist u.a. darauf zurückzuführen, daß viele der kleineren unrentablen Betriebe bereits im Jahrzehnt zwischen 1960 und 1969 aufgegeben worden sind, das Potential an Betriebsleitern, die im Rahmen von Flurbereinigungen sich zur Aufgabe oder zur Abstockung entschließen würden und die damit Land zur Verfügung stellen könnten, sich wesentlich verringert hatte. Zu landbautechnischen Maßnahmen waren Daten über durchgeführte Dränungen vorhanden. Insgesamt wurden seit 1950 in 63 Verfahren 1157 ha gedränt, was bedeutet, daß durchschnittlich 18 ha Dränung pro Verfahren vorgenommen worden sind.

Als weitere Maßnahme wurden im Rahmen von Gemeinschaftlichen Anlagen seit 1950 in 66 Verfahren durchschnittlich 64 km Wege und Straßen hergestellt.

7. AGRARSTRUKTURELLE GEMEINDETYPISIERUNG

7.1. Analyse der Agrarstruktur 1949/50

Ausgehend von den in der Gemeindestatistik 1949/50 enthaltenen Angaben zu agrarstrukturellen Merkmalen wurden 19 Variable (Tab. 9) gebildet, mit denen eine Faktorenanalyse[1] durchgeführt wurde. Extrahiert wurden 3 Faktoren[2], die zusammen 72,5% der Gesamtvarianz erklären; die Rotation der Faktoren erfolgte nach dem Varimax-Kriterium.

Tab. 9: Variablenliste zur Agrarstruktur 1949/50[3]

V 1 Anteil der Erwerbspersonen (EWP) im I. Sektor an EWP insgesamt
V 2 Anteil der weiblichen EWP im I. Sektor an weiblichen EWP insgesamt
V 3 Anteil der weiblichen EWP im I. Sektor an EWP im I. Sektor
V 4 Anteil der männlichen EWP im I. Sektor an männlichen EWP insgesamt
V 5 Durchschnittliche Größe der landwirtschaftlichen Betriebe $\geq 0,5$ ha
V 6 Anteil der landwirtschaftlichen Betriebe mit 0,5 - 2 ha an der Gesamtzahl der landwirtschaftlichen Betriebe
V 7 Anteil der landwirtschaftlichen Betriebe mit 2 - 5 ha an der Gesamtzahl der landwirtschaftlichen Betriebe
V 8 Anteil der landwirtschaftlichen Betriebe mit 5 - 20 ha an der Gesamtzahl der landwirtschaftlichen Betriebe
V 9 Anteil der landwirtschaftlichen Betriebe mit ≥ 20 ha an der Gesamtzahl der Betriebe
V10 Anteil der LN der Betriebe $< 0,5$ ha an der landwirtschaftlichen Nutzfläche (LN)

---

[1] Bei den drei Gemeindetypisierungen wurden Hauptkomponentenanalysen durchgeführt; zum Problem der Restriktionen, insbesondere der Forderung nach paarweiser zweidimensionaler Normalverteilung siehe BORTZ (1979, S. 258), KÖNIG (1980, S. 55), OSTHEIDER (1979, S. 2) und STEINER (1979, S. 2), die darauf hinweisen, daß die bivariate Normalverteilung bei der der Faktorenanalyse zugrundeliegenden Korrelationskoeffizientenberechnung bei inferenzstatistischer Anwendung Voraussetzung ist, wohingegen bei Verwendung als deskriptives Verfahren ausschließlich für die Untersuchungsobjekte die Frage der Verteilungseigenschaften unerheblich ist.

[2] ÜBERLA (1971[2], S. 123), NEUMEISTER (1973, S. 61) u.a. weisen darauf hin, daß es keine allgemein anerkannte Methode für die Anzahl der zu extrahierenden Faktoren gibt; hier und im folgenden wurde die Extraktion der Faktoren nach dem Scree-Test und nach inhaltlichen Gesichtspunkten vorgenommen.

[3] Die Variablen V1 - V4, V6 - V16 wurden jeweils in Prozentangaben umgerechnet

V11 Anteil der LN der Betriebe ≥ 0,5 ha an der LN
V12 Anteil des Ackerlandes an der LN
V13 Anteil des Dauergrünlandes an der LN
V14 Anteil des Getreides an der LN
V15 Anteil der Hackfrüchte an der LN
V16 Anteil des Feldfutters an der LN
V17 Rinderbesatz pro 100 ha
V18 Schweinebesatz pro 100 ha
V19 Pferdebesatz pro 100 ha

Die Matrix der Faktorenladungen, die die Werte für die Korrelationen zwischen den rotierenden Faktoren und den Variablen enthält, ist in Fig. 4 dargestellt, wobei nur die für die Interpretation wesentlichen hohen Faktorenladungen aufgeführt sind. Die anschließend berechneten Faktorenwerte für jede Gemeinde zeigen deutlich die räumlichen Unterschiede (Karten 7-9).

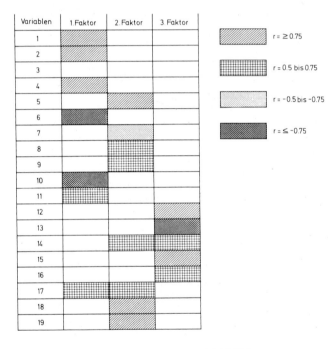

Fig. 4: Matrix der Faktorenladungen 1949/50

Der 1. Faktor, der 43% der Gesamtvarianz erklärt, weist hohe positive Ladungen auf Variablen auf, die Angaben zur Agrarquote, zum Rinderbesatz und zum Anteil der Betriebe ≥ 0,5 ha an der landwirtschaftlichen Nutzfläche enthalten. Hohe negative Ladungen sind für die Angaben zum Anteil der Betriebe mit 0,5 - 2 ha an der Gesamtzahl der Betriebe und zum flächenmäßigen Anteil der Betriebe unter 0,5 ha zu verzeichnen. Hohe positive Faktorenwerte kennzeichnen demnach Gemeinden, in denen zum einen der Anteil an Erwerbspersonen in der Landwirtschaft insgesamt und bezogen auf die Gesamtzahl der männlichen und weiblichen Erwerbspersonen überdurchschnittlich hoch ist. Weiterhin sind diese Gemeinden durch einen höheren Anteil an größeren Betrieben und einen höheren Großviehbesatz gekennzeichnet. Zum anderen ist in diesen Gemeinden die Anzahl der Kleinstbetriebe und der flächenmäßige Anteil der Betriebe <0,5 ha relativ gering.

Schaut man sich die Verteilung der Faktorenwerte für die einzelnen Gemeinden an (Karte 7), so stellt man fest, daß die Gemeinden, die benachbart zu den Industriegebieten Karlsruhe, Pforzheim, Heidelberg und Heilbronn liegen oder die eigene Arbeitsstätten im außerlandwirtschaftlichen Bereich aufweisen (z.B. Bretten (20), Sinsheim (116), Eppingen (38), Meckesheim (81)) mit den niedrigsten Faktorenwerten ausgestattet sind. Die höchsten Faktorenwerte und damit auch die höchste Agrarquote bei gleichzeitig unterdurchschnittlichem Anteil an Betrieben mit 0,5 - 2 ha sind für verkehrsungünstiger gelegene Gemeinden im westlichen (Neuenbürg (92), Oberacker (96)) und im nordöstlichen Kraichgau (um Neckarbischofsheim (89)) und entlang des Heuchelberges zu vermerken. Auffallend die Gemeinden Auerbach (5) und Dietenhausen (26), die jeweils an der Grenze der Einzugsbereiche der beiden Industriegebiete Karlsruhe und Pforzheim liegen und von der Abwanderung aus der Landwirtschaft nicht in dem Ausmaß wie die Nachbargemeinden erfaßt worden sind.

Die meisten Gemeinden mit Faktorenwerten zwischen + 0,75 und 0, die, relativ gesehen, eine leicht erhöhte Agrarquote und einen leicht unterdurchschnittlichen Anteil an Kleinst- und Parzellenbetrieben aufweisen, liegen im zentralen und östlichen Kraichgau. Daneben finden sich im westlichen und östlichen Kraichgau Gemeinden mit überdurchschnittlich positiven Faktorenwerten, was bei einigen Gemeinden im Zusammenhang mit einer relativen Verkehrsungunst zu sehen ist. Gemeinden mit etwas unterdurchschnittlichen Faktorenwerten liegen im peripheren Einzugsbereich der Industriestädte oder sind (wie z.B. Waibstadt (133)) mit etlichen außerlandwirtschaftlichen Arbeitsplätzen ausgestattet.

Der 2. Faktor zeigt hohe positive und negative Ladungen auf Angaben zur Betriebsgrößenstruktur, zum Viehbesatz und zum Getreidebau (Fig. 4). Hohe positive Faktorenwerte sind daher für Gemeinden charakteristisch, die im Vergleich zu anderen Gemeinden einen bedeutend höheren Anteil an Betrieben in den Betriebsgrößenklassen 5 - 20 ha und ≥ 20 ha haben, bei denen aber der Anteil an Betrieben in der Betriebsgrößenklasse 2 - 5 ha unterdurchschnittlich ist. Weiterhin ist für diese Gemeinden ein relativ hoher Viehbesatz kennzeichnend und außerdem nimmt die Getreideanbaufläche in diesen Gemeinden einen höheren Anteil an der LN ein als in anderen Gemeinden.

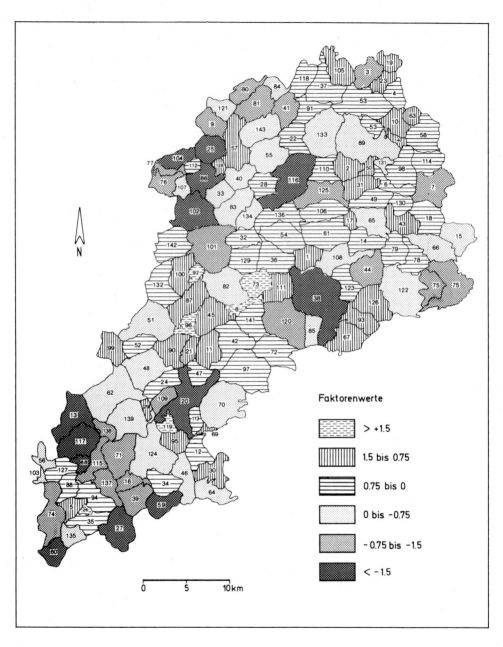

Karte 7: Räumliche Verteilung der Werte für den 1. Faktor 1949/50

Bezüglich der räumlichen Anordnung der Faktorenwerte läßt sich eine deutliche Teilung des Kraichgaus feststellen. Fast ausschließlich im mittleren und östlichen Kraichgau finden sich Gemeinden mit höheren bzw. hohen positiven Faktorenwerten. In den Gemeinden des westlichen und südlichen Kraichgaus ist der Anteil der Betriebe in den Betriebsgrößenklassen ≥ 5 ha geringer bzw. unbedeutend; die Gemeinden sind vielmehr gekennzeichnet durch einen relativ hohen Anteil an Betrieben mit 2 - 5 ha. Ausnahmen sind hier Gemeinden wie Hohenwettersbach (56), Gondelsheim (48), Eichtersheim (33), Gemeinden also, die historisch bedingt größere Betriebe aufweisen (s. 6.1.). Hohe Anteile an Betrieben mit 2 - 5 ha zeigen insbesondere die Gemeinden, in denen Sonderkulturanbauflächen einen größeren Raum einnehmen wie z.B. in Kürnbach (72), Kleingartach (67), Tiefenbach (129) (Karte 8).

Der 3. Faktor, der 10,8% der Gesamtvarianz erklärt, gibt Auskunft über die Bodennutzung (s. Fig. 4). Hohe positive Faktorenwerte sind charakteristisch für Gemeinden mit intensiver ackerbaulicher Nutzung und geringerem Dauergrünlandanteil an der landwirtschaftlichen Nutzfläche. Ein im Verhältnis zu anderen Kraichgaugemeinden hoher Dauergrünlandanteil findet sich nur in südlichen Kraichgaugemeinden, ein leicht erhöhter Dauergrünlandanteil noch im nordöstlichen Kraichgau (s. Karte 9). Ein Vergleich mit den Karten 2 und 3 zeigt deutlich, daß Unterschiede im geologischen Untergrund und in der Bodengüte eine wesentliche Ursache hierfür darstellen.

Da die Agrarstruktur einer Gemeinde nicht hinreichend durch einen Faktor, sondern erst durch eine Kombination der Faktorenwerte charakterisiert werden kann, wurde eine Distanzgruppierung[1] unter Zugrundelegung der entsprechenden 3 Faktorenwerte für jede Gemeinde durchgeführt.

Beim Distanzgruppierungsverfahren stieg der Verlust an Einzelinformation mit dem 138. Schritt stärker an als zwischen den vorhergehenden Schritten. Daher wurde eine Einteilung in 6 Gruppen, die noch 67% der Gesamtinformation enthalten, gewählt (s. Karte 10). Diese Typen von Gemeinden können durch eine jeweils spezifische Faktorenkombination gekennzeichnet werden. Allerdings muß darauf hingewiesen werden, daß, wie bei jeder Typisierung, jede Gruppe eine relativ große Spannweite zeigt.

Zwei gegensätzliche Typen von Gemeinden lassen sich herausstellen, denen die Agrarstrukturtypen I und IV entsprechen. Die Gemeinden des Typs IV, alle im südlichen Kraichgau gelegen, sind durch folgende Kombination agrarstruktureller Merkmale geprägt:
- unterdurchschnittliche bis durchschnittliche Agrarquote
- relativ hoher Anteil an landwirtschaftlichen Betrieben mit 0,5 - 2 ha

---

[1] Verwendet wurde hierzu ein Distanzgruppierungsverfahren, bei dem der Gruppendistanzzuwachs minimalisiert wird (s. hierzu auch BAHRENBERG & GIESE, 1975, S. 269ff; BÄHR, 1971)

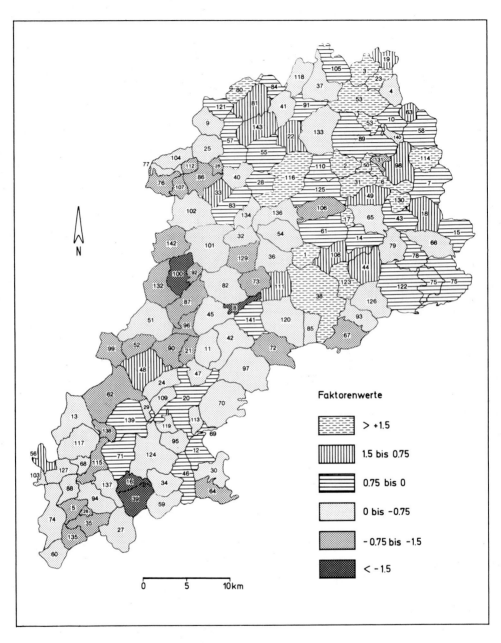

Karte 8: Räumliche Verteilung der Werte für den 2. Faktor 1949/50

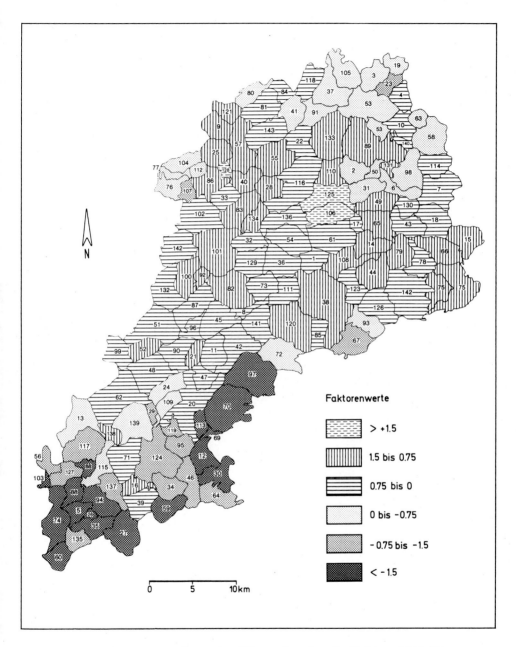

Karte 9: Räumliche Verteilung der Werte für den 3. Faktor 1949/50

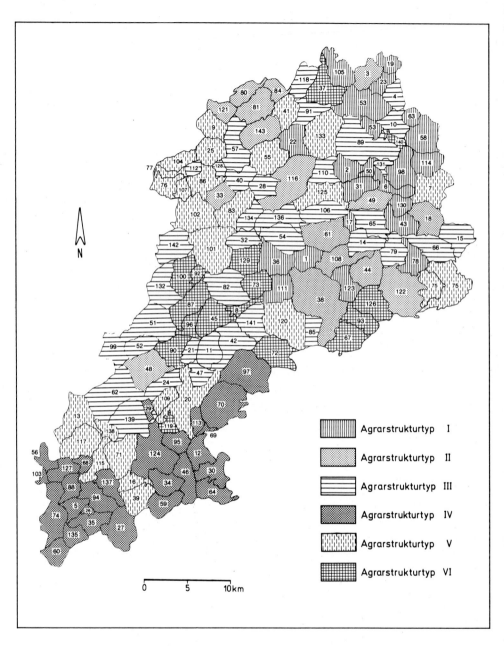

Karte 10: Agrarstrukturelle Gemeindetypisierung 1949/50

76

und 2 - 5 ha LN und einem relativ hohen Anteil der Betriebe < 0,5 ha an der LN;
- geringer Viehbesatz
- im Vergleich zu den anderen Typen der höchste Dauergrünlandanteil

Diese Merkmale lassen darauf schließen, daß in den diesem Typ zuzuordnenden Gemeinden die überwiegende Anzahl der landwirtschaftlichen Betriebe nicht mehr hauptberuflich bewirtschaftet wird.[1]

Die Gemeinden des Typs I, die ausschließlich im östlichen und zentralen Kraichgau liegen, zeigen völlig andere agrarstrukturelle Merkmale:
- hohe Agrarquote
- höchster Anteil an Betrieben mit 5 - 20 ha und ≥ 20 ha LN, relativ geringer Anteil dagegen an Betrieben mit 2 - 5 ha und 0,5 - 2 ha
- höchster Viehbesatz
- durchschnittlicher bis leicht unterdurchschnittlicher Dauergrünlandanteil

Von dieser Kombination ausgehend kann angenommen werden, daß in diesen Gemeinden der Anteil an landwirtschaftlichen Betrieben, die hauptberuflich bewirtschaftet werden, am größten ist im Vergleich zu Gemeinden der anderen Typen.

Die weiteren Typen für 1949/50 lassen sich - mit Ausnahme der Typ VI - bezüglich ihrer Merkmalskombination zwischen diesen beiden Extremen einordnen. So weisen die Gemeinden des Typ V noch eine weitgehende Affinität zu denen des Typ IV auf. Denn diese Gemeinden sind alle durch eine unterdurchschnittliche Agrarquote gekennzeichnet, der Anteil an Betrieben in den Betriebsgrößenklassen 0,5 - 2 ha und 2 - 5 ha ist relativ hoch, der in den Betriebsgrößenklassen über 5 ha ist dagegen, genauso wie der Viehbesatz niedrig. Ein größerer Unterschied zum Typ IV ist allerdings beim Dauergrünlandanteil festzustellen, der in den Gemeinden des Typs V leicht überdurchschnittlich ist.

Hieran anschließend ist der Typ II mit überwiegend im nordwestlichen und östlichen Kraichgau gelegenen Gemeinden einzuordnen. So sind die Gemeinden dieses Typs auch gekennzeichnet durch eine unterdurch-

---

[1] Die Relativität der Homogenität der Gemeinden e i n e s Typs zeigt sich deutlich bei Betrachtung der Faktorenwerte für jede Gemeinde; so unterscheidet sich z.B. die Gemeinde Hohenwettersbach (56) bezüglich des 1. und 3. Faktorenwertes nicht von den anderen Gemeinden; bezüglich des 2. Faktors weist sie allerdings einen hohen positiven Wert auf; auch KILCHENMANN (1968, S. 70ff) stellt für einige seiner Gemeinden starke Abweichungen vom Klassenmittel fest, weist aber darauf hin, daß diese Gemeinden dennoch wegen der größeren Ähnlichkeit eine solche Zuordnung erfahren haben.

schnittliche Agrarquote und damit verbunden durch einen erhöhten Anteil an Betrieben in der Betriebsgrößenklasse 0,5 - 2 ha. Aber unter Einbezug der Werte für den 2. Faktor ist für diese Gemeinden ein hoher Anteil an Betrieben mit 5 - 20 ha und ≥ 20 ha und ein hoher Viehbesatz festzuhalten, daneben ein geringer Dauergrünlandanteil.

Die Gemeinden des Typs III, deren Hauptverbreitungsgebiet der westliche Kraichgau ist (s. Karte 10), sind gekennzeichnet durch eine durchschnittliche bis überdurchschnittliche Agrarquote und einen geringen Dauergrünlandanteil. Sie stehen damit den Gemeinden des Typs I näher als denjenigen des Typs IV. Aber bezüglich der Viehhaltung und der Betriebsgrößenstruktur (überwiegend höherer Anteil an Betrieben mit 0,5 - 2 ha und 2 - 5 ha und unterdurchschnittlichen Anteilen in den oberen Betriebsgrößenklassen) zeigen diese Gemeinden eher Gemeinsamkeiten mit denjenigen des Typs IV.

Die mit 16 Gemeinden kleinste Gruppe (Typ VI) ist schließlich charakterisiert durch die höchste Agrarquote einerseits und durch den höchsten Anteil an Betrieben in der Betriebsgrößenklasse 2 - 5 ha andererseits. Weitere Merkmale sind der im Vergleich zu den anderen Typen geringste Viehbesatz, der niedrigste Anteil an Betrieben ≥ 5 ha und ein niedriger Dauergrünlandanteil. Sozioökonomisch gesehen sind noch viele Betriebe als Vollerwerbsbetriebe anzusprechen, Vollerwerbsbetriebe allerdings, die 1949/50 bezüglich ihrer Größe an der Untergrenze der Ackernahrung lagen. In einigen Gemeinden, z.B. Kürnbach (72), Oberöwisheim (100) ist der flächenmäßig verbreitete Anbau von Sonderkulturen sicherlich mit eine der Ursachen für die relativ große Anzahl kleiner Vollerwerbsbetriebe gewesen.

7.2. Analyse der Agrarstruktur 1960/61

Die Faktorenanalyse zur Agrarstruktur 1960/61 wurde mit 28 Variablen durchgeführt (Tab. 10). Extrahiert wurden 4 Faktoren, die zusammen 76,2% der Gesamtvarianz erklären.

Tab. 10: Variablenliste zur Agrarstruktur 1960/61

V 1 Anteil der EWP im I. Sektor an EWP insgesamt
V 2 Anteil der weiblichen EWP im I. Sektor an weiblichen EWP insgesamt
V 3 Anteil der weiblichen EWP im I. Sektor an EWP im I. Sektor
V 4 Anteil der männlichen EWP im I. Sektor an den männlichen EWP insgesamt
V 5 Durchschnittliche Größe der landwirtschaftlichen Betriebe ≥ 0,5 ha
V 6 Anteil der landwirtschaftlichen Betriebe mit 0,5 - 2 ha an der Gesamtzahl der Betriebe
V 7 Anteil der landwirtschaftlichen Betriebe mit 2 - 5 ha an der Gesamtzahl der Betriebe

V 8   Anteil der landwirtschaftlichen Betriebe mit 5 - 10 ha an der Gesamtzahl der Betriebe
V 9   Anteil der landwirtschaftlichen Betriebe mit 10 - 20 ha an der Gesamtzahl der Betriebe
V10   Anteil der landwirtschaftlichen Betriebe ≥ 20 ha an der Gesamtzahl der Betriebe
V11   Anteil der LN in der Betriebsgrößenklasse (BGKl) 0,5 - 2 ha an der LN insgesamt
V12   Anteil der LN in der BGKl 2 - 5 ha an der LN insgesamt
V13   Anteil der LN in der BGKl 5 - 10 ha an der LN insgesamt
V14   Anteil der LN in der BGKl 10 - 20 ha an der LN insgesamt
V15   Anteil der LN in der BGKl ≥ 20 ha an der LN insgesamt
V16   Anteil der LN in den Betrieben ≥ 0,5 ha an der LN insgesamt
V17   Anteil des Ackerlandes an der LN
V18   Anteil des Dauergrünlandes an der LN
V19   Anteil des Getreides an der LN
V20   Anteil der Hackfrüchte an der LN
V21   Anteil des Feldfutters an der LN
V22   Anteil der Sonderkulturen an der LN
V23   Rinderbesatz pro 100 ha
V24   Schweinebesatz pro 100 ha
V25   Pferdebesatz pro 100 ha
V26   Schlepperbesatz pro 100 ha
V27   ständige Arbeitskräfte pro 100 ha
V28   ständige familienfremde Arbeitskräfte pro 100 ha

Auf den 1. Faktor entfallen 44,2% des erklärten Varianzanteils. Hohe Korrelationen zeigt dieser Faktor mit Angaben zur Betriebsgrößenstruktur (s. Fig. 5), zur Viehhaltung und zur Arbeitswirtschaft. Gemeinden, die auf diesem Faktor hohe positive Werte aufweisen, sind gekennzeichnet durch relativ hohe Anteile an Betrieben mit 5 - 20 ha, durch einen hohen flächenmäßigen Anteil der Betriebe mit 10 - 20 ha und durch einen hohen Besatz an Vieh, Schleppern und ständigen Arbeitskräften. Hohe negative Faktorenwerte sind dagegen für Gemeinden charakteristisch, in denen der Anteil an kleinen Betrieben unter 5 ha bedeutend ist, die grösseren Betriebe aber nur einen untergeordneten Rang einnehmen. Bezüglich der räumlichen Verteilung der Faktorenwerte ergibt sich eine Zweiteilung, wie sie bereits vor dem 2. Weltkrieg und auch 1949/50 (vgl. Karten 8 und 11) zu verzeichnen war. In fast allen Gemeinden des westlichen und südlichen Kraichgaus ist der Anteil an größeren Betrieben unbedeutend, wohingegen in den meisten Gemeinden des nordwestlichen, mittleren und östlichen Kraichgaus die größeren Betriebe, verbunden mit einem überdurchschnittlichen Besatz an Vieh, Schleppern und ständigen Arbeitskräften, überwiegen.

Der 2. Faktor, der 14,9% der Gesamtvarianz erklärt, korreliert hoch mit Angaben zur Agrarquote und zur Betriebsgrößenstruktur (s. Fig. 5).

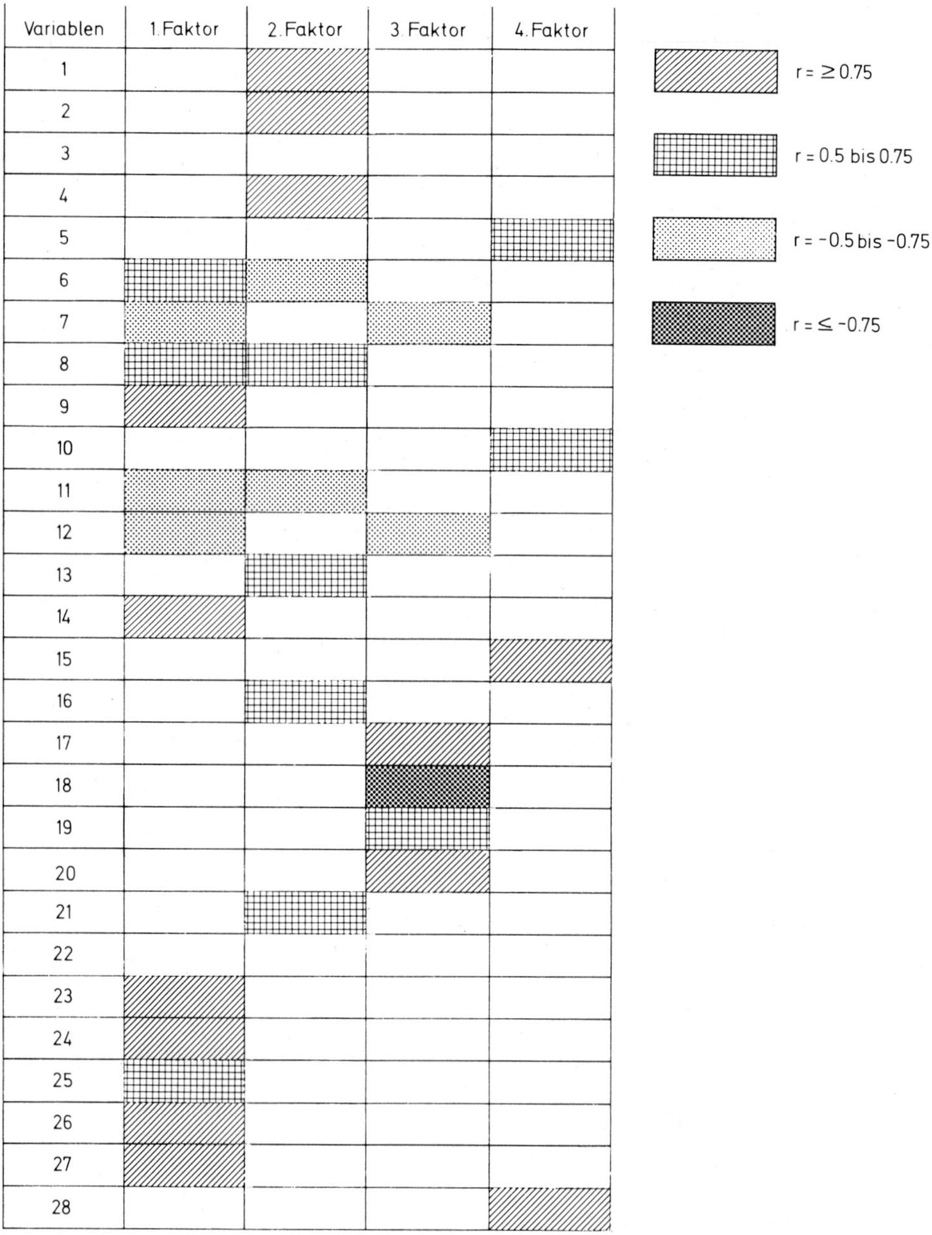

Fig. 5: Matrix der Faktorenladungen 1960/61

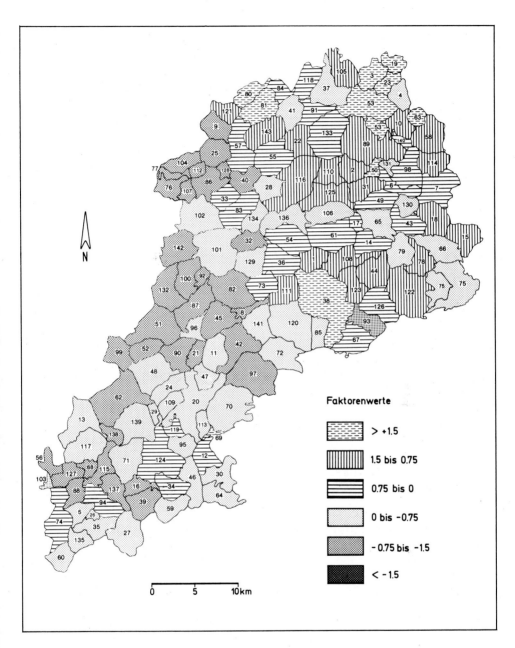

Karte 11: Räumliche Verteilung der Werte für den 1. Faktor 1960/61

So zeigen Gemeinden mit hohen positiven Faktorenwerten einen vergleichsweise hohen Anteil an Erwerbspersonen in der Landwirtschaft und sie sind weiterhin ausgestattet mit einem überdurchschnittlich hohen - zahlen- und flächenmäßig - Anteil an Betrieben mit 5 - 10 ha, weisen aber gleichzeitig einen geringeren Anteil an Betrieben in der Betriebsgrößenklasse 0,5 - 2 ha auf. Auch die für diesen Faktor berechneten Werte für die Gemeinden lassen eine ähnliche räumliche Verteilung wie die Werte für den mit Einschränkungen vergleichbaren Faktor I von 1949/50 (s. Karten 7 und 12) erkennen. Negative Faktorenwerte sind kennzeichnend für die industrienahen Gemeinden im südwestlichen und nordwestlichen Kraichgau, daneben auch für die Gemeinden des Untersuchungsgebietes, die mit relativ vielen außerlandwirtschaftlichen Arbeitsplätzen ausgestattet sind. Die Gemeinden mit höheren positiven Faktorenwerten, damit charakterisiert durch eine höhere Agrarquote und einen geringeren Anteil an Kleinstbetrieben < 2 ha, sind, wie 1949/50 im westlichen, nordöstlichen und östlichen Kraichgau lokalisiert.

Mit Angaben zur Bodennutzung korreliert der 3. Faktor (erklärter Varianzanteil 10,6%). Hohe positive Werte charakterisieren Gemeinden mit unterdurchschnittlichem Dauergrünlandanteil und relativ niedrigem Anteil an Kleinbetrieben mit 2 - 5 ha. Zugleich ist in diesen Gemeinden der Ackerlandanteil und der Anbau an Hackfrüchten und Getreide bedeutend. Die räumliche Verteilung der Faktorenwerte ist vergleichbar mit derjenigen von 1949/50 für die Werte des 3. Faktors. Ein engeres Acker-Grünlandverhältnis weisen fast nur die Gemeinden im südlichen und nordöstlichen Kraichgau auf. Bemerkenswert im Vergleich zu 1949/50 sind die hohen negativen Faktorenwerte für Gemeinden wie Ersingen (39) und Bilfingen (16), die auf Extensivierungserscheinungen im Zusammenhang mit der Umschichtung in der Erwerbsstruktur schließen lassen (Karten 9, 13).

Der 4. Faktor (Varianzanteil 6,5%) schließlich gibt Auskunft über den Anteil der Betriebe ≥ 20 ha und damit verknüpft über die durchschnittliche Betriebsgröße und den Besatz an familienfremden Arbeitskräften. Hohe positive Faktorenwerte sind nur für Gemeinden im östlichen und mittleren Kraichgau und für die Gemeinden Hohenwettersbach (56) und Gondelsheim (48) festzustellen (s. 6.1.). Allerdings zeigen aber auch gerade Gemeinden im östlichen Kraichgau die höchsten negativen Faktorenwerte, was teilweise im Zusammenhang mit der in vielen dieser Gemeinden höheren Anzahl an Betrieben mit 5 - 10 ha (s. Karten 14 und Fig. 5) und 10 - 20 ha zu sehen ist, da diese der Entwicklung größerer Betriebe im Wege steht.

Das mit den Faktorenwerten der Gemeinden für 1960/61 durchgeführte Distanzgruppierungsverfahren wurde nach dem 137. Schritt abgebrochen, die in den somit gebildeten 6 Gruppen enthaltene Information beträgt noch 62,7%. Die räumliche Verteilung der Gemeinden nach Agrarstrukturtypen zeigt ein einheitlicheres Bild als 1950 (Karten 10 und 15).

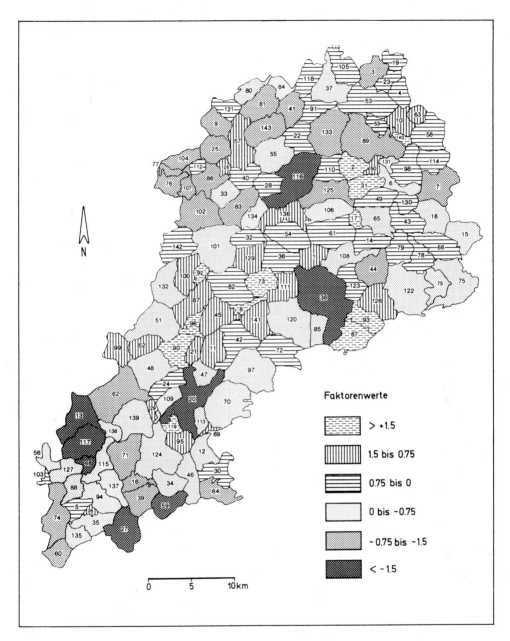

Karte 12: Räumliche Verteilung der Werte für den 2. Faktor 1960/61

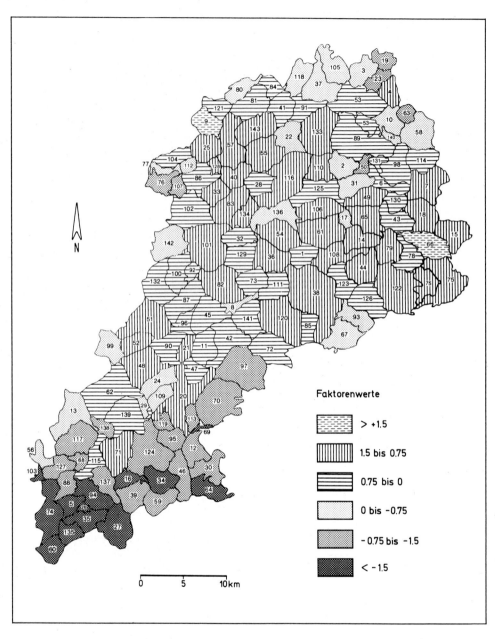

Karte 13: Räumliche Verteilung der Werte für den 3. Faktor 1960/61

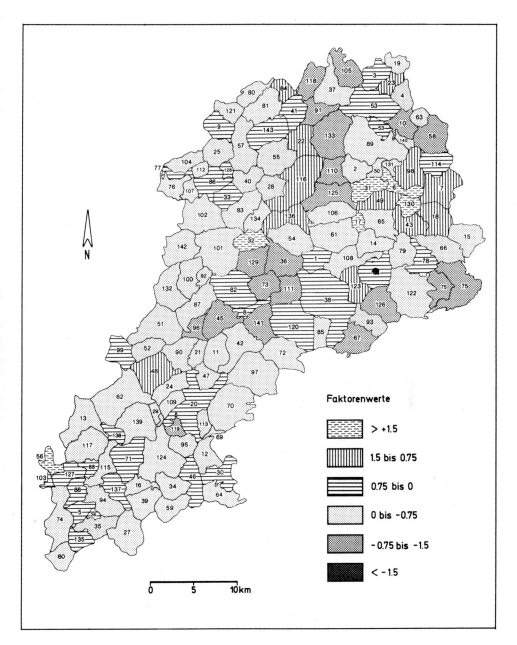

Karte 14: Räumliche Verteilung der Werte für den 4. Faktor 1960/61

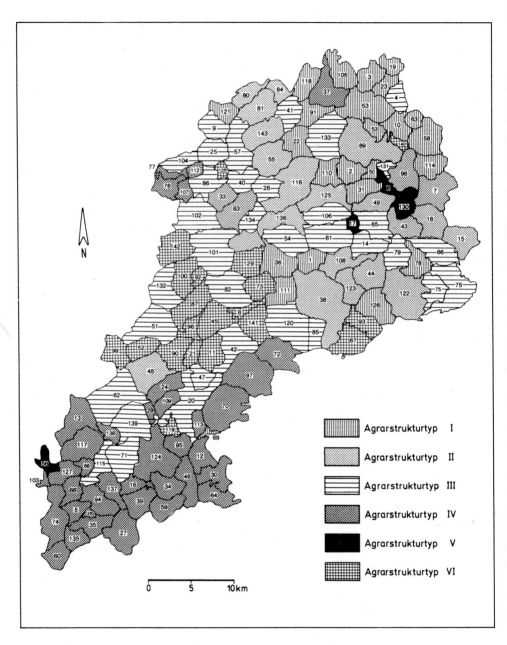

Karte 15: Agrarstrukturelle Gemeindetypisierung 1960/61

Wieder lassen sich 2 Gruppen von Gemeinden, die **gegensätzliche Agrarstrukturtypen** repräsentieren und zwischen denen die anderen Typen eingeordnet werden können, ausgliedern; lediglich die Typen V und VI stellen Besonderheiten dar.

Zum Typ IV gehören fast nur Gemeinden des südlichen Kraichgaus. Gekennzeichnet ist dieser Typ durch die, im Vergleich zu den anderen, niedrigste Agrarquote, durch den höchsten Dauergrünlandanteil und durch das zahlen- und flächenmäßige Überwiegen von Kleinbetrieben unter 5 ha. Entsprechend dieser Betriebsgrößenstruktur ist die Viehhaltung, der Besatz an Schleppern und ständigen Arbeitskräften gering. Bezüglich der sozioökonomischen Stellung der Betriebsleiter in den diesem Typ zuzuordnenden Gemeinden kann angenommen werden, daß die überwiegende Anzahl der Betriebsleiter ihre Betriebe im Nebenerwerb bewirtschafteten und daß nur noch relativ wenige Haupterwerbsbetriebe vorhanden waren.

Einem anderen Agrarstrukturtyp sind die fast ausschließlich im zentralen und östlichen Kraichgau liegenden Gemeinden der Gruppe I zuzuordnen. Eine hohe Agrarquote, das Vorherrschen der Betriebe nach Fläche und Anzahl in den Betriebsgrößenklassen 5 - 20 ha, verbunden mit relativ hohem Viehbesatz und Mechanisierungsgrad lassen auf eine noch große Anzahl an hauptberuflich bewirtschafteten Betrieben schließen. Als weiteres Indiz dient der im Vergleich zu den anderen Typen hohe Besatz an ständigen Arbeitskräften.

Typ III läßt sich im Anschluß an den Typ IV einordnen. Charakteristische Merkmale sind die niedrige Agrarquote, ein sehr weites Acker-Grünlandverhältnis, ein relativ geringer Besatz an Vieh, Schleppern und ständigen Arbeitskräften und der hohe Anteil an Betrieben in den Größenklassen 0,5 - 2 ha und 2 - 5 ha. Neben diesen Kleinst- und Kleinbetrieben sind aber im Vergleich zum Typ IV relativ mehr Betriebe in den Größenklassen $\geq$ 5 ha zu verzeichnen. Daher kann davon ausgegangen werden, daß außer den nebenberuflich bewirtschafteten Betrieben auch noch Betriebe vorhanden sind, die hauptberuflich geführt werden. Die zu diesem Typ gehörenden Gemeinden liegen in der weiteren Umgebung von Heidelberg und Heilbronn und vor allem im westlichen Kraichgau.

In der Einordnung zwischen den Typen I und IV folgt auf den Typ III der Typ II. Die niedrige Agrarquote rückt die Gemeinden dieses Typs in die Nähe von Typ IV. Aber bezüglich der anderen charakteristischen Merkmale ist die Ähnlichkeit mit den Gemeinden des Typs I größer: Hohe Anteile an Betrieben mit 5 - 10 ha, 10 - 20 ha und 0,5 - 2 ha, leicht erhöhter Anteil an Betrieben $\geq$ 20 ha. Damit in Verbindung steht der hohe Viehbesatz, der hohe Mechanisierungsgrad und der relativ hohe Besatz an ständigen und an familienfremden Arbeitskräften. Der Dauergrünlandanteil ist im Vergleich zum Typ I geringer. Diese Betriebsgrößenstruktur zusammen mit den anderen Merkmalen weist auf eine weitgehende

Entmischung in eine relativ große Anzahl einerseits an Haupterwerbsbetrieben und andererseits an Nebenerwerbsbetrieben hin. Die Gemeinden des Typs II liegen überwiegend im östlichen und mittleren Kraichgau. In diesen war die Ausgangssituation bezüglich der Betriebsgrößenstruktur bereits in der Vorkriegszeit günstiger. Zudem bildete in diesen das Vorhandensein oder die nach 1949/50 erfolgte Ansiedlung außerlandwirtschaftlicher Arbeitsplätze die Grundlage für die verstärkt ablaufende Umschichtung in der Agrarstruktur.

Für den Typ VI ist das Vorherrschen von kleineren Betrieben <10 ha kennzeichnend, Betriebe ≥ 10 ha sind weder flächen- noch anteilsmäßig im Vergleich zu den anderen Typen von Bedeutung. Weiterhin charakteristisch ist die höchste Agrarquote im Vergleich zu den anderen Typen, ein unterdurchschnittlicher Besatz an Vieh, Schleppern und Arbeitskräften. Unter Berücksichtigung dieser Merkmale kann von einem hohen Anteil an hauptberuflich bewirtschafteten Betrieben ausgegangen werden, wobei allerdings festgestellt werden muß, daß die Agrarstruktur in den Gemeinden dieser Gruppe zu diesem Zeitpunkt relativ ungünstig war, da die Haupterwerbsbetriebe eine zu geringe Flächenausstattung aufweisen. Ausnahmen hiervon sind Gemeinden wie Kürnbach (72) und Oberöwisheim (100), in denen der Anbau von Sonderkulturen auch bei kleineren Betriebsgrößen ein ausreichendes Einkommen ermöglicht. Fast ausschließlich liegen die Gemeinden des Typs VI im mittleren Teil des westlichen Kraichgaus.

Typ I schließlich, nur 4 Gemeinden umfassend, zeigt in sich eine starke Homogenität bezüglich des Anteils an Betrieben ≥ 20 ha. So weisen die 4 Gemeinden einen weit höheren Anteil nach Anzahl und Fläche an Betrieben ≥ 20 ha auf als alle anderen Gemeinden. Bezüglich der Ausprägung der anderen agrarstrukturellen Merkmale sind jedoch beträchtliche Unterschiede zwischen den Gemeinden zu verzeichnen. Hohenwettersbach (56) ähnelt dem Typ IV, die anderen 3 Gemeinden eher dem Typ I.

Bei einem Vergleich der einzelnen Agrarstrukturtypen von 1960/61 mit denen von 1949/50 kann festgehalten werden, daß die Typen I, II, IV und VI bezüglich der diese jeweils von den anderen unterscheidenden Merkmalskombinationen im wesentlichen gleichgeblieben sind.

Typ III war 1949/50 noch durch eine durchschnittliche bis leicht überdurchschnittliche Agrarquote gekennzeichnet. Bis 1960 hat die Agrarquote allerdings in den zu diesem Typ gehörenden Gemeinden so abgenommen, daß diese im Vergleich zu den Gemeinden anderer Strukturtypen eine unterdurchschnittliche Agrarquote aufwiesen.

Agrarstrukturtyp V von 1949/50 konnte in dieser Form 1960/61 nicht mehr ausgegliedert werden. Die Gemeinden dieses Typs von 1949/50 sind 1960/61, weitgehend in Abhängigkeit von dem jeweiligen Anteil an Erwerbspersonen im I. Sektor und dem Anteil an Betrieben ≥ 5 ha entweder dem Typ IV oder dem Typ III, der sich bezüglich der Agrarquote dem Typ IV bis 1960/61 angenähert hat, zuzuordnen. Die 4 Gemeinden des Agrarstrukturtyps V von 1960/61 werden durch eine für das gesamte Untersuchungsgebiet ungewöhnliche Merkmalskombination charakterisiert.

Unter dem Aspekt der räumlichen Verteilung der den verschiedenen Typen zuzuordnenden Gemeinden ist festzustellen, daß diese weitgehend unverändert ist. 4 der 5 Typen, die vergleichbar sind mit denjenigen von 1949/50, haben zahlenmäßig zugenommen, was insbesondere zurückzuführen ist auf das Aufgehen der Gemeinden des Typs V von 1949/50 in die Typen II, IV und III, die sich ähnlich sind bezüglich der niedrigen Agrarquote, sich allerdings in der jeweils charakteristischen Betriebsgrößenstruktur unterscheiden.

Der Prozeß der Abnahme der Agrarquote verlief in allen Gemeinden, die 1949/50 noch zum Typ III gehörten, nicht in gleichem Umfang, was sich in einer Abnahme der Gesamtzahl bis 1960/61 - trotz des Zustroms von 13 Gemeinden aus Typ V 1950 - niedergeschlagen hat. Die meisten Gemeinden mußte dieser Agrarstrukturtyp an den Typ VI abgeben, Gemeinden, die im Vergleich zu denjenigen der anderen Typen eine unterdurchschnittliche Abnahme an Erwerbspersonen im I. Sektor zu verzeichnen hatten, 1960/61 somit durch eine relativ hohe Agrarquote gekennzeichnet waren.

Betrachtet man sich die Entwicklung der Typenzugehörigkeit bei den 15 Gemeinden,[1] in denen die Besitzeinweisung in diesem Jahrzehnt erfolgt ist, so kann für 7 dieser Gemeinden hierin keine Veränderung festgestellt werden. Denn Nöttingen (94), Sinsheim (116), Zuzenhausen (143), Eppingen (38), Adelshofen (1), Hasselbach (50) und Daisbach (22) gehörten auch 1960/61 noch zu dem gleichen Agrarstrukturtyp wie 1949/50 und zeigten somit keine von der anderer Gemeinden des jeweiligen Typs sich unterscheidende Entwicklung.

Waibstadt (133) und Eschelbronn (41) waren 1949/50 noch dem danach nicht mehr ausgliederbaren Typ V zuzuordnen, 1960/61 gehörten sie, wie die meisten der 1949/50 diesen Typ bildenden Gemeinden zum Typ III, wiesen also auch keine von den vergleichbaren nichtflurbereinigten Gemeinden abweichende Entwicklung auf.

Spechbach (118), Neidenstein (91), Epfenbach (37), Büchig (21), Babstadt (6) und Biberach (15) veränderten ihre Typenzugehörigkeit in diesem Jahrzehnt. Da aber für die jeweiligen Wechsel von einem Typ 1949/50 zu einem anderen 1960/61[2] jeweils nichtflurbereinigte mit demselben Typen-

---

[1] Gemeinden, in denen Teilbereinigungen stattgefunden haben, wurden hier nicht berücksichtigt; hierzu gehört auch Diedelsheim (24), dessen Gemarkung in 2 Verfahren zwischen 1950 und 1959 und zwischen 1970 und 1980 bereinigt worden ist.

[2] Spechbach und Neidenstein veränderten sich von III zu I, Büchig von III zu VI, Biberach von III zu II, Epfenbach von VI zu IV und Babstadt von I zu V.

wechsel vermerkt werden können, kann nicht gefolgert werden, daß die Flurbereinigung die Ursache für eine bestimmte Entwicklungsrichtung war.

7.3. Analyse der Agrarstruktur 1970/71/72

In die für 1970/71/72 durchgeführte Faktorenanalyse gingen 33 Variable ein (s. Tab. 11). Nach Rotation der Faktoren wurden 5 Faktoren extrahiert, die 70,1% der Gesamtvarianz erklären.

Tab. 11: Variablenliste zur Agrarstruktur 1970/71/72

V 1 Anteil der Erwerbstätigen (EWT) im I. Sektor an EWT insgesamt
V 2 Anteil der weiblichen EWT im I. Sektor an weiblichen EWT insgesamt
V 3 Anteil der weiblichen EWT im I. Sektor an den EWT im I. Sektor
V 4 Anteil der männlichen EWT im I. Sektor an den männlichen EWT insgesamt
V 5 Durchschnittliche Größe der landwirtschaftlichen Betriebe ≥ 1 ha
V 6 Anteil der landwirtschaftlichen Betriebe < 1 ha an der Gesamtzahl der Betriebe
V 7 Anteil der landwirtschaftlichen Betriebe mit 1 - 2 ha an der Gesamtzahl der Betriebe
V 8 Anteil der landwirtschaftlichen Betriebe mit 2 - 5 ha an der Gesamtzahl der Betriebe
V 9 Anteil der landwirtschaftlichen Betriebe mit 5 - 10 ha an der Gesamtzahl der Betriebe
V10 Anteil der landwirtschaftlichen Betriebe mit 10 - 15 ha an der Gesamtzahl der Betriebe
V11 Anteil der landwirtschaftlichen Betriebe mit 15 - 20 ha an der Gesamtzahl der Betriebe
V12 Anteil der landwirtschaftlichen Betriebe mit ≥ 20 ha an der Gesamtzahl der Betriebe
V13 Anteil der landwirtschaftlich genutzten Fläche (LF) in der BGKl < 1 ha an der LF insgesamt
V14 Anteil der LF in der BGKl 1 - 2 ha an der LF insgesamt
V15 Anteil der LF in der BGKl 2 - 5 ha an der LF insgesamt
V16 Anteil der LF in der BGKl 5 - 10 ha an der LF insgesamt
V17 Anteil der LF in der BGKl 10 - 15 ha an der LF insgesamt
V18 Anteil der LF in der BGKl 15 - 20 ha an der LF insgesamt
V19 Anteil der LF in der BGKl ≥ 20 ha an der LF insgesamt
V20 Anteil der LF ≥ 1 ha an der LF insgesamt
V21 Anteil des Ackerlandes an der LF
V22 Anteil des Dauergrünlandes an der LF
V23 Anteil des Getreides an der LF
V24 Anteil der Hackfrüchte an der LF
V25 Anteil der Feldfutters an der LF

V26 Anteil der Sonderkulturen an der LF
V27 Rinderbesatz pro 100 ha
V28 Schweinebesatz pro 100 ha
V29 Schlepperbesatz pro 100 ha
V30 ständige Arbeitskräfte pro 100 ha
V31 ständige Arbeitskräfte (vollbeschäftigt) pro 100 ha
V32 ständige Arbeitskräfte (vollbeschäftigt, männlich) pro 100 ha
V33 ständige familienfremde Arbeitskräfte pro 100 ha

Der 1. Faktor (Varianzanteil 36%) korreliert hoch mit Angaben zur Betriebsgrößenstruktur (s. Fig. 6), zum Vieh- und Schlepperbesatz und zum Besatz an vollbeschäftigten Arbeitskräften. Gemeinden mit hohen positiven Faktorenwerten sind demnach gekennzeichnet durch einen überdurchschnittlichen Anteil an Betrieben mit 10 - 20 ha, womit ein ebenfalls überdurchschnittlicher Besatz an Vieh, vollbeschäftigten Arbeitskräften und Schleppern verbunden ist. Für Gemeinden mit hohen negativen Faktorenwerten dagegen sind überdurchschnittliche Anteile, flächen- und zahlenmäßig, an Betrieben mit 1 - 2 ha LF und 2 - 5 ha LF charakteristisch, größere Betriebe mit 10 - 20 ha LF sind von untergeordneter Bedeutung. Die Faktorenwerte für die Gemeinden zeigen wieder die bereits bekannte Zweiteilung des Kraichgau (s. Karten 8, 11 und 16) in den westlichen und südlichen Teil mit relativ vielen Betrieben unter 5 ha LF einerseits und den mittleren und östlichen Teil andererseits, in dem überdurchschnittlich viele größere Betriebe vorzufinden sind.

Der 2. Faktor erklärt 13,1% des Varianzanteiles und kennzeichnet die Bodennutzung[1] und den Anteil an Kleinstbetrieben. Gemeinden mit hohen positiven Faktorenwerten weisen einen geringen Dauergrünlandanteil, wenige Betriebe mit 1 - 2 ha, aber einen hohen Anteil an Getreide und Ackerland auf. Die räumliche Verteilung der Faktorenwerte zeigt wieder eine deutliche Anlehnung an die natürlichen Voraussetzungen (s. Karten 2, 3, 17).

Der 3. Faktor (8% des Varianzanteils) wird hoch geladen durch Angaben zur Agrarquote. Die höchsten negativen Faktorenwerte sind wieder für Gemeinden in der näheren Umgebung von Industriezentren und für die-

---

[1] Auffallend hierbei ist, daß die schon bei der Übersicht zur Agrarstrukturentwicklung festgestellte beträchtliche Abnahme des Hackfrucht- und Feldfutteranteils sich auch in der Faktorenanalyse niedergeschlagen hat; die Durchsicht der Korrelationsmatrix der Ausgangsvariablen zeigt, daß die Variablen Hackfrucht- und Feldfutteranteil keine höheren Korrelationen ($\geq \pm 0,6$) zu anderen Variablen aufweisen, somit auch keinen Faktor laden können. 1960/61 dagegen korrelierte der Hackfruchtanteil noch hoch mit anderen Variablen und trug deshalb zur Bildung des Bodennutzungsfaktors bei.

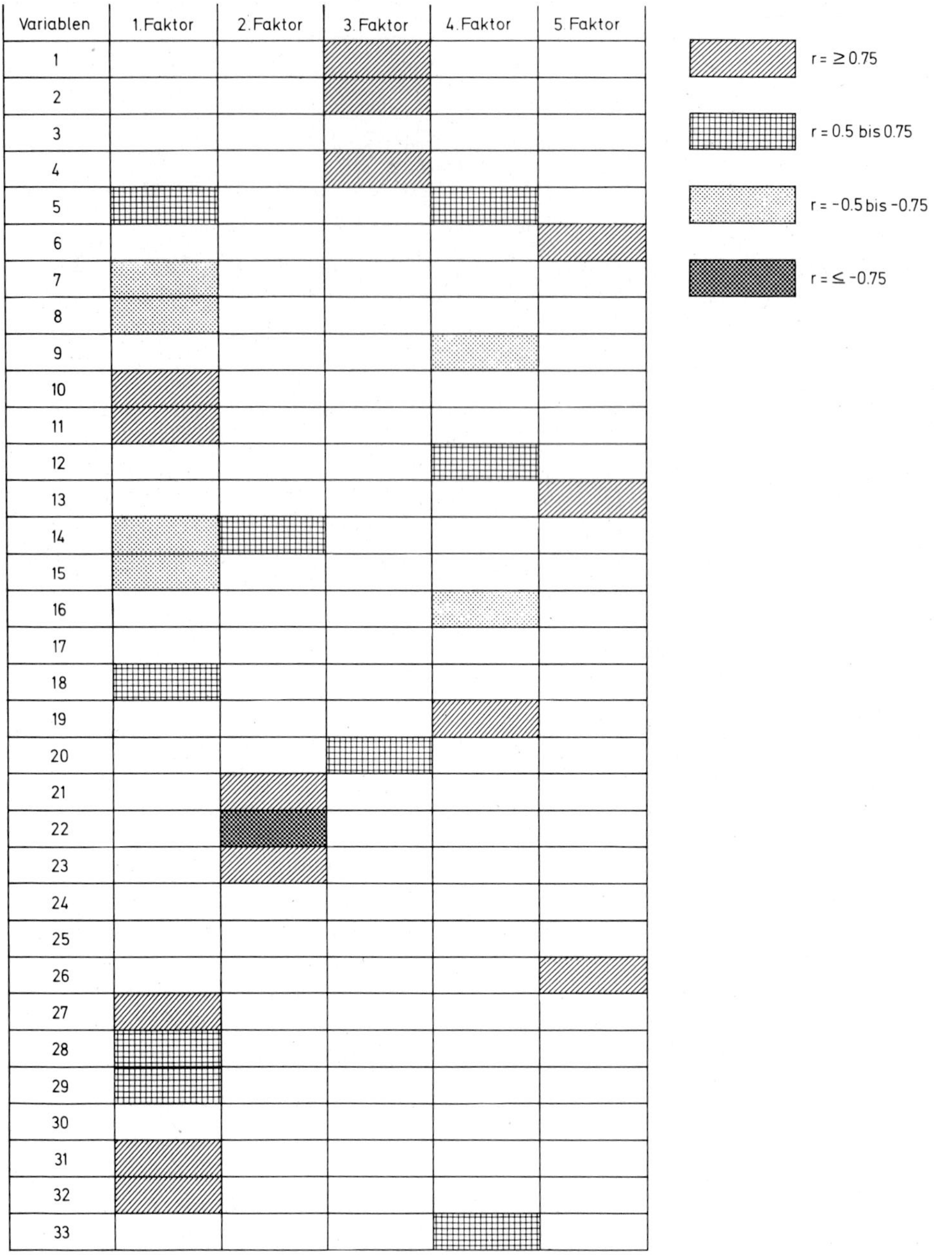

Fig. 6: Matrix der Faktorenladungen 1970/71/72

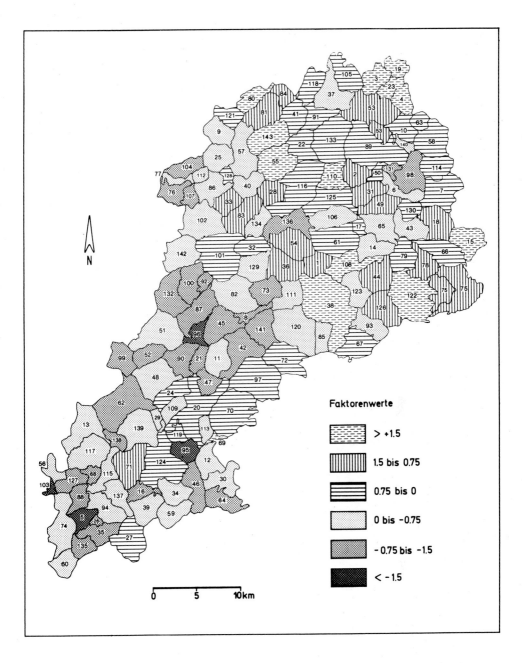

Karte 16: Räumliche Verteilung der Werte für den 1. Faktor 1970/71/72

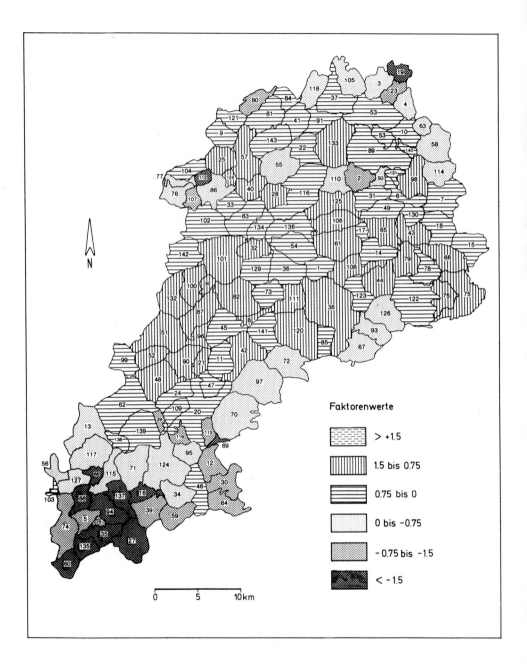

Karte 17: Räumliche Verteilung der Werte für den 2. Faktor 1970/71/72

jenigen, in denen ein größeres Angebot an außerlandwirtschaftlichen Arbeitsplätzen vorhanden ist, festzustellen. Unter Berücksichtigung der Verteilung der Werte für den mit Einschränkungen vergleichbaren Faktor 2 (s. Karten 12 und 18) von 1960/61 zeigt es sich, daß einige Gemeinden gerade im südlichen Kraichgau und in der Umgebung von Heidelberg 1960/61 noch eine unterdurchschnittliche Agrarquote aufgewiesen haben, 1970/71 allerdings mit positiven Faktorenwerten belegt waren, was als ein Indiz für eine relative Stagnation in der Abnahme der Erwerbstätigen im I. Sektor im Vergleich zu den anderen Gemeinden zu werten ist.

Eine weitere Gegenüberstellung gerade dieser Gemeinden mit 1949/50 (s. Karten 7, 12 und 18) zeigt, daß diese damals ebenfalls überdurchschnittliche Werte auf dem mit Einschränkungen vergleichbaren 1. Faktor aufwiesen. Bis 1960/61 erfolgte offensichtlich im westlichen, südlichen und nordwestlichen Kraichgau eine schnellere Abnahme der Agrarquote als im mittleren und östlichen Kraichgau, so daß diese Gemeinden 1960/61 durch unterdurchschnittliche Faktorenwerte gekennzeichnet waren. Die weitere Umschichtung in der Erwerbsstruktur zuungunsten des I. Sektors vollzog sich dann zwischen 1960/61 und 1970/71/72 im mittleren und östlichen Kraichgau in vielen Gemeinden schneller als z.B. in Mutschelbach (88), Göbrichen (46) oder Rauenberg (104), so daß bis 1970/71 diese Gemeinden in der Relation zu den anderen Gemeinden im Untersuchungsgebiet wieder überdurchschnittliche positive Werte aufwiesen.

Der 4. Faktor (Varianzanteil 6,9%) korreliert mit Angaben zur Betriebsgrößenstruktur und zum Besatz an familienfremden Arbeitskräften. Hohe positive Faktorenwerte charakterisieren Gemeinden, in denen der Anteil an Betrieben ≥ 20 ha LF und damit verbunden der Besatz an familienfremden Arbeitskräften relativ hoch ist, Betriebe in der Größenklasse 5 - 10 ha LF dagegen von untergeordneter Bedeutung sind.[1] Bezüglich der Verteilung der Faktorenwerte läßt sich feststellen (s. Karte 19), daß die 1960/61 noch klare Zweiteilung des Kraichgaus nicht mehr zu verzeichnen ist, sondern daß Gemeinden in allen Teilen des Untersuchungsgebietes hohe positive Faktorenwerte aufweisen. Insgesamt kann, unter Berücksichtigung der Verteilung der Werte für den eingeschränkt vergleichbaren 4. Faktor von 1960, festgehalten werden, daß in vielen Gemeinden eine mehr oder weniger große Zunahme an Betrieben in dieser Betriebsgrößenklasse erfolgt ist (vgl. Karten 14 und 19).

Der 5. Faktor (erklärter Varianzanteil 6,1%) wird hoch geladen durch Angaben zu Kleinstbetrieben < 1 ha LF und durch die den Sonderkulturanbau

---

[1] 1960/61 noch schlossen sich, was auch die Korrelationsmatrix bestätigt, Betriebe mit 5 - 10 ha - anzahls- und flächenmäßig - und die großen Betriebe ≥ 20 ha LN nicht aus. 1970/71/72 dagegen bestanden zwischen den entsprechenden Werten hohe negative Korrelationen.

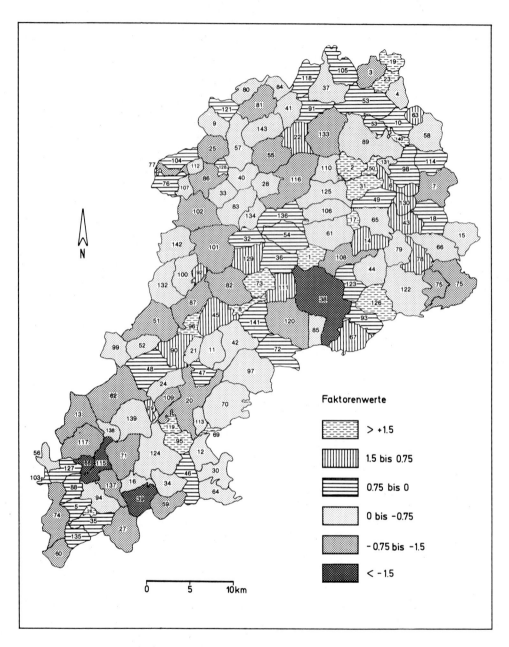

Karte 18: Räumliche Verteilung der Werte für den 3. Faktor 1970/71/72

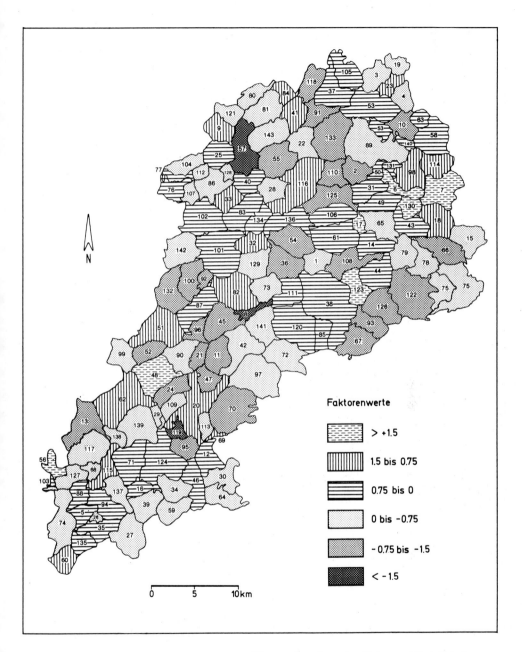

Karte 19: Räumliche Verteilung der Werte für den 4. Faktor 1970/71/72

betreffende Variable. Hohe positive Werte ($\geq \pm 0,75$) sind nur für die
Gemeinden festzustellen, in denen der Weinbau - andere Sonderkulturen
sind im Untersuchungsgebiet von untergeordneter Bedeutung - wegen der
natürlichen Voraussetzungen besonders begünstigt ist (s. Karte 20).[1]
Mit den anschließend für jede Gemeinde berechneten Werten für diese
5 Faktoren wurde ein Distanzgruppierungsverfahren durchgeführt, das
wegen dem dann stark zunehmenden Informationsverlust nach dem 136.
Schritt abgebrochen wurde. 7 Typen von Gemeinden wurden damit ausgegliedert, noch enthalten sind hierin 55,9% der ursprünglichen Information (s. Karte 21).

Die Gemeinden des Typs IV werden gekennzeichnet durch eine niedrige Agrarquote, den relativ höchsten Dauergrünlandanteil und den geringsten Anteil an Sonderkulturen. Vorherrschend bezüglich der Betriebsgrößenstruktur sind die kleineren Betriebe <5 ha, daneben ist ein durchschnittlicher Anteil an Betrieben ≥ 20 ha zu verzeichnen. Hiermit verbunden ist ein relativ niedriger Viehbesatz, ein geringer Mechanisierungsgrad und ein unterdurchschnittlicher Besatz an vollbeschäftigten Arbeitskräften in den landwirtschaftlichen Betrieben. Ausgehend von dieser Merkmalskombination kann für die sozioökonomische Stellung der Betriebsleiter angenommen werden, daß nur ein geringer Anteil der Betriebe hauptberuflich bewirtschaftet wird. Die Gemeinden dieses Typs finden sich im südlichen und südöstlichen Kraichgau.

Die Gemeinden des Typs I dagegen sind durch eine Merkmalskombination geprägt, die sich beträchtlich von derjenigen des Typs IV unterscheidet:
Hohe Anteile an Betrieben in den Größenklassen 10 - 20 ha, durchschnittliche bis leicht unterdurchschnittliche Bedeutung der Betriebe ≥ 20 ha LF,
erhöhter Anteil an Betrieben mit 5 - 10 ha LF. Hiervon abhängig ist der
vergleichsweise hohe Besatz an Vieh, Schleppern und ständigen Arbeitskräften. Die Agrarquote ist relativ hoch, der Dauergrünlandanteil durchschnittlich bis leicht überdurchschnittlich. Nur wenige Gemeinden dieses
Typs zeigen auf dem 5. Faktor positive Werte. Es kann für die Gemeinden
dieses Typs, die fast ausschließlich im mittleren und östlichen Kraichgau
liegen (s. Karte 21) von einer noch relativ hohen Anzahl an hauptberuflich

---

[1] Ein Faktor ähnlichen Inhalts konnte weder 1949/50 noch 1960/61 ausgegliedert werden. Zwar war für 1960/61 im Gegensatz zu 1949/50
der Sonderkulturanteil pro Gemeinde in der Statistik aufgeführt. Da
aber gleichzeitig alle Betriebe zwischen 0,5 - 2 ha einbezogen waren,
konnten die Betriebe, die Sonderkulturen anbauten, nicht hervortreten.
1970/71/72 wurden in der Betriebsgrößenklasse <1 ha nur die Betriebe erfaßt, die Mindesterzeugungseinheiten, die **einem** Wert von 4000 DM
entsprechen, aufweisen konnten; von Ausnahmen abgesehen, ist dies
im Kraichgau von Kleinstbetrieben sicherlich nur beim Anbau von Sonderkultur erreicht worden. Weiterhin ist zu berücksichtigen, daß der
Sonderkulturenanbau bis 1970 eine Ausdehnung erfahren hat (s. 6.3.2.2.).

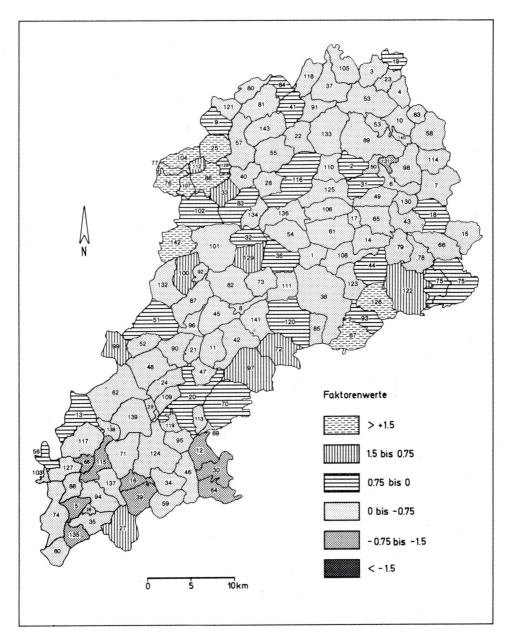

Karte 20: Räumliche Verteilung der Werte für den 5. Faktor 1970/71/72

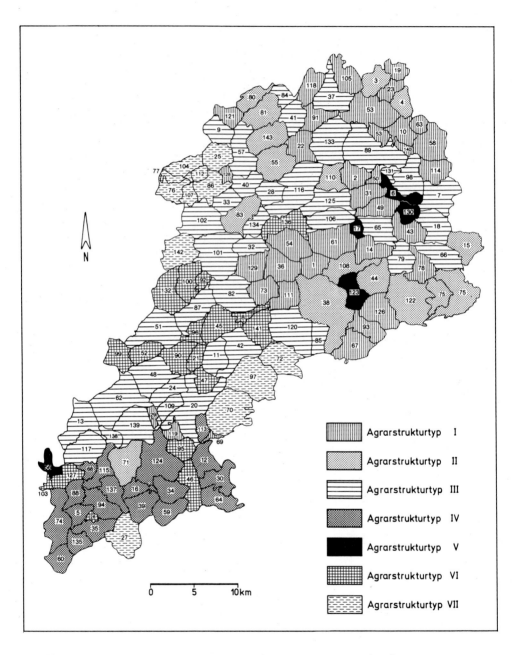

Karte 21: Agrarstrukturelle Gemeindetypisierung 1970/71/72

geführten Betrieben ausgegangen werden.

Eine ähnliche Merkmalskombination wie für Typ IV ist für Typ III, dem die meisten Gemeinden angehören, zu vermerken. Eine ebenfalls geringe Agrarquote, ein unterdurchschnittlicher Besatz an Vieh und Schleppern und ein erhöhter Anteil an kleineren Betrieben mit weniger als 5 ha sind wesentliche Kennzeichen. Auch der Sonderkulturanbau ist unbedeutend. Im Vergleich zu Typ IV allerdings sind einerseits die flächen- und anzahlsmäßigen Anteile der Betriebe mit ≥ 20 ha etwas höher, und zum anderen ist das Acker-Grünlandverhältnis weiter. Unter sozioökonomischen Aspekten kann angenommen werden, daß mehr Betriebe als in den Gemeinden des Typs IV hauptberuflich bewirtschaftet werden.

Die Gemeinden des Typs II sind gekennzeichnet durch einen relativ hohen Anteil an Betrieben in den Größenklassen 10 - 20 ha, einen durchschnittlichen Anteil in den anderen Betriebsgrößenklassen und durch geringe Sonderkulturanteile. Verbunden mit dieser Betriebsgrößenstruktur ist wieder ein hoher Mechanisierungsgrad und ein überdurchschnittlicher Besatz an Vieh und an vollbeschäftigten Arbeitskräften. Bei Betrachtung dieser Merkmale zeigen sich deutliche Gemeinsamkeiten mit den Gemeinden des Typs I. Beträchtliche Unterschiede sind allerdings bei der Bodennutzung (geringer Dauergrünlandanteil bei Typ II) und vor allem bei der Agrarquote (stark unterdurchschnittlich bei Typ II) vorhanden.

Die Gemeinden des Typs VI sind durch eine relativ ungesunde Kombination agrarstruktureller Merkmale ausgezeichnet. So lassen die im Vergleich zu den anderen Typen hohe Agrarquote verbunden mit den relativ hohen Anteilen an Betrieben in den Betriebsgrößenklassen < 10 ha und stark unterdurchschnittlichem Sonderkulturanteil auf eine recht große Anzahl an flächenmäßig nur unzureichend ausgestatteten Haupterwerbsbetriebe schließen. Entsprechend der Betriebsgrößenstruktur ist der Besatz an Vieh, Schleppern und Arbeitskräften relativ gering, das Dauergrünland nimmt ebenfalls einen unterdurchschnittlichen Anteil an der landwirtschaftlich genutzten Fläche ein.

Typ V ist gekennzeichnet durch den bei weitem höchsten Anteil an Betrieben ≥ 20 ha LF und die höchste Agrarquote. Weitere Merkmale sind durchschnittliche bis leicht unterdurchschnittliche Anteile an Betrieben mit 10 - 20 ha, ein relativ hoher Dauergrünlandanteil und die geringe Bedeutung der Sonderkulturen. Die 5 Gemeinden dieses Typs stellen wie 1960/61 Ausnahmen für das Untersuchungsgebiet dar.

Die Gemeinden des Typs VII, der 1960/61 noch nicht ausgegliedert werden konnte, nehmen ebenfalls eine Sonderstellung ein. War es der extrem hohe Anteil an Betrieben ≥ 20 ha, der für die Gemeinden des Typs V zu deren Ausgliederung führte, so ist es bei den Gemeinden dieses Typs der extrem hohe Anteil an Sonderkulturen. Diese Merkmale allein führten aber nicht zu dieser Typenbildung[1] , sondern hierfür verantwortlich waren auch Merkmale wie leicht unterdurchschnittliche Agrarquote, der erhöhte Dauergrünlandanteil und der etwas höhere Anteil an Betrieben mit 1 - 5 ha.

Bei einer vergleichenden Betrachtung der charakteristischen Merkmalskombination der einzelnen Agrarstrukturtypen von 1960/61 und 1970/71/72 können für die Typen I, V und VI keine wesentlichen Veränderungen festgestellt werden. Die Gemeinden des Typs VII konnten 1960/61 noch nicht ausgegliedert werden, auf die Gründe hierfür wurde bereits an anderer Stelle verwiesen.

Für die anderen Typen dagegen sind Veränderungen bezüglich der anteils- und flächenmäßigen Bedeutung der größeren Betriebe ≥ 20 ha zu vermerken. Wiesen die Typen III und IV 1960/61 noch stark unterdurchschnittliche Anteile an diesen Betrieben auf, so sind sie 1970/71/72 durch Anteile gekennzeichnet, die sich von denjenigen der anderen Typen (Ausnahmen Typ V und VI) nicht mehr wesentlich unterscheiden. Die Gemeinden des Typs II, 1960/61 noch charakterisiert durch einen überdurchschnittlichen Anteil an größeren Betrieben, zeigten 1970/71/72 bezüglich des 4. Faktors ähnliche Werte wie die der Typen III und IV - die noch 1960/61 grossen Unterschiede haben sich bis 1970/71 zwischen diesen Typen deutlich verringert.

Vergleicht man die räumliche Anordnung der den einzelnen Agrarstrukturtypen zugehörigen Gemeinden von 1970/71/72 mit derjenigen von 1960/61, so zeigt es sich, daß diese in ihren wesentlichen Zügen keine Veränderungen erfahren hat (s. Karten 15 und 21). Auffallend ist allerdings die beträchtliche zahlenmäßige Zunahme der Gemeinden der Typen I und III, die zu einer Abnahme der Anzahl der Gemeinden in den Typen III, IV und VI geführt hat. So erfolgte die starke Verminderung der Gemeinden des Typs II fast ausschließlich zugunsten von Typ III und ist im Zusammenhang mit der Entwicklung in der Betriebsgrößenstruktur zu sehen. Die Gemeinden, die 1960/61 noch zum Typ II, 1970/71/72 aber zum Typ III gehörten, waren in ihrer Entwicklung in diesen 10 Jahren geprägt durch einen relativen Bedeutungsverlust der Betriebe mit 10 - 20 ha im Vergleich zu den noch beim Typ II verbleibenden Gemeinden. Damit wiesen sie 1970/71/72 größere Gemeinsamkeiten mit den Gemeinden des Typs III auf, da diese ihren Rückstand in Bezug auf die Betriebe ≥ 20 ha bis 1970/71 ausgeglichen hatten. Typ III erhielt auch Zuwachs von mehreren Gemeinden, die 1960/61 noch dem Typ IV zuzuordnen waren. Ausschlaggebend hierfür war ebenfalls eine Umschichtung in der Betriebsgrößenstruktur zugunsten der größeren Betriebe. Daneben erfolgte die Verminderung der Anzahl der Gemeinden des Typs IV zugunsten des 1970/71 neuausgegliederten Typs VII.

---
[1] Andere Gemeinden wie Stetten (126), Tiefenbach (129), Kleingartach (67) weisen zwar auch sehr hohe Werte auf dem 5. Faktor auf, die Ausprägung der anderen Faktoren bewirkt allerdings, daß diese Gemeinden nicht dem Typ V zugeordnet werden.

Erhöht hat sich die Anzahl der Gemeinden des Typs V um 1 Gemeinde, was auf die überdurchschnittliche Zunahme an flächenmäßig gut ausgestatteten Betrieben ≥ 20 ha in Stebbach (123) zurückzuführen ist.

Für Typ I ist eine Zunahme an Gemeinden überwiegend aus Typ VI von 1960/61 zu verzeichnen. Diese ihre Typenzugehörigkeit verändernden Gemeinden zeigten in ihrer Betriebsgrößenstruktur eine relativ starke Zunahme an Betrieben mit 10 - 20 ha. Daneben wechselten einige wenige Gemeinden aus Typ II und III zum Typ I 1970/71 über, was hier insbesondere auf das vergleichsweise Zurückbleiben in der Abnahme der Agrarquote zurückzuführen ist.

Zwischen 1960 und 1969 erfolgte in 34 Gemeinden die Besitzeinweisung im Rahmen von Flurbereinigungsverfahren. Trotz dieser Maßnahme veränderten 22 dieser Gemeinden nicht ihre Typenzugehörigkeit[1] und unterschieden sich daher in ihrer agrarstrukturellen Entwicklung nicht wesentlich von den nichtflurbereinigten Gemeinden des jeweiligen Typs.

Neckarbischofsheim (89), Mönchzell (84), Gondelsheim (48), Ittlingen (61), Kürnbach (72), Palmbach (103) und Münzesheim (87) waren 1970/71/72 einem anderen Typ zuzuordnen als 1960/61. Da aber jeweils mehrere vergleichbare Typenwechsel auch für nichtflurbereinigte Gemeinden in diesem Zeitraum zu vermerken waren, kann nicht die Flurbereinigung als erklärendes Moment hierfür herangezogen werden.

Für die 3 Gemeinden Königsbach (71), Leingarten (75)[2] und Asbach (4) dagegen, die 1960/61 noch zum Typ III, 1970/71 aber zum Typ II gehörten, sind keine nichtflurbereinigten Gemeinden mit vergleichbarem Typenwechsel vorhanden, die Flurbereinigung als Ursache für eine beträchtliche Zunahme der Bedeutung der Betriebe mit 10 - 20 ha, verbunden mit einer relativ starken Erhöhung des Vieh- und Schlepperbesatzes, kann hier nicht ausgeschlossen werden. Ebenfalls nicht ausgeschlossen werden kann ein kausaler Zusammenhang mit der Flurbereinigung bei dem Typenwechsel der Gemeinde Stebbach (123), die 1960/61 noch zum Typ III, 1970/71/72 dagegen zum Typ V gehörte.[3]

---

[1] Für folgende Gemeinden waren keine Veränderungen der Typenzugehörigkeit festzustellen: Bauschlott (12), Dürrn (30), Jöhlingen (62), Menzingen (82), Rohrbach/G. (111), Gemmingen (44), Stetten (126), Schwaigern (122), Massenbach (78), Treschklingen (130), Ehrstädt (31), Adersbach (2), Siegelsbach (114), Hüffenhardt (58), Reichartshausen (105), Breitenbronn (19), Daudenzell (23), Helmstadt und Flinsbach (53), Bargen (10), Meckesheim (81), Schatthausen (121).

[2] Leingarten = Großgartach und Schluchtern

[3] KOHLER (1971, S. 88) wies in seiner Untersuchung über die Beispielsdorferneuerung Stebbach darauf hin, daß die Mobilität des landwirtschaftlichen Grundbesitzes im Zusammenhang mit der Flurbereinigung zugenommen und zu einer Besitzvergrößerung geführt habe. Eine genauere Analyse allerdings über die flurbereinigungsbedingten agrarstrukturellen Veränderungen wurde im Rahmen seiner Arbeit nicht durchgeführt.

Betrachtet man sich noch die Gemeinden, die in der Zeit zwischen 1950 und 1959 bereinigt worden sind, unter dem Aspekt etwaiger spezifischer längerfristiger Veränderungen, so kann man festhalten, daß für fast alle Gemeinden entsprechende nichtflurbereinigte Gemeinden vorliegen, die entweder ebenfalls ihre Typenzugehörigkeit beibehalten haben oder einen vergleichbaren Wechsel aufweisen. Nur für die Gemeinde Epfenbach (37) konnte keine nichtflurbereinigte Gemeinde mit entsprechender Entwicklung festgestellt werden, so daß hier ein kausaler Zusammenhang mit der Flurbereinigung nicht á priori ausgeschlossen werden kann.

Bei einer zusammenfassenden Betrachtung der Veränderungen der Typenzugehörigkeit unter dem Aspekt erfolgter Flurbereinigung kann klar festgehalten werden, daß die Gemeinden, in denen die Besitzeinweisung zwischen 1950 und 1969 erfolgt ist, zum einen keinen eigenen Agrarstrukturtyp bilden und zum anderen sich nicht alle hin zu einem Typ mit günstigerer agrarstruktureller Merkmalskombination entwickelt haben. Damit zeigt sich, daß bei einer Betrachtung auf der Ebene der gesamten Naturräumlichen Einheit die Flurbereinigung nicht generell zu deutlichen Agrarstrukturveränderungen geführt hat.

7.4. Auswahl der Untersuchungsgemeinden

Ausgehend von den für 1949/50, 1960/61 und 1970/71/72 durchgeführten Typisierungen zur Agrarstruktur wurden für die weitergehenden Untersuchungen nur die Typen I, II, III, IV und VI herangezogen. Die Gemeinden des Typs V können unberücksichtigt bleiben, da die diesem Typ zuzuordnenden 5 Gemeinden Ausnahmen für das Untersuchungsgebiet darstellen, so daß keine verallgemeinernden Aussagen nach weiterer Untersuchung zu erwarten wären. Ebenfalls nicht einbezogen wurden die Gemeinden des Typs VII, da dieser nur 1970/71/72 ausgegliedert werden konnte.

Aus den Typen I, II, III, IV und VI wurden jeweils eine flurbereinigte und eine nichtflurbereinigte Referenzgemeinde ausgewählt. Hierfür Voraussetzung war, daß die Beispielsgemeinden ihre Typenzugehörigkeit zwischen den 3 Zeitschnitten nicht geändert haben, denn nur so konnte davon ausgegangen werden, daß die Gemeinden jeweils eine relativ ähnliche agrarstrukturelle Entwicklung im Gegensatz zu Gemeinden anderer Typen aufweisen und somit vergleichbar sind.[1] Auf die relativ große Spannbreite eines jeden Agrarstrukturtyps wurde bereits hingewiesen (s. 7.1.). Daher wurde versucht, die Beispielsgemeinden so auszusuchen, daß diese bezüglich der sie charakterisierenden Faktorenwerte nahe beieinander lagen - dies war nicht bei jedem Agrarstrukturtyp in gleichem Maße möglich.

---

[1] Mangels entsprechender Daten für 1980/81 konnte die neuere Entwicklung nicht miteinbezogen werden; es kann daher nicht ausgeschlossen werden, daß einige Gemeinden ihre Typenzugehörigkeit bis 1980/81 geändert haben.

Für die Auswahl der flurbereinigten Beispielsgemeinden wurden nur diejenigen berücksichtigt, in denen die Besitzeinweisung nach 1960 durchgeführt worden ist. Wichtigster Grund hierfür war, daß in den Verfahren vor 1960 der für agrarstrukturelle Umstellungen wesentliche Zusammenlegungsgrad noch relativ niedrig war (s. 6.3.2.4.). Hinzu kommt, daß das Erinnerungsvermögen der zu befragenden Landwirte und damit die Genauigkeit der Angaben mit zunehmendem zeitlichen Abstand sich verringert. Gemeinden, in denen die Besitzeinweisung nach 1972 stattgefunden hat, konnten für die Auswahl der Beispielsgemeinden ebenfalls nicht berücksichtigt werden, da die Daten, die in die agrarstrukturelle Gemeindetypisierung eingegangen sind, in den Jahren 1970/71/72 erhoben wurden, zudem weitergehende Strukturveränderungen mehrere Jahre in Anspruch nehmen. Außerdem wurden für die Auswahl nur Gemeinden herangezogen, in denen zumindest der größte Teil der Gemarkung bereinigt worden ist, denn nur dann kann die Flurbereinigung als überbetriebliche Maßnahme bewertet werden.

Die Verfahrensart konnte unberücksichtigt bleiben, da bei der dieser Untersuchung zugrundeliegenden Fragestellung die Zusammenlegung der wesentliche Faktor für potentielle Veränderungen in der Agrarstruktur ist, die Zusammenlegung aber den Kern eines jeden Flurbereinigungsverfahrens bildet.

Folgende Gemeinden wurden zur weitergehenden Untersuchung ausgewählt (s. auch Karte 4)

Typ I:	Rohrbach/G. (111)	Besitzeinweisung 1967
	(Elsenz) (36)	Besitzeinweisung 1976
Typ II:	Meckesheim (81)	Besitzeinweisung 1966
	Mauer (80)	noch nicht angeordnet
Typ III:	Eschelbach (40)	Besitzeinweisung 1971
	Waldangelloch (134)	1979 angeordnet
Typ IV:	Dürrn (30)	Besitzeinweisung 1968
	Weiler (136)	noch nicht angeordnet
Typ VI:	Oberacker (96)	Besitzeinweisung 1971
	Neuenbürg (92)	noch nicht angeordnet

Schwierigkeiten bei der Auswahl der Beispielsgemeinden traten bei Typ I, IV und VI auf. So waren alle Gemeinden, die zu den drei Zeitschnitten zum Typ I gehörten, zwar noch nicht bis 1970/71/72, dem Zeitpunkt der letztmöglichen agrarstrukturellen Gemeindetypisierung, aber bis zum Zeitpunkt der Durchführung dieser Untersuchung bereinigt worden. Daher wurde als "nichtflurbereinigte Referenzgemeinde" zu Rohrbach/Gießhübel (111) Elsenz (36) ausgewählt, da dies diejenige Gemeinde ist, in der die Besitzeinweisung zuletzt, im Jahr 1976, erfolgt ist. Von einer Befragung in Elsenz mußte allerdings abgesehen werden; für die vergleichende Untersuchung der agrarstrukturellen Entwicklung konnten daher nur die Veränderungen der verschiedenen agrarstrukturellen Merkmale bis 1968, dem Jahr vor der Anordnung in Elsenz und 1 Jahr nach der Besitzeinweisung in Rohrbach, und die Aussagen der befragten Landwirte in Rohrbach herangezogen werden.

Von den 16 Gemeinden, die 1949/50, 1960/61 und 1970/71/72 dem Agrarstrukturtyp IV zuzuordnen waren, ist nur in 4 Gemeinden die Besitzeinweisung bereits erfolgt. Da diese aber in Nöttingen (94) vor 1960, in Bauschlott (12) 1960 und in Kieselbronn (64) 1972 durchgeführt worden ist, konnte als flurbereinigte Beispielsgemeinde nur Dürrn (30) (Besitzeinweisung 1968) herangezogen werden, obwohl bei dieser Gemeinde die Untersuchung der Veränderungen der agrarstrukturellen Elemente besonders schwierig war, da der Karlshäuser Hof, einer der großen Einzelhöfe (s. 6.3.1.), bis 1971 der Gemeinde Dürrn zugerechnet worden war, der Vergleich der statistischen Zusammenstellungen vor und nach 1971 somit nur eingeschränkt möglich war. Weiterhin schwierig war die Auswahl einer nichtflurbereinigten Referenzgemeinde, da gerade beim Agrarstrukturtyp IV die zwischengemeindlichen Unterschiede groß waren.

In 2 der 6 Gemeinden, die ihre Zugehörigkeit zum Agrarstrukturtyp VI nicht geändert haben, ist bis 1980 die Besitzeinweisung erfolgt, in einer Gemeinde allerdings erst 1975. In allen anderen Gemeinden sind Teilflurbereinigungen (zumeist Rebflurbereinigungen) durchgeführt worden, so daß bei der Untersuchung der agrarstrukturellen Entwicklung der ausgewählten Gemeinden Oberacker (96) und Neuenbürg (92) eine eingeschränkte Vergleichbarkeit in Kauf genommen werden mußte.

8. AGRARSTRUKTURTYP II: MECKESHEIM - MAUER

8.1. Grundzüge der Bevölkerungs- und Wirtschaftsentwicklung

Die beiden für den Agrarstrukturtyp II ausgewählten, räumlich benachbarten Untersuchungsgemeinden Mauer und Meckesheim[1] liegen im nordwestlichen Kraichgau (s. Karte 4) im Elsenztal in weniger als 20 Strassenkilometer Entfernung von Heidelberg.

Wenn auch innerhalb beider Gemarkungen durchaus Unterschiede in der Bodenqualität in Abhängigkeit von der topographischen Lage und vom geologischen Untergrund zu vermerken sind, so kennzeichnet die jeweils hohe durchschnittliche Bodenklimazahl für Acker- und Grünland (BKZ 61 - 70, s. Karte 3) in beiden Gemeinden die günstigen natürlichen Voraussetzungen für die Landwirtschaft.

Geprägt wurden die Wirtschaftsstrukturen beider Gemeinden bis zum Ende des 19. Jahrhunderts, wie im größten Teil des Kraichgaus, überwiegend durch die Landwirtschaft. Die Eröffnung der Bahnlinie im Elsenztal 1862 war, wie auch die räumliche Nähe zu den aufstrebenden Industriestandorten Heidelberg und Mannheim mitbestimmend für die ab der Jahrhundertwende in stärkerem Umfang sich vollziehende Veränderung der Wirtschaftsstruktur, die schneller als in den meisten Kraichgaugemeinden verlief und sich darin zeigte, daß bereits vor dem Zweiten Weltkrieg beide Gemeinden nicht mehr als landwirtschaftliche Gemeinden, sondern Mauer als Arbeiterwohngemeinde und Meckesheim als gewerbliche Gemeinde anzusprechen waren[2] (DEUTSCH, 1973, S. 55; HAAF, 1975[2], S. 226; Die Stadt- und die Landkreise Heidelberg und Mannheim, Bd. II, 1968, S. 670 und S. 685).

---

[1] Meckesheim ist eine der ältesten fränkischen Siedlungen im Elsenztal, für Mauer wird die Anlage in die Zeit des frühen Landesausbaus (8./9. Jahrhundert) datiert, wobei angenommen wird, daß es sich hierbei um eine ältere Tochtersiedlung der Gemeinde Meckesheim handelt; allerdings wird die Anlage von Mauer in Verbindung mit grundherrschaftlichen Anfängen gesehen, wofür der noch heute - wenn auch in verringertem Umfang - vorhandene Grundbesitz der einheimischen Adelsfamilie ein Indiz darstellt; in Meckesheim dagegen war bereits vor der Ablösung der Grundlasten im 19. Jahrhundert weit über die Hälfte der Gemarkung in bäuerlichem Eigentum (METZ, 1922, S. 52; Die Stadt- und die Landkreise Heidelberg und Mannheim, Bd. II, 1968, S. 662ff, 674ff)

[2] So wird bereits 1923 für Meckesheim vermerkt, daß neben 93 landwirtschaftlichen Haushalten etwa 200 Arbeiterhaushalte vorhanden waren (Die Gemeinde Meckesheim, 1971, S. 21)

In ihrer Bevölkerungsentwicklung waren beide Gemeinden bis zum 2. Weltkrieg auch von der Abwanderung in die benachbarten Industriestandorte betroffen (s. 6.2.), jedoch nicht in dem Ausmaß wie die meisten Gemeinden des zentralen und östlichen Kraichgaus, da zum einen, vor allem in Meckesheim, seit der Jahrhundertwende mehrere Industriebetriebe - wenn auch mit unterschiedlichem Erfolg - gegründet worden waren und zum anderen die zeitliche Verkürzung der Entfernung nach Heidelberg und Mannheim durch die Bahnverbindung und die Einrichtung von Arbeiterzügen nach Heidelberg schon früh eine Pendelwanderung ermöglichten (HAAF, 1975[2], S. 227; Die Stadt- und die Landkreise Heidelberg und Mannheim, Bd. II, 1968, S. 662ff und S. 674ff). So lag in beiden Gemeinden die Bevölkerungsdichte 1939 höher als in weiten Teilen des zentralen und östlichen Kraichgaus (DEUTSCH, 1973, S. 22/23).

Eine relativ starke Zunahme durch Wanderungsgewinne kennzeichnet die Bevölkerungsentwicklung in beiden Gemeinden nach dem 2. Weltkrieg, insbesondere in den 60er Jahren. So nahm die Bevölkerung in Meckesheim zwischen 1960 und 1970 um 22%[1], in Mauer sogar um 35% zu, wofür die günstige Verkehrslage und vorhandene außerlandwirtschaftliche Arbeitsmöglichkeiten wichtige Faktoren darstellten. In Abhängigkeit von dieser Bevölkerungsentwicklung lagen die Bevölkerungsdichtewerte beträchtlich über den Durchschnittswerten für den Gesamtkraichgau (Tab. 12 und 6.2.).

Tab. 12: Bevölkerungsdichte (E/km^2) in Mauer und Meckesheim

	Meckesheim	Mauer
1950[2]	211	288
1961	237	300
1970	290	404

Entsprechend der Ausgangssituation vor dem 2. Weltkrieg zeigten beide Gemeinden auch 1950 eine mit 24,4% in Mauer bzw. 24,9% in Meckesheim deutlich unter dem Durchschnittswert von 36,9% für den Gesamtkraichgau liegende Agrarquote. Der Vorsprung der beiden Gemeinden in der Wirtschaftsstrukturentwicklung wurde bis 1970 spürbar vermindert, die Anteile der Erwerbstätigen nach Wirtschaftsbereichen entsprachen 1970 in etwa den Mittelwerten für den Gesamtraum (s. Tab. 2 und 13).

---

[1] Die Angaben wurden hier und im folgenden, soweit nicht anders vermerkt, nach den Statistiken, die auch für Kapitel 6 herangezogen worden sind (s. S.45), berechnet.

[2] Zum besseren Vergleich - vor allem um die kriegsbedingte Entwicklung relativieren zu können - seien die Bevölkerungsdichtewerte von 1939 angeführt: Meckesheim 141 E/km^2, Mauer 196 E/km^2, Kraichgau 127 E/km^2

Tab. 13: Anteile der Erwerbspersonen (1950, 1961) bzw. der Erwerbstätigen (1970) nach Wirtschaftsbereichen in Meckesheim und Mauer

	% Anteile 1950		% Anteile 1961		% Anteile 1970	
	Meckesh.	Mauer	Meckesh.	Mauer	Meckesh.	Mauer
I. Sektor	24,9	24,4	21,0	16,7	7,1	8,0
II. Sektor	50,4	54,2	55,7	56,5	61,6	55,5
III. Sektor	24,7	21,4	23,3	26,8	31,3	36,5

Gegenwärtig ist vor allem Meckesheim dank seiner vielseitigen Industrie- und Handwerksbetriebe[1] in der Lage, einem großen Teil der Bevölkerung außerlandwirtschaftliche Arbeitsplätze anzubieten, was sich im Arbeitsplatzindex und in den Pendlerzahlen deutlich niedergeschlagen hat (vgl. Tab. 14 und S. 50). In Mauer ist die außerlandwirtschaftliche Arbeitsmarktsituation nicht ganz so günstig, was aber ausgeglichen wird durch die sehr gute Erreichbarkeit verschiedener Arbeitsplatzstandorte wie Heidelberg, Bammental und Mannheim.

Tab. 14: Außerlandwirtschaftlicher Arbeitsplatzindex und Pendlerzahlen in Meckesheim und Mauer (1950, 1961, 1970)

	1950		1961		1970[2]	
	Mauer	Meckesh.	Mauer	Meckesh.	Mauer	Meckesh.
außerlandwirtschaftlicher Arbeitsplatzindex	5,1	2,7	4,0	2,3	4,5	2,7
Auspendler	269	294	423	497	588	684
Einpendler	76	383	86	562	148	515

Zusammenfassend läßt sich gerade für die im Hinblick auf die Entwicklung der Agrarstruktur bedeutungsvollen Aspekte der außerlandwirtschaftlichen Wirtschaftsentwicklung feststellen, daß in beiden Gemeinden bzw. in den von diesen aus bereits vor der Individualmotorisierung leicht erreichbaren benachbarten Industriestandorten schon vor dem 2. Weltkrieg eine Vielzahl nichtagrarischer Arbeitsplätze vorhanden war, die eine Abwanderung von Erwerbstätigen aus der Landwirtschaft in großem Umfang in andere Wirtschaftsbereiche ohne Wohnstandortwechsel ermöglichte.

[1] Die durchschnittlichen Beschäftigtenzahlen pro Industriebetrieb zeigen insbesondere für Meckesheim, daß die Untersuchungsgemeinden auch hierin über dem Durchschnitt des Gesamtkraichgaus lagen.

Jahr	Meckesheim	Mauer	Kraichgau
1950	11,7	8,3	5,0
1961	18,1	16,2	9,5
1970	20,7	13,8	13,2

[2] Der Zuzug vor allem allochthoner Pendler in beide Gemeinden, (s. o.) und die zwischen 1961 und 1970, im Vergleich zum vorangegangenen Jahrzehnt, geringere Zunahme der außerlandwirtschaftlichen Arbeitsplätze sind die wesentlichsten Ursachen für die Erhöhung des Arbeitsplatzindexes, die Zunahme des Auspendlerüberschusses in Mauer und die für Meckesheim im Gegensatz zu 1950 und 1961 negative Pendlerbilanz.

8.2. Flurbereinigung als agrarstrukturverbessernde maßnahme

In beiden Untersuchungsgemeinden wurden im letzten Jahrhundert im Rahmen mehrerer Feldbereinigungsverfahren die jeweiligen Gemarkungen gewannweise bereinigt (s. Karte 5). Durch Neueinteilung der Gewanne und Veränderungen des Wegenetzes wurden zwar die meisten Flurstücke mit einem Wegeanschluß versehen, der Zusammenlegungsgrad war allerdings, wie für die Verfahren in Baden im damaligen Zeitraum charakteristisch (s. 2.3.1.), völlig unzureichend. So betrug der Zusammenlegungsgrad in den Verfahren, die zwischen 1873 und 1885 in der Gemeinde Mauer durchgeführt worden sind, nur 1,3:1, bei den in Meckesheim zwischen 1870 und 1893 vorgenommenen Verfahren war der Zusammenlegungsgrad mit 1,1:1 sogar noch niedriger als in Mauer.[1]

1960 wiesen sowohl Mauer als auch Meckesheim mit 434 Besitzstücken pro 100 ha bzw. 427/100 ha[2] eine hohe Zersplitterung der landwirtschaftlichen Nutzfläche auf. Die hieraus berechnete durchschnittliche Besitzstückgröße von je 0,23 ha in beiden Gemeinden war etwas günstiger als die für den Gesamtkraichgau ermittelte (0,21 ha). Im Vergleich zu anderen Kraichgaugemeinden nahmen Meckesheim und Mauer bezüglich der Anzahl der Besitzstücke pro 100 ha und damit der Zersplitterung eine Mittelstellung ein (vgl. 6.3.2.4.), was unter anderem im Zusammenhang mit der auch in diesen beiden Gemeinden praktizierten modifizierten Form der Realteilung zu sehen ist (s. 6.3.1.).

Betrachtet man sich Karte 22, die einen Ausschnitt aus der Gemarkung Mauer (Stand 1980) zeigt, so kann deutlich die auch gegenwärtig noch beträchtliche Zersplitterung der landwirtschaftlichen Nutzfläche festgestellt werden.

Das auf der Grundlage des Flurbereinigungsgesetzes von 1956 in Meckesheim durchgeführte Normalverfahren wurde 1959[3] angeordnet, die für die Agrarstruktur wesentlichere Besitzeinweisung erfolgte 1966, die Schlußfeststellung 1975. In der Verfahrensfläche von 1087 ha waren auch Teile eines Gewannes der Gemeinde Mauer enthalten. Betrug die

---

[1] Die Angaben zu den in beiden Gemeinden durchgeführten Feldbereinigungsverfahren konnten Unterlagen entnommen werden, die vom Landesamt für Flurbereinigung und Siedlung, Ludwigsburg, dankenswerterweise zur Verfügung gestellt wurden.

[2] Berechnungsgrundlage waren die in der Statistik von Baden-Württemberg Bd. 90,4 enthaltenen Angaben zum Zersplitterungsgrad der von den landwirtschaftlichen Betrieben $\geq 0,5$ ha bewirtschafteten landwirtschaftlichen Nutzfläche.

[3] Die hier und im folgenden aufgeführten Zahlen und Angaben wurden, soweit nicht anders vermerkt, den Unterlagen des Flurbereinigungsamtes Sinsheim, Außenstelle Heidelberg, entnommen.

durchschnittliche Größe der Flurstücke vor dem Verfahren 0,18 ha, so
wies sie nach dem Verfahren den Wert von 0,53 ha auf. Die hiermit erzielte Verbesserung der Bewirtschaftungsbedingungen - das Zusammenlegungsverhältnis der Flurstücke erreichte 2,9:1 - zeigt sich deutlich
beim Vergleich von Größe und Form der Katasterparzellen vor und nach
der Bereinigung (s. Karten 23 und 24).

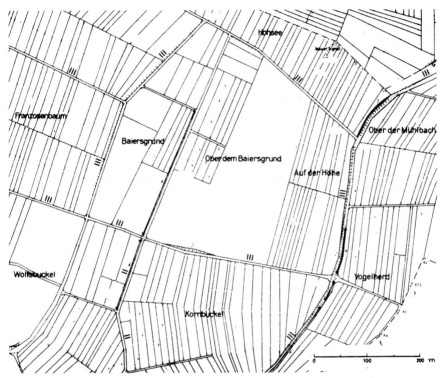

Karte 22: Ausschnitt aus der Gemarkung Mauer

Das für die landwirtschaftlichen Betriebe bedeutendere Zusammenlegungsverhältnis der Besitzstücke, das je nach Betriebsgröße verschieden hoch
war (s. Tab. 15), erreichte insgesamt den Wert von 11,6:1 und lag damit über dem Wert für die ebenfalls zwischen 1960 und 1969 im Kraichgau durchgeführten Verfahren (s. 6.3.2.4.).

Tab. 15: Zusammenlegungsverhältnis (Besitzstücke) nach Betriebsgrößenklassen[1] in Meckesheim

Betriebsgrößenklasse	Zusammenlegungsverhältnis
< 5 ha	7,9 : 1
5 - 10 ha	11,6 : 1
10 - 20 ha	16,5 : 1
≥ 20 ha	26,7 : 1

[1] die Angaben wurden der von der Gemeindeverwaltung Meckesheim herausgegebenen Broschüre ("Die Gemeinde Meckesheim", 1972) entnommen

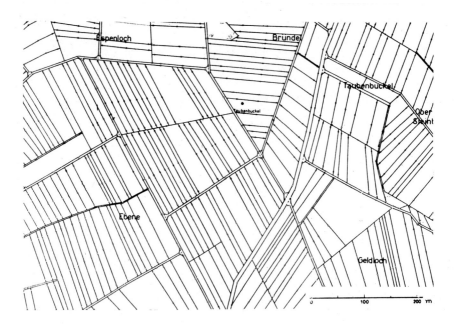

Karte 23: Ausschnitt aus der Gemarkung Meckesheim vor der Flurbereinigung

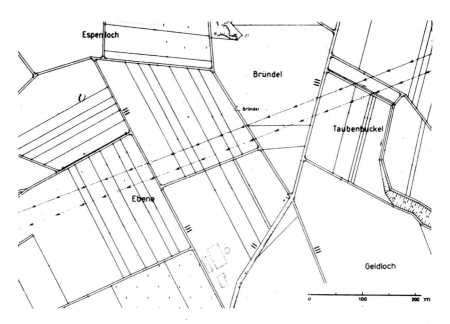

Karte 24: Ausschnitt aus der Gemarkung Meckesheim nach der Flurbereinigung

Im Rahmen des Verfahrens wurden 1964/66 8 Aussiedlerhöfe als Aussiedlungsweiler am Westrand der Gemarkung errichtet.[1] Weiterhin entstand während der Flurbereinigung ein Wegenetz von ca. 100 km Gesamtlänge, an Bodenmeliorationen wurden Dränungen im Umfang von 36 ha durchgeführt.

Diese Maßnahmen, insbesondere die Zusammenlegung, verbesserten die innerwirtschaftlichen Erzeugungsgrundlagen der Meckesheimer Betriebe, was sich deutlich bei einem Vergleich der durchschnittlichen Teilstückgröße der in die Befragung eingegangenen landwirtschaftlichen Betriebe[2]

---

[1] Unter den ausgesiedelten Betrieben befanden sich auch zwei landwirtschaftliche Betriebe aus Mauer, da ein Großteil der zu diesen Betrieben gehörenden landwirtschaftlichen Nutzfläche schon vor der Flurbereinigung auf Meckesheimer Gemarkung lag.

[2] Adressen der Landwirte stellte freundlicherweise das Landwirtschaftsamt Sinsheim auf der Grundlage der dort eingegangenen Gasöverbilligungsanträge zusammen; die jeweiligen Gemeindeverwaltungen verringerten die Adressenlisten um die Betriebe, die inzwischen aufgegeben worden waren; ein Vergleich (s. unten) der in die Befragung (Herbst 1980) eingegangenen Betriebe, aufgeschlüsselt nach Betriebsgrößenklassen, mit der entsprechenden Aufstellung vom Statistischen Landesamt in Stuttgart (neuester verfügbarer Stand:1978), zeigt, abgesehen von den untersten Betriebsgrößenklassen (nicht alle Kleinstbetriebe stellen Gasölverbilligungsanträge!), weitgehende Übereinstimmung; in den zwei Jahren, die zwischen den Erhebungszeitpunkten liegen, haben sich in den oberen Betriebsgrößenklassen Änderungen ergeben, die z.B. in Mauer auf die altersbedingte flächenmäßige Abstockung (kein Hofnachfolger!) zweier Betriebe zurückzuführen ist.

Anzahl der landwirtschaftlichen Betriebe

BGKl	Mauer 1978	Mauer 1980	Meckesheim 1978	Meckesheim 1980
0,5 - 2 ha	8	4	10	3
2 - 5 ha	2	2	6	3
5 - 10 ha	1	3[+]	3	4
10 - 20 ha	17	16	11	5
20 - 30 ha	4	3[+]	7	10[+]
30 - 50 ha	3	2	6	5[+]
≥ 50 ha	1	2	-	1

[+]in diesen Betriebsgrößenklassen verweigerte je 1 Betriebsleiter die Befragung

Von den, abzüglich der aufgegebenen Betriebe, in die Befragung eingegangenen Betriebe verweigerten von 32 Betriebsleitern in Mauer 2 (= 6,3%), von 31 Betriebsleitern in Meckesheim ebenfalls 2 (= 6,5%) die Teilnahme an der Befragung.

zeigt (s. Tab. 16).

Tab. 16: Durchschnittliche Teilstückgrößen in den Betriebsgrößenklassen und den sozioökonomischen Betriebstypen[1] in Meckesheim und Mauer

				Teilstückgröße (ha)					
	Betr. insg.	Haupt- erw. b.	Neben- erw. b.	0,5 - 2 ha	2 - 5 ha	5 - 10 ha	10 - 20 ha	20 - 30 ha	≥ 30 ha
Meckes- heim (vor der FB)	0,3	0,3	0,3	0,3	0,3	0,3	0,5	0,3	0,3
Meckes- heim (1980)	1,5	1,8	1,1	0,5	0,6	1,2	2,5	1,6	1,5
Mauer (1980)	0,6	0,7	0,5	0,3	0,6	0,7	0,5	0,8	1,1

In Mauer hat sich, was der wenn auch eingeschränkte Vergleich mit 1960 (s.o.) zeigt, die durchschnittliche Teilstückgröße erhöht, in Meckesheim aber hat der entsprechende Wert, bedingt durch die Flurbereinigung, im selben Zeitraum viel stärker zugenommen. Dieses Auseinanderklaffen in der Entwicklung bis 1980 läßt sich vor allem bei den Haupterwerbsbetrieben und den Betrieben der oberen Betriebsgrößenklassen feststellen, gerade bei denjenigen also, die zur rationellen Arbeitsaufwanderledigung große Arbeitsparzellen in besonderem Maße benötigen.

[1] Von den 30 in Mauer in die Befragung einbezogenen Betrieben wurden 13 (= 43%) als Haupterwerbsbetriebe und 17 (= 57%) als Nebenerwerbsbetriebe bewirtschaftet; in Meckesheim gaben 17 (= 59%) der 29 Betriebsleiter an, ihr Einkommen zu über 50 % aus dem landwirtschaftlichen Betrieb zu erzielen, 12 (= 41%) stuften sich als Nebenerwerbslandwirte ein; von den hauptberuflich bewirtschafteten Betrieben wiesen in Meckesheim 77% eine Größe ≥ 20 ha auf, in Mauer betrug der entsprechende Anteil 39%; 18% der Nebenerwerbsbetriebe waren in Meckesheim der Betriebsgröße mit 10 - 20 ha zuzuordnen, in Mauer waren es 47%; da zur Kategorie der Zuerwerbslandwirte in beiden Gemeinden nur je 1 Betriebsleiter gehörte, wurde diese hier und im folgenden nicht weiter ausgegliedert; der Anteil an ausgesiedelten Betrieben an der Gesamtzahl der Betriebe war in Meckesheim mit 48% deutlich höher als in Mauer (10%); die Bedeutung der Haupterwerbslandwirte zeigt sich bei Betrachtung des von diesen bewirtschafteten Anteils an der gesamten landwirtschaftlichen Nutzfläche der Gemeinde; dieser lag in Meckesheim und Mauer 1980 ≥ 75%; eine entsprechende Rekonstruktion war für 1969 möglich: zu diesem Zeitpunkt bewirtschafteten die hauptberuflichen Betriebsleiter ebenfalls ≥ 75% der LN; der Ausbildungsstand der hauptberuflichen Betriebsleiter ist hoch: 53% derjenigen in Meckesheim und 54% derjenigen in Mauer können die Gehilfen- oder die Meisterprüfung vorweisen.

Mehrere Vorteile können unmittelbar mit der Zusammenlegung der Flurstücke verbunden sein (s. 4.2.). Die Frage, ob die Flurbereinigung Vorteile gebracht habe, bejahen 93% der Meckesheimer Landwirte, darunter alle hauptberuflichen Betriebsleiter. Ebenfalls von allen hauptberuflichen und von den meisten nebenberuflichen Landwirten konnten fast sämtliche der im Fragebogen aufgeführten Vorteile für ihren eigenen Betrieb festgestellt werden (s. Tab. 17). Nur bei dem möglichen Vorteil "höhere Erträge" war der Prozentsatz derer, die dies vermerkt hatten, insbesondere bei den Nebenerwerbslandwirten, geringer. Vielfach wurde während der Befragung hierzu angeführt, daß höhere Erträge nicht in kausameln Zusammenhang mit der Flurbereinigung zu sehen seien, sondern auf organisch-technische und biologisch-technische Fortschritte (neues Saatgut, vermehrter Dünger- und Herbizideinsatz u.a.) zurückzuführen seien. Dies zeigt allerdings deutlich, daß Vorteile, die, wie die Erhöhung der Erträge, tatsächlich aus der Zusammenlegung der Grundstücke resultieren, nicht unbedingt von jedem Landwirt auch subjektiv wahrgenommen werden (s. S. 39).

Tab. 17: Festgestellte bzw. erwartete Vorteile durch die Flurbereinigung in Meckesheim und Mauer

Vorteile[1]	Meckesheim Nennungen in %[+] aller			Mauer Nennungen in %[+] aller		
	Betr. insg.	Haupt- erw.b.	Neben- erw.b.	Betr. insg.	Haupt- erw.b.	Neben- erw.b.
bearbeitungsgerechte Teilstücke	93	100	83	73	69	76
größere Teilstücke	93	100	83	67	54	76
verringerter Arbeitsaufwand	93	100	83	67	54	76
verbesserte Wirtschaftswege	93	100	83	53	31	71
besserer Maschineneinsatz	93	100	83	63	46	76
höhere Erträge (weniger Randstreifen, Furchen, etc).	79	88	67	37	31	41

[+] Mehrfachnennungen waren möglich

Betrachtet man sich die Erwartungshaltung der befragten Landwirte aus Mauer gegenüber Vorteilen einer Flurbereinigung, so zeigt sich, daß diese deutlich geringer ausfällt im Vergleich zu den tatsächlichen Erfahrun-

---

[1] Angeführt war noch der Vorteil "günstigere Verpachtungsmöglichkeiten", dieser wurde aber auch von den Nebenerwerbslandwirten nicht genannt.

gen der Landwirte in der flurbereinigten Nachbargemeinde. Lediglich 77% aller Betriebsleiter (77% der Haupt- und 76% der Nebenerwerbslandwirte) antworteten mit "ja" auf die Frage, ob sie sich von einer Flurbereinigung Vorteile erwarten würden. Bezüglich der einzelnen angeführten möglichen Vorteile sind im Gegensatz zu den Erfahrungen der Meckesheimer Landwirte deutliche Unterschiede vorhanden. "Bearbeitungsgerechte Teilstücke", "verringerter Arbeitsaufwand" und "besserer Maschineneinsatz" - drei eng miteinander verknüpfte mögliche Vorteile - werden vor allem von beträchtlich vielen Haupterwerbslandwirten nicht erwartet. Zu sehen ist dies im Zusammenhang (s. Tab. 16) mit den gerade in den oberen Betriebsgrößenklassen höheren durchschnittlichen Teilstückgrößen, die, worauf viele, insbesondere aber hauptberufliche Betriebsleiter hingewiesen haben, durch privaten Tausch seit Anfang/Mitte der 60er Jahre, parallel zur zunehmenden Mechanisierung in der Außenwirtschaft, geschaffen worden sind. Im niedrigen Prozentsatz beim möglichen Vorteil "verbesserte Wirtschaftswege" schlägt sich der in den letzten Jahren in Mauer durchgeführte gute Ausbau des landwirtschaftlichen Wegenetzes nieder. Für die geringe Erwartung bezüglich "höherer Erträge" ist neben den bereits bei Meckesheim genannten Gründen die Ansicht vieler Landwirte, daß die gegenwärtigen Teilstückgrößen ausreichend seien, mitbestimmend.

Entsprechend den Unterschieden zwischen festgestellten und erwarteten Vorteilen der Flurbereinigung zwischen beiden Gemeinden zeigen auch die Antworten zu Fragen nach Nachteilen der Agrarstrukturmaßnahme deutliche Divergenzen. So stellten 69% der befragten Meckesheimer Landwirte (71% der Haupterwerbslandwirte, 67% der Nebenerwerbslandwirte) flurbereinigungsbedingte Nachteile für ihre Betriebe fest, in Mauer dagegen nehmen 87% der Landwirte (darunter alle Haupterwerbslandwirte und 76% der Nebenerwerbslandwirte) an, daß sie nach einer Flurbereinigung Nachteile zu verzeichnen hätten.

Die Unterschiede sind auch sichtbar bei Betrachtung der Nennungen bei den einzelnen möglichen Nachteilen (s. Tab. 18). Allein der Nachteil "höhere Pachtpreise" wurde von mehr als einem Drittel der Meckesheimer Landwirte vermerkt. Dieser Nachteil wird auch von den meisten Betriebsleitern in Mauer befürchtet, wobei der bedeutend höhere Prozentsatz bei den Haupterwerbslandwirten durch den im allgemeinen mit steigender Betriebsgröße zunehmenden Pachtlandanteil mit hervorgerufen wird. Der ebenfalls in den oberen Betriebsgrößenklassen - absolut gesehen - höhere finanzielle Eigenanteil an den Ausführungskosten ist mitverantwortlich für den höheren Anteil an Nennungen der hauptberuflichen Landwirte beim erwarteten Nachteil "hohe finanzielle Belastung". Dieser Aspekt ist dagegen in Meckesheim nur von einem sehr niedrigen Prozentsatz der Betriebsleiter (von keinem nebenberuflichen Landwirt!) als Nachteil bewertet worden. Beim etwaigen Nachteil "schlechtere Böden" decken sich, wie auch bei den möglichen landeskulturellen Nachteilen Erwartungshaltung und nachgeordnete Bewertung weitgehend.

Tab. 18: Festgestellte bzw. erwartete Nachteile durch die Flurbereinigung in Meckesheim und Mauer

Nachteile	Meckesheim Nennungen in %[+] aller			Mauer Nennungen in %[+] aller		
	Betr. insg.	Haupt- erw.b.	Neben- erw.b.	Betr. insg.	Haupt- erw.b.	Neben- erw.b.
hohe finanzielle Belastung	10	18	0	47	69	29
schlechtere Böden	28	24	33	30	23	35
höhere Pachtpreise	41	41	42	67	100	41
landeskulturelle Nachteile[1]	7	6	8	-	-	-
Sonstiges[2]	34	29	42	43	46	41

[+]Mehrfachnennungen waren möglich

Die dargelegten Einstellungen bzw. Bewertungen von Vor- und Nachteilen einer Flurbereinigung finden sich wieder in der Gesamtbewertung (s. Tab. 19) und in der Zustimmungsbereitschaft (s. Tab. 20) zu dieser Agrarstrukturmaßnahme.

Bei der hier gefragten Gegenüberstellung von Vor- und Nachteilen kamen alle Haupterwerbslandwirte in Meckesheim zu dem Ergebnis, daß die Vorteile, die sie nach der Flurbereinigung feststellen konnten, deutlich überwiegen; bei den nebenberuflichen Betriebsleitern war zwar der entsprechende Prozentsatz geringer, mit 75% aber immer noch sehr hoch. Insgesamt bewerteten knapp 90% der befragten Meckesheimer Landwirte die in ihrer Gemarkung durchgeführte Flurbereinigung als lohnend bzw. sehr lohnend für ihren jeweiligen Betrieb (s. Tab. 19).

---

[1]Hierzu wurden die mögliche Zunahme der Bodenerosion nach einer Flurbereinigung, der Wegfall von Obstbäumen u.a. gerechnet

[2]In diese Kategorie fallen die Nachteile, die von den Landwirten genannt wurden, die sich aber, da selten mehr als 1 Betriebsleiter den selben Nachteil geltend machte, nicht in anderer Form zusammenfassen ließen.

Tab. 19: Bewertung der Agrarstrukturmaßnahme Flurbereinigung in Meckesheim und Mauer[+]

Bewertung	Meckesheim Nennungen in % aller			Mauer Nennungen in % aller		
	Betr. insg.	Haupt- erw. b.	Neben- erw. b.	Betr. insg.	Haupt- erw. b.	Neben- erw. b.
hat sich sehr gelohnt	3,5	6	-	3	-	6
hat sich gelohnt	86	94	75	47	39	53
brachte keine Veränderung	3,5	-	8,3	10	15	6
hat sich nicht gelohnt	3,5	-	8,3	10	15	6
hat nur Nach- teile gebracht	3,5	-	8,3	30	31	29

[+]Frage in Mauer: "Angenommen, in Ihrer Gemeinde wäre bereits eine Flurbereinigung durchgeführt worden, was glauben Sie, wie Sie diese für sich bewerten würden?"

Im Gegensatz hierzu stehen die Erwartungen der Landwirte aus Mauer: nur 50% aller befragten Landwirte nahmen an, daß sich die Durchführung einer Flurbereinigung in ihrer Gemeinde lohnen oder gar sehr lohnen würde. Hierbei sind es vor allem die Leiter der Haupterwerbsbetriebe, die, entsprechend den im Vergleich zu den Nebenerwerbslandwirten geringeren Prozentsätzen bei den einzelnen Vorteilen und den zumeist höheren Prozentsätzen bei den Nachteilen, einer etwaigen Flurbereinigung keine positive Erwartungshaltung gegenüber einnehmen. So überrascht es auch nicht, daß 69% der Haupterwerbslandwirte (s. Tab. 20) die Frage "Würden Sie einer Flurbereinigung in Ihrer Gemeinde zustimmen?" verneinten, von den Nebenerwerbslandwirten bejahten immerhin 75% diese Frage. Eine breite Zustimmung vor allem der Haupterwerbslandwirte zeigt sich dagegen in Meckesheim, wo 93% aller Betriebsleiter die Frage "Wenn Sie nochmals entscheiden könnten, würden Sie, ausgehend von Ihren jetzigen Erfahrungen, der Flurbereinigung zustimmen?" mit ja beantworteten.

Tab. 20: Zustimmungsbereitschaft zur Flurbereinigung in Meckesheim und Mauer

Zustimmung zur Flurbe- reinigung?	Meckesheim Nennungen in % aller			Mauer Nennungen in % aller		
	Betr. insg.	Haupt- erw. b.	Neben- erw. b.	Betr. insg.	Haupt- erw. b.	Neben- erw. b.
ja	93	100	83	57	31	76
nein	7	-	17	37	69	12
unentschieden	-	-	-	6	-	12

Zusammenfassend kann festgehalten werden, daß in Meckesheim mit der Zusammenlegung als der zentralen Maßnahme im Rahmen der Flurbereinigung im Vergleich zur nichtflurbereinigten Nachbargemeinde bedeutend günstigere Teilstückgrößen geschaffen worden sind. Die unmittelbar hieraus resultierenden Vorteile sind auch als solche von den meisten Landwirten festgestellt worden, das Verfahren ist in seiner Bedeutung für die einzelnen Betriebe von den Landwirten sehr positiv bewertet worden. Hierzu muß aber ergänzend darauf verwiesen werden, daß zum Zeitpunkt der Anordnung des Verfahrens ungefähr die Hälfte der damaligen Landwirte der Flurbereinigung sehr skeptisch bzw. ablehnend gegenüberstand.[1]

Die Meinungen der Landwirte aus Mauer zeigen ganz klar, daß, obwohl einige von ihnen Teilstücke auf der Meckesheimer Gemarkung bewirtschaften und obwohl vielfältige Kontakte, die einen Erfahrungsaustausch ermöglichen, zwischen den Landwirten beider Gemeinden bestehen, die Erwartungshaltung gegenüber einer Flurbereinigung bei einem hohen Prozentsatz der befragten Betriebsleiter gering ist, insgesamt betrachtet sogar fast die Hälfte von ihnen nicht annimmt, daß sich eine Flurbereinigung für ihre Betriebe lohnen würde.[2]

---

[1] Freundliche mündliche Mitteilung des langjährigen Bürgermeisters von Meckesheim, Herrn Soiné

[2] Unterschiede in Alter und Ausbildung als mögliche beeinflussende Faktoren der geringen positiven Erwartungshaltung der Landwirte aus Mauer können weitgehend ausgeschlossen werden; das durchschnittliche Alter der befragten Landwirte lag in Meckesheim bei 45,6 Jahren (Haupterwerbslandwirte 43,9 J., Nebenerwerbslandwirte 47,9 J.) und in Mauer bei 45,7 Jahren (Haupterwerbslandwirte 43,8 J., Nebenerwerbslandwirte 47,1 J.); die nur geringfügigen Unterschiede in bezug auf die landwirtschaftliche Ausbildung zeigt nachfolgende Tabelle:

Art der landw. Ausbildung	Meckesheim Nennungen in % aller			Mauer Nennungen in % aller		
	Betr. insg.	Haupt- erw.b.	Neben- erw.b.	Betr. insg.	Haupt- erw.b.	Neben- erw.b.
keine	14	18	8	7	8	6
Landw. Schule	31	19	33	47	38,5	53
Gehilfenprüfung	27,5	18	42	23	15	29
Landw. meister	27,5	35	17	23	38,5	12

8.3. Entwicklung von Betriebsgrößenstruktur und sozioökonomischen Betriebstypen

Im Gegensatz zur Entwicklung des Gesamt-Kraichgaus war in den beiden Untersuchungsgemeinden zwischen 1949 und 1960 eine stärkere Abnahme der land- und forstwirtschaftlichen Betriebe zu verzeichnen als im nachfolgenden Jahrzehnt (s. Tab. 21), was im Zusammenhang mit der schon 1960 überdurchschnittlich günstigen außerlandwirtschaftlichen Arbeitsmarktsituation in Meckesheim und Mauer bzw. der Erreichbarkeit naher Industriestandorte zu sehen ist.

Tab. 21: Anzahl der land- und forstwirtschaftlichen Betriebe ≥ 0,5 ha in Meckesheim und Mauer (1949, 1960, 1971)

	1949 Betriebe	1960 Betriebe	1960 in % von 1949	1971 Betriebe	1971 in % von 1949
Meckesheim	167	102	61	55	33
Mauer	104	62	60	37	36
Kraichgau	28081	22923	82	13858	49

Vergleicht man die Abnahmeraten (s. Tab. 21) zwischen beiden Untersuchungsgemeinden im Hinblick auf Veränderungen während oder nach der Flurbereinigung, so kann festgehalten werden, daß sich bei dieser ersten Grobanalyse keine Unterschiede erkennen lassen.

Einen genaueren Vergleich der Veränderungen in der Anzahl der landwirtschaftlichen Betriebe ermöglichen die für den Zeitraum von 1965 bis 1978 vorliegenden jährlichen Zusammenstellungen des Statistischen Landesamtes. Die Betrachtung dises Entwicklungsverlaufes zeigt (s. Fig. 7), daß Meckesheim sich hierin nicht wesentlich von der nichtflurbereinigten Nachbargemeinde Mauer unterscheidet und nach der Besitzeinweisung 1966 keine verstärkte Abnahme[1], sondern vielmehr eine geringfügige Zunahme zu verzeichnen hatte, die durch die etwas höhere Abnahme zwischen 1967 und 1968 wieder ausgeglichen wurde.

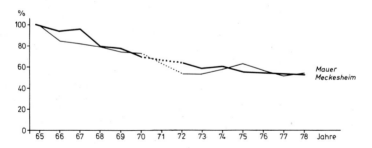

Fig. 7: Entwicklung der Anzahl der landwirtschaftlichen Betriebe (≥ 0,5 ha) in Meckesheim und Mauer (1965 - 1978)[2]

---

[1] Eine verstärkte Abnahme vor allem wegen Aufgaben von Kleinbetrieben wäre denkbar gewesen, berücksichtigt man, daß die Pachtpreise nach der Flurbereinigung sich durchschnittlich um das 6-7fache erhöht haben.

[2] Für 1971 lagen die vergleichbaren Angaben nicht vor

Bedauerlicherweise liegen die entsprechenden Angaben für den Zeitraum seit 1959, dem Jahr der Anordnung der Flurbereinigung, nicht vor. Denn gerade für die Jahre vor der Besitzeinweisung kann angenommen werden, daß sich vor allem Betriebsleiter von kleineren, im Nebenerwerb bewirtschafteten Betriebe und von Grenzbetrieben, wegen der mit der Flurbereinigung verbundenen finanziellen Belastung zur Aufgabe ihres Betriebes entschließen. Für 1960 sind die Angaben der Landwirtschaftszählung vorhanden. Stellt man diese der Anzahl der Betriebe von 1965 (Quelle: s.o.) gegenüber und berücksichtigt, wegen der eingeschränkten Vergleichbarkeit[1] nur die Größenordnung, nicht aber die exakten Prozentangaben, so kann festgehalten werden, daß in diesem Zeitraum nach der Anordnung der Flurbereinigung in Meckesheim eine Abnahme der Anzahl der Betriebe um 23% zu verzeichnen war, in Mauer dagegen hatte sich die Anzahl der Betriebe um 4% erhöht. Mit einer Zeitverzögerung von einigen Jahren hat allerdings - ohne Flurbereinigung - auch in Mauer eine stärkere Abnahme der Anzahl der Betriebe stattgefunden, die zu einer Angleichung beider Gemeinden geführt hat, was die Gegenüberstellung der Jahre 1960 und 1971 verdeutlicht: In Meckesheim hat sich bis 1971 die Anzahl der land- und forstwirtschaftlichen Betriebe, gemessen an 1960, um 46% verringert, in Mauer um 40% (s. Tab. 21). Versucht man noch, die jüngere Entwicklung bis 1978 miteinzubeziehen, so zeigt sich eine leicht höhere Abnahmerate (noch 26% der Betriebe von 1949) für die flurbereinigte im Vergleich zur nichtflurbereinigten Gemeinde, in der 1978 noch 35% der Betriebe, gemessen an 1949, vorhanden waren. Denkbar wäre, daß hierin u.a. längerfristig günstigere Verpachtungsmöglichkeiten nach einer Flurbereinigung zum Ausdruck kommen; wie später noch ausführlicher zu zeigen sein wird, ist diese in Mauer geringere Abnahmerate aber vor allem im Zusammenhang mit dem bodennutzungsbedingten "Nachhinken" in der Entwicklung zum größeren Betrieb zu sehen. Dieses "Nachhinken" zeigt sich auch bei Betrachtung der Abnahmeraten der hauptberuflich bewirtschafteten Betriebe; 1969 waren in Meckesheim noch 42% der Haupterwerbsbetriebe, gemessen an 1956, vorhanden, 1975 31% und 1980 noch 24%; im Vergleich hierzu die Zahlen für Mauer: 51% 1969, 43% 1975 und 27% 1980.[2]

Entsprechend dieser umfangreichen Verminderung der Anzahl der Betriebe haben sich in beiden Gemeinden die durchschnittlichen Betriebsgrößen,

---

[1] Mehrere Überprüfungen haben ergeben, daß die Angaben der Landwirtschaftszählung von 1960 nicht mit den Angaben der Bodennutzungserhebungen, die die Grundlage für die Zusammenstellungen der Betriebsgrößenstrukturen des Statistischen Landesamtes bilden, exakt, sondern nur in der Größenordnung übereinstimmen.

[2] Die Zahlen für 1956 konnten nach Unterlagen der Gemeindeverwaltung berechnet werden; für 1969 wurden die Daten der Agrarstrukturellen Rahmenplanung herangezogen, die, wie die Angaben für 1975, im Landwirtschaftsamt Sinsheim eingesehen werden konnten; für 1980 wurden die eigenen Befragungsergebnisse verwendet.

die bereits 1949 über dem für den Kraichgau berechneten Wert von 3,1 ha lagen, weiter erhöht und übertrafen noch 1971 deutlich nicht nur den Wert von 7,7 ha für den Gesamtraum, sondern auch diejenigen Werte für Baden-Württemberg und das Bundesgebiet (s. Tab. 22 und Tab. 4).

Tab. 22: Durchschnittliche Betriebsgröße (ha) der landwirtschaftlichen Betriebe ≥ 0,5 ha (1949, 1960) bzw. ≥ 1 ha (1971) in Meckesheim und Mauer

	durchschnittliche Betriebsgröße (ha)		
	1949	1960	1971[1]
Meckesheim	4,4	6,3	13,2
Mauer	5,1	8,3	14,9

Betrachtet man sich zusätzlich die Entwicklung der durchschnittlichen Betriebsgrößen für den Zeitraum von 1965 - 1978 (s. Fig. 8), so kann auch hier nicht eine eindeutige Wirkung der Flurbereinigung erkannt werden; zwar ist der absolute Wert für Meckesheim 1965 mit 8,3 ha als Ergebnis der zwischen 1960 und 1965 größeren Abnahmerate der Betriebe höher als in Mauer (7,2 ha), aber die nach 1965 stärkere Abnahmerate in Mauer führte wiederum bis 1971 (s. Tab. 22) zu einem höheren Wert in der nichtflurbereinigten Gemeinde. Bis 1978 hat sich diese Differenz erneut verringert, in Meckesheim lag zu diesem Zeitpunkt der durchschnittliche Wert bei 14,4 ha, in Mauer bei 14,6 ha.

Auch die durchschnittliche Betriebsgröße der hauptberuflich bewirtschafteten Betriebe ist in beiden Gemeinden in den Jahrzehnten nach 1950 sehr stark angestiegen, in Meckesheim von 8,2 ha 1956 auf 27,2 ha 1980, in Mauer von 8,9 ha (1956) auf ebenfalls 27,2 ha 1980[2]. Für beide Zeitpunkte konnte wegen der detaillierten Datenlage die jeweiligen Variationskoeffizienten berechnet werden, die 1956 bei 55% (Meckesheim) bzw. 58% (Mauer), 1980 bei 34% (Meckesheim) bzw. 69% (Mauer) lagen. Diese hohen Variationskoeffizienten zeigen deutlich, daß mit Mittelwerten für Betriebsgrößen in beiden Gemeinden zwar bei einem großräumigen Vergleich z.B. mit anderen Gemeinden des Kraichgaus verwertbare Aussagen getroffen werden können, daß diese Lageparameter aber für einen genaueren Vergleich der Entwicklung in beiden Gemeinden ungeeignet sind - hierzu

---

[1] Berechnet nach Angaben der Landwirtschaftszählung von 1949, 1960 und 1971; auf den unterschiedlichen Erhebungsumfang zu den einzelnen Zeitpunkten und die damit eingeschränkte Vergleichbarkeit wurde bereits hingewiesen (s. S. 54); für 1972 konnten die durchschnittlichen Größenwerte für die Betriebe ≥ 0,5 ha nach Zusammenstellungen des Statistischen Landesamtes berechnet werden; sie betrugen für Meckesheim 12,9 ha, für Mauer 15,4 ha;

[2] Für 1956 lagen entsprechende Unterlagen der Gemeindeverwaltung vor; für 1980 wurden die Befragungsergebnisse zur Berechnung herangezogen.

müssen weiter aufgeschlüsselte Daten z.B. zur Betriebsgrößenstruktur herangezogen werden.

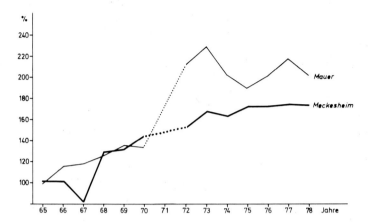

Fig. 8: Entwicklung der durchschnittlichen Betriebsgröße in Meckesheim und Mauer (1965 - 1978)*

Die Betriebsgrößenstrukturen von Meckesheim und Mauer wiesen 1949[1] ebenfalls günstigere Merkmale auf als im Gesamt-Kraichgau (s. Fig. 9). Lag in diesem der Prozentsatz der landwirtschaftlichen Betriebe ≥ 5 ha nur bei 19%, so waren die entsprechenden Anteile in Meckesheim mit 36% und in Mauer mit 43% bedeutend höher. In beiden Untersuchungsgemeinden vollzogen sich bis 1960, im Vergleich zum Gesamt-Kraichgau, für den keine wesentlichen Veränderungen zu verzeichnen waren, recht starke Umstrukturierungen, was sich schon in der Entwicklung einmal der durchschnittlichen Betriebsgröße und zum anderen der Anzahl der Betriebe andeutete. Erreichten im Durchschnitt im Kraichgau 1960 nur 23% der Betriebe eine Größe von mindestens 5 ha, so waren in Meckesheim 49%, in Mauer 71% der Betriebe in die Größenklasse ≥ 5 ha einzuordnen (s. Fig. 9).

[1] Quellen: 1949: Angaben der Landwirtschaftszählung; in dieser waren allerdings die Betriebe mit einer LN zwischen 5 - 20 ha in einer Betriebsgrößenklasse zusammengefaßt, wodurch der Vergleich mit späteren Zählungen erschwert ist; daher wurde, ausgehend von Unterlagen der Gemeindeverwaltungen eine Aufsplitterung entsprechend den in den späteren Landwirtschaftszählungen verwendeten Klasseneinteilungen vorgenommen;
1960: Angaben der Landwirtschaftszählung von 1960
1971: "Korrigierte" Angaben (s.S. 57) der Landwirtschaftszählung von 1971

*Für 1971 lagen die vergleichbaren Angaben nicht vor

In beiden Gemeinden hat zwar die Gesamtzahl der Betriebe zwischen 1949 und 1960 im gleichen Umfang abgenommen (s. Tab. 21), die Betrachtung von Fig. 9 zeigt allerdings deutlich, daß zwischen den beiden Untersuchungsgemeinden, trotz ihrer relativen Homogenität gegenüber den Gemeinden der anderen Agrarstrukturtypen des Kraichgaus, Unterschiede in der Entwicklung der Betriebsgrößenstruktur vorhanden sind. So ist die Abnahme der Anzahl der Betriebe in den Größenklassen 2 - 5 ha und 5 - 10 ha zwischen 1949 und 1960 in Mauer bedeutend geringer gewesen als in Meckesheim, wo sich die Anzahl der Betriebe mit 2 - 5 ha um 83%, die der Betriebe mit 5 - 10 ha um 51% reduziert hat. In Mauer dagegen verminderte sich die Anzahl der Betriebe mit 2 - 5 ha im selben Zeitraum um 69%, die der Betriebe mit 5 - 10 ha sogar nur um 20%.[1]

Als eine der wesentlichsten Auswirkungen dieser höheren Abnahmeraten stand in Meckesheim mehr landwirtschaftliche Nutzfläche zum Aufstocken zur Verfügung, was sich in der in dieser Gemeinde mit 35% beträchtlich höheren Zunahme an Betrieben in den Größenklassen ≥ 10 ha zwischen 1949 und 1960 niedergeschlagen hat - für Mauer konnte nur ein Zuwachs von 16% verzeichnet werden. Eine weitere Folge war, daß sich der prozentuale Anteil der Betriebsgrößenklassen 0,5 - 2 ha bis 1960 ganz im Gegensatz zu Mauer nicht geändert hat, da der Abgang von Betrieben durch Zugang von abstockenden Betrieben der Größenklasse 2 - 10 ha zwar nicht absolut, aber relativ gesehen ausgeglichen werden konnte.

Zur Überprüfung dieser Unterschiede in den Veränderungen zwischen 1949 und 1960 auf einen Zusammenhang mit der 1959 in Meckesheim angeordneten Flurbereinigung wurden zusätzlich zu den Daten der Landwirtschaftszählungen Angaben für die dazwischen liegenden Jahre herangezogen[2], anhand derer festgestellt werden konnte, daß die Abnahme der Betriebe mit 5 - 10 ha bereits Jahre vor der Anordnung der Flurbereinigung in größerem Umfang stattgefunden hat. Waren 1956 noch 86% der Betriebe dieser Größenklasse im Vergleich zu 1949 vorhanden, so verringerte sich dieser Anteil bis 1959 auf 57%, bis 1960 auf 49%. Entsprechend dieser frühen Abnahme waren 1956 in Meckesheim bereits drei Betriebe mit einer Fläche ≥ 20 ha zu verzeichnen, 1950 dagegen gab es noch keinen Betrieb in dieser Größenordnung. Die Flurbereinigung war, wie diese Daten zeigen, nicht die Ursache für diese Unterschiede in der Entwicklung der Betriebsgrößenklasse 5 - 10 ha, sondern die wesentlichste Ursache war der sich seit Mitte der 50er Jahre von der Größenklasse 2 - 5 ha in die nächsthöhere verlagernde Differenzierungsprozeß in haupt-

---

[1] Da die Abnahme der Gesamtzahl der Betriebe (Tab. 21) beträchtlich höher war als in der Betriebsgrößenklasse 5 - 10 ha, schlägt sich die - absolut gesehen - Verringerung der Betriebe in Mauer in einer Erhöhung des prozentualen Anteils dieser Größenklassen nieder

[2] Freundlicherweise wurden entsprechende Daten von den Gemeindeverwaltungen der beiden Untersuchungsgemeinden bereitgestellt

und nebenberuflich bewirtschaftete Betriebe,[1] wobei in Mauer, wegen des dort umfangreicheren Sonderkulturanbaus (Tabak) und der damit verbundenen niedrigeren Ackernahrung noch nicht so viele Betriebsleiter wie in Meckesheim gezwungen waren, zum Nebenerwerb abzustocken.

Bezüglich der Unterschiede zwischen beiden Gemeinden in der Entwicklung der Betriebsgrößenklasse 2 - 5 ha kann allerdings angenommen werden, daß hier die Flurbereinigung zwar nicht eine auslösende, aber zumindest eine beschleunigende Wirkung hatte. Umfaßte 1956 die Anzahl der Betriebe in dieser Größenklasse in Meckesheim, gemessen an 1949, noch 70%, 1959 47%, so verringerte sich innerhalb eines Jahres, nach Anordnung der Flurbereinigung, dieser Anteil bis 1960 auf 17%; die Abnahmeraten für Mauer in dieser Größenklasse waren (s.o.) erheblich geringer. Diese Abnahme zwischen 1959 und 1960 in Meckesheim führte allerdings nur zu einem Freisetzen von ca. 5 % der gesamten landwirtschaftlichen Nutzfläche.

Die Kenntnis dieser Unterschiede ist zwar für die Analyse und Bewertung der Weiterentwicklung der Betriebsgrößenstrukturen beider Gemeinden gerade unter dem Aspekt der Isolierung von Flurbereinigungswirkungen wichtig, aber die wesentlichere Aufteilung der landwirtschaftlichen Nutzfläche nach Größenklassen zeigt, daß diese Unterschiede sich hierin nur in geringem Ausmaß niedergeschlagen haben (s. Fig. 9); eine größere Differenz ist lediglich bei der Größenklasse 5 - 10 ha festzustellen. Vergleicht man dagegen die beiden Untersuchungsgemeinden mit dem Gesamt-Kraichgau, so kann festgehalten werden, daß die Unterschiede zwischen Meckesheim und Mauer gering sind im Gegensatz zu den Unterschieden zwischen Untersuchungsgemeinden und Gesamtraum. Die flächenmäßigen Anteile der Größenklassen 0,5 - 5 ha lagen 1960 im Kraichgau durchschnittlich bei 33%, in Meckesheim wurden nur 9%, in Mauer 6% der landwirtschaftlichen Nutzfläche von Betrieben, die kleiner waren als 5 ha, bewirtschaftet. Bis 1971 haben sich diese Unterschiede zwischen Untersuchungsgemeinden und Kraichgau verringert; die entsprechenden Anteile betrugen für den Gesamtraum 16%, für Meckesheim 6% und für Mauer 2%.

---

[1] Wie den Unterlagen der Gemeindeverwaltungen entnommen werden konnte, waren 1956 in Meckesheim 71%, in Mauer 75% der Betrieben mit 2 - 5 ha Haupterwerbsbetriebe, von den Betrieben mit 5 - 10 ha wurden 1956 in Meckesheim 94%, in Mauer 100% im Haupterwerb bewirtschaftet; für 1966 wird die Ackernahrung in Meckesheim mit mindestens 9 ha angegeben ("Die Gemeinde Meckesheim", 1972, S. 26), der entsprechende Wert für Mauer dürfte etwas niedriger gewesen sein; von diesen Zahlen ausgehend, wird für 1960 für Mauer eine Mindestackernahrung um 5 ha, für Meckesheim dagegen von mindestens 6 ha angenommen.

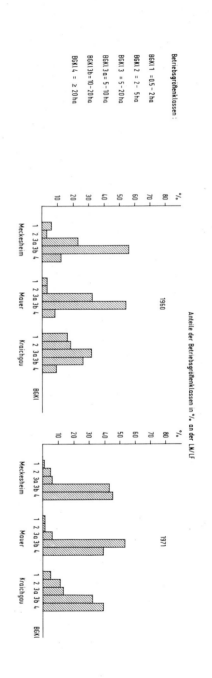

Fig. 9: Betriebsgrößenstrukturen in Meckesheim und Mauer (1949, 1960, 1971)

Auch die Unterschiede zwischen Meckesheim und Mauer bei der Aufteilung der Gesamtzahl der Betriebe nach Größenklassen sind in dem Jahrzehnt bis 1971 kleiner geworden. Denn zum einen war die Abnahme der Betriebe in der Größenklasse 5 - 10 ha während der Flurbereinigung in Meckesheim deutlich schwächer als in den Jahren vor der Anordnung des Verfahrens, 1966 waren noch 38% der Betriebe, gemessen an 1949, vorhanden. Entsprechend dieser verlangsamten Abnahme und der damit verbundenen geringeren Freisetzung von landwirtschaftlicher Nutzfläche war für die Größenklassen ≥ 10 ha nur eine Erhöhung von 31 Betrieben 1960 auf 32 Betriebe 1966 festzustellen.[1] Stärkere Veränderungen während der Durchführung der Flurbereinigung sowohl absolut als auch relativ waren lediglich für die Größenklasse 0,5 - 2 ha und 2 - 5 ha zu verzeichnen. In der Größenklasse 0,5 - 2 ha reduzierte sich die Anzahl der Betriebe zwischen 1960 und 1966 um mehr als die Hälfte[2], der prozentuale Anteil ging von 47% (1960) auf 28% (1966) zurück. Konnte die Abnahme der Betriebe dieser Größenklasse im vorhergehenden Jahrzehnt relativ ausgeglichen werden durch den Zugang flächenmäßig verkleinernder Betriebe, so zeigen die absoluten Zahlen für die einzelnen Betriebsgrößenklassen zwischen 1960 und 1966 deutlich, daß die aus der Betriebsgrößenklasse 5 - 10 ha abstockenden Betriebe eine Verkleinerung nur noch in die nächstniedrigere Größenklasse vornehmen, was im Zusammenhang mit der durch die Flurbereinigung geschaffenen Arbeitserleichterung gesehen werden kann. Dies hat zu einer absoluten und relativen Bedeutungszunahme der Betriebsgrößenklasse mit 2 - 5 ha geführt, die 1960 noch einen Anteil von 5%, 1966 dagegen von 11% einnahm.

Zum anderen haben sich in Mauer beträchtlich stärkere Veränderungen vollzogen. Der ökonomische Zwang zur ständigen Erhöhung der Ackernahrung hat inzwischen auch die Betriebe mit 5- 10 ha voll erfaßt; waren 1960 noch 80% der Betriebe dieser Größenklasse im Vergleich zu 1949 vorhanden, so sank dieser Anteil bis 1966 auf 44%. Der prozentuale Anteil an der Gesamtzahl der Betriebe betrug 1966 20% und unterschied sich damit nur noch unwesentlich von dem entsprechenden Anteil von 19% in der flurbereinigten Nachbargemeinde. Erst parallel zu dieser Abnahme erhöhte sich die Anzahl der Betriebe in den oberen Größenklassen, wenn auch nicht in dem Ausmaß wie in Meckesheim, da dort die Abnahme der Betriebe mit 5 - 10 ha einen etwas stärkeren Umfang schon erreicht hat. Weiterhin führte diese Abnahme, wie Jahre zuvor in Meckesheim, zu einer kurzfristigen Zunahme der Betriebe in der Größenklasse

---

[1] Wiederum wegen der stärkeren Abnahme der Gesamtzahl der Betriebe hat sich die Verringerung in der Größenklasse 5 - 10 ha in einer geringfügigen Erhöhung des prozentualen Anteils niedergeschlagen und außerdem zu einer Zunahme des prozentualen Anteils der Größenklassen ≥ 10 ha von 31% 1960 auf 43% (1966) geführt.

[2] Damit konnte aber nur ein Freisetzen von rund 3% der gesamten LN erreicht werden

0,5 - 2 ha, der 1960 13 Betriebe zugeordnet werden konnte; bis 1965 stieg diese Zahl auf 24, 1966 waren nur noch 15 Betriebe in dieser Grössenklasse vorhanden.

So haben sich trotz der Flurbereinigung in Meckesheim bis zur Besitzeinweisung keine von der nichtflurbereinigten Nachbargemeinde stark abweichenden Veränderungen ergeben, 1966 zeigen die prozentualen Anteile der Größenklassen an der Gesamtzahl der Betriebe und auch an der landwirtschaftlichen Nutzfläche in beiden Gemeinden eine große Übereinstimmung (Fig. 10 - 13) - auffällig sind nur die in Meckesheim flächenmäßig etwas höheren Anteil der oberen Betriebsgrößenklassen, die allerdings ebenso wie die höheren Anteile der Betriebe mit 20 - 30 ha schon vor der Flurbereinigung (s.o.) verzeichnet werden konnten.

Die weitere Entwicklung in der Betriebsgrößenstruktur bis 1978 in Meckesheim war geprägt von der fortschreitenden Verlagerung des Differenzierungsprozesses von Haupt- und Nebenerwerbsbetrieben in die Größenklasse 10 - 20 ha, wobei die stärkeren Umstrukturierungen zwischen 1967 und 1974 stattgefunden haben, danach ist eine Phase relativer Stagnation festzustellen (Fig. 10, 11). Nach absoluten Werten verringerte sich die Anzahl der Betriebe von 10 - 20 ha von 29 (1966) auf 12 (1975), bis 1978 weiter auf 11 Betriebe. Parallel hierzu erfolgte die Zunahme der Betriebe mit ≥ 20 ha von 3 (1966) auf 13 (1978). Ebenfalls abgenommen, absolut und relativ, haben die Betriebe in den Größenklassen 0,5 - 5 ha. Eine kurzfristige Zunahme, durch abstockende Betriebe der oberen Größenklassen bedingt, war für die Betriebe mit 5 - 10 ha 1969 zu verzeichnen, nach einer erneuten Abnahme waren hier ab 1973 keine umfangreicheren Veränderungen festzustellen.

Der ökonomische Zwang zur weiteren Erhöhung der Ackernahrung, der sich in einer Abnahme der Betriebe mit 10 - 20 ha niedergeschlagen hat, wurde in Mauer wiederum mit einer zeitlichen Verzögerung von einigen Jahren im Vergleich zu Meckesheim wirksam. Veränderungen, allerdings in noch geringem Ausmaß, sind für die Jahre 1967 - 1969 zu vermerken, die Anzahl der Betriebe mit 5 - 10 ha verringerte sich zugunsten der Zunahme der Betriebe in den oberen Größenklassen. Die beträchtlich stärkere Umstrukturierung erfolgte zwischen 1970 und 1972 mit der Verlagerung der Mindestackernahrung in das obere Drittel der Größenklasse 10 - 20 ha, was erstmals in Mauer zu einer Abnahme der Anzahl der Betriebe in dieser Größenklasse führte; der prozentuale Anteil allerdings veränderte sich wegen der stärkeren Gesamtabnahme, hervorgerufen durch einen weiteren Rückgang der Betriebe < 5 ha, nur unwesentlich.

Vergleicht man diese jüngeren Entwicklungen in beiden Untersuchungsgemeinden miteinander und berücksichtigt die in Meckesheim günstigere Ausgangsposition und das wegen des höheren Sonderkulturanbaus in Mauer schon vor der Flurbereinigung feststellbare "Hinterherhinken" in der Ent-

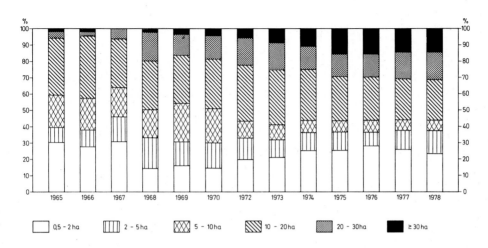

Fig. 10: Entwicklung der Anteile der Betriebsgrößenklassen an der Gesamtzahl der Betriebe (≥ 0,5ha) in Meckesheim (1965 - 1978)

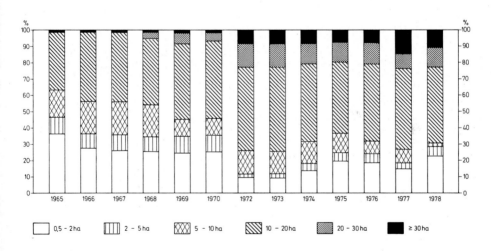

Fig. 11: Entwicklung der Anteile der Betriebsgrößenklassen an der Gesamtzahl der Betriebe (≥ 0,5ha) in Mauer (1965 - 1978)

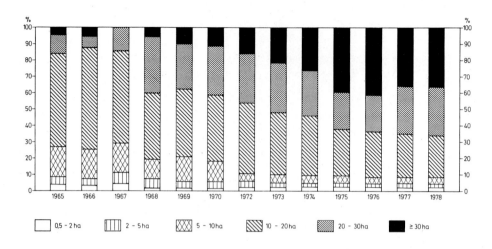

Fig. 12: Entwicklung der Anteile der Betriebsgrößenklassen an der landwirtschaftlichen Nutzfläche in Meckesheim (1965 - 1978)

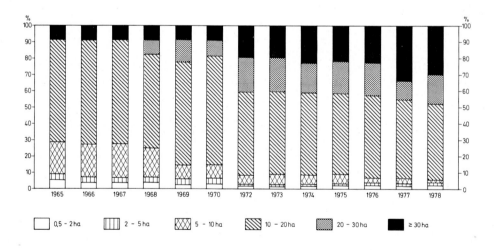

Fig. 13: Entwicklung der Anteile der Betriebsgrößenklassen an der landwirtschaftlichen Nutzfläche in Mauer (1965 - 1978)

wicklung zum größeren Betrieb, so kann festgehalten werden, daß die wesentlichen Umstrukturierungsprozesse in beiden Gemeinden, wenn auch in zeitlichem Abstand, stattgefunden haben. Beträchtlichere Unterschiede sind allerdings für die Größenklasse 2 - 10 ha zu vermerken. In Meckesheim betrug der Anteil der Betriebe mit 2 -5 ha 1978, gemessen an 1949, noch 22%, in Mauer dagegen 13%; die entsprechenden Zahlen für den Größenbereich 5 - 10 ha waren 8% in Meckesheim und 4% in Mauer. Hier kann angenommen werden, daß ein Zusammenhang mit der Flurbereinigung besteht, die durch die Agrarstrukturmaßnahme bedingte Arbeitserleichterung könnte einige der heutigen Nebenerwerbslandwirte bewogen haben, nicht weiter, bis in die Größenklasse 0,5 - 2 ha, abzustocken.

Betrachtet man sich die Entwicklung der Anteile der Größenklassen an der landwirtschaftlichen Nutzfläche, so zeigt sich, daß hier wiederum die Unterschiede geringer sind als bei der Aufteilung der Gesamtzahl der Betriebe. Die 1966 sehr ähnlichen, sich allerdings in den oberen Betriebsgrößenklassen unterscheidenden Anteile der einzelnen Größenbereiche haben sich bis 1978 in beiden Untersuchungsgemeinden deutlich verändert hin zu einer Zunahme der Anteile der Betriebe ≥ 10 ha. Die Unterschiede in den Flächenanteilen der Größenklassen < 10 ha sind 1978 gering; etwas größere Unterschiede sind nur bei den Größenklassen ≥ 10 ha festzustellen, auf die Gründe hierfür wurde bereits hingewiesen.

Von den bisher aufgezeigten Veränderungen in den Betriebsgrößenstrukturen auf Gemeindeebene waren diejenigen zwischen 1968 und 1971[1] für die heute noch bestehenden Betriebe die bedeutungsvollsten, was bei Betrachtung der Entwicklung der Bodenmobilität[2] deutlich wird (Fig. 14). In diesen Jahren hat in Meckesheim die bisher letzte große Abstockungs- bzw. Aufgabewelle stattgefunden, in Mauer verlief, was sich auch im Umfang der Bodenmobilität niedergeschlagen hat, diese Welle in 2 Phasen. Die Veränderungen in den vorhergehenden Jahren und Jahrzehnten waren für die heute noch vorhandenen Betriebe nicht so einschneidend, da die dabei freigesetzte Fläche sich auf eine größere Anzahl von Betrieben verteilte.

Eine Betriebsvergrößerung vor 1980 haben 82% der in die Befragung eingegangenen hauptberuflichen Meckesheimer Landwirte und 85% derjenigen aus Mauer vorgenommen, wobei die Vergrößerung in beiden Gemeinden überwiegend durch Zupacht erfolgte.[3] Nicht vergrößert haben fast nur

---

[1] Dieser Zeitraum war auch auf Bundesebene derjenige, in dem die Abwanderung aus der Landwirtschaft ihren vorläufig letzten Höhepunkt erreicht hat; danach verlangsamte sich die Abwanderung aus dem landwirtschaftlichen Sektor sehr stark (s. 1.)

[2] Zur Berechnung s. S. 57

[3] Je knapp 70% der hauptberuflichen Landwirte, die eine Vergrößerung vorgenommen hatten, gaben als Art der Vergrößerung "überwiegend durch Pacht" an;

hauptberufliche Landwirte beider Gemeinden, die ihren Betrieb nach 1975 und damit in einer Phase relativer Stagnation in der Betriebsverkleinerung bzw. -aufgabe übernommen haben. In Meckesheim betrug die Vergrößerung bei den hauptberuflichen Landwirten durchschnittlich 48% der jeweiligen bewirtschafteten landwirtschaftlichen Nutzfläche (entspricht einer mittleren Zunahme um 14 ha), in Mauer lag dieser Prozentsatz mit 43% etwas darunter (ebenfalls mittlere Zunahme um 14 ha). Doch auch diese Mittelwerte geben nur die Größenordnung der Zunahme an Fläche wieder, für einen genauen Vergleich z.B. unter dem Aspekt einer in der flurbereinigten Gemeinde höheren Zunahme sind diese Werte, wie die Variationskoeffizienten von 38% (Mauer) und 40% (Meckesheim) zeigen, ungeeignet.

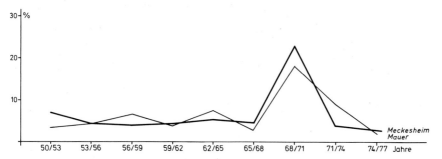

Fig. 14: Entwicklung der Bodenmobilität der in die Befragung eingegangenen Betriebe in Meckesheim und Mauer (in % der gesamten LN der Gemeinde) (1950 - 1977)

Alle hauptberuflichen Landwirte, die eine flächenmäßige Aufstockung vorgenommen hatten, gaben als wesentlichen Grund hierfür die vorher unzureichende Betriebsgröße und die damit verbundene ungenügende Rentabilität an. "Bessere Maschinenausnutzung" und "günstigere Pacht- bzw. Kaufgelegenheit" waren für jeweils weniger als 50% dieser Personengruppe bedeutend für die Vergrößerung, weitere Gründe waren unerheblich.

Von den Nebenerwerbsbetrieben haben vor 1980 in Meckesheim 8%, in Mauer 6% flächenmäßig aufgestockt, wobei dies in allen Fällen durch Kauf vorgenommen wurde; als Grund für die Vergrößerung wurde jeweils, ganz im Gegensatz zu den Haupterwerbslandwirten, nur die "günstige Kaufgelegenheit" angegeben.

Vor 1980 haben in Meckesheim 75%, in Mauer 71% der befragten Nebenerwerbslandwirte ihren Betrieb verkleinert, wobei dies in allen Fällen "überwiegend durch Rückgabe von Pachtland" erfolgt ist.[1] Bei der Betrachtung der Gründe für diese Abstockungen fällt, vor allem unter dem Aspekt etwaiger Flurbereinigungswirkungen, auf, daß in Meckesheim be-

---

[1] Die Unterschiede im Ausmaß der Verkleinerungen waren, wie schon die oben beschriebenen Umstrukturierungsprozesse auf Gemeindeebene vermuten lassen, sehr hoch, so daß die Angabe eines Mittelwertes der flächenmäßigen Abstockung sinnlos ist.

deutend weniger Betriebsleiter "Arbeitsüberlastung" als Grund angaben, daß aber ein relativ hoher Prozentsatz "hohe Pachtkosten" als wesentlichen Faktor für die erfolgte Verkleinerung anführt, in Mauer war dies für keinen der befragten Nebenerwerbslandwirte ausschlaggebend. Die Unterschiede bei den anderen Gründen sind unter anderem darauf zurückzuführen, daß in Meckesheim 50% der Nebenerwerbslandwirte ihren Betrieb schon seit der Übernahme im Nebenerwerb bewirtschaften, in Mauer dagegen haben 65% der befragten Nebenerwerbslandwirte seit der Übernahme vom Voll- zum Nebenerwerb abgestockt. (Tab. 23)

Tab. 23: Wesentliche Gründe für Betriebsverkleinerungen der Nebenerwerbslandwirte in Meckesheim und Mauer

Gründe	Meckesheim Nennungen in %[+] aller Nebenerw.	Mauer Nennungen in %[+] aller Nebenerw.
Abstockung zum Nebenerwerb	33	47
Arbeitsüberlastung	8	29
Landabgaberente	17	6
Mangelnde Rentabilität	17	18
Auslaufen der Pachtverträge	33	29
hohe Pachtkosten	17	
Sonstiges	8	12

[+]Mehrfachnennungen waren möglich

Befragt, ob die Veränderungen in den Betriebsgrößen auch im Zusammenhang mit der Flurbereinigung zu sehen seien, gaben 42% der Neben- und nur 24% der Haupterwerbslandwirte an, daß hierauf die Agrarstrukturmaßnahme keinen Einfluß genommen hätte. Für die flächenhafte Aufstockung der Haupterwerbsbetriebe war zwar der ökonomische Zwang ausschlaggebend (s. o.), aber bei 71% der Haupterwerbslandwirte und bei 17% der Nebenerwerbslandwirte[1] begünstigte die Flurbereinigung die Entwicklung zum größeren Betrieb, da während bzw. nach der Flurbereinigung mehr Fläche zum Aufstocken zur Verfügung stand. Näher befragt, ob diese Veränderungen auch ohne Flurbereinigung sich hätten vollziehen lassen, meinten immerhin 36% der Betriebsleiter, die günstigere Vergrößerungsmöglichkeiten wahrgenommen hatten, daß dies auch ohne Flurbereinigung möglich gewesen wäre, 28% waren gegenteiliger Ansicht und

---
[1]Diese waren während und einige Jahre nach der Flurbereinigung noch hauptberuflich in der Landwirtschaft tätig

36% stellten fest, daß diese Veränderung in der Flächenausstattung ohne Flurbereinigung weniger Betriebsleiter aufgegeben bzw. abgestockt hätten.[1]

Zumindest kurzfristig mußten 6% der Haupt- und 42% der Nebenerwerbslandwirte im zeitlichen Zusammenhang mit der Flurbereinigung verkleinern. Von diesen gaben 67% an, daß diese flächenmäßige Abstockung nicht ohne die Flurbereinigung hätte erfolgen müssen (Pachtlandverlust). Eine beeinflussende Wirkung der Flurbereinigung auf die sozioökonomische Stellung konnte nur von einem geringen Prozentsatz der befragten Landwirte (6% der Haupt- und 8% der Nebenerwerbslandwirte) festgestellt werden[2]; diese vermerkten, daß sie ohne Flurbereinigung nicht in der Lage gewesen wären, die jetzige Betriebsgröße zu bewirtschaften. Dies ist im Zusammenhang mit der hohen Konkurrenzsituation zwischen den Haupterwerbsbetrieben in der Nachfrage nach landwirtschaftlicher Nutzfläche zum Aufstocken zu sehen, so daß, wie viele Landwirte im Gespräch bestätigten, jeder der hauptberuflichen Betriebsleiter mehr an Fläche hätte bewirtschaften können, durch die flurbereinigungsbedingten Möglichkeiten zur Vergrößerung somit nicht die arbeitsmäßige Kapazität ausgeschöpft werden konnte.

Vergleicht man mit diesen Äußerungen der Meckesheimer Landwirte diejenigen der Betriebsleiter aus Mauer, so zeigt sich, daß ein höherer Anteil insbesondere der Nebenerwerbslandwirte nicht mit einer Auswirkung der Flurbereinigung auf die Betriebsgröße und auf den sozioökonomischen Status rechnet. Fast ein Drittel (31%) der Haupterwerbslandwirte befürchtet, flurbereinigungsbedingt Pachtland abgeben zu müssen - in Meckesheim machten diese Erfahrung nur 6%. Genauso groß und damit beträchtlich geringer als in Meckesheim, ist allerdings auch der Anteil derjenigen, die flurbereinigungsbedingte Vergrößerungsmöglichkeiten annehmen, Vergrößerungen, von denen lediglich 25% glauben, daß sie auch ohne Flurbereinigung erfolgen könnten. Nur ein geringer Anteil (18%) der Nebener-

---

[1] Ergänzend kann hierzu allerdings angeführt werden, daß andererseits einige der befragten Landwirte darauf hingewiesen habe, daß ohne die Flurbereinigung eine schnellere Vergrößerung möglich gewesen wäre; denn mehrere Landwirte, die bereits vor der Flurbereinigung überlegt hatten, ob sie zum Nebenerwerb abstocken und damit verkleinern sollten, wären durch die Flurbereinigung und die hiermit verbundene Aussiedlung veranlaßt worden, noch einige Jahre im Vollerwerb weiter zu wirtschaften, um dann doch erkennen zu müssen, daß eine Abstockung unausweichlich sei.

[2] Vergleicht man die Betriebsgrößen dieser Landwirte mit den Verhältnissen im nichtflurbereinigten Mauer, so zeigt sich, daß diese Größen auch ohne Flurbereinigung durchaus im Vollerwerb und insbesondere im Nebenerwerb bewirtschaftet werden können; so sind in Meckesheim 8%, in Mauer 6% der befragten Nebenerwerbsbetriebe der Größenklasse 20 - 30 ha zuzuordnen, für die Größenklasse 10-20 ha lagen die entsprechenden Werte bei 17%, in Mauer bei 47%. Damit zeigt sich hier eine Diskrepanz zwischen subjektiven Erfahrungen, Wertungen und Einstellungen und tatsächlichen Gegebenheiten.

werbslandwirte, weniger als in Meckesheim, nimmt eine flurbereinigungsbedingte Verkleinerung an, wobei dieser Unterschied zwischen beiden Gemeinden im Zusammenhang mit dem jeweiligen Pachtlandanteil zu sehen ist; zum Zeitpunkt der Flurbereinigung gehörte in Meckesheim noch ein großer Teil der heutigen Nebenerwerbslandwirte zu den hauptberuflichen Landwirten, ihr Pachtlandanteil war daher damals höher.

Versucht man abschließend, die Bedeutung der Flurbereinigung für die Entwicklung der Betriebsgrößen und der sozioökonomischen Verhältnisse zusammenzufassen, so gelangt man zu folgenden Ergebnissen:

1. Eine kurzfristig etwas beschleunigende Wirkung der Flurbereinigung kann, ausgehend von der Analyse der statistischen Zusammenstellungen, auf die Auflösung bzw. Verkleinerung vieler Betriebe der Größenklasse 2 - 5 ha angenommen werden. Flächenmäßig war diese flurbereinigungsbedingte Aufgabe bzw. Verkleinerung von Betrieben mit 2 - 5 ha nicht von Bedeutung.
2. Eine längerfristig beeinflussende Wirkung auf das Abstockungsverhalten (nur bis in die Größenklassen 2 - 10 ha) kann ebenfalls angenommen werden; dieses Ergebnis der Auswertung von Statistiken wird indirekt bestätigt durch einen niedrigeren Anteil an Nebenerwerbslandwirten in Meckesheim im Vergleich zu Mauer, die "Arbeitsüberlastung" als Abstockungsgrund angegeben hatten, aber auch dies war flächenmäßig nicht von größerer Bedeutung.
3. Ein Einfluß der Flurbereinigung auf die sozioökonomischen Betriebstypen konnte nicht festgestellt werden.
4. Auf Gemeindeebene betrachtet, konnte die Flurbereinigung als überbetriebliche Agrarstrukturmaßnahme, trotz gewisser Beeinflussungen (s.o.) längerfristig nicht wesentliche Veränderungen hervorrufen, was sich insbesondere bei Berücksichtigung der Anteile der Betriebsgrössenklassen an der landwirtschaftlichen Nutzfläche zeigt.

8.4. Entwicklung von Bodennutzung und Viehhaltung

In beiden Untersuchungsgemeinden sind in den letzten Jahrzehnten Schwankungen im Kulturartenverhältnis zu verzeichnen. Unter dem Aspekt etwaiger Flurbereinigungswirkungen lassen sich aber weder beim Acker-Grünland-Verhältnis noch beim Anteil der Sonderkulturen an der landwirtschaftlich genutzten Fläche Verschiebungen erkennen, die auf die Agrarstrukturmaßnahme zurückgeführt werden könnten.

Tab. 24: Entwicklung des Acker-Grünlandverhältnisses in Meckesheim und Mauer[1] (1952 - 1979)

	1952	1955	1960	1965	1968	1971	1974	1977	1979
Meckesheim	7,8:1	8,0:1	7,7:1	6,7:1	8,1:1	7,8:1	8,3:1	7,7:1	6,8:1
Mauer	4,8:1	4,4:1	4,3:1	4,3:1	4,1:1	3,3:1	3,0:1	3,2:1	3,9:1

[1]Quelle: unveröffentlichtes Material der Bodennutzungsvorerhebungen

Tab. 25: Entwicklung des Anteils der Sonderkulturen (%) an der landwirtschaftlich genutzten Fläche in Meckesheim und Mauer[1] (1952 - 1979)

	1952	1955	1960	1965	1968	1971	1974	1977	1979
Meckesheim	1,6	1,7	1,4	0,8	1,1	1,2	0,8	1,0	0,4
Mauer	3,8	3,7	2,8	2,4	2,4	2,4	3,4	2,3	2,6

Berücksichtigt man zusätzlich die Entwicklung des Anteils der Sozialbrache an der landwirtschaftlichen Nutzfläche, so kann hier eine indirekte, kurzfristige Einflußnahme der Flurbereinigung nicht ausgeschlossen werden. Denn in beiden Gemeinden erfolgte jeweils parallel zur schubweisen Abnahme der Betriebe und den damit verbundenen Umstrukturierungen in den Betriebsgrößenstrukturen eine Zunahme des Anteils der Sozialbrache (vgl. Tab. 26 und 8.3.), der allerdings wegen der hohen Nachfrage nach Fläche sehr schnell wieder abgebaut wurde, auf die starke Abnahme der Betriebe aber mit 2 - 5 ha zwischen 1959 und 1960 konnte eine beeinflussende Wirkung der Flurbereinigung festgestellt werden (s. 8.3.).

Tab. 26: Entwicklung des Anteils der Sozialbrache (%) an der landwirtschaftlichen Nutzfläche in Meckesheim und Mauer[2]

	1955	1960	1965	1968	1971	1974	1977	1979
Meckesheim	0,07	1,0	0,2	0,4	1,0	0,2	0,6	0,6
Mauer	0,09	0,06	0,3	0,05	0,1	0,9	0,06	0,2

Betrachtet man sich die Veränderungen im Nutzflächenverhältnis beider Gemeinden in den letzten Jahrzehnten, so zeigt sich (s. Fig. 15 und 16) eine zumindest bis 1974 vergleichbare, derjenigen des Gesamt-Kraichgaus entsprechende Entwicklung hin zur Zunahme des Getreideanbaus bei gleichzeitiger Abnahme der Futterpflanzen- und Hackfruchtanteile - wobei allerdings diese Veränderungen nicht zu grundlegend anderen Bodennutzungssystemen führten (Tab. 27). Die große Bedeutung des Sonderkulturanbaus (fast ausschließlich Tabak) in Mauer, die bereits bei der Betrachtung der Veränderungen in den Betriebsgrößenstrukturen angesprochen worden ist (8.3.), hat sich deutlich in den Bodennutzungssystemen dieser Gemeinde niedergeschlagen.

---

[1] Quelle: unveröffentlichtes Material der Bodennutzungsvor- und haupterhebungen

[2] Quelle: unveröffentlichtes Material der Bodennutzungsvorerhebungen; der zum Durchführungszeitpunkt der Flurbereinigung höhere Anteil der nicht mehr landwirtschaftlich genutzten Fläche kann auch hervorgerufen sein durch Planierungsarbeiten etc., die im Rahmen der Agrarstrukturmaßnahme vorgenommen worden sind, so daß zu diesem Zeitpunkt die nicht mehr landwirtschaftlich genutzte Fläche nicht in vollem Umfang als "Sozialbrache" (HARTKE, 1966) angesprochen werden kann.

Tab. 27: Entwicklung der Bodennutzungssysteme in Meckesheim und
Mauer (1952 - 1979)[1]

	1952	1955	1960	1965	1968	1971	1974	1977	1979
Meckesheim	HGF	HG	HG	HG	HG	HG	HG	HG	HG
Mauer	HB	HB	HB	HB	HB	HB	HB	HGB	GBH

Unterschiede, wenn auch nur in geringem Umfang, zwischen Meckesheim und Mauer in der Entwicklung des Nutzflächenverhältnisses lassen sich, in Abhängigkeit vor allem von Unterschieden in den Ausgangspositionen, in den Betriebsgrößenstrukturen und der Viehhaltung erkennen.
So nahm der Feldfutteranteil in Meckesheim 1952 einen größeren Umfang als in Mauer ein (s. Fig. 15 und 16), was bei dem damals auf Vielseitigkeit ausgerichteten Produktionsziel wegen des im Vergleich zu Mauer geringeren natürlichen Grünlandanteils (s. Tab. 24) eine Notwendigkeit darstellte, entsprechend war der Hackfruchtanteil in Meckesheim etwas niedriger. Ein weiterer Unterschied zeigte sich 1952 beim Anteil der Handelsgewächse (vor allem Tabak), der in Mauer mehr als doppelt so hoch war wie in Meckesheim.

Die in Meckesheim stärkere Abnahme der Betriebe mit 2 - 10 ha in den Jahren bis 1960 führte in dieser Gemeinde zu einer im Vergleich zu Mauer etwas umfangreicheren Verringerung des Feldfutteranbaus, da mit der flächenmäßigen Abstockung und dem Übergang vom Voll- zum Neben- bzw. Zuerwerb eine Aufgabe zumindest der Großviehhaltung und damit eine Reduzierung des Feldfutteranbaus verbunden war. Auf diese Veränderungen im Nutzflächenverhältnis kann eine indirekte Beeinflussung der Flurbereinigung über die verstärkte Abnahme der Betriebe mit 2 - 5 ha in Meckesheim nicht ausgeschlossen werden. Allerdings hat die hiermit vergleichbare Entwicklung auch in Mauer stattgefunden in den Jahren zwischen 1960 und 1976, in denen die Abnahme der Betriebe in Mauer stärker war als in Meckesheim.

Der 1960 relativ hohe Anteil an sonstigen Ackerfrüchten (vor allem Gemüse in feldmäßigem Anbau) in Meckesheim ist im Zusammenhang mit dem Aufschwung einer Meckesheimer Konservenfabrik zu sehen, bis 1965 hatte diese Entwicklung auch in die Nachbargemeinde Mauer übergegriffen. Bis 1971 bzw. 1974 hatten sich diese Anteile in beiden Gemeinden wiederum erheblich verringert, wirtschaftliche Schwierigkeiten der Konservenfabrik und daher fehlende Absatzmöglichkeiten waren die Ursache.

Der prozentuale Anteil an Hackfrüchten ging in Mauer bis 1974 in etwas stärkerem Umfang zurück als in Meckesheim. Bei Betrachtung der ein-

---

[1] Berechnet wurden die Bodennutzungssysteme mit den Wägezahlen nach ANDREAE (1977, S. 211); auf Veränderungen der Wägezahlen entsprechend der jeweils erreichten Mechanisierungsstufe konnte hierbei nicht eingegangen werden

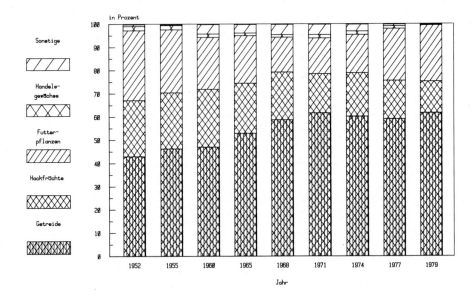

Fig. 15: Entwicklung des Anbaus auf dem Ackerland in Meckesheim (1952 - 1979)

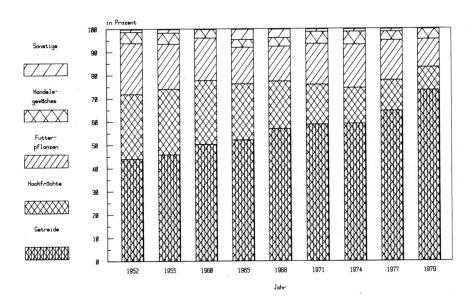

Fig. 16: Entwicklung des Anbaus auf dem Ackerland in Mauer (1952 - 1979)

zelnen Hackfruchtarten zeigt sich, daß die in Meckesheim geringere Abnahme an Hackfrüchten insgesamt zurückzuführen ist auf die beträchtlich stärkere Zunahme des Zuckerrübenanbaus und die geringere Verminderung der Kartoffelanbaufläche. So waren 1974 noch 28% der Kartoffelanbaufläche, gemessen an 1949, vorhanden, in Mauer waren es nur noch 8%; die entsprechenden Zahlen beim Zuckerrübenanbau betrugen für Meckesheim 424%, für Mauer 213%. Bei den Futterrüben dagegen war die Abnahme in Meckesheim größer, 51% der Fläche von 1949 wurde 1974 in dieser Gemeinde noch mit Futterrüben bestellt, in Mauer dagegen noch 70%. Diese Unterschiede müssen im Zusammenhang einmal mit der in Meckesheim schwerpunktmäßigen Erhöhung des Schweinebestandes im Gegensatz zur Ausweitung des Rindviehbestandes in Mauer gesehen werden, zum anderen war es in Mauer wegen des beträchtlich höheren, flächenmäßig sogar seit 1965 zunehmenden Anbaus von Tabak aus arbeitswirtschaftlichen Gründen nicht möglich, eine so starke Ausweitung der Zuckerrübenanbaufläche wie in Meckesheim vorzunehmen. Vergleicht man die Entwicklung des Zuckerrübenanbaus in beiden Gemeinden seit 1952 (s. Fig. 17) unter dem Aspekt etwaiger Flurbereinigungswirkungen, so kann festgehalten werden, daß die stärkere Zunahme in Meckesheim bereits vor und während der Flurbereinigung stattgefunden hat, wobei berücksichtigt werden muß, daß die flurbereinigungsbedingten arbeitswirtschaftlichen Vorteile erst in vollem Ausmaß nach der Besitzeinweisung zum Tragen kommen.

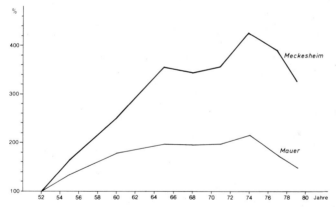

Fig. 17: Entwicklung der Zuckerrübenanbaufläche in Meckesheim und Mauer (1952 - 1979)

In Abhängigkeit von den unterschiedlichen Schwerpunkten in der Viehhaltung nahm in Meckesheim bis 1974 der Feldfutteranteil stärker ab als in Mauer, wo, gemessen an 1952 noch 77% der Feldfutteranbaufläche zu verzeichnen waren; in Meckesheim dagegen waren es nur noch 51%.

Zwischen 1974 und 1979 zeigen sich erstmals größere Entwicklungsunterschiede zwischen beiden Gemeinden beim Getreide- und Feldfutteranteil (Fig. 15 und 16). Stieg in Meckesheim in diesem Zeitraum der Feldfutteranteil von 17% (1974) auf 24% (1979), so ist in Mauer eine Abnahme von 17% (1974) auf 12% (1979) zu verzeichnen. Der Getreideanteil erhöhte sich in Mauer von 59% (1974) auf 74% (1979), in Meckesheim dagegen war keine entsprechende Veränderung zu vermerken (1974: 60%, 1979: 62%). Wesentlicher Faktor für diese Änderung in der Bodennutzung entgegen der Entwicklung zur weiteren Zunahme des Getreideanteils war die Auflösung der Milchsammelstelle in Meckesheim[1] und damit der Übergang zur Hofabholung, wobei wegen den hiermit verbundenen Investitionen eine Bestandserhöhung an Milchvieh erforderlich war. In Mauer dagegen führte die Abstockung mehrerer Betriebe aus den Größenklassen ≥ 5 ha zur Verringerung der Rindviehhaltung und damit zur Abnahme des Feldfutteranteils.

Die sich in der jüngeren Entwicklung auf Gemeindeebene abzeichnende Divergenzen in der Bodennutzung zwischen Meckesheim und Mauer zeigen sich auch bei Betrachtung auf einzelbetrieblicher Ebene. Der Anteil an Landwirten, die seit der Übernahme ihres Betriebes Veränderungen in der Bodennutzung vorgenommen haben, ist mit 83% in Meckesheim und 87% in Mauer fast gleich hoch. Größere Unterschiede lassen sich allerdings bei den Arten der Änderungen, so beim Feldfutter, den Gartengewächsen in feldmäßigem Anbau und bei den Sonderkulturen feststellen (Tab. 28).

Der größere Prozentsatz an Meckesheimer Landwirten, der den Feldfutteranteil erhöht hat, ist im Zusammenhang mit der Viehbestandsänderung zu sehen. So gaben 29% der Haupt- und 25% der Nebenerwerbslandwirte als Grund hierfür Umstellungen in der Viehhaltung an; in Mauer lagen diese Anteile bei 15% bzw. 12%.

Der in Mauer deutlich höhere Anteil an Haupterwerbsbetrieben, in denen eine Erweiterung des Sonderkulturanbaus vorgenommen wurde, ist in Verbindung mit wirtschaftlichen Erwägungen (Mangel an Land zum Aufstocken zwingt zur Intensivierung) zu betrachten. So waren für 62% der hauptberuflichen Landwirte aus Mauer "wirtschaftliche Gründe" der wesentlichste Faktor für Bodennutzungsänderungen, in Meckesheim lag der entsprechende Anteil mit 24% deutlich niedriger. Zurückgeführt werden können diese Unterschiede zwischen beiden Gemeinden vor allem auf die Unterschiede in der Flächenausstattung der Haupterwerbsbetriebe (s. 8.3.) und damit auf Unterschiede in den Betriebsschwerpunkten (Viehhaltung in Meckesheim; Viehhaltung und Sonderkulturanbau in Mauer)[2], nach denen die anderen Betriebszweige insbesondere unter arbeitswirtschaftlichen Aspekten ausgerichtet werden. Entsprechend waren die Unterschiede bei den prozentualen Anteilen der Haupterwerbslandwirte, die "arbeitswirtschaftliche Gründe" als wesentlichen Faktor für Bodennutzungsänderungen angegeben hatten: 53% in Meckesheim gegenüber 38% in Mauer.

---

[1] Fußnote s. nachfolgende Seite

[2] Fußnote s. nachfolgende Seite

[1] Hierauf wurde von vielen Meckesheimer Landwirten in der Befragung hingewiesen

[2] Diese Unterschiede in den Betriebsschwerpunkten zeigen sich, insbesondere bei den Haupterwerbsbetrieben, bei Betrachtung der Anbau- und Nutzviehgewichte, die mit den Wägezahlen von ANDREAE (1977, S. 211) für jeden befragten Betrieb berechnet wurden:

Anbaugewicht

Anbau-gewicht	Meckesheim in % aller		Mauer in % aller	
	Haupt-erw.b.	Neben-erw.b.	Haupt-erw.b.	Neben-erw.b.
100-200	71	76	31	88
200-300	23	8	53	6
300-400	-	8	8	6
≥ 400	6	8	8	-

Nutzviehgewicht

Nutzvieh-gewicht	Meckesheim in % aller		Mauer in % aller	
	Haupt-erw.b.	Neben-erw.b.	Haupt-erw.b.	Neben-erw.b.
0	6	33	-	35
1-200	-	42	23	41
200-400	59	17	54	12
400-600	39	8	23	6
≥ 600	6	-	-	6

Tab. 28: Bodennutzungsänderungen in Meckesheim und Mauer
(einzelbetriebliche Ebene)

Art der Änderung	Meckesheim Nennungen in % aller			Mauer Nennungen in % aller		
	Betr. insg.	Haupt- erw. b.	Neben- erw. b.	Betr. insg.	Haupt- erw. b.	Neben- erw. b.
Getreidean- teil erhöht	69	59	83	73	62	82
verringert	7	6	8	3	-	6
Hackfruchtan- bau erhöht	7	6	8	10	15	6
verringert	59	41	83	60	38	76
Feldfutteran- teil erhöht	21	24	17	3	8	-
verringert	34	18	58	67	54	76
Sonderkultur- anteil erhöht	7	12	-	20	38	6
verringert	48	41	58	53	31	71
Dauergrünland- anteil erhöht	-	-	-	3	-	6
verringert	-	-	-	7	8	6
Gartengewächse (feldm. Anbau) erhöht	3	6	-	-	-	-
verringert	28	24	33	17	8	24

Auf den wesentlichen Grund für den Rückgang der Gartengewächse ist bereits hingewiesen worden. Der Anteil an Haupterwerbslandwirten aus Mauer, die hier eine flächenmäßige Verringerung vorgenommen hatten, ist allerdings beträchtlich geringer als derjenige von Meckesheim, da in Mauer aus arbeitswirtschaftlichen Gründen (Tabak) Gartengewächse nicht von so vielen hauptberuflichen Landwirten angebaut worden sind.

Befragt, welchen Einfluß die Flurbereinigung auf die erfolgten Bodennutzungsveränderungen gehabt habe, gaben über 2/3 der Haupterwerbslandwirte (76%) und 83% der Nebenerwerbslandwirte an, daß die Agrarstrukturmaßnahme hierfür ohne Bedeutung war. Die völlig untergeordnete Bedeutung der Flurbereinigung für Bodennutzungsveränderungen, die bereits bei der Untersuchung des Entwicklungsverlaufs auf Gemeindeebene festgestellt werden konnte, hat sich auch im geringen Anteil an Landwirten, die flurbereinigungsbedingt - über die flurbereinigungsbeeinflußte flächenmäßige/sozioökonomische Veränderung - eine Bodennutzungsveränderung vorgenommen hatten, niedergeschlagen (12% der Haupt- und 17% der Nebenerwerbslandwirte). Betrachtet man sich die Einstellung der Landwirte aus Mauer zu flurbereinigungsbedingten Änderungen der Bodennutzung, so zeigt es sich, daß ausnahmslos alle befragten Betriebsleiter von einer etwaigen Flurbereinigung keine Auswirkungen auf die Bodennutzung erwarten.

In der Viehhaltung haben sich in den Untersuchungsgemeinden in den letzten Jahrzehnten stärkere Umstrukturierungsprozesse vor allem in der Rindviehhaltung vollzogen als im Durchschnitt des Gesamt-Kraichgaus. Im Besatz pro 100 ha entsprachen die Untersuchungsgemeinden 1949/50 ungefähr dem Durchschnitt für den Kraichgau. Bis 1971 haben sich Unterschiede herausgebildet, zudem läßt sich für 1971 in den Untersuchungsgemeinden eine deutliche Schwerpunktbildung in der Viehhaltung erkennen.

Tab. 29: Viehbesatz in Meckesheim und Mauer (1949/50, 1960, 1971)

	1949/50			1960			1971		
	Mckh.	Mauer	Krg.	Mckh.	Mauer	Krg.	Mckh.	Mauer	Krg.
Rindvieh/100 ha	70	74	71	87	102	81	113	141	84
Schweine/100 ha	78	93	73	75	82	63	136	82	158

Quelle: berechnet nach Unterlagen der Landwirtschaftszählungen von 1949, 1960, 1971

Betrachtet man sich nur die beiden Untersuchungsgemeinden, so zeigen sich zwischen diesen, ebenfalls weitgehend entsprechend den Unterschieden in der Betriebsgrößenstruktur, schon 1949/50 Unterschiede. Bis 1960 haben sich diese Unterschiede zwischen beiden Gemeinden bei der Rindviehhaltung noch vergrößert, was vor allem mit der in Meckesheim in den 50er Jahren umfangreicheren Abstockung von Vollerwerbsbetrieben und damit verbunden der Reduzierung des Großviehs in diesen Betrieben zu sehen ist

(s. 8.3.). Die schon erwähnte Schwerpunktbildung bis 1971 zeigte sich in Mauer in einer Verstärkung der Rindviehhaltung, in Meckesheim, bei geringerem natürlichem Dauergrünlandanteil, in einer Erhöhung der Schweinehaltung (Tab. 29).

Vergleicht man diese Veränderungen in der Viehhaltung beider Gemeinden miteinander unter dem Aspekt etwaiger Flurbereinigungswirkungen, so können, ausgehend von den Daten der Landwirtschaftszählungen, keine spezifischen, flurbereinigungsbedingten Entwicklungen festgestellt werden. Erst der Entwicklungsverlauf in der Viehhaltung von 1950 bis 1978, zusammengestellt nach den Daten der Viehzählung, läßt hier eine genauere Untersuchung zu.

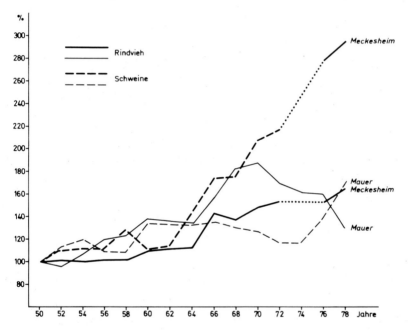

Fig. 18: Entwicklung des Viehbestandes in Meckesheim und Mauer (1950 - 1978)

In den 50er Jahren läßt sich bereits eine schwerpunktmäßige Bestandserweiterung der Rindviehhaltung in Mauer erkennen (s. Fig. 18), was sich schon in der geringeren Abnahme an Feldfutter in dieser Gemeinde im Vergleich zur Nachbargemeinde angedeutet hatte (s.o.). In Meckesheim dagegen ist eine nur geringfügige Zunahme der Rindviehhaltung festzustellen. Zwar erfolgte sicherlich eine Bestandserhöhung in den sich vergrößernden Betrieben, aber diese reichte nicht aus, um die mit der Abstockung vieler Betriebe verbundene Aufgabe bzw. Verringerung der Großviehhaltung deutlich zu übertreffen. Bei der Entwicklung in der Schweinehaltung sind zwischen beiden Gemeinden keine wesentlichen Unterschiede in den 50er Jahren zu vermerken.

Während der Durchführung der Flurbereinigung hat in Meckesheim in den ersten Jahren nach Anordnung des Verfahrens keine bedeutende Veränderung in der Viehhaltung stattgefunden. Erst nach 1964, nach erfolgter Aussiedlung mehrerer Betriebe, ist eine starke Erhöhung in der Schweinehaltung festzuhalten, die Zunahme in der Rindviehhaltung war bedeutend geringer. Im Vergleich hierzu hat in Mauer nur die Rindviehhaltung zugenommen, für die Schweinehaltung ist eine Stagnation bzw. ab 1966 ein Rückgang zu verzeichnen. Die weitere Entwicklung in den 70er Jahren war in Meckesheim geprägt von einer sehr starken Zunahme an Schweinen, die Anzahl an Rindvieh hat sich ebenfalls, wenn auch nicht in diesem Ausmaß, erhöht. In Mauer nahm die Rindviehhaltung ab 1970, insbesondere seit 1976, parallel zur Abstockung mehrerer größerer Betriebe, ab; in der Schweinehaltung war dagegen eine Zunahme ab 1974 zu verzeichnen. Betrachtet man sich diese, vor allem seit 1966 divergierende Entwicklung, so kann angenommen werden, daß in Meckesheim die Flurbereinigung und die damit verbundene Verbesserung der arbeitswirtschaftlichen Verhältnisse zu einer inneren Aufstockung in Form einer beträchtlich stärkeren Bestandserhöhung in der Viehhaltung als im nichtflurbereinigten Mauer geführt hat, denn auch bei Berücksichtigung der in Mauer anders gelagerten arbeitswirtschaftlichen Schwerpunkte (Sonderkulturanbau) und dem "Nachhinken" in der Entwicklung zum größeren Betrieb sind diese Unterschiede zu groß, um hiermit allein erklärt werden zu können, was bei der Gegenüberstellung der Angaben der Landwirtschaftszählungen (s. Tab. 29) mit den Daten der Viehzählung und von 1978 (Tab. 30) deutlich wird. Wegen der eingeschränkten Vergleichbarkeit[1] sollte hierbei nur die Größenordnung in den Besatzzahlen verglichen werden.

Tab. 30: Viehbesatz in Meckesheim und Mauer 1978

	Meckesheim	Mauer
Rindvieh/100 ha	121	93
Schweine/100 ha	243	152

Entsprechend den festgestellten beträchtlichen Veränderungen in der Viehhaltung auf Gemeindeebene gaben in Meckesheim und Mauer jeweils 97% der befragten Betriebsleiter an, daß sie seit der Übernahme ihres Betriebes Umstellungen in der Viehhaltung durchgeführt haben. Bezüglich der Art der Veränderungen sind fast keine Unterschiede festzustellen (s. Tab. 31), auffällig ist nur der in Meckesheim niedrigere Anteil an nebenberuflichen Landwirten, die eine Verringerung im Rindviehbestand vorgenommen haben. Dies muß ebenso wie der Unterschied im Anteil an Haupterwerbslandwirten, die den Bestand an sonstigem Rindvieh erhöht haben, in Zusammenhang mit den unterschiedlichen Schwerpunkten in der Viehhaltung in beiden Gemeinden gesehen werden.

---

[1] Die Daten zur Viehhaltung, insbesondere zur Schweinehaltung, die im Rahmen der Landwirtschaftszählungen erhoben wurden, sind mit den Angaben der jährlichen Viehzählung nur schwer vergleichbar (s. S. 61)

Bei den wesentlichen Gründen für die Änderungen in der Viehhaltung lassen sich, wie auch bei den Gründen für die Bodennutzungsänderungen, wiederum in Abhängigkeit von den divergierenden Betriebsschwerpunkten, Unterschiede zwischen beiden Gemeinden feststellen. In Mauer nannten 23% der Haupt- und 12% der Nebenerwerbslandwirte "Änderungen in der Bodennutzung" als wesentlichen Faktor für Veränderungen in der Viehhaltung; der entsprechende Anteil betrug in Meckesheim bei den hauptberuflichen Betriebsleitern 12%, von den nebenberuflichen Landwirten vermerkte dies keiner als Grund für Viehbestandsänderungen. Dafür gaben 76% der Meckesheimer Haupterwerbslandwirte "wirtschaftliche Gründe" als wesentlich für Umstellungen in der Viehhaltung an, in Mauer betrug dieser Anteil nur 62%. Der Prozentsatz an Haupt- und Nebenerwerbslandwirten aus Mauer, der "arbeitswirtschaftliche Gründe" als einen bedeutenden Faktor für Viehbestandsänderungen vermerkte, war, da bei vielen eine Ausrichtung nach dem Betriebsschwerpunkt "Sonderkulturanbau" erfolgt, mit 46% bzw. 94% ebenfalls höher als in Meckesheim, wo nur 35% der hauptberuflichen und 58% der nebenberuflichen Betriebsleiter diesen Faktor anführten. Der Hinweis auf die Schließung der Milchsammelstelle als ein wesentlicher Grund für Veränderungen in der Viehhaltung wurde unter "Sonstiges" eingeordnet; in Meckesheim vermerkten 53% der Haupterwerbs- und 17% der Nebenerwerbslandwirte "Sonstiges", in Mauer gaben dies nur 8% der hauptberuflichen Betriebsleiter an.

Tab. 31: Änderungen in der Viehhaltung in Meckesheim und Mauer

Art der Änderung	Meckesheim Nennungen in % aller			Mauer Nennungen in % aller		
	Betr. insg.	Haupt- erw.b.	Neben- erw.b.	Betr. insg.	Haupt- erw.b.	Neben- erw.b.
Milchvieh erhöht	31	53	-	23	54	-
verringert	55	35	77	67	31	94
sonst. Rindvieh erhöht	24	35	8	27	62	-
verringert	52	35	69	60	31	82
Schweine erhöht	28	35	15	27	31	24
verringert	55	47	62	50	46	53

Befragt, ob die Veränderungen in der Viehhaltung im Zusammenhang mit der Flurbereinigung zu sehen seien, berichteten 47% der Haupt- und 67% der Nebenerwerbslandwirte, daß die Flurbereinigung hierauf keine Auswirkung gehabt hätte. Dagegen konnten über die Hälfte der hauptberuflichen (53%) und ein Drittel der nebenberuflichen Betriebsleiter eine indi-

rekte Einwirkung auf die Viehhaltung feststellen. Damit zeigen sowohl
die Befragungsergebnisse als auch die Untersuchung der Viehbestandsentwicklung auf Gemeindeebene, daß in Meckesheim durch die Flurbereinigung eine beträchtliche mittelbare Beeinflussung der Viehhaltung stattgefunden hat. Fast alle Landwirte aus Mauer (97%) dagegen nehmen nicht
an, daß eine etwaige Durchführung einer Flurbereinigung eine Auswirkung
auf die Viehhaltung haben würde.

Zusammenfassend kann festgehalten werden, daß die Flurbereinigung im
Bereich der Viehhaltung sowohl auf einzelbetrieblicher als auch auf Gemeindeebene in Meckesheim deutliche Spuren hinterlassen hat. Konnten
die flurbereinigungsbedingten arbeitswirtschaftlichen Vorteile mangels
genügend Land zum Aufstocken nicht in einer deutlichen Erhöhung der
Betriebsgröße eingesetzt werden (s. 8.2.), so wurde dieses zusätzliche
arbeitswirtschaftliche Potential, vor allem von den Haupterwerbslandwirten, die willens und aufgrund ihrer Ausbildung auch dazu in der Lage
waren, zu einer Intensivierung der Viehhaltung genutzt. Da der schwerpunktmäßige Ausbau der Viehhaltung in Meckesheim im Bereich der
Schweinemast lag, dieser Betriebszweig im Gegensatz zur Rindviehhaltung relativ flächenunabhängig ist, war in Meckesheim, auch indirekt,
keine wesentliche Auswirkung auf die Bodennutzung festzustellen.

8.5. Entwicklung der arbeitswirtschaftlichen Verhältnisse

Auf die zentrale Bedeutung der Flurbereinigung für die arbeitswirtschaftlichen Verhältnisse durch das Freisetzen menschlichen Arbeitskraftpotentials wurde bereits mehrfach hingewiesen; dies wurde auch von fast
allen Meckesheimer Landwirten bei der Frage nach den Vorteilen genannt
(s. Tab. 17). Eine genauere Untersuchung ist aber weder auf Gemeindeebene, wegen der mangelhaften Datenlage (vorhanden sind nur wenige Angaben der Landwirtschaftszählungen von 1960 und 1971/72), noch auf einzelbetrieblicher Ebene, wegen der Schwierigkeit der Quantifizierung
(Fehlen von Arbeitstagebüchern) und der Elastizität der vorherrschenden
Familienarbeitsverfassung möglich. So gibt die Gegenüberstellung der
Daten der Landwirtschaftszählungen keinen Aufschluß über das Ausmaß
der flurbereinigungsbedingten Arbeitseinsparung (s. Tab. 32). In Mauer
hat sogar, trotz Sonderkulturanbau, der Besatz an ständigen Arbeitskräften in Betrieb und Haushalt zwischen 1960 und 1971/72 stärker abgenommen[1] als in Meckesheim; bei den ständigen familienfremden Arbeitskräften zeigen sich keine Unterschiede. Diese Angaben reichen lediglich
aus, um festzustellen, daß beide Gemeinden im Vergleich zum Gesamtraum 1960 und 1971/72 eine höhere Arbeitsproduktivität aufweisen, was
im Zusammenhang mit dem auch 1971 höheren Anteil an Kleinbetrieben
im Kraichgau zu sehen ist (vgl. Tab. 32).

---
[1] Bezüglich der eingeschränkten Vergleichbarkeit s. S.63

Tab. 32: Arbeitskräftebesatz in Meckesheim und Mauer (1960, 1971/72)

	Meckesheim		Mauer	
	Besatz pro 100 ha		Besatz pro 100 ha	
	ständige Arbeits-kräfte insgesamt	ständige fam.-fremde Arb.kr.	ständige Arbeits-kräfte insgesamt	ständige fam.-fremde Arb.kr.
1960	24,9	0,8	27,9	0,8
1971/72	20,4	0,2	22,1	0,2

Verändert hat sich seit der Übernahme des Betriebes bei 72% der Meckesheimer und bei 60% der Landwirte aus Mauer der Arbeitsaufwand. Bei der Art der Arbeitsaufwandveränderung (Erhöhung/Verringerung) sind zwischen beiden Gemeinden keine nennenswerten Unterschiede zu vermerken, größere Unterschiede dagegen sind bei den wesentlichen Gründen hierfür festzuhalten (Tab. 33). Die Differenz bei den Nebenerwerbslandwirten, die die erfolgte flächenmäßige Abstockung als bedeutend nannten, ist im Zusammenhang mit dem in Mauer höheren Anteil an Betriebsleitern, die seit der Übernahme vom Haupt- zum Nebenerwerb abgestockt haben, zu sehen. Die in Mauer in den 70er Jahren im Vergleich zu Meckesheim stärkeren Umschichtungen in der Betriebsgrößenstruktur (s. 8.3.) sind mitverantwortlich für die Unterschiede bei der Nennung der Faktoren "Aufstockung" und "Veränderungen in der Bodennutzung".

Stellt man zusätzlich noch, ausgehend von den Befragungsergebnissen, den Arbeitskräftebesatz in beiden Gemeinden von 1980 gegenüber, so sind deutliche Unterschiede lediglich bei den Familien- und bei den familienfremden Arbeitskräften, die nur bei Arbeitsspitzen mitarbeiten, festzustellen (s. Tab. 34), was im Zusammenhang mit dem Sonderkulturanbau in Mauer und den damit verknüpften extremen Arbeitsspitzen zu sehen ist.

Eine ähnlich schlechte Datenlage wie für den Arbeitskräftebesatz ist für den Besatz an Maschinen zu verzeichnen. Angaben auf Gemeindeebene liegen wiederum nur im Rahmen der Landwirtschaftszählungen und hier nur zur Anzahl an Schleppern vor.[1]

Der 1960 in Meckesheim niedrigere Schlepperbesatz war mitbestimmt durch den in dieser Gemeinde im Vergleich zu Mauer höheren Anteil an Betrieben mit 0,5 - 2 ha, auf die zu diesem Zeitpunkt die Mechanisierung noch nicht voll übergegriffen hatte. Dagegen war der 1960 relativ höhere Anteil an Betrieben mit 2 - 5 ha mitverantwortlich für den höheren Schlepperbesatz sowohl in Mauer als auch im Kraichgau (vgl. Tab. 35 und 7). Bis 1971/72 führte die starke Abnahme an Betrieben mit 2 - 5 ha in Mauer, trotz der bis 1971 auch auf viele Betriebe der Größenklasse 0,5 - 2 ha übergegriffenen Mechanisierung, zu einem absoluten Rückgang an Schleppern von 51 auf 45 Stück. Entsprechend den höheren Anteilen an Kleinstbetrieben war in Meckesheim und im Kraichgau der Schlepperbesatz 1971 höher. Da eine Auswirkung der Flurbereinigung

---

[1] Zur Vergleichbarkeit dieser Daten s. S.62

auf das Abstockungsverhalten angenommen werden konnte (s. 8.3.), kann nicht ausgeschlossen werden, daß die Flurbereinigung den Schlepperbesatz in Meckesheim indirekt beeinfluß hat.

Tab. 33: Wesentliche Gründe für Arbeitsaufwandveränderungen in Meckesheim und Mauer

wesentliche Gründe	Meckesheim Nennungen in % aller			Mauer Nennungen in % aller		
	Betr. insg.	Haupt- erw.b.	Neben- erw.b.	Betr. insg.	Haupt- erw.b.	Neben- erw.b.
flächenmäßige Abstockung	24	-	58	23	-	41
flächenmäßige Aufstockung	7	12	-	13	31	-
Kauf neuer Maschinen	7	6	8	7	-	12
Veränderungen in der Bodennutzung	21	18	25	33	31	35
Veränderungen in der Viehhaltung	31	29	33	30	23	35
Abnahme an mithelfenden Familienangehörigen	7	12	-	10	15	6
biologisch-technische Fortschritte	3	-	8	-	-	-
Einsatz von Lohnunternehmen	3	-	8	-	-	-
Sonstiges	7	6	8	-	-	-

Tab. 34: Besatz an Familienarbeitskräften und an familienfremden Arbeitskräften in Meckesheim und Mauer 1980

	Familienarbeitskräfte			familienfremde Arb.kräfte		
	immer	häufig	nur bei Arb.spitzen	immer	häufig	nur bei Arb.spitzen
Meckesheim	7,3	2,4	2,0	0,2	-	1,8
Mauer	6,8	2,4	8,5	0,2	-	2,2

Auch 1980 ließ sich für Meckesheim, ausgehend von den Befragungsergebnissen, ein etwas höherer Schlepperbesatz feststellen; so betrug der Schlepperbesatz in Meckesheim 10,8, in Mauer 9,5.[1]

Tab. 35: Schlepperbesatz in Meckesheim und Mauer (1960, 1971/72)

	Besatz pro 100 ha	
	1960	1971/72
Meckesheim	7,5	10,2
Mauer	9,5	8,6

Veränderungen im Maschinenbestand haben fast alle Landwirte in beiden Untersuchungsgemeinden vorgenommen (Meckesheim 93%, Mauer 90% aller befragten Betriebsleiter). Der wesentlichste Grund hierfür war in beiden Gemeinden eine Einsparung menschlicher Arbeitskraft und damit verbunden eine Erhöhung der Rentabilität. Bei den anderen Gründen für diese Veränderungen zeigen sich weder bei den neben- noch bei den hauptberuflichen Landwirten Unterschiede in der Häufigkeit der Nennungen.

Befragt, ob und welche Auswirkung die Flurbereinigung auf die Maschinenausstattung gehabt habe, antwortete weniger als ein Drittel der Meckesheimer Landwirte (31%), daß die Flurbereinigung hierfür ohne Bedeutung gewesen wäre. Der Anteil vor allem an Haupterwerbslandwirten, bei denen wegen der besseren Einsatzmöglichkeiten die Flurbereinigung die Neuanschaffung insbesondere größerer Maschinen ausgelöst hatte, ist allerdings sehr hoch (88%). Im Vergleich hierzu auch bei diesem agrarstrukturellen Merkmal die geringe Erwartungshaltung der Landwirte aus Mauer: 93% von ihnen rechnen nicht mit einer Auswirkung auf die Maschinenausstattung.

Zusammenfassend kann zum Einfluß der Flurbereinigung auf die Arbeitswirtschaft festgehalten werden, daß auf einzelbetrieblicher Ebene der Arbeitsaufwand verringert worden ist. Mangels entsprechender Daten konnte dies nur qualitativ, durch die Aussagen der Landwirte, nicht aber quantitativ ermittelt werden. Ebenfalls wegen unzureichender Daten konnten auf Gemeindeebene auch zum Einfluß der Flurbereinigung auf den Maschinenbesatz keine weitergehenden Aussagen getroffen werden. Die Befragung ergab allerdings, daß die Flurbereinigung nach Auffassung vieler Landwirte den Kauf vor allem größerer Maschinen hervorgerufen habe - verwiesen werden muß hier allerdings wieder auf die Problematik der Ursachenzuweisung.

---

[1] Diese Unterschiede im Schlepperbesatz sind weniger auf die Unterschiede bei den größeren Schleppern ($\geq$ 50PS) als auf die Unterschiede bei den leistungsschwächeren Schleppern ($<$ 50PS) zurückzuführen (Quelle: eigene Erhebungen)

	Schlepperbesatz pro 100 ha	
	Schlepper $\geq$ 50 PS	Schlepper $\leq$ 50 PS
Meckesheim	4,0	6,8
Mauer	3,8	5,6

9. AGRARSTRUKTURTYP III: ESCHELBACH - WALDANGELLOCH

9.1. Grundzüge der Bevölkerungs- und Wirtschaftsentwicklung

Die dem Agrarstrukturtyp III zugehörenden Untersuchungsgemeinden Eschelbach und Waldangelloch liegen im Übergangsbereich vom westlichen zum mittleren Kraichgau zwischen Heidelberg und Sinsheim (s. Karte 4). Beide Gemeinden sind seit der jüngsten Gemeindereform keine selbständigen Gemeinden mehr, sondern Stadtteile von Sinsheim.[1]

Die natürlichen Voraussetzungen für die Landwirtschaft, ausgedrückt durch die durchschnittliche Bodenklimazahl, sind in beiden Gemeinden sehr günstig (Eschelbach: BKZ 61-70, Waldangelloch: BKZ 61-70, s. Karte 3). In Eschelbach und in Waldangelloch war die Landwirtschaft bis zum Anfang des 20. Jahrhunderts für die Wirtschaftsstruktur von großer Bedeutung. Erste Ansätze zur Industrialisierung sind in beiden Gemeinden in den seit dem letzten Drittel des vorigen Jahrhunderts vorhandenen Zigarrenfabriken bzw. -manufakturen zu sehen, zudem hatten sich im 19. Jahrhundert in Waldangelloch wegen der relativen Übervölkerung der Gemarkungsfläche Kleinhandel und Handwerk kräftig entwickelt[2] (KELLER, 1975, S. 34ff; VÖGELY, 1964, S. 133).

Beide Gemeinden wurden erst relativ spät (1901), im Vergleich z.B. zu den Untersuchungsgemeinden des Agrarstrukturtyps II, durch die Errichtung einer Privatbahn im Angelbachtal an Gemeinden mit einem größeren außerlandwirtschaftlichen Arbeitsplatzangebot angeschlossen.[3] Diese Verkehrsanbindung war mitverantwortlich für die Entwicklung dieser Gemeinden bis 1939 zu Arbeiterbauerngemeinden (KELLER, 1975, S. 129ff; DEUTSCH, 1973, S. 55; Das Land Baden-Württemberg, Bd. V, 1976, S. 406).

Entsprechend diesen Pendelmöglichkeiten und dem Vorhandensein von Arbeitsplätzen in der Tabakindustrie war die Abwanderung aus beiden Untersuchungsgemeinden bis 1939 nicht so hoch wie in vielen Gemeinden des östlichen und mittleren Kraichgaus (DEUTSCH, 1973, S. 22/23).

---

[1] Eine spätere Anlage Waldangellochs im Vergleich zu Eschelbach wird angenommen; so ist Waldangelloch erstmals 1196 erwähnt, das als fränkischer Ausbauort eingestufte Eschelbach dagegen 1071 (Das Land Baden-Württemberg, Bd. V, 1976, S. 408, 412).

[2] Für Waldangelloch wird berichtet (KELLER, 1975, S. 36/61), daß 1885 die Zahl der Gewerbetreibenden gleich groß war wie diejenige der Landwirte und daß vor dem 1. Weltkrieg bereits über 200 Frauen und Männer in den Zigarrenfabriken beschäftigt waren.

[3] Eschelbach hatte zwar keinen eigenen Bahnanschluß; die Entfernung zum nächsten Bahnhof (Eichtersheim) betrug aber nur wenige Kilometer.

Zwischen 1950 und 1960 war die Bevölkerungsentwicklung in Eschelbach und in Waldangelloch durch eine Abnahme um jeweils 14%[1] gekennzeichnet, was vor allem auf die Abwanderung vieler nach 1945 eingewiesener Flüchtlinge und Heimatvertriebene in die nahegelegenen Industriezentren zurückzuführen ist. Die Bevölkerungsdichte war daher in beiden Untersuchungsgemeinden 1960 niedriger als 1950 (s. Tab. 36). In den 60er Jahren nahm in Waldangelloch, stärker noch in Eschelbach, die Bevölkerung wieder zu; allerdings ist in Waldangelloch der Durchschnittswert des Gesamtkraichgaus, der 1950 deutlich übertroffen worden war, auch 1971 noch nicht wieder erreicht worden (vgl. Tab. 36 und 1).

Tab. 36: Bevölkerungsdichte (E/km^2) in Eschelbach und Waldangelloch (1950, 1961, 1970)

	Eschelbach	Waldangelloch
1950[2]	245	207
1961	210	177
1970	242	199

Die Erwerbsstruktur in beiden Untersuchungsgemeinden entsprach zu allen 3 Zeitschnitten derjenigen des Gesamt-Kraichgaus weitgehend (s. Tab. 37 und 2); die stärkste Abnahme der Agrarquote vollzog sich auch zwischen 1961 und 1970.

Tab. 37: Anteile der Erwerbspersonen 1950, 1961 bzw. der Erwerbstätigen (1970) nach Wirtschaftsbereichen in Eschelbach und Waldangelloch

	% Anteile 1950		% Anteile 1961		% Anteile 1970	
	Eschelb.	Waldang.	Eschelb.	Waldang.	Eschelb.	Waldang.
I. Sektor	35,9	35,7	26,7	25,2	7,0	9,3
II. Sektor	50,6	49,3	56,2	57,0	67,0	68,7
III. Sektor	13,5	15,0	17,1	17,8	26,0	22,0

Bezüglich des außerlandwirtschaftlichen Arbeitsplatzangebotes für die Bevölkerung zwischen 15 und 65 Jahren lagen 1950 beide Gemeinden etwas über dem Durchschnittswert für den Gesamt-Kraichgau. Die Anzahl der außerlandwirtschaftlichen Arbeitsplätze hat aber in Eschelbach und in

---

[1] Die Angaben im Kapitel 9 wurden, soweit nicht anders angegeben, nach den Statistiken, die auch für Kapitel 6 herangezogen worden sind, (s. S. 45) berechnet.

[2] Zum besseren Vergleich seien die Zahlen von 1939 genannt: Eschelbach 180 E/km^2, Waldangelloch 145 E/km^2, Kraichgau 127 E/km^2

Waldangelloch bis 1961 und auch bis 1970 abgenommen,[1] so daß 1970 die
Versorgung mit eigenen außerlandwirtschaftlichen Arbeitsplätzen in beiden Gemeinden ungünstiger war als 1950 (s. Tab. 38). Entsprechend diesen Verhältnissen waren die Pendlerbilanzen in Eschelbach und Waldangelloch zu allen 3 Zeitschnitten negativ, wichtigste Zielorte der Auspendler sind auch heute noch Wiesloch, Heidelberg und Sinsheim.

Tab. 38: Außerlandwirtschaftlicher Arbeitsplatzindex und Pendlerzahlen in Eschelbach und Waldangelloch (1950, 1961, 1970)

	1950		1961		1970	
	Eschelb.	Waldang.	Eschelb.	Waldang.	Eschelb.	Waldang.
außerlandwirtschaftlicher Arbeitsplatzindex	4,0	4,2	4,8	4,3	6,2	5,2
Auspendler	224	119	355	289	448	281
Einpendler	15	10	16	6	39	22

Zusammenfassend kann festgehalten werden, daß zwar heute das außerlandwirtschaftliche Arbeitsplatzangebot in beiden Gemeinden gering ist, daß aber bereits vor der Individualmotorisierung einmal Pendelmöglichkeiten und zum anderen Arbeitsplätze vor allem in der Zigarrenindustrie vorhanden waren, was eine Umschichtung in der Erwerbsstruktur zugunsten des II. Sektors erleichterte. Aber erst die Individualmotorisierung verbunden mit der günstigen Konjunkturlage bewirkte in den 60er Jahren eine sehr starke Abwanderung aus der Landwirtschaft.

9.2. Flurbereinigung als agrarstrukturverbessernde Maßnahme

Die Grundstückszersplitterung war 1960 in beiden Untersuchungsgemeinden mit 629 Teilstücken pro 100 ha (Eschelbach) und 690 pro 100 ha (Waldangelloch) deutlich höher als in vielen anderen Gemeinden des Untersuchungsgebietes (vgl. 6.3.2.4. und 8.2.). Auch die durchschnittliche Teilstückgröße von 0,16 ha in Eschelbach und 0,14 ha in Waldangelloch lag beträchtlich unter dem entsprechenden Wert für den Gesamt-Kraichgau (0,21 ha).

---

[1] Vor allem größere Betriebe sind in beiden Gemeinden aufgegeben worden, was die durchschnittliche Beschäftigtenzahl pro Industriebetrieb verdeutlicht; Eschelbach wies im Vergleich zum Gesamtkraichgau 1950 noch etwas größere Arbeitsstätten auf; zu allen anderen Zeitschnitten lagen die Werte, wie auch in Waldangelloch, beträchtlich unter denjenigen des Untersuchungsgebietes.

Jahr	Eschelbach	Waldangelloch	Kraichgau
1950	6,8	3,8	5,0
1961	4,3	5,0	9,5
1970	4,4	4,5	13,2

Diese noch in den 70er Jahren starke Grundstückszersplitterung und die oft ungünstige Form der Flurstücke zeigt sich deutlich bei Betrachtung des Kartenausschnittes aus der Waldangellocher Gemarkung (s. Karte 25). Bereits 1876 ist vom damaligen Gemeinderat eine Feldbereinigung vorgeschlagen worden, deren Durchführung an der "unaustilgbaren Furcht der Grundbesitzer vor dem Verlust ihres guten Geländes und vor den Kosten ..." (KELLER, 1975, S. 56) scheiterte. Mehr als 100 Jahre später ist, erneut auf Initiative des Ortschaftsrates, unter Zustimmung der Mehrheit der Beteiligten, 1979 ein Flurbereinigungsverfahren für die Gemarkung Waldangelloch angeordnet worden.

In Eschelbach wurde die Flurbereinigung 1964[1] im Zusammenhang mit dem Bau der Bundesautobahn Mannheim - Heilbronn als Unternehmensverfahren (s. 2.3.2.) angeordnet, die Besitzeinweisung erfolgte 1971. Die Verfahrensfläche umfaßte 802 ha. Vor der Flurbereinigung betrug die durchschnittliche Größe eines Flurstückes 0,18 ha, nach der Flurbereinigung 0,54 ha, das Zusammenlegungsverhältnis der Flurstücke erreichte 3,0:1. Die durch das Verfahren erzielten Verbesserungen in Größe, Form und Wegeanschluß sind deutlich bei der Gegenüberstellung der Gemarkungsausschnitte vor und nach der Flurbereinigung festzustellen (s. Karten 26 und 27).

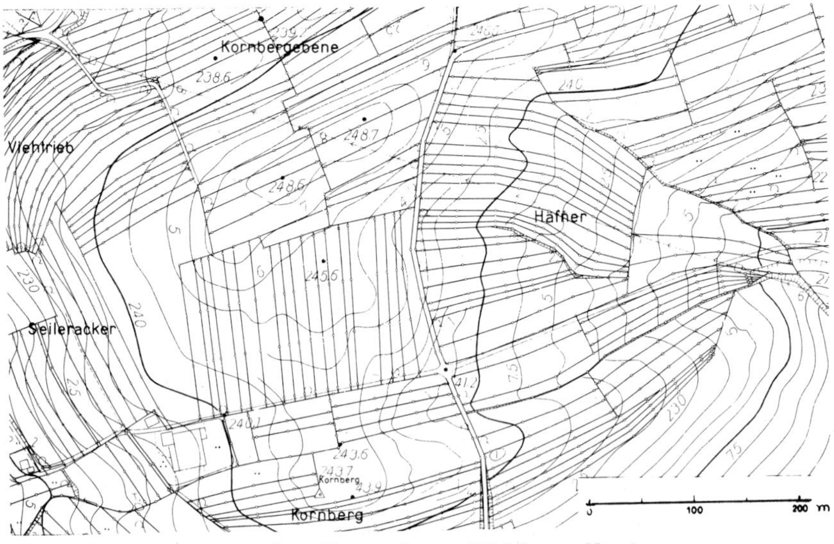

Karte 25: Ausschnitt aus der Gemarkung Waldangelloch

Das Zusammenlegungsverhältnis der Besitzstücke erreichte mit 16,9:1 einen Wert, der die entsprechende Angabe von 9,9:1 für die in diesem Jahrzehnt im Gesamt-Kraichgau durchgeführten Verfahren deutlich über-

---

[1] Die Angaben zum Flurbereinigungsverfahren Eschelbach basieren, soweit nicht anders angegeben, auf Unterlagen des Flurbereinigungsamtes Sinsheim.

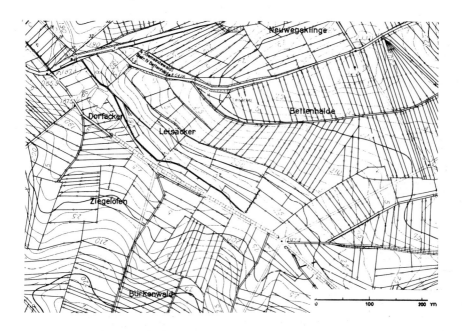

Karte 26: Ausschnitt aus der Gemarkung Eschelbach vor der Flurbereinigung

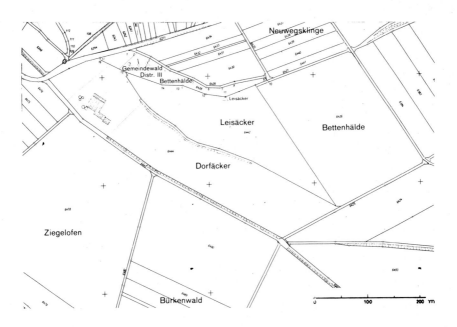

Karte 27: Ausschnitt aus der Gemarkung Eschelbach nach der Flurbereinigung

trifft (s. 6.3.2.4.). Besonders in den oberen Betriebsgrößenklassen war das Zusammenlegungsverhältnis sehr hoch (s. Tab. 39).

Im Rahmen der Flurbereinigung wurden insgesamt 81 km Wege neu angelegt, 21 ha wurden gedränt und 3 ha Ödland wurden kultiviert. Weiterhin wurde während der Flurbereinigung eine Rebanlage von 7 ha errichtet. Die bis zur Flurbereinigung noch vorhandene Allmende (ca. 50 ha) wurde zum überwiegenden Teil an 9 Vollerwerbslandwirte vergeben, die anderen bisherigen Nutzungsberechtigten erhielten 1970 Entschädigungen von der Gemeinde. Weiterhin ist Land im Eigentum juristischer Personen (u.a. der Staatlichen Domänenverwaltung) als Aufstockungsgelände nur an die größeren Betriebe verpachtet worden.

Tab. 39: Zusammenlegungsverhältnisse (Besitzstücke) nach Betriebsgrößenklassen in Eschelbach

Betriebsgrößenklasse	Zusammenlegungsverhältnis
< 5 ha	8,6 : 1
5 - 10 ha	8,6 : 1
10 - 20 ha	16,5 : 1
20 - 50 ha	21,8 : 1
≥ 50 ha	41,5 : 1

Diese durch die Flurbereinigung beträchtlich verminderte Besitzzersplitterung zeigt sich deutlich bei der Gegenüberstellung der durchschnittlichen Teilstückgrößen der in die Untersuchung einbezogenen Betriebe[1] (s. Tab. 40) beider Gemeinden. In Waldangelloch hat sich zwar dieser Wert im Vergleich zu 1960 erhöht (s. S. 153)[2], aber im Gegensatz zu den Verhältnissen im flurbereinigten Eschelbach herrscht in der nichtflurbereinigten Gemeinden auch in den oberen Betriebsgrößenklassen immer noch eine sehr starke Besitzzersplitterung.

Tab. 40: Durchschnittliche Teilstückgrößen in den Betriebsgrößenklassen und den sozioökonomischen Betriebstypen in Eschelbach und Waldangelloch

	Betr. insg.	Haupterw.b.	Nebenerw.b.	0,5- 2 ha	2 - 5 ha	5 - 10 ha	10 - 20 ha	20 - 30 ha	≥ 30 ha
Eschelbach (vor der Flurbereinigung)	0,3	0,2	0,3	0,2	0,3	0,3	0,2	0,3	0,2
Eschelbach (1980)	1,9	2,5	2,0	0,3	1,1	1,3	1,6	3,3	2,7
Waldangelloch (1980)	0,4	0,5	0,3	0,2	0,3	0,4	0,6	0,3	0,6

[1,2] Fußnoten siehe nachfolgende Seite

[1] Die Adressen der Landwirte beider Untersuchungsgemeinden stellte wieder das Landwirtschaftsamt Sinsheim zur Verfügung; die Gegenüberstellung der befragten Betriebe, geordnet nach Betriebsgrößenklassen, mit der jüngsten Aufstellung des Statistischen Landesamtes (1978) zeigt für Eschelbach, abgesehen von den beiden unteren Betriebsgrössenklassen (hier werden nur von wenigen Betriebsleitern Gasölverbilligungsanträge stellt, s. S. 39), eine große Übereinstimmung; in Waldangelloch ist ebenfalls der überwiegende Teil der Betriebe mit 0,5 - 2 ha nicht erfaßt worden; aus der Größenklasse 10 - 20 ha haben in diesen 2 Jahren mehrere Betriebsleiter altersbedingt abgestockt;

	Anzahl der landwirtschaftlichen Betriebe			
	Eschelbach		Waldangelloch	
BGKl	1978	1980	1978	1980
0,5 - 2 ha	19	4	23	4
2 - 5 ha	10	6 ++	9	9 ++
5 - 10 ha	3	4 ++	1	1
10 - 20 ha	4	4	6	2
20 - 30 ha	5	4	2	2
30 - 50 ha	4	5	5	4 +
≥ 50 ha	1	1		1

+ in dieser BGKl verweigerte 1 Betriebsleiter die Befragung
++ in dieser BGKl verweigerten 2 Betriebsleiter die Befragung

Von den 24 in Eschelbach befragten Betriebsleitern gaben 38 % an, ihren Betrieb im Haupterwerb zu bewirtschaften, in Waldangelloch waren es 40% von 20 Betriebsleitern. 89% der Haupterwerbsbetriebe aus Eschelbach wiesen Betriebsgrößen ≥ 20 ha auf, der entsprechende Anteil in Waldangelloch betrug 75%. Bei den Nebenerwerbslandwirten zeigen sich hierin deutlichere Unterschiede: 33% der nebenberuflichen bewirtschafteten Eschelbacher Betriebe waren größer als 10 ha, in Waldangelloch war zum Zeitpunkt der Befragung kein Nebenerwerbsbetrieb mit ≥ 10 ha vorhanden. Auch in diesen beiden Gemeinden waren Zuerwerbsbetriebe anteilsmäßig völlig unbedeutend, so daß, wie bei den Untersuchungsgemeinden des Agrarstrukturtyps II, dieser sozioökonomische Betriebstyp weiterhin nicht separat berücksichtigt wurde; in beiden Gemeinden sind je 3 Aussiedlerbetriebe vorhanden. 1969 und zum Zeitpunkt der Befragung wurden in beiden Gemeinden rund 70% der gesamten landwirtschaftlichen Nutzfläche von Haupterwerbslandwirten bewirtschaftet; von den befragten hauptberuflichen Landwirten wiesen in Eschelbach nur 22% die Gesellen- oder Meisterprüfung bzw. den Diplom-Abschluß auf; in Waldangelloch lag der entsprechende Anteil bei 25%.

[2] Verwiesen werden muß hierbei auf die eingeschränkte Vergleichbarkeit; 1960 wurde die durchschnittliche Teilstückgröße für alle Betriebe ≥ 0,5 ha berechnet, 1980 waren viele Betriebe der unteren Betriebsgrößenklassen, in denen die Zersplitterung am höchsten war, nicht miteinbezogen.

Die Frage, ob die Flurbereinigung ihnen Vorteile gebracht habe, bejahten 88% aller Eschelbacher Landwirte (89% der Haupt- und 87% der Nebenerwerbslandwirte). Die Übereinstimmung bei den angegebenen Vorteilen ist sehr groß (s. Tab. 41), nur bei dem möglichen Vorteil "höhere Erträge" war die Anzahl der Nennungen vor allem bei den Nebenerwerbslandwirten geringer[1], "günstigere Verpachtungsmöglichkeiten" konnten ebenfalls nur von einigen wenigen nebenberuflichen Landwirten festgestellt werden.

Tab. 41: Festgestellte bzw. erwartete Vorteile durch die Flurbereinigung in Eschelbach und Waldangelloch

Vorteile	Eschelbach Nennungen in % aller[+]			Waldangelloch Nennungen in % aller[+]		
	Betr. insg.	Haupt- erw.b.	Neben- erw.b.	Betr. insg.	Haupt- erw.b.	Neben- erw.b.
bearbeitungsgerechte Teilstücke	88	89	87	60	88	42
größere Teilstücke	88	89	87	60	88	42
verringerter Arbeitsaufwand	88	89	87	60	88	42
verbesserte Wirtschaftswege	88	89	87	45	63	33
besserer Maschineneinsatz	88	89	87	60	88	42
höhere Erträge (weniger Randstreifen, Furchen etc.)	42	78	20	30	63	8
günstigere Verpachtungsmöglichkeiten	13	-	20	-	-	-

[+]Mehrfachnennungen waren möglich

Von den Waldangellocher Landwirten erwarten sich 60% Vorteile von der Flurbereinigung (88% der Haupt- und 42% der Nebenerwerbslandwirte). Zumindest der Anteil an Haupterwerbslandwirten mit positiver Erwartungshaltung entspricht demjenigen Anteil an Eschelbacher Haupterwerbslandwirten, die flurbereinigungsbedingte Vorteile vermerken konnten;

---
[1] siehe hierzu S. 39

bei den nebenberuflichen Betriebsleitern dagegen ist der Vorteile erwartende Anteil geringer. Bezüglich der Art der zu erwartenden Vorteile zeigen sich ebenfalls deutliche Parallelen zu den Nennungen der Eschelbacher Landwirte, lediglich bei den Vorteilen "höhere Erträge" und "verbesserte Wirtschaftswege" sind größere Unterschiede zu vermerken, was bei letzterem im Zusammenhang mit dem vor allem in den 70er Jahren in Waldangelloch erfolgten Ausbau der Wirtschaftswege zu sehen ist. "Günstigere Verpachtungsmöglichkeiten" werden von den Nebenerwerbslandwirten nicht erwartet, was u.a. auf die geringen Betriebsgrößen (s. S. 157) und damit verbunden auf fehlende Abstockungsabsichten zurückzuführen ist.

Die Antworten zu den festgestellten bzw. erwarteten Nachteilen durch die Flurbereinigung zeigen größere Unterschiede zwischen beiden Gemeinden als bei der Frage nach den Vorteilen (vgl. Tab. 42 und 41). Insgesamt mußten 63% der Eschelbacher Landwirte (44% der Haupt- und 73% der Nebenerwerbslandwirte) Nachteile nach erfolgter Flurbereinigung vermerken, der Anteil an Waldangellocher Landwirten, die von der bevorstehenden Flurbereinigung Nachteile erwarten, ist mit 85% (75% der Haupt- und 92% der Nebenerwerbslandwirte) deutlich höher. Entsprechend diesen Unterschieden sind bei den Häufigkeiten der Nennungen der einzelnen Nachteile auch beträchtliche Divergenzen zwischen beiden Gemeinden vorhanden (s. Tab. 42).

Tab. 42: Festgestellte bzw. erwartete Nachteile durch die Flurbereinigung in Eschelbach und Waldangelloch

Nachteile	Eschelbach Nennungen in %[+] aller			Waldangelloch Nennungen in %[+] aller		
	Betr. insg.	Haupt- erw.b.	Neben- erw.b.	Betr. insg.	Haupt- erw.b.	Neben- erw.b.
hohe finanzielle Belastung	17	11	20	35	38	33
schlechtere Böden	38	33	40	25	13	33
höhere Pachtpreise	63	44	73	20	25	17
landeskulturelle Nachteile	4	-	7	5	-	8
Sonstiges	21	11	27	45	25	58

[+]Mehrfachnennungen waren möglich

Da doch ein relativ hoher Anteil der Eschelbacher Landwirte flurbereinigungsbedingte Vorteile vermerken konnte, lag auch der Anteil derjenigen, für den sich trotz einiger Nachteile die Flurbereinigung zumindest gelohnt hatte, bei über 80% (s. Tab. 43). Nur für wenige Landwirte hatte sich die Flurbereinigung nicht gelohnt bzw. keine Veränderung oder aber nur Nachteile gebracht. Auch die überwiegende Mehrzahl der Haupterwerbslandwirte aus Waldangelloch nimmt an, daß die bevorstehende Flurbereinigung sich für sie lohnen wird; der Anteil an Nebenerwerbslandwirten dagegen, der davon ausgeht, daß die Flurbereinigung sich nicht für ihren Betrieb lohnt, ist beträchtlich höher. Dies hatte sich schon in dem geringen Prozentsatz an Nebenerwerbslandwirten, die sich von der Flurbereinigung Vorteile erhoffen, angedeutet. Dennoch haben 75% der befragten Nebenerwerbslandwirte der Flurbereinigung in Waldangelloch zugestimmt, bei den Haupterwerbslandwirten war dieser Anteil noch höher (s. Tab. 44).

Tab. 43: Bewertung der Agrarstrukturmaßnahme Flurbereinigung in Eschelbach und Waldangelloch

Bewertung	Eschelbach Nennungen in % aller			Waldangelloch[+] Nennungen in % aller		
	Betr. insg.	Haupt- erw.b.	Neben- erw.b.	Betr. insg.	Haupt- erw.b.[1]	Neben- erw.b.
hat sich sehr gelohnt	13	33	-	-	-	-
hat sich gelohnt	71	56	80	45	75	25
brachte keine Veränderung	8	-	13	20	-	33
hat sich nicht gelohnt	4	-	7	25	-	42
hat nur Nachteile gebracht	4	11	-	5	13	-

[+] Frage in Waldangelloch: "Angenommen, in Ihrer Gemeinde wäre bereits eine Flurbereinigung durchgeführt worden, was glauben Sie, wie Sie diese für sich bewerten würden?"

Übertroffen wird diese Zustimmungsquote allerdings von den Landwirten aus Eschelbach, die, ausgehend von ihren Erfahrungen, wenn sie nochmals die Entscheidung zu treffen hätten, mit Ausnahme eines Nebenerwerblandwirtes, alle der Flurbereinigung zustimmen würden (s. Tab. 44).

Tab. 44: Zustimmungsbereitschaft zur Flurbereinigung in Eschelbach und Waldangelloch

Zustimmung zur Flurbereinigung?	Eschelbach Nennungen in % aller			Waldangelloch Nennungen in % aller		
	Betr. insg.	Haupt- erw.b.	Neben- erw.b.	Betr. insg.	Haupt- erw.b.	Neben- erw.b.
ja	96	100	93	80	87,5	75
nein	4	-	7	15	12,5	17
unentschieden	-	-	-	5	-	8

[1] Einer der befragten Haupterwerbsbetriebe sah sich nicht in der Lage, eine Bewertung abzugeben

Zusammenfassend kann festgehalten werden, daß auch in Eschelbach die Flurbereinigung den Landwirten viele Vorteile gebracht hat und die Zusammenlegung zu deutlich günstigeren Verhältnissen im Vergleich zur nichtflurbereinigten Referenzgemeinde Waldangelloch geführt hat. Vorteile sind zumindest von fast allen Eschelbacher Haupterwerbslandwirten vermerkt worden, die Agrarstrukturmaßnahme wird vom überwiegenden Anteil der Betriebsleiter als lohnend für den eigenen Betrieb erachtet. Auch die Erwartungshaltung der Waldangellocher Landwirte der Flurbereinigung gegenüber ist vorwiegend positiv, fast alle Haupterwerbslandwirte rechnen mit Vorteilen für ihren Betrieb. Trotz der Befürchtung einiger Nachteile wird die bevorstehende Flurbereinigung von Haupt- und Nebenerwerbslandwirten begrüßt. Diese sich deutlich von derjenigen der befragten Landwirte im nichtflurbereinigten Mauer unterscheidende Erwartungshaltung ist sicherlich wesentlich beeinflußt durch die Tatsache, daß in Waldangelloch die Anordnung der Flurbereinigung bereits stattgefunden hat, die Landwirte somit gezwungen sind, sich auf die Agrarstrukturmaßnahme einzustellen.

9.3. Entwicklung von Betriebsgrößenstruktur und sozioökonomischen Betriebstypen

Die Abnahme in der Anzahl der land- und forstwirtschaftlichen Betriebe zwischen 1949 und 1960 in Eschelbach und Waldangelloch entsprach in der Größenordnung derjenigen für den Gesamt-Kraichgau (s. Tab. 45), war aber deutlich geringer als in den Untersuchungsgemeinden des Agrarstrukturtyps II (vgl. Tab. 21), in denen günstigere außerlandwirtschaftliche Verhältnisse zu einer stärkeren Abnahme in diesem Zeitraum geführt hatten. Erst in den 60er Jahren erfolgte, vor allem parallel zur Niederlassung mehrerer Industriebetriebe in benachbarten Gemeinden (Eichtersheim, Östringen), eine umfangreiche Verringerung der Betriebe, wobei diese in Eschelbach beträchtlich höher war als in Waldangelloch. Unter dem Aspekt etwaiger Flurbereinigungswirkungen betrachtet, kann bei einer ersten Grobanalyse angenommen werden, daß bei vergleichbaren außerlandwirtschaftlichen Rahmenbedingungen die Flurbereinigung für diese stärkere Abnahme mitverantwortlich war.

Tab. 45: Anzahl der land- und forstwirtschaftlichen Betriebe ≥ 0,5 ha in Eschelbach und Waldangelloch (1959, 1960, 1971)

	1949 Betriebe	1960 Betriebe	in % von 1949	1971 Betriebe	in % von 1949
Eschelbach	219	197	90	74	34
Waldangelloch	193	157	81	97	50
Kraichgau	28081	22923	82	13858	49

Unveröffentlichte Unterlagen des Statistischen Landesamtes zur Betriebsgrößenstruktur ermöglichen für die Jahre 1965 - 1978 einen genaueren Einblick in die Abnahmerate an landwirtschaftlichen Betrieben in beiden Untersuchungsgemeinden. Der Entwicklungsverlauf (Basisjahr 1965) war in Eschelbach und Waldangelloch sehr ähnlich (s. Fig. 19). Die Abnahmerate war in Waldangelloch kontinuierlicher, hielt auch noch in den 70er Jahren an; insgesamt betrachtet erreichte die Verringerung an Betrieben in dieser Gemeinde in diesem Zeitraum einen größeren Umfang als in Eschelbach.

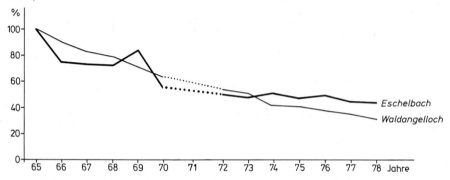

Fig. 19: Entwicklung der Anzahl der landwirtschaftlichen Betriebe (≥ 0,5 ha) in Eschelbach und Waldangelloch (1965 - 1978)*

Da auch für diese Gemeinden solche Zahlen nicht seit dem Jahr der Anordnung des Verfahrens (1964) vorliegen, muß wiederum auf die nur bedingt, da nur in der Größenordnung vergleichbaren Angaben der Landwirtschaftszählung von 1960 zurückgegriffen werden (s. S.121). Die Gegenüberstellung dieser Daten zeigt dann, daß von 1960 - 1965 in Eschelbach die Anzahl der Betriebe um 46%, in Waldangelloch um 12% abgenommen hat. Zur weiteren Verdeutlichung der Unterschiede seien die Zahlen von 1949 mitherangezogen. Ausgehend von diesen waren 1960 in Eschelbach noch 90% der Betriebe von 1949 vorhanden, 1965 48%, 1970 27% und 1978 21%; in Waldangelloch waren es 1960 noch 81% von 1949, 1965 71%, 1970 46% und 1978 24%. Im knapp 30ig-jährigen Entwicklungsverlauf zeigen beide Gemeinden ein vergleichbares Potential an Betriebsaufgaben, der wesentliche Unterschied besteht in der Art der Abnahme: einer geballten Abnahme in den 60er Jahren und einer relativen Stagnation in den 70er Jahren in Eschelbach steht in Waldangelloch eine eher gleichmäßige Abnahme (s.o.) gegenüber, wobei für die konzentrierte Verringerung in Eschelbach die Flurbereinigung als mitbestimmender Faktor angenommen werden muß.

Auch die Anzahl an hauptberuflich bewirtschafteten Betrieben hat in Eschelbach stärker abgenommen, wobei hier eine beeinflussende Wirkung der Flurbereinigung ebenfalls nicht ausgeschlossen werden kann. Waren in dieser Gemeinde 1969[1] noch 27% der Haupterwerbsbetriebe von 1956 vor-

---
[1] Für die Berechnung dieser Werte wurden dieselben Quellen wie beim Agrarstrukturtyp II verwendet (s. S. 121).

*Für 1971 lagen die vergleichbaren Angaben nicht vor

handen, so sank dieser Anteil bis 1975 auf 15%, bis 1980 auf 11%. In Waldangelloch lauteten die entsprechenden Werte für 1969 45%, für 1975 32% und für 1980 22%.

Parallel zur umfangreichen Abnahme an Betrieben hat die durchschnittliche Betriebsgröße in beiden Untersuchungsgemeinden deutlich zugenommen. Lag diese 1949 und 1960 in Eschelbach und in Waldangelloch unter den für den Kraichgau ermittelten Durchschnittswerten von 3,1 ha bzw. 3,5 ha, so erreichte die durchschnittliche Betriebsgröße in Waldangelloch erst 1971 die entsprechende Größenordnung für den Gesamtraum (7,7 ha), in Eschelbach hat in den 60er Jahren bis 1971, entsprechend der umfangreicheren Verminderung der Anzahl der Betriebe, die durchschnittliche Betriebsgröße stärker zugenommen (s. Tab. 46).

Tab. 46: Durchschnittliche Betriebsgröße (ha) der landwirtschaftlichen Betriebe ≥ 0,5 ha (1949, 1960) bzw. ≥ 1 ha (1971) in Eschelbach und Waldangelloch

	durchschnittliche Betriebsgröße		
	1949	1960	1971[1]
Eschelbach	2,8	3,1	9,5
Waldangelloch	2,3	2,8	7,9

Die stärkere Zunahme in der durchschnittlichen Betriebsgröße war in Waldangelloch in den 70er Jahren zu verzeichnen, was sich schon bei der Untersuchung der Abnahme der landwirtschaftlichen Betriebe abgezeichnet hatte. Betrachtet man sich allerdings die Darstellung des Entwicklungsverlaufes in Fig. 20, so muß berücksichtigt werden, daß in Eschelbach 1965 die durchschnittliche Betriebsgröße gemessen an 1949[2] schon deutlich höher war als in Waldangelloch (Eschelbach 5,5 ha, Waldangelloch 3,2 ha). Erst in den 70er Jahren erfolgte in Waldangelloch ein Auf-

---

[1] Auf die unterschiedliche Erfassungsgrundlage bei den einzelnen Landwirtschaftszählungen wurde bereits hingewiesen (s. S. 54); zur besseren Vergleichbarkeit können die durchschnittlichen Betriebsgrößenwerte der Betriebe ≥ 0,5 ha für 1972, berechnet nach den Zusammenstellungen des Statistischen Landesamtes, herangezogen werden; der in Waldangelloch deutlich geringere Wert mit 5,4 ha im Gegensatz zu 9,1 ha in Eschelbach zeigt klar, daß in den 60er Jahren die konzentrierte Abnahme an Betrieben in Eschelbach vor allem durch die Aufgabe von Betrieben mit 0,5 - 1 ha hervorgerufen worden ist.

[2] Trotz der eingeschränkten Vergleichbarkeit seien hier die Zahlen gegenübergestellt: von 1949 bis 1965 hat in Waldangelloch die durchschnittliche Betriebsgröße um 39%, in Eschelbach um 96% zugenommen; wobei die deutlichste Zunahme in Eschelbach im Zeitraum der Anordnung der Flurbereinigung, zwischen 1960 und 1965 erfolgt ist; so erhöhte sich in Eschelbach die durchschnittliche Betriebsgröße von 1960 bis 1965 um 77%, in Waldangelloch dagegen nur um 14%.

holen des Entwicklungsvorsprungs von Eschelbach; gemessen an 1949 hat sich bis 1978 die durchschnittliche Betriebsgröße in Waldangelloch um 270%, in Eschelbach um 282% erhöht. Damit kann zwar auch bei der durchschnittlichen Betriebsgröße ein Entwicklungsvorsprung, beeinflußt durch die Flurbereinigung, erkannt werden, der allerdings von der nichtflurbereinigten Referenzgemeinde bis 1978 wieder deutlich verringert werden konnte.

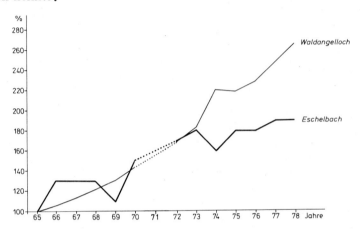

Fig. 20: Entwicklung der durchschnittlichen Betriebsgröße in Eschelbach und Waldangelloch (1965 - 1978)[1]

Die durchschnittliche Größe der hauptberuflich bewirtschafteten Betriebe hat ebenfalls stark zugenommen. Betrug diese 1956 in Eschelbach 5,8 ha, in Waldangelloch 7,0 ha, so lagen die vergleichbaren Werte 1980 zum Zeitpunkt der Befragung bei 34,6 ha bzw. 34,0 ha. Da die Variationskoeffizienten hierfür 1956 in Eschelbach 39%, in Waldangelloch sogar 146% erreichten und 1980 mit 72% bzw. 51% immer noch sehr hoch waren, genügen diese wenigen Daten nicht, um eine etwaige flurbereinigungsbedingte Veränderung in diesem Bereich feststellen zu können.

In ihrer Betriebsgrößenstruktur waren die Gemeinden Eschelbach und Wandangelloch durch Merkmale gekennzeichnet, die denjenigen des Gesamt-Kraichgaus sehr ähnlich waren (Fig. 21). Wiesen im Kraichgau 1949 19% der Betriebe eine Größe ≥ 5 ha auf, so waren es in Eschelbach 20% und in Waldangelloch 14% der Betriebe, die den Größenklassen ≥ 5 ha zugeordnet werden konnten.

Zwischen 1949 und 1960 haben sich in Eschelbach und Waldangelloch Veränderungen in der Betriebsgrößenstruktur vollzogen, wie sie auch für den Kraichgau feststellbar sind, wobei hierfür die allmähliche Verlagerung des Differenzierungsprozesses in Haupt- und Nebenerwerbsbetriebe von der Größenklasse 2 - 5 ha in die nächsthöhere der auslösende Faktor war. In Waldangelloch führte die Abnahme der Betriebe mit 2 - 5 ha um 61% in diesem Jahrzehnt zu einem Bedeutungsverlust dieser Größenklasse bei gleichzeitiger Zunahme der prozentualen Anteile in der untersten und vor allem der Größenklasse mit 10 - 20 ha. In Eschelbach hat diese Um-

---

[1] Für 1971 lagen die vergleichbaren Angaben nicht vor

schichtung nicht im gleichen Ausmaß stattgefunden, für diese Gemeinde
war nur eine Abnahme der Betriebe mit 2 - 5 ha um 22% zu verzeichnen,
wodurch weniger Land zum Aufstocken für größere Betriebe freigesetzt
wurde.[1] Die Anzahl der Betriebe mit 10 - 20 ha hatte sich daher zwischen
1949 und 1960 nicht geändert. Entsprechend diesen Unterschieden zeigen
sich 1960 auch Unterschiede bei der Aufteilung der landwirtschaftlichen
Nutzfläche. So nimmt die Betriebsgrößenklasse 2 - 5 ha in Eschelbach
einen höheren, diejenige mit 0,5 - 2 ha und 10 - 20 ha einen niedrigeren
Anteil ein als in Waldangelloch (Fig. 21).

Die bis 1971 erfolgten Umschichtungen in den prozentualen Anteilen der
Größenklassen an der Gesamtzahl der Betriebe sind in Eschelbach deutlich
stärker gewesen. So hat die Anzahl der Betriebe mit 2 - 5 ha von 1960 bis
1971 in Eschelbach um 73% abgenommen, in Waldangelloch dagegen hat
sich diese Anzahl in diesem Zeitraum nicht geändert, so daß wegen der
bis 1971 verringerten Gesamtzahl an Betrieben sogar eine Erhöhung des
prozentualen Anteils der Größenklasse 2 - 5 ha von 1960 10% auf 1971 17%
festzustellen ist.

Weiterhin hat im selben Zeitraum die Anzahl der Betriebe mit 0,5 - 2 ha
in Eschelbach stärker abgenommen als in Waldangelloch, wobei hier der
Unterschied zwischen beiden Gemeinden nicht so kraß war wie bei der
Größenklasse 2 - 5 ha (Eschelbach: Abnahme um 66%, Waldangelloch um
43%). Die Anzahl der Betriebe mit 5 - 10 ha hat sich in beiden Gemeinden
bis 1971 in vergleichbarem Umfang verringert, so daß das Verhältnis
der prozentualen Anteile, nimmt man eine Gegenüberstellung mit 1960 vor,
sich nicht verändert hat.

In den oberen Betriebsgrößenklassen zeigen sich wieder deutlichere Entwicklungsunterschiede. Die Anzahl der den Größenklassen ≥ 10 ha zuzuordnenden Betrieben in Eschelbach hat sich viel stärker erhöht, was sich
im prozentualen Anteil dieser Größenklassen an der Gesamtzahl der Betriebe niedergeschlagen hat. Betrug dieser in Eschelbach 1960 nur 3%,
so ist er bis 1971 auf 24% angestiegen, in Waldangelloch erfolgte nur eine
Zunahme von 7% 1960 auf 14% 1971.

---

[1] Genauere Ursachen für diese Unterschiede können hier nicht angegeben
werden, angenommen werden kann lediglich eine in Eschelbach etwas
niedrigere Ackernahrung; Angaben zur Ackernahrung in diesem Jahrzehnt lagen nicht vor; doch den freundlicherweise von den jeweiligen Gemeindeverwaltungen zur Verfügung gestellten Unterlagen konnte entnommen werden, daß 1956 in Eschelbach von den in der Größenklasse
2 - 5 ha vorhandenen Betrieben 82% im Haupterwerb bewirtschaftet wurden, in Waldangelloch lag der entsprechende Anteil mit 42% deutlich
darunter; in beiden Gemeinden wurden zu diesem Zeitpunkt alle Betriebe ≥ 5 ha im Haupterwerb bewirtschaftet.

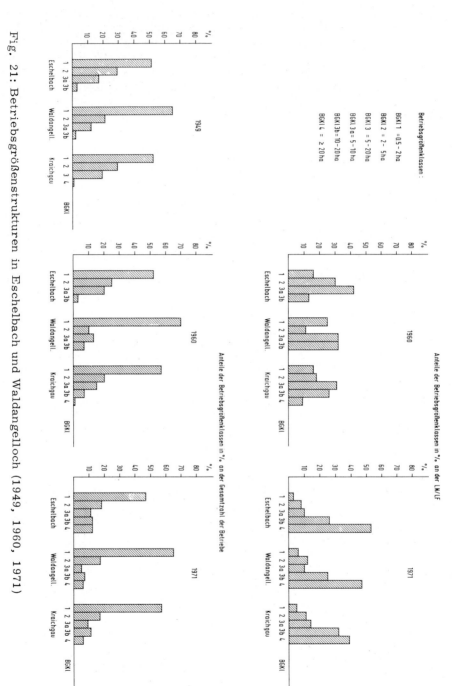

Fig. 21: Betriebsgrößenstrukturen in Eschelbach und Waldangelloch (1949, 1960, 1971)

Flächenmäßig haben sich diese Unterschiede nicht so stark niedergeschlagen (s. Fig. 21), wobei allerdings bei der Betrachtung von Fig. 21 berücksichtigt werden muß, daß zwar bei der Anzahl der Betriebe eine Umrechnung (Einbezug der Betriebe von 0,5 - 1 ha) vorgenommen werden konnte (vgl. S. 57), daß dies bei den Flächenanteilen mangels entsprechender Daten nicht möglich war. Bei den Beispielsgemeinden von Agrarstrukturtyp II war dies nicht von wesentlicher Bedeutung, bei den Gemeinden Eschelbach und Waldangelloch ist, wegen des beträchtlich höheren Anteils an Kleinstbetrieben,[1] hier mit einer größeren Unschärfe zu rechnen. Vor allem in Waldangelloch war der flächenmäßige Anteil der Betriebsgrößenklasse 0,5 - 2 ha sicherlich knapp 10% höher, die Anteile der anderen Größenklassen entsprechend niedriger als im Diagramm dargestellt.

Betrachtet man sich diese Umschichtungen in den Betriebsgrößenstrukturen beider Gemeinden im Jahrzehnt der Durchführung der Flurbereinigung in Eschelbach, so kann angenommen werden, daß die Flurbereinigung sich auf das Ausmaß der Abnahme der Betriebe mit 0,5 - 2 ha und 2 - 5 ha deutlich ausgewirkt hat - entsprechendes gilt für die höhere Zunahme der größeren Betriebe ≥ 10 ha.

Die genauere Untersuchung vor allem der jüngeren Entwicklung in den Betriebsgrößenstrukturen ermöglichen wiederum die unveröffentlichten Unterlagen des Statistischen Landesamtes für den Zeitraum 1965 - 1978 (Fig. 22 - 25).

Zur Beurteilung etwaiger Flurbereinigungswirkungen erweist es sich aber erneut als ungünstig, daß nicht seit dem Zeitpunkt der Anordnung der Flurbereinigung diese Angaben vorliegen, es muß also wieder die Gegenüberstellung der nur eingeschränkt vergleichbaren Werte der Landwirtschaftszählung mit denjenigen von 1965 (Fig. 21, 22 und 23) vorgenommen werden.

In diesen 5 Jahren hat in Eschelbach eine sehr starke Umschichtung in der Betriebsgrößenstruktur stattgefunden, der prozentuale Anteil der Größenklasse 0,5 - 2 ha an der Gesamtzahl der Betriebe ging von 1960 ≥ 50% auf 30% 1965 zurück, entsprechend nahm der Anteil an Betrieben ≥ 10 ha, der 1960 nur 3% betragen hat, auf 17% 1965 zu. Ebenfalls abgenommen hat die Anzahl der Betriebe in den Größenklassen 2 - 10 ha, was aber, wegen der viel stärkeren Gesamtabnahme der Betriebe, sich nicht in einer Verringerung der prozentualen Anteile niedergeschlagen hat, sichtbar wird dies aber bei einer Gegenüberstellung des Anteils der Größenklassen an der landwirtschaftlichen Nutzfläche 1960 und 1965 (Fig. 21 und 24). Der Anteil der Größenklasse 2 - 5 ha betrug hier 1960 noch 30% und ging bis 1965 auf 17% zurück, für die Betriebe mit 5 - 10 ha

---

[1] Betrug vor der Umrechnung der Anteil an Betrieben mit 1 - 2 ha in Eschelbach 22%, in Waldangelloch 29%, so lagen nach der durch die Umrechnung erreichten Einbeziehung der Betriebe mit 0,5 - 1 ha die entsprechenden Prozentanteile bei 47% bzw. 65%.

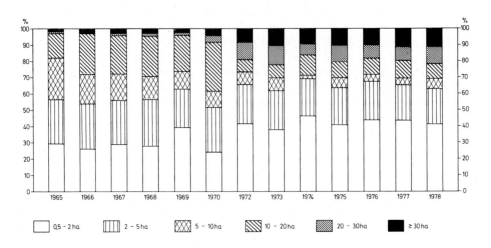

Fig. 22: Entwicklung der Anteile der Betriebsgrößenklassen an der Gesamtzahl der Betriebe (≥ 0,5ha) in Eschelbach (1965 - 1978)

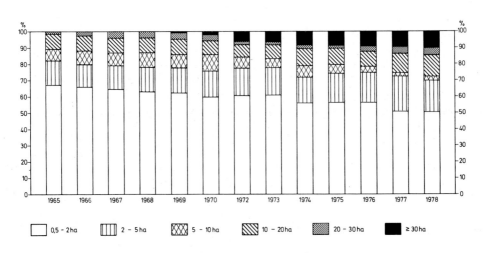

Fig. 23: Entwicklung der Anteile der Betriebsgrößenklassen an der Gesamtzahl der Betriebe (≥ 0,5ha) in Waldangelloch (1965 - 1978)

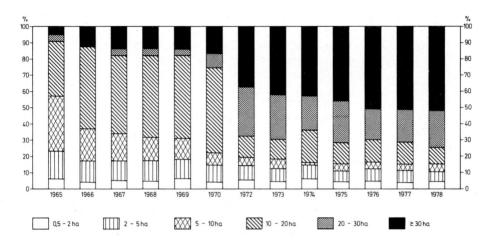

Fig. 24: Entwicklung des Anteile der Betriebsgrößenklassen an der landwirtschaftlichen Nutzfläche in Eschelbach (1965 - 1978)

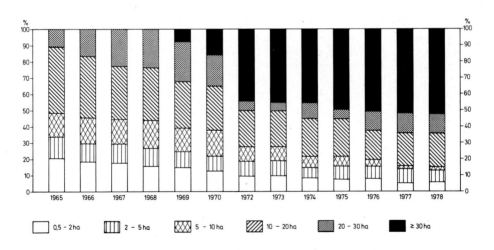

Fig. 25: Entwicklung der Anteile der Betriebsgrößenklassen an der landwirtschaftlichen Nutzfläche in Waldangelloch (1965 - 1978)

ist eine Abnahme des flächenhaften Anteils von 42% auf 34% festzustellen, die unterste Größenklasse verringerte ihren Anteil von 16% 1960 auf 6% 1965.

Im selben Zeitraum ist für Waldangelloch bei den prozentualen Anteilen der Größenklassen an der Gesamtzahl der Betriebe nur eine geringfügige Umstrukturierung zu vermerken. Der Anteil der Größenklasse 0,5 - 2 ha hat um 3% auf 67% abgenommen, die Größenklasse 2 - 5 ha dagegen um 5% auf 15% ihren Anteil erhöht, was durch eine Zunahme der Anzahl der Betriebe mit 2 - 5 ha durch abstockende Betriebe aus der nächsthöheren Größenklasse hervorgerufen worden ist. Entsprechend der in Waldangelloch bei weitem nicht so hohen Gesamtabnahme der Betriebe im Vergleich zu Eschelbach (s.o.) führte die Abnahme der Anzahl der Betriebe mit 5 - 10 ha auch zu einer Verringerung des prozentualen Anteils von 13% 1960 auf 7% 1965. Die Anzahl der Betriebe ≥ 10 ha hat zwar in Waldangelloch ebenfalls zugenommen, aber in viel geringerem Ausmaß als in der Vergleichsgemeinde. Nahm diese Größenklasse in Waldangelloch 1960 einen Anteil von 7% ein, so erhöhte sich dieser bis 1965 auf 11%. Diese relativ geringen Änderungen haben aber zu größeren Verschiebungen bei den flächenhaften Anteilen der Größenklassen in diesen 5 Jahren geführt (s. Fig. 21 und 25), wobei diese allerdings in ihrem Umfang deutlich hinter denjenigen von Eschelbach zurückgeblieben sind.[1] Hatte der flächenhafte Anteil der Betriebe ≥ 10 ha in Eschelbach von 1960 12% auf 43% 1965 zugenommen, so ist die entsprechende Zunahme in Waldangelloch von 32% auf 51% 1965 beträchtlich geringer gewesen.

Diese, wenn auch nur in der Größenordnung vergleichbare Gegenüberstellung der Anteile der Betriebsgrößenklassen von 1960 und 1965 zeigt ganz klar, daß in Eschelbach die Entwicklung zum größeren Betrieb, von einer ungünstigeren Situation 1960 aus, in stärkerem Umfang als in Waldangelloch erfolgt ist, wofür, bei sonst weitgehend vergleichbaren außerlandwirtschaftlichen Rahmenbedingungen, hier die Flurbereinigung, ebenso wie bei der geballten Abnahme der Anzahl der Betriebe zur Erklärung herangezogen werden muß.

Ein weiterer bedeutender Schub in der Entwicklung zum größeren Betrieb hat in Eschelbach zwischen 1965 und 1966, ein Jahr nach Anordnung der Flurbereinigung, stattgefunden. In der Größenklasse 5 - 10 ha führte die Verminderung der Betriebe von 27 1965 auf 15 1966 - der überwiegende Teil wurde abgestockt bzw. aufgegeben - zu einer Abnahme der landwirtschaftlichen Nutzfläche in dieser Größenklasse um 83 ha (entsprach knapp 15% der gesamten LN). Die hierdurch gegebenen Aufstockungsmöglichkeiten erbrachten eine beträchtliche Zunahme vor allem der Betriebe mit 10 - 20 ha. Bis zum Ausgang der 60er Jahre waren zwar noch

---

[1] In Eschelbach wurden durch die Betriebsaufgaben bzw. -verkleinerungen rund 30% der landwirtschaftlichen Nutzfläche freigesetzt, in Waldangelloch dagegen nur rund 20%.

kleinere Schwankungen in den prozentualen Anteilen der Betriebsgrößenklassen an der Gesamtzahl der Betriebe zu vermerken, flächenmäßig waren diese aber nicht von wesentlicher Bedeutung. In Waldangelloch nahm im selben Zeitraum der Anteil an Betrieben unter 20 ha kontinuierlich, aber in geringem Umfang ab, was sich allerdings deutlich nur bei Betrachtung der Aufteilung der landwirtschaftlichen Nutzfläche erschließt, da die überproportionale Abnahme in der Größenklasse 0,5 - 2 ha die relative Konstanz der prozentualen Anteile der Größenklassen 2 - 20 ha an der Gesamtzahl der Betriebe bedingte. Auch für diese in Eschelbach zwischen 1965 und 1966 deutlich stärkere Abnahme an Betrieben mit 5 - 10 ha, die hierdurch ausgelöste Umschichtung und die nachfolgende relative Stagnation in der Betriebsgrößenentwicklung kann die Flurbereinigung als erklärender, da beschleunigender Faktor, angenommen werden.

Entsprechend der allgemeinen Entwicklung (s. 1.) sind Anfang der 70er Jahre auch für beide Untersuchungsgemeinden stärkere Veränderungen in den Betriebsgrößenstrukturen vor allem bei Betrachtung der flächenhaften Anteile festzuhalten (Fig. 24 und 25). Der auffallendste Entwicklungsunterschied zeigt sich hier bei den Größenklassen 10 - 30 ha: einer starken Abnahme des flächenhaften Anteils der Betriebe mit 10 - 20 ha in Eschelbach stand eine umfangreiche Verminderung des flächenhaften Anteils der Betriebe mit 20 - 30 ha in Waldangelloch gegenüber,[1] in beiden Gemeinden zugenommen hat der flächenhafte Anteil der Betriebe ≥ 30 ha, wobei diese Zunahme in Waldangelloch von einer ungünstigeren Situation aus größer war als in Eschelbach. Der Anteil der Betriebe ≥ 30 ha an der landwirtschaftlichen Nutzfläche betrug in Waldangelloch 1972 45%, in Eschelbach 38%, 1969 lauteten die vergleichbaren Zahlen 8% bzw. 13%.

Zur Erklärung dieser Divergenzen muß die schon in den 60er Jahren unterschiedliche Entwicklung berücksichtigt werden. So konnte sich in Eschelbach durch die frühe geballte Aufgabe kleinerer Betriebe bis 1965 eine recht breite Schicht an Betrieben mit 10 - 20 ha herausbilden, wodurch eine Verstärkung der Konkurrenz bei der Nachfrage nach landwirtschaftlicher Nutzfläche für weitere Aufstockungen entstanden ist, so daß auf den einzelnen aufstockungswilligen Betrieb bei weiterem Freiwerden von landwirtschaftlicher Nutzfläche nicht so viel Land entfallen konnte. In Waldangelloch dagegen war der Anteil an Land nachfragenden

---

[1] Denkbar gewesen wäre hier, durch die Allmendaufteilung bedingt (s. S. 156), eine in der flurbereinigten Gemeinde deutlichere Entwicklung zum größeren Betrieb; dies ließ sich aber nicht feststellen, so daß angenommen werden kann, daß in diesen Jahren in Eschelbach das Freiwerden landwirtschaftlicher Nutzfläche durch Abstocken bzw. Aufgabe kleiner Betriebe im gleichen Umfang auch ohne Flurbereinigung erfolgt wäre

Betriebsleitern[1] geringer, bei Betriebsaufgaben bzw. -abstockungen verteilte sich die freiwerdende Nutzfläche auf eine geringere Anzahl von Interessenten. Da diese breite Schicht an aufstockungswilligen Landwirten in Eschelbach erst flurbereinigungsbedingt in diesem Ausmaß entstanden ist, kann Anfang der 70er Jahre hierin eine die Entwicklung zum größeren Betrieb etwas hemmende längerfristige Wirkung der Flurbereinigung gesehen werden.

In der weiteren Entwicklung der Betriebsgrößenstrukturen beider Gemeinden waren bis 1978 keine wesentlichen Veränderungen mehr festzustellen, aufgegeben bzw. abgestockt wurden in beiden Gemeinden einige wenige Betriebe - fast ausschließlich im Rahmen des Generationswechsels - in allen Größenklassen < 20 ha, die jeweils hierdurch freiwerdenden Flächen wurden vor allem zum Aufstocken in die Größenklasse ≥ 30 ha genutzt. Umfangreicher abgenommen haben lediglich die Betriebe mit 0,5 - 2 ha in Waldangelloch zwischen 1971 und 1978[2], was aber vor allem flächenmäßig keine größeren Veränderungen bei der prozentualen Aufteilung nach Größenklassen bewirkt hatte.

1978 zeigen die flurbereinigte und die nichtflurbereinigte Gemeinde wieder, wie 1949, sehr ähnliche Betriebsgrößenstrukturen, die von der Flurbereinigung bewirkte Beschleunigung der Entwicklung zum größeren Betrieb in der 1. Hälfte der 60er Jahre hat längerfristig nicht zu bedeutend günstigeren Verhältnissen in Eschelbach geführt. Lediglich bei den Größenklassen 10 - 30 ha bestanden 1978 noch Unterschiede, auf die Gründe hierfür wurde bereits hingewiesen.

Für die in die Befragung eingegangenen Waldangellocher Betriebe waren, wie auch bei den Gemeinden des Agrarstrukturtyps II, die Veränderungen, die zwischen 1968 und 1971 stattgefunden haben, am wichtigsten, was sich deutlich in der Entwicklung der Bodenmobilität[3] niedergeschlagen hat (s. Fig. 26). In Eschelbach dagegen sind für die befragten Betriebsleiter

---

[1] In Eschelbach war 1969 der Anteil an Haupterwerbslandwirten und damit das Potential an aufstockenden Betrieben mit 27% höher als in Waldangelloch, wo der Anteil der Haupterwerbsbetriebe an der Gesamtzahl der Betriebe nur 18% ausmachte (berechnet nach unveröffentlichten Unterlagen der Agrarstrukturellen Rahmenplanung 1969); dieser prozentuale Anteil war in Eschelbach größer trotz der im Vergleich zu Waldangelloch stärkeren Abnahme an hauptberuflich bewirtschafteten Betrieben zwischen 1956 und 1969 (s. S. 163), da die Abnahme der Gesamtzahl der Betriebe in der flurbereinigten Gemeinde viel umfangreicher war.

[2] 1972 waren in Eschelbach noch 20% der Betriebe, gemessen an 1949, in der Größenklasse von 0,5 - 2 ha vorhanden, in Waldangelloch dagegen noch 36%; bis 1978 hatte hier eine Angleichung stattgefunden, die entsprechenden Werte betrugen in Eschelbach 1978 17%, in Waldangelloch 18%.

[3] Zur Berechnung s. S. 57

die Veränderungen zwischen 1962 und 1965 und diejenigen zwischen 1968 und 1974 wesentlich gewesen, wobei auf die Umstrukturierung zwischen 1962 und 1965 bereits bei der Betrachtung des Entwicklungsablaufes auf Gemeindeebene ein deutlicher Einfluß der Flurbereinigung erkannt werden konnte. Auf die auf Gemeindeebene ebenfalls festgestellte jüngste bedeutende Umstrukturierung zwischen 1970 und 1972 konnte eine verstärkende Wirkung der Flurbereinigung bei Gegenüberstellung der Entwicklung in Waldangelloch nicht vermerkt werden.

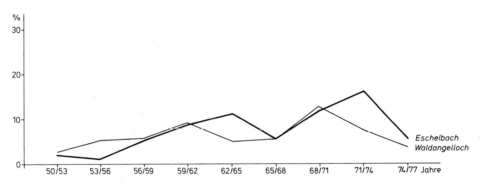

Fig. 26: Entwicklung der Bodenmobilität der in die Befragung eingegangenen Betriebe in Eschelbach und Waldangelloch (in % der gesamten LN der Gemeinde (1950 - 1977)

Jeweils alle hauptberuflichen Landwirte beider Untersuchungsgemeinden haben seit der Übernahme ihres Betriebes diesen vor allem durch Zupacht vergrößert; nur 11% dieser Betriebsleiter aus Eschelbach und 13% derjenigen aus Waldangelloch haben die landwirtschaftliche Nutzfläche zur Aufstockung überwiegend durch Kauf erworben. Zwar betrug die durchschnittliche Vergrößerung bei den Haupterwerbsbetrieben in Eschelbach 55% der zum Zeitpunkt der Befragung bewirtschafteten Fläche (entsprach 18 ha) und lag damit über dem entsprechenden Wert in Waldangelloch mit 40% (entsprach 12 ha), aber ein Blick auf die hohen Variationskoeffizienten (Eschelbach 39%, Waldangelloch 49%) zeigt, daß diese Angaben nicht geeignet sind, um eine Aussage über eine etwaige flurbereinigungsbedingte stärkere Vergrößerung in Eschelbach treffen zu können. Zudem muß hierbei berücksichtigt werden, daß von den befragten Haupterwerbslandwirten in Eschelbach 22% ihren Betrieb vor 1960 übernommen haben, in Waldangelloch dagegen ist bei allen hauptberuflichen Betriebsleitern die Übergabe erst nach 1960 erfolgt, die Betriebe wiesen damit schon eine flächenmäßig günstigere Ausstattung auf.

Befragt nach den wesentlichen Gründen für diese Vergrößerungen gaben alle Haupterwerbslandwirte beider Gemeinden als wichtigsten Faktor an, daß der Betrieb vorher zu klein und unrentabel gewesen wäre. Weitere mögliche Gründe wie "bessere Maschinenausnutzung", "Veränderung der Bodennutzung", "Veränderungen der Viehhaltung", "günstigere Pacht- bzw. Kaufgelegenheit" wurden nur von jeweils weniger als 30% als ausschlaggebend angeführt.

Ebenfalls flächenmäßig auf dem Pachtweg aufgestockt haben in Eschelbach 20% der Nebenerwerbslandwirte, in Waldangelloch war dieser Anteil mit 8% deutlich niedriger. Auch bei der Häufigkeit der Betriebsverkleinerungen zeigen sich beträchtliche Unterschiede. So haben von den befragten nebenberuflichen Landwirten in Eschelbach 67%, in Waldangelloch aber 92% Betriebsverkleinerungen durchgeführt.[1] Für die Vergrößerung war für 13% der Eschelbacher Nebenerwerbslandwirte, wie bei den Haupterwerbslandwirten, der wesentlichste Grund die vor der Vergrößerung mangelhafte Rentabilität; je 7% nannten die "bessere Maschinenausnutzung" und "Veränderung in der Viehhaltung" als wesentliche Faktoren. In Waldangelloch dagegen wurde als wesentlicher Grund nur "Sonstiges" angegeben.

Bei den Gründen für die Betriebsverkleinerungen der Nebenerwerbslandwirte (s. Tab. 47) - hauptberufliche Betriebsleiter haben keine flächenmäßigen Abstockungen vorgenommen - zeigen sich größere Unterschiede zwischen den Untersuchungsgemeinden nur bei den Faktoren "Abstockung zum Nebenerwerb" und "Auslaufen von Pachtverträgen", wobei letzteres u. a. auf die flurbereinigungsbedingte Änderung der Vergabe von Pachtland in Händen juristischer Personen zurückzuführen ist (s. S.156).

Tab. 47: Wesentliche Gründe für Betriebsverkleinerungen der Nebenerwerbslandwirte in Eschelbach und Waldangelloch

Gründe	Nennungen in %+ aller Nebenerwerbs. Eschelbach	Nennungen in %+ aller Nebenerwerbs. Waldangelloch
Abstockung zum Nebenerwerb	27	50
Arbeitsüberlastung	27	33
Landabgaberente	7	17
mangelnde Rentabilität	13	25
Auslaufen von Pachtverträgen	27	-
Sonstiges	-	8

+Mehrfachnennungen waren möglich

---

[1] Gefragt wurde jeweils nach der jüngsten Art der flächenmäßigen Veränderung; hatte also ein Nebenerwerbslandwirt, solange er seinen Betrieb noch im Haupterwerb bewirtschaftete, diesen vergrößert und erst nach der Abstockung zum Nebenerwerb eine flächenmäßige Verkleinerung vorgenommen, so wurde durch diese Frage nur die Verkleinerung erfaßt, die frühere Vergrößerung dagegen blieb unberücksichtigt.

Zur Erklärung der Unterschiede beim Grund "Abstockung zum Nebenerwerb" und bei den Häufigkeiten der Betriebsverkleinerung bzw. -vergrösserung reichen Unterschiede im Alter, im Übernahmejahrzehnt oder in der Häufigkeit an Änderungen der sozioökonomischen Stellung nicht aus. Denn das Durchschnittsalter der nebenberuflichen Landwirte war in Eschelbach mit 53 Jahren sogar etwas höher als in Waldangelloch (49 Jahre), bei der Aufteilung nach Übernahmejahrzehnten finden sich auch keine größeren Unterschiede und bei der Betrachtung der Veränderungen in der sozioökonomischen Stellung zeigt sich, daß in Eschelbach 80% der befragten Nebenerwerbslandwirte erst nach der Übernahme zum Nebenerwerb abgestockt hatten, in Waldangelloch war der entsprechende Anteil mit 67% niedriger. Hiervon ausgehend wäre eher zu erwarten gewesen, daß in Eschelbach mehr Nebenerwerbslandwirte verkleinert bzw. weniger vergrößert hätten. Für diese Unterschiede kann vielmehr die Flurbereinigung als erklärendes Moment herangezogen werden, die es einigen Landwirten in Eschelbach vor allem wegen den arbeitswirtschaftlichen Verbesserungen ermöglicht hat, u. a. zum Nebenerwerb ohne flächenmäßige Verkleinerung abzustocken. Ein weiteres Indiz hierfür stellt der bereits angesprochene Unterschied zwischen flurbereinigter und nichtflurbereinigter Gemeinde in der Größe der Nebenerwerbslandwirte dar (s. S.157). Keiner der Waldangellocher Nebenerwerbslandwirte bewirtschaftete 1980 mehr als 10 ha, in Eschelbach dagegen wies zum Zeitpunkt der Befragung ein Drittel der Nebenerwerbsbetriebe eine Größe ≥ 10 ha, davon sogar 13% eine Größe ≥ 20 ha auf. Bestätigt wird dies auch von 13% aller nebenberuflichen Betriebsleiter, die angaben, daß erst nach der Flurbereinigung eine Abstockung zum Nebenerwerb durchgeführt wurde, nachdem festgestellt worden war, daß dies ohne umfangreiche Veränderung der Betriebsgröße geschehen konnte. Weitere 27% vermerkten, daß sie zwar auch ohne Flurbereinigung zum Nebenerwerb abgestockt hätten, daß sie aber ihren Betrieb nicht bzw. nicht in dem Ausmaß, wie sie es ohne Flurbereinigung hätten tun müssen, verkleinert haben. In Waldangelloch dagegen gaben alle befragten Landwirte, die nach der Übernahme erst zum Nebenerwerb abgestockt hatten, an, daß dies jeweils mit einer flächenmäßigen Verkleinerung verbunden war.

Flurbereinigungsbedingt günstigere Vergrößerungsmöglichkeiten konnten alle hauptberuflichen und 13% der nebenberuflichen Landwirte (ehemalige Haupterwerbslandwirte) in Anspruch nehmen, wobei 36% dieser Betriebsleiter die Meinung vertraten, daß diese Vergrößerungen auch ohne Flurbereinigung möglich gewesen wären, 18% waren gegenteiliger Ansicht und 46% gaben an, daß diese Aufstockungen sich ohne Flurbereinigung nicht in dem Ausmaß hätten vollziehen lassen. Zudem meinten 11% der befragten Haupterwerbslandwirte, daß sie erst nach der Flurbereinigung in der Lage gewesen wäre, diese Betriebsgröße mit dem jetzigen Betriebssystem im Vollerwerb zu bewirtschaften, wobei allerdings berücksichtigt werden muß, daß auch in Waldangelloch durchaus vergleichbare Betriebe in der Größenklasse ≥ 30 ha vorhanden sind (s. S.157). Hierdurch werden die Aussagen der Landwirte bezüglich der Kausalzuordnung von Vorgängen erneut relativiert.

Von 33% der Nebenerwerbslandwirte, die in Eschelbach zumindest kurzfristig eine Verkleinerung wegen der Flurbereinigung in Kauf nehmen mußten, gaben 60% an, daß dies ohne Flurbereinigung nicht hätte geschehen müssen (Verlust von Pachtland!), 40% äußerten die gegenteilige Ansicht.

Der Anteil an Haupterwerbslandwirten aus Waldangelloch, die sich durch die angeordnete Flurbereinigung günstigere Vergrößerungsmöglichkeiten erhoffen, ist mit 75% sehr hoch. Von diesen nehmen 83% an, daß diese erwarteten Aufstockungen ohne Flurbereinigung nicht in dem Ausmaße erfolgen könnten, 17% glauben, daß diese ohne Flurbereinigung nicht möglich wären. Eine flurbereinigungsbedingte Verkleinerung wird nur von einem geringen Prozentsatz der Betriebsleiter (13% der Haupt- und 8% der Nebenerwerbslandwirte) befürchtet, auf die Bedeutung des Pachtlandanteils für den Unterschied zur flurbereinigten Gemeinde wurde bereits bei der Untersuchung der Gemeinden des Agrarstrukturtyps II hingewiesen (s. S. 135).

Zusammenfassend können zur Untersuchung der Bedeutung der Flurbereinigung für Betriebsgröße und sozioökonomischen Status auf einzelbetrieblicher und auf Gemeindeebene folgende Ergebnisse festgehalten werden:

1. Eine schnellere Entwicklung zum größeren Betrieb, sichtbar in höheren durchschnittlichen Betriebsgrößenwerten, in der umfangreicheren Abnahme an Kleinbetrieben bei gleichzeitig stärkerer Zunahme an Betrieben der oberen Größenklassen konnte in Eschelbach in den 60er Jahren im Vergleich zu Waldangelloch verzeichnet werden, wobei hierfür der Flurbereinigung eine beträchtlich beschleunigende Wirkung zuerkannt werden konnte; bestätigt wurde dies auch auf einzelbetrieblicher Ebene durch die Entwicklung der Bodenmobilität und die Angaben eines Großteils der befragten hauptberuflichen Eschelbacher Landwirte, daß auf die Agrarstrukturmaßnahme günstigere Vergrößerungsmöglichkeiten zurückgeführt werden können.
2. Längerfristig allerdings konnten, da Waldangelloch in der Entwicklung zum größeren Betrieb aufgeholt hatte, keine größeren Unterschiede in den Betriebsgrößenstrukturen zwischen flurbereinigter und nichtflurbereinigter Referenzgemeinde erkannt werden; dies zeigte sich vor allem bei der Gegenüberstellung der Flächenanteile der einzelnen Größenklassen in den 70er Jahren.
3. Ein Entwicklungsunterschied ließ sich aber bei der Betrachtung der Anteile der Größenklassen 10 - 30 ha feststellen. Hier konnte eine längerfristig leicht hemmende Wirkung der Flurbereinigung auf die Entwicklung zum größeren Betrieb durch die flurbereinigungsbedingte Ausbildung einer höheren Anzahl an Betrieben, deren Leiter aufstockungswillig waren, vermerkt werden. Zudem konnte von einigen Betriebsleitern wegen den nach der Flurbereinigung günstigeren arbeitswirtschaftlichen Verhältnissen eine Abstockung zum Nebenerwerb ohne umfangreiche flächenmäßige Verkleinerung vorgenommen werden, so daß auch dadurch in Eschelbach weniger Fläche zum Aufstocken zur Ver-

fügung stand.
4. Ein längerfristiger Einfluß der Flurbereinigung auf den sozioökonomischen Status in Form einer bis 1980 verfolgbaren höheren Abnahmerate der Haupterwerbsbetriebe konnte auf Gemeindeebene vermerkt werden.

9.4. Entwicklung von Bodennutzung und Viehhaltung

In beiden Gemeinden war schon 1949 das Acker-Grünlandverhältnis mit 58,7:1 in Eschelbach bzw. 10,2:1 in Waldangelloch deutlich weiter als im Gesamt-Kraichgau (5,7:1). Der in Waldangelloch beträchtlich umfangreichere Dauergrünlandanteil ist 1949 vor allem auf die topographische Lage Waldangellochs im Angelbachtal zurückzuführen. In beiden Gemeinden hat das Acker-Grünlandverhältnis seit diesem Zeitpunkt abgenommen (Tab. 48), wobei vor allem in Eschelbach deutliche Veränderungen in den 70er Jahren zu verzeichnen waren, die dazu geführt haben, daß das für 1979 berechnete Acker-Grünlandverhältnis in Eschelbach enger als in Waldangelloch war. Es kann, da 1971 in Eschelbach die Besitzeinweisung erfolgte, von diesen Befunden ausgehend, bei einer ersten Grobanalyse nicht ausgeschlossen werden, daß die Flurbereinigung in dieser Gemeinde zu einer extremen Veränderung des Kulturartenverhältnisses beigetragen hat.

Tab. 48: Entwicklung des Acker-Grünlandverhältnisses in Eschelbach und Waldangelloch (1952 - 1979)[1]

	1952	1955	1960	1965	1968	1971	1974	1977	1979
Eschelbach	61,9:1	60,4:1	64,1:1	62,2:1	64,7:1	20,9:1	8,0:1	4,7:1	4,6:1
Waldangell.	10,7:1	10,3:1	10,3:1	10,1:1	6,1:1	5,6:1	5,9:1	6,1:1	5,9:1

Der Anteil an Sonderkulturen[2] an der landwirtschaftlichen Nutzfläche war noch bis 1960 in Eschelbach und Waldangelloch höher als in vielen Gemeinden des Untersuchungsraumes, was einmal der Vergleich mit den entsprechenden Werten der Untersuchungsgemeinden des Agrarstrukturtyps II und zum anderen die Gegenüberstellung mit dem für den Kraichgau berechneten Durchschnittsanteil von 2,7% 1960 zeigt (s. Tab. 49).

Tab. 49: Entwicklung des Anteils der Sonderkulturen (%) an der landwirtschaftlich genutzten Fläche in Eschelbach und Waldangelloch (1952 - 1979)[1]

	1952	1955	1960	1965	1968	1971	1974	1977	1979
Eschelbach	4,5	4,2	3,4	2,6	2,2	4,6	3,8	5,5	5,7
Waldangelloch	4,5	4,4	3,4	2,4	2,4	2,7	2,8	2,7	2,3

[1] Quelle: unveröffentlichtes Material der Bodennutzungsvorerhebungen

[2] In Eschelbach vor allem Weinbau und Tabak, in Waldangelloch überwiegend Tabak, untergeordnet Weinbau

Nach 1960 erfolgte in Waldangelloch, parallel zur Abwanderung aus der Landwirtschaft und zu den Umschichtungen in der Betriebsgrößenstruktur eine Verringerung der Sonderkulturanbaufläche, zwischen 1965 und 1979 waren, von kleineren Schwankugen abgesehen, hierin keine erheblichen Veränderungen mehr festzustellen. Für Eschelbach kann ebenfalls nach 1960 eine Abnahme vermerkt werden, bis 1971 aber hat die Sonderkulturanbaufläche wieder deutlich zugenommen, und die weitere Steigerung führte dazu, daß der Sonderkulturanteil an der landwirtschaftlich genutzten Fläche 1979 höher lag als 1952. Diese Zunahme wurde durch die Ausweitung der Rebfläche von 10 ha 1952 (1968 ebenfalls noch 10 ha) auf über 31 ha 1979 hervorgerufen. Unter dem Aspekt etwaiger Flurbereinigungswirkungen kann wegen des zeitlichen Zusammenfallens von Besitzeinweisung und Rebflächenausdehnung ein Zusammenhang angenommen werden. Die im Rahmen der Flurbereinigung erstellte neue Rebanlage von 7 ha (s. S.156) ist hierfür einmal bedeutungsvoll gewesen; da diese dazu geführt hat, daß vor allem Leiter von kleinen Nebenerwerbsbetrieben den Weinbau nicht wie z.B. in Waldangelloch aus arbeitswirtschaftlichen Gründen aufgaben, sondern beibehalten bzw. sogar etwas ausgedehnt haben. Wichtiger war aber die kurz vor der Besitzeinweisung erfolgte Neugründung eines reinen Sonderkulturbetriebes durch einen allochthonen Weinbauingenieur. Bereits während der Flurbereinigung wurde von diesem Land von den aufgabebereiten Betriebsleitern aufgekauft, zudem konnte dieser Betrieb Anfang der 70er Jahre weiter vergrößert werden durch die Aufgabe vieler kleiner Betriebe auch in den umliegenden Gemarkungen. Die Flurbereinigung kann für die beträchtliche Vergrößerung dieses Betriebes und die damit verbundene Ausweitung des Sonderkulturanbaus, die sich auch auf Gemeindeebene bemerkbar machte, nicht allein als Ursache herangezogen werden, wohl aber war die Agrarstrukturmaßnahme ein verstärkender Faktor für diese Entwicklung gewesen zum einen wegen der hiermit verbundenen Arbeitserleichterung und zum anderen wegen der geballten Aufgabe an Kleinbetrieben.

Der bis 1960 in beiden Untersuchungsgemeinden hohe Sonderkulturanteil an der landwirtschaftlich genutzten Fläche hatte sich auch in den Bodennutzungssystemen von Eschelbach und Waldangelloch niedergeschlagen (s. Tab. 50). Die in Waldangelloch entsprechend den Umschichtungen in den Betriebsgrößenstrukturen erfolgte Extensivierung wird ebenfalls auf Gemeindeebene sichtbar. In Eschelbach dominiert ab dem Besitzeinweisungsjahr 1971 der Sonderkulturanbau im Bodennutzungssystem, auf die Gründe hierfür wurde bereits hingewiesen. Die Extensivierung im Anbau der meisten Betriebe in Eschelbach wird deutlich im Getreidebau als Begleitkultur vor allem in den 70er Jahren. Da auf die Ausdehnung des Sonderkulturanbaus eine Flurbereinigungsmitwirkung erkannt werden konnte, kann auch bei der Betrachtung der Entwicklung der Bodennutzungssysteme eine Beeinflussung durch die Agrarstrukturmaßnahme vermerkt werden.[1]

---

[1] Auf die ausschlaggebende Bedeutung des einen größeren Sonderkulturbetriebes für die starke Zunahme des Sonderkulturanteils an der landwirtschaftlich genutzten Fläche in den 70er Jahren wurde bereits hingewiesen; diese zeigt sich auch bei der Berechnung der Bodennutzungssysteme, denn bei Abzug der von diesem Betrieb bewirtschafteten Fläche lautet das Bodennutzungssystem BGH (1971, 1977, 1979).

Tab. 50: Entwicklung der Bodennutzungssysteme in Eschelbach und
Waldangelloch (1952 - 1979)[1]

	1952	1955	1960	1965	1968	1971	1974	1977	1979
Eschelbach	HB	HB	HB	HGB	HG	BG	BGH	BG	BG
Waldangelloch	HB	HB	HB	HBG	HBG	HBG	GBH	GBH	GBH

Auf die Entwicklung des Anteils der Sozialbrache an der landwirtschaftlichen Nutzfläche kann eine kurzfristige Verstärkung durch die Flurbereinigung während der Ausführung der Agrarstrukturmaßnahme angenommen werden. Längerfristig kann aber der Flurbereinigung keine "Sozialbrache-verhindernde" Wirkung zuerkannt werden, was der in Eschelbach in den 70er Jahren nach der Besitzeinweisung deutlich gestiegene Anteil im Vergleich zum nichtflurbereinigten Waldangelloch zeigt (s. Tab. 51).

Tab. 51: Entwicklung des Anteils der Sozialbrache (%) an der landwirtschaftlichen Nutzfläche in Eschelbach und Waldangelloch[1]

	1960	1965	1968	1971	1974	1977	1979
Eschelbach	0,03	1,4	2,8	0,4	0,7	0,8	1,3
Waldangelloch	1,0	0,03	0,09	0,9	-	-	-

Die Entwicklung in den Nutzflächenverhältnissen beider Gemeinden bis 1978 zeigt deutlich die auch für den Gesamt-Kraichgau festgestellte Extensivierung des Anbaus in Form einer beträchtlichen Zunahme des Getreidebaus parallel zur Abnahme an Hackfrüchten und vor allem an Futterpflanzen (s. Fig. 27, 28 und 3). 1979 wiesen beide Gemeinden wieder wie 1952 ein ähnliches Verhältnis der einzelnen Anbaugruppen zueinander auf. Konnte in Eschelbach für den Getreidebau eine Zunahme des Flächenanteils um 28% von 1952 43% auf 71% 1979 verzeichnet werden, so erhöhte sich der entsprechende Anteil in Waldangelloch um 30%. Die Hackfruchtfläche büßte im selben Zeitraum in Eschelbach 11% ihres Anteils ein, in Waldangelloch 12%. Noch stärker verringerte sich der Umfang des Feldfutteranbaus: In Eschelbach betrug die Abnahme des Flächenanteils von 1952 bis 1979 15,5%, in Waldangelloch 16,7%.

Zwischen den einzelnen durch die Bodennutzungshaupterhebungen vorgegebenen Zeitschnitten sind allerdings in beiden Untersuchungsgemeinden Schwankungen im Nutzflächenverhältnis in unterschiedlichem Umfang zu vermerken (s. Fig. 27 und 28).

Bis zu Beginn der 60er Jahre haben sich in beiden Gemeinden die Hackfruchtanteile nicht geändert, aber der Getreidebau konnte seinen Anteil zu Lasten der Futterpflanzen ausdehnen, was im Zusammenhang zu sehen ist mit dem Abstocken vieler kleiner Betriebe zum Nebenerwerb, womit die Abnahme der flächenabhängigen und arbeitsintensiven Rindviehhaltung verbunden war.

---

[1] Zu Quellen und Berechnungsmethoden s. S.136 und zum Problem des Ansprechens der nicht mehr landwirtschaftlich genutzten Fläche als Sozialbrache s. S. 136

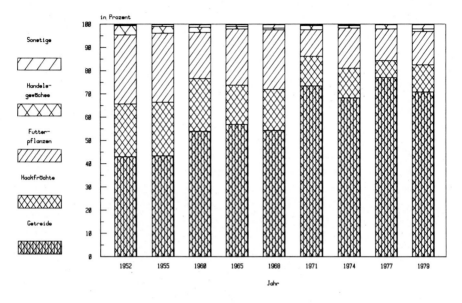

Fig. 27: Entwicklung des Anbaus auf dem Ackerland in Eschelbach (1952 - 1979)

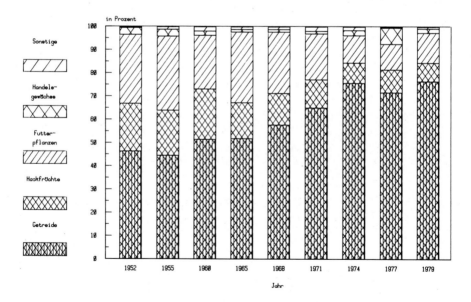

Fig. 28: Entwicklung des Anbaus auf dem Ackerland in Waldangelloch (1952 - 1979)

Zwischen 1960 und 1965, nach Anordnung der Flurbereinigung in Eschelbach, war trotz der Aufgabe vieler Kleinbetriebe nicht eine deutlich andere Entwicklung im Anbauflächenverhältnis als in Waldangelloch zu verzeichnen. In beiden Gemeinden erfolgte eine Abnahme des Hackfruchtanteils in diesen 5 Jahren um je 6,1%, die beträchtlich geringeren Veränderungen im Getreide- und Feldfutteranteil lassen ebenso wie diejenigen zwischen 1965 und 1968 keine Divergenzen erkennen, die flurbereinigungsbedingt sein könnten.

Die deutlich stärkere Umschichtung zugunsten der Getreideanbaufläche hat zwischen 1968 und 1971 in Eschelbach stattgefunden. Berücksichtigt man jedoch die Veränderungen zwischen 1971 und 1974, so zeigt sich für Eschelbach ein Rückschritt in der Entwicklung zur extensiveren Bewirtschaftung des Ackerlandes, für Waldangelloch dagegen ist eine Veränderung festzuhalten, die derjenigen von Eschelbach zwischen 1968 und 1971 entspricht. Bis zu den nächsten Zeitschnitten sind wiederum Veränderungen mit jeweils unterschiedlichen Vorzeichen in beiden Gemeinden festzustellen, so daß insgesamt für die Entwicklung auch in den 70er Jahren, trotz der durch die Flurbereinigung verbesserten arbeitswirtschaftlichen Verhältnisse, keine spezifischen Entwicklungsmomente in der flurbereinigten Gemeinde bei der Gegenüberstellung mit der nichtflurbereinigten Gemeinde zu erkennen sind.

Auf einzelbetrieblicher Ebene lassen sich allerdings einige Unterschiede bei den wesentlichen Änderungen in der Bodennutzung zwischen beiden Gemeinden erkennen (s. Tab. 52), auch wenn der Anteil an Betriebsleitern, der Umstellungen vorgenommen hat, mit 83% in Eschelbach und 85% in Waldangelloch vergleichbar hoch ist.

Die feststellbaren Unterschiede zwischen den Haupterwerbsbetrieben in Eschelbach und Waldangelloch bei den Änderungen der Getreide-, Feldfutter- und Dauergrünlandanteile sind im Zusammenhang mit einschneidenden Veränderungen in der Viehhaltung zu sehen, die Mitte der 70er Jahre von sehr vielen Eschelbacher Landwirten vorgenommen worden sind und für die, worauf sehr viele der Befragten hinwiesen, nicht die Flurbereinigung, sondern die Schließung der Milchsammelstelle das auslösende Moment war. 56% der Haupterwerbs- und 27% der Nebenerwerbslandwirte aus Eschelbach gaben "Änderungen in der Viehhaltung" als wesentlichen Grund für Umstellungen in der Bodennutzung an, in Waldangelloch nannten kein hauptberuflicher und nur 8% der nebenberuflichen Landwirte dies als bedeutenden Fakotr. Hiermit in enger Verbindung steht die von 44% der Eschelbacher Haupterwerbslandwirte als weiteren wichtigen Grund genannte "Betriebsvereinfachung" - in Waldangelloch vermerkte dies, da hierzu ein vergleichbarer Anstoß fehlte, keiner als wesentlich.[1]

---

[1] Die Unterschiede in der Vereinfachung bzw. Spezialisierung zeigen sich deutlich bei der Gegenüberstellung der Betriebssysteme der in die Befragung eingegangenen Betriebe beider Gemeinden (berechnet nach ANDREAE, 1977)

Anteil am Betriebsgewicht	Eschelbach in % aller		Waldangelloch in % aller	
	Haupterwerbs.	Nebenerwerbs.	Haupterwerbs.	Nebenerwerbs.
Leitbetr. zweig ≥ 66,7 %	22	7	-	8
Leit- und Begleitb. zweig ≥ 66,7%	56	80	25	33
Leit- und Begleitb. zweig < 66,7%	22	13	75	58

Tab. 52: Bodennutzungsänderungen in Eschelbach und Waldangelloch (einzelbetriebliche Ebene)

Art der Änderung	Eschelbach Nennungen in % aller			Waldangelloch Nennungen in % aller		
	Betr. insg.	Haupt-erw.b.	Neben-erw.b.	Betr. insg.	Haupt-erw.b.	Neben-erw.b.
Getreideanteil erhöht	67	67	67	80	88	75
verringert	13	22	13	-	-	-
Hackfruchtanteil erhöht	4	11	-	5	13	-
verringert	67	44	80	60	38	75
Feldfutteranteil erhöht	8	11	7	-	-	-
verringert	67	67	67	55	25	75
Sonderkulturanteil erhöht	8	22	-	10	25	-
verringert	38	22	47	45	25	67
Dauergrünlandanteil erhöht	13	22	7	-	-	-
verringert	8	11	7	-	-	-
Gartengewächse (feldm. Anbau) erhöht	-	-	-	-	-	-
verringert	4	-	7	30	25	33

Die durch die Umstellung auf Hofabholung veranlaßten Änderungen im Betriebssystem (Aufgabe der Rindviehhaltung bei gleichzeitigem Ausbau der Schweinemast) führten zu einer Verminderung bzw. Aufgabe des Feldfutteranbaus in vielen Eschelbacher Betrieben. Auf Gemeindeebene machte sich dies allerdings nicht bemerkbar (s. Fig. 27), da ein geringer Prozentsatz gerade der größeren Haupterwerbslandwirte eine Vereinfachung vornahm, bei der die Schweinehaltung aufgegeben, die Rinderhaltung dagegen ausgedehnt wurde, wobei wegen deren Flächengebundenheit eine beträchtliche Ausweitung des Feldfutteranbaus und des Dauergrünlandes bei gleichzeitiger Verringerung des Getreideanteils erforderlich wurde (Zupacht von Dauergrünland aus anderen Gemeinden). Der Dauergrünlandanteil wurde ebenfalls von einigen wenigen Betriebsleitern, auch Nebenerwerbslandwirten, erhöht, wofür aber nicht die Auflösung der Milchsammelstelle, sondern Faktoren wie Aufbau einer Pferdepension und Betriebsumstellung auf Schafhaltung die Ursache waren - für letzteres wurde die Flurbereinigung als das ausschlaggebende Moment genannt. Da auch für die Ausdehnung des Feldfutter- und Dauergrünlandes ein indirekter Einfluß der Flurbereinigung über das Ausmaß der Betriebsvergrößerung von einem hauptberuflichen Landwirte angegeben wurde, kann, was sich schon bei der ersten Grobanalyse auf Gemeindeebene angedeutet hatte, festgehalten werden, daß die Agrarstrukturmaßnahme ein mitbestimmender Faktor für die Veränderung des Acker-Grünlandverhältnisses in Eschelbach war.

Der geringere Anteil an Nebenerwerbslandwirten, der in Eschelbach eine Verminderung der Sonderkulturanbaufläche vorgenommen hat (s. Tab. 52), findet ebenfalls seine Entsprechung auf Gemeindeebene in dem im Vergleich zu Waldangelloch auch 1979 noch hohen Anteil an Sonderkulturen an der landwirtschaftlich genutzten Fläche. Hier kann ebenfalls ein Einfluß der Agrarstrukturmaßnahme auf einzelbetrieblicher Ebene erkannt werden, da die Rebneuanlage und auch die damit verbundene arbeitswirtschaftliche Erleichterung mit ein Grund dafür war, daß weniger Nebenerwerbslandwirte sich zu einer Aufgabe oder Verringerung der Rebanbaufläche veranlaßt sahen.[1]

Auch für die Untersuchungsgemeinden des Agrarstrukturtyps III lassen sich in der Entwicklung der Viehhaltung vor allem nach 1960 umfangreichere Umstrukturierungen als für den Gesamt-Kraichgau feststellen (Tab. 53). Zwischen den beiden Untersuchungsgemeinden können bereits 1949 Unterschiede im Rindviehbesatz vermerkt werden, was vor allem im Zusammenhang mit dem in Eschelbach höheren Anteil an Betrieben ≥ 2 ha und damit auch an Haupterwerbsbetrieben zu sehen ist. Bis 1960 hat sich hierin nichts wesentliches verändert. Zur Erklärung des 1960 höheren Schweinebesatzes in Waldangelloch müssen ebenfalls Unterschiede in der Betriebsgrößenstruktur herangezogen werden.

Tab. 53: Viehbesatz in Eschelbach und Waldangelloch (1949, 1960, 1971)

	1949			1960			1971		
	Esch.	Waldan.	Krg.	Esch.	Waldan.	Krg.	Esch.	Waldan.	Krg.
Rindvieh/100 ha	74	49	71	83	56	81	50	58	84
Schweine/100 ha	85	86	73	77	90	63	145	173	158

Bis 1971 erfolgte dann, parallel zur stärkeren Abnahme der Haupterwerbsbetriebe (s. 9.3.) und zu der im Vergleich zu Waldangelloch ebenfalls umfangreicheren Abnahme der Anzahl der Betriebe mit 5 - 10 ha, in Eschelbach eine bedeutende Verringerung des Rindviehbesatzes, die nicht durch

---

[1] Wie den Unterlagen der Gemeindeverwaltung entnommen werden konnte, haben fast alle Betriebsleiter ihre Rebanbaufläche (durchschnittlich 8-10 ar) im Vergleich zum Zeitpunkt vor der Flurbereinigung nicht verändert; die auf Gemeindeebene feststellbare Ausweitung der Rebanbaufläche ist fast ausschließlich auf einen Betriebsleiter zurückzuführen.

die Bestandsvergrößerung in den aufstockenden Betrieben ausgeglichen werden konnte. In beiden Gemeinden hat vor allem der Besatz an Schweinen zugenommen, wobei der in Waldangelloch höhere Schweinebesatz (Tab. 53) mitbestimmt ist durch die in dieser Gemeinde bis 1971 geringere Abnahme an Betrieben <10 ha. Betrachtet man sich diese Veränderungen im Viehbesatz unter dem Aspekt etwaiger Flurbereinigungswirkungen, so kann eine indirekte kurzfristige Beeinflussung - über die flurbereinigungsbedingte stärkere Abnahme der kleineren und der hauptberuflichen Betriebe in den 60er Jahren - auf die Verminderung des Rindviehbesatzes angenommen werden.

Eine genauere Untersuchung der Entwicklung in der Rindvieh- und Schweinehaltung auf Gemeindeebene erlauben aber wiederum erst die Angaben der Viehzählungen von 1950 bis 1978 (Fig. 29).

In den 50er Jahren war entsprechend der in Waldangelloch stärkeren Verringerung der Anzahl der Betriebe die Zunahme in der Schweinehaltung geringer und die Abnahme an Rindvieh höher als in Eschelbach. In den 60er und 70er Jahren fand in beiden Gemeinden, abgesehen von einigen Schwankungen, insgesamt betrachtet, eine umfangreiche Zunahme an Schweinen statt, größere Unterschiede zwischen flurbereinigter und nichtflurbereinigter Gemeinde lassen sich hierbei nicht erkennen. Die Rindviehhaltung hat in Eschelbach vor allem seit der Anordnung der Flurbereinigung in größerem Umfang abgenommen und erst seit 1972 zeigt sich hierin wieder eine zunehmende Tendenz - die von vielen Betrieben durchgeführte Aufgabe insbesondere der Milchviehhaltung konnte durch die von einigen wenigen Betrieben vorgenommene erhebliche Bestandserhöhung ausgeglichen werden (s.o.). In Waldangelloch setzte eine Abnahme in der Anzahl an Rindvieh nach einer kurzen Phase der Zunahme erst Jahre später als in Eschelbach in größerem Umfang ein, hielt bis 1978 an, so daß in diesem Jahr, wie auch in der Schweinehaltung, beide Gemeinden in ihrer Entwicklung, gemessen an 1950, keine größeren Unterschiede mehr aufweisen.[1] Eine beeinflussende Wirkung der Flurbereinigung kann bei Betrachtung dieses Entwicklungsverlaufes wiederum nur für die 60er Jahre in der Abnahme der Rindviehhaltung, parallel zur flurbereinigungsbedingten umfangreicheren Verminderung der Anzahl der Betriebe <10 ha und der Haupterwerbsbetriebe, erkannt werden - längerfristig zeigt sich auf Gemeindeebene keine spezifische Bedeutung der Agrarstrukturmaßnahme für die Viehhaltung.

---

[1] Deutlich zeigt sich dies auch bei den Besatzzahlen pro 100 ha; 1978 betrug der Schweinebesatz in Eschelbach 217, in Waldangelloch 216, die entsprechenden Angaben für den Rinderbesatz lauten 44 für Eschelbach und 39 für Waldangelloch (berechnet nach unveröffentlichten Unterlagen der Viehzählung von 1978).

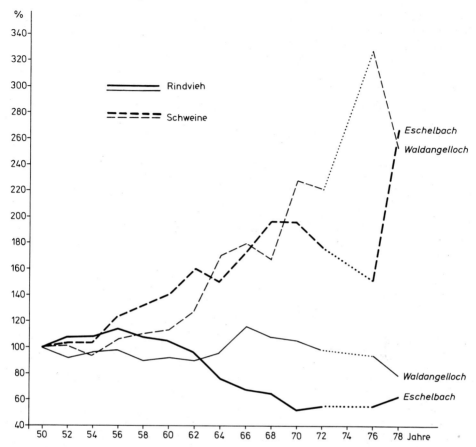

Fig. 29: Entwicklung des Viehbestandes in Eschelbach und Waldangelloch (1950 - 1978)[1]

Veränderungen in der Viehhaltung haben in Eschelbach 89% der Haupt- und 93% der Nebenerwerbslandwirte vorgenommen. In Waldangelloch war der entsprechende Anteil bei den Nebenerwerbslandwirten mit 92% ebenso hoch; der bei den Haupterwerbslandwirten deutlich niedrigere Prozentsatz (63%) ist im Zusammenhang zu sehen einmal mit der in Waldangelloch im Gegensatz zu Eschelbach höheren Anzahl an Betriebsleitern, die ihren Betrieb nach 1960 übernommen haben, zum anderen mit dem Fehlen eines auslösenden Faktors für eine Betriebsvereinfachung, der demjenigen in Eschelbach vergleichbar wäre.

Unterschiede in der Art der Änderung (Tab. 54) lassen sich vor allem bei den hauptberuflichen Landwirten erkennen. Für die von vielen in Eschelbach vorgenommenen Verringerungen in der Rindviehhaltung bei gleichzeitigem Ausbau der Schweinemast war, worauf schon mehrfach verwiesen worden ist, die Auflösung der Milchsammelstelle bedeutend, was

[1] Für 1974 lagen die Angaben nicht vor

sich auch bei den als wesentlich für die Viehbestandsänderung angegebenen Gründen zeigt. In Eschelbach vermerkten 56% der hauptberuflichen Betriebsleiter "Sonstiges"[1] und 67% "Vereinfachung/Spezialisierung" als bedeutende Faktoren, in Waldangelloch lagen die entsprechenden prozentualen Anteile bei 13% bzw. 25%.

Tab. 54: Änderungen in der Viehhaltung in Eschelbach und Waldangelloch

Art der Änderung	Eschelbach Nennungen in % aller			Waldangelloch Nennungen in % aller		
	Betr. insg.	Haupterw.b.	Nebenerw.b.	Betr. insg.	Haupterw.b.	Nebenerw.b.
Milchvieh erhöht	4	11	-	10	25	-
verringert	71	56	80	55	25	75
sonst. Rindvieh erhöht	13	33	-	5	13	-
verringert	63	56	73	50	25	67
Schweine erhöht	42	67	40	30	50	17
verringert	21	22	20	35	-	58

Die Unterschiede bei den Nebenerwerbslandwirten in den Veränderungen in der Schweinehaltung sind wesentlich bestimmt durch die Differenzen in der Entwicklung der flächenmäßigen Ausstattung. So nannten 83% derjenigen in Waldangelloch aber nur 53% derjenigen in Eschelbach die flächenmäßige Verkleinerung als wesentlichen Faktor für Viehbestandsänderungen. Auf die Unterschiede im Abstockungsverhalten der Nebenerwerbslandwirte konnte bereits eine Beeinflussung durch die Flurbereinigung erkannt werden, so daß auch bei der Betrachtung der Unterschiede in der Schweinebestandsänderung eine mittelbare Einwirkung der Flurbereinigung angenommen wird. Bestätigt wird dies auch durch 27% der Eschelbacher Nebenerwerbslandwirte, die bei der Frage nach der Bedeutung der Agrarstrukturmaßnahme für die Viehhaltung angaben, daß sie ohne Flurbereinigung einen Viehbestand im gegenwärtigen Umfang nicht aufzuweisen hätten. Allerdings ergab der Vergleich der Viehbesatzwerte der einzelnen Betriebe mit denjenigen im nichtflurbereinigten Waldangelloch keine größeren Unterschiede, so daß auch hier wieder auf die bereits mehrfach angesprochene subjektive Bewertung der Landwirte hingewiesen werden muß.

Auch von 33% der Eschelbacher Haupterwerbslandwirte[2] wurde ein mittelbarer Einfluß der Flurbereinigung - über die arbeitsmäßigen Verbesserungen bzw. über den Umfang der flächenmäßigen Aufstockung - vermerkt; eine unmittelbare Auswirkung war für einen Haupterwerbsbetrieb festzu-

---

[1] Hierunter wurde die Angabe "Auflösung der Milchsammelstelle" eingeordnet

[2] Von fast allen haupt- und nebenberuflichen Landwirten aus Waldangelloch wird keine Auswirkung der bevorstehenden Flurbereinigung auf etwaige Viehbestandsänderungen erwartet.

stellen, in dem flurbereinigungsbedingt eine Umstellung des gesamten Betriebssystems vorgenommen worden ist.

Zusammenfassend kann zur Bedeutung der Flurbereinigung für die Veränderungen in der Bodennutzung und der Viehhaltung festgehalten werden, daß ein längerfristiger Einfluß der Agrarstrukturmaßnahme auf Gemeindeebene auf das Kulturartenverhältnis (und hier vor allem auf den Sonderkulturanteil) nachzuweisen ist. In diesem Zusammenhang muß insbesondere die durchgeführte Rebflurbereinigung beachtet werden, da diese zum einen die Errichtung eines reinen Weinbaubetriebes erleichtert hat und zum anderen Nebenerwerbslandwirte mit sehr kleinen Nutzflächen dazu gebracht hat, den Weinbau weiter zu betreiben. Bei der Entwicklung des Nutzflächenverhältnisses und des Viehbestandes konnte auf überbetrieblicher Ebene keine über eine kurzfristige Einflußnahme hinausgehende weiterreichende Auswirkung erkannt werden. Somit kann insgesamt vermerkt werden, daß die durch die Flurbereinigung freigesetzte Arbeitsleistung nicht auf Gemeindeebene bemerkbar in der "regulären" Landwirtschaft, sondern im Bereich des Weinbaus reinvestiert worden ist. Hiervon ausgehend kann angenommen werden, daß, wenn in Eschelbach kein Weinbau heute möglich und keine Rebflurbereinigung durchgeführt worden wäre, im Bereich der gesamten Bodennutzung keine Intensivierung festzustellen wäre - obwohl in Eschelbach fast ein annähernd so hoher Anteil an der landwirtschaftlichen Nutzfläche wie in Meckesheim von hauptberuflichen Landwirten bewirtschaftet wird. Zur Erklärung dieses Unterschiedes muß u.a. der Unterschied im Ausbildungsstand der Betriebsleiter zwischen beiden Gemeinden herangezogen werden.

9.5. Entwicklung der arbeitswirtschaftlichen Verhältnisse

1960 war, ausgehend von den Daten der Landwirtschaftszählung (s. Tab. 55), auf überbetrieblicher Ebene in Eschelbach der Besatz an ständigen Arbeitskräften höher als in Waldangelloch und lag sogar über dem für den Gesamt-Kraichgau berechneten Wert (s. S.63). Bis 1971 läßt sich hierin eine deutliche Veränderung feststellen - die in Eschelbach in den 60er Jahren beträchtlich stärkere Entwicklung zum größeren Betrieb hat bis 1971 zu einer im Vergleich zu Waldangelloch höheren Arbeitsproduktivität geführt. Da auf die in den 60er Jahren in Eschelbach umfangreichere Umschichtung in der Betriebsgrößenstruktur eine Einwirkung der Flurbereinigung erkannt werden konnte (s. 9.3.), wird auch auf die in der flurbereinigten Gemeinde günstigere Arbeitsproduktivität eine Beeinflussung angenommen.

Tab. 55: Arbeitskräftebesatz in Eschelbach und Waldangelloch (1960, 1971/72)

	Eschelbach Besatz pro 100 ha		Waldangelloch Besatz pro 100 ha	
	ständige Arb.- kräfte insg.	ständ. familienfremde Arb.kr.	ständige Arb.- kräfte insg.	ständ. familienfremde Arb.kr.
1960	45,8	0,7	36,3	0,7
1970/71	27,8	-	32,2	0,3

Betrachtet man weiterhin den Arbeitskräftebesatz in beiden Untersuchungsgemeinden zum Zeitpunkt der Befragung (s. Tab. 56), so kann für 1980 wiederum in Eschelbach eine deutlich höhere Arbeitsproduktivität vermerkt werden. Auch wenn man die in den 70er Jahren in dieser Gemeinde vielfach durchgeführte Betriebsvereinfachung (s. 9.3.) berücksichtigt, so kann doch ebenfalls angenommen werden, daß das Ausmaß dieses Unterschiedes von der Agrarstrukturmaßnahme mitbestimmt worden ist. Bestätigt wird dies ebenfalls durch fast alle befragten Landwirte, die bei der Frage nach den Vorteilen der Agrarstrukturmaßnahme eine flurbereinigungsbedingte Arbeitserleichterung angegeben haben (Tab. 41).

Tab. 56: Besatz an Familienarbeitskräften und an familienfremden Arbeitskräften in Eschelbach und Waldangelloch 1980

	pro 100 ha Familienarbeitskräfte			pro 100 ha familienfremde Arbeitskräfte		
	immer	häufig	nur bei Arbeitsspitzen	immer	häufig	nur bei Arbeitsspitzen
Eschelbach	6,9	0,2	7,3	0,2		1,1
Waldangelloch	9,7	2,7	4,7	0,3		2,7

Die Bedeutung der Betriebsvereinfachung zumindest für die hauptberuflichen Landwirte kann auch bei der näheren Betrachtung der Art der Arbeitsaufwandveränderung und deren wesentlichen Bestimmungsgründe erkannt werden.

In allen Haupterwerbsbetrieben in Eschelbach und in 88% derjenigen in Waldangelloch hat sich seit der Übernahme der Arbeitsaufwand verändert. Bei den in die Befragung eingegangenen Nebenerwerbsbetrieben liegen die entsprechenden Anteile bei 60% bzw. 67%. Zeigen sich in der Art der Veränderung (Erhöhung bzw. Verringerung) bei den Nebenerwerbsbetrieben beider Gemeinden keine größeren Unterschiede, so sind solche aber bei den hauptberuflich bewirtschafteten Betrieben festzustellen: In Eschelbach gaben 56% der Haupterwerbslandwirte an, daß sich der Arbeitsaufwand erhöht habe, in Waldangelloch waren es 75%; weitere 44% vermerkten in Eschelbach eine Arbeitsaufwandverringerung, in Waldangelloch konnten dies nur 13% der befragten hauptberuflichen Landwirte verzeichnen. Zurückzuführen sind diese Unterschiede vor allem auf die in vielen Haupterwerbsbetrieben in Eschelbach nach der Auflösung der Milchsammelstelle vorgenommene Betriebsvereinfachung, was sich auch in den Häufigkeiten der genannten Gründe für die Arbeitsaufwandveränderung niedergeschlagen hat (s. Tab. 57). Bei der Betrachtung der weiteren Unterschiede bei den als wesentlich angegebenen Faktoren muß zudem berücksichtigt werden, daß in Waldangelloch keiner der befragten hauptberuflichen Betriebsleiter seinen Betrieb vor 1960 übernommen hat, Betriebsgröße und Maschinenausstattung daher schon bei der Übernahme günstiger waren.

Beim Schlepperbesatz kann auf Gemeindeebene durch die Gegenüberstellung der Angaben der Landwirtschaftszählungen keine Einwirkung der

Flurbereinigung festgestellt werden. 1960 lag dieser in Waldangelloch, bedingt durch den hier beträchtlich höheren Anteil an Betrieben mit 0,5 - 2 ha, deutlich unter den für Eschelbach und den Gesamt-Kraichgau berechneten Werten; bis 1970/71 allerdings hat durch die auf viele Betriebe der untersten Größenklasse übergegriffene Mechanisierung eine stärkere Erhöhung des Schlepperbesatzes in Waldangelloch stattgefunden (Tab. 58).

Tab. 57: Wesentliche Gründe für Arbeitsaufwandveränderungen in Eschelbach und Waldangelloch

Wesentliche Gründe	Eschelbach Nennungen in % aller			Waldangelloch Nennungen in % aller		
	Betr. insg.	Haupt- erw. b.	Neben- erw. b.	Betr. insg.	Haupt- erw. b.	Neben- erw. b.
flächenmäßige Abstockung	25	-	40	30	-	50
flächenmäßige Aufstockung	21	56	-	15	38	-
Kauf neuer Maschinen	13	33	-	5	13	-
Änderungen in der Bodennutzung	46	56	40	35	13	50
Änderungen in der Viehhaltung	38	33	40	30	13	42
Abnahme an mithelfenden Familien-Angehörigen	4	-	7	10	13	8

Tab. 58: Schlepperbesatz in Eschelbach und Waldangelloch (1960, 1971/72)

	Besatz pro 100 ha	
	1960	1971
Eschelbach	9,7	11,7
Waldangelloch	7,7	11,8

Seit der Betriebsübernahme haben in beiden Gemeinden fast alle hauptberuflichen und 60% (Eschelbach) bzw. 58% (Waldangelloch) der befragten nebenberuflichen Landwirte Veränderungen in der Maschinenausstattung durchgeführt. Größere Unterschiede in der Art der Veränderungen zeigen sich nur bei den Nebenerwerbslandwirten. In Eschelbach haben 33% der befragten nebenberuflichen Landwirte als jüngste Veränderung im Maschinenbestand eine Erhöhung, 27% eine Verringerung vorgenommen. In Waldangelloch haben dagegen nur 8% ihren Maschinenbestand aufgestockt, 50% haben einen Abbau durchgeführt. Diese Unterschiede sind vor allem auf die schon mehrfach angesprochenen Unterschiede im Abstockungsverhalten zurückzuführen. So gaben in Waldangelloch 50% als wesentlichen Grund für den Abbau im Maschinenbestand die "Betriebsverkleinerung" an, in Eschelbach nannten dies nur 27% als bedeutenden Faktor. Da aber die Flurbereinigung sich auf das Abstockungsverhalten mehrerer Eschelbacher Nebenerwerbslandwirte ausgewirkt hatte, kann auch für die Maschinenbestandsänderung ein mittelbarer Einfluß der Flurbereinigung festgehalten werden.

Für die Betriebsleiter beider Gemeinden, die eine Erhöhung des Maschinenbestandes vorgenommen haben, war der wesentlichste Grund der Zwang zur Erhöhung der Rentabilität.

Zum Zeitpunkt der Befragung war der Besatz an Schleppern insgesamt in Waldangelloch mit 9,7/100 ha höher als in Eschelbach mit 8,9/100 ha; wobei dies im Zusammenhang mit dem in Waldangelloch höheren Anteil an kleineren Betrieben, die in die Befragung eingegangen sind, zu sehen ist. Betrachtet man sich die Schlepper untergliedert nach ihrer Leistungsstärke, so kann für Eschelbach ein höherer Besatz an leistungsfähigeren Schleppern vermerkt werden. In der flurbereinigten Gemeinde lag der Besatz an Schleppern ≥ 50 PS bei 4,3/100 ha, in Waldangelloch bei 3,0/100 ha. Dieser Befund kann als Indiz für einen erst nach der Flurbereinigung möglichen Einsatz größerer Maschinen gewertet werden, was auch als bestätigt angesehen werden kann durch die Angaben vieler Eschelbacher Betriebsleiter. Denn befragt nach der Bedeutung der Flurbereinigung für Maschinenbestandsänderungen gaben 11% der Haupt- und 60% der Nebenerwerbslandwirte an, daß die Agrarstrukturmaßnahme hierauf keine Auswirkung gehabt hätte. Fast alle Haupt- und 40% der Nebenerwerbslandwirte aber haben neue bzw. größere Maschinen angeschafft, wobei hierfür die durch die Flurbereinigung verbesserten Einsatzmöglichkeiten, flurbereinigungsbedingte Bodennutzungsänderungen und das flurbereinigungsbedingte Ausmaß der flächenmäßigen Vergrößerung wesentlich waren. Von den befragten Landwirten in Waldangelloch dagegen nehmen nur 15% an, daß sie wegen den durch die Flurbereinigung verbesserten Einsatzmöglichkeiten sich neue und größere Maschinen anschaffen würden.

Zusammenfassend kann zum Einfluß der Flurbereinigung auf die arbeitswirtschaftlichen Verhältnisse festgehalten werden, daß die Arbeitsproduktivität und die Ausstattung mit leistungsfähigen Maschinen hierdurch verbessert worden ist, was sich sowohl auf einzel- als auch auf überbetrieblicher Ebene nachweisen ließ.

10. AGRARSTRUKTURTYP IV: DÜRRN - WEILER

10.1. Grundzüge der Bevölkerungs- und Wirtschaftsentwicklung

Die Beispielsgemeinden des Agrarstrukturtyps IV liegen im südwestlichen Kraichgau in weniger als 15 km Entfernung von Pforzheim (Dürrn nördlich und Weiler südwestlich von Pforzheim).[1] Dürrn ist seit 1974 mit Ölbronn zusammengeschlossen und Weiler bildet seit 1972 mit vier weiteren Orten die Gemeinde Keltern (Das Land Baden-Württemberg Bd. V, 1976, S. 540, 572).

Die natürlichen Voraussetzungen für die Landwirtschaft sind in beiden Gemeinden ungünstiger als in den meisten Kraichgaugemeinden. So bildet auf größeren Teilen beider Gemarkungen nicht Löß, sondern Oberer Buntsandstein bzw. Gipskeuper das Anstehende (s. Karte 2), die klimatischen Verhältnisse sind vor allem in Weiler, im Übergangsbereich zum Nordschwarzwald (s. 6.1.), schlechter als in anderen Kraichgauteilen, die durchschnittliche Bodenklimazahl beider Gemeinden ist der Klasse 51 - 60 (s. Karte 3) zuzuordnen.

Auch in den beiden Untersuchungsgemeinden des Agrarstrukturtyps IV war die Landwirtschaft im 19. Jahrhundert die wesentliche Erwerbsgrundlage für die Bevölkerung. Zwar erfolgte parallel zur Bedeutungszunahme der Pforzheimer Schmuckwarenindustrie und zum Ausbau des Verkehrsnetzes (s. 6.2.) vor allem in Weiler, das seit 1900 über eine Kleinbahnstrecke mit Pforzheim verbunden war, eine Umschichtung in der Erwerbsstruktur. Diese führte aber nur in geringem Umfang zur Auflösung landwirtschaftlicher Betriebe, da die "Goldschmiedbauern" ihre Betriebe als Rückhalt wegen den starken konjunkturellen und saisonalen Schwankungen in der Pforzheimer Schmuckwarenindustrie benötigten. Im 20. Jahrhundert wurde die Umschichtung vom I. zum II. Sektor in Weiler noch verstärkt durch die vor dem 2. Weltkrieg erfolgte Errichtung eines Zweigwerkes eines größeren Pforzheimer Industrieunternehmens (SCHERER, 1940, S. 53/54). 1939 waren beide Gemeinden als Arbeiterbauerngemeinden einzustufen (DEUTSCH, 1973, S. 55; Das Land Baden-Württemberg, Bd. V, 1976, S. 540 und 572).

Entsprechend den in Weiler günstigeren Möglichkeiten im außerlandwirtschaftlichen Bereich und der besseren Verkehrsanbindung schlug sich die Abwanderung zwischen 1852 und 1939 nicht in einer Abnahme der Einwohnerzahl in dieser Gemeinde nieder, so daß die Bevölkerungsdichte 1939 über derjenigen vieler Gemeinden des zentralen und östlichen Kraichgaus lag. Dürrn dagegen war eine der wenigen Gemeinden im südwestlichen Kraichgau, in denen, bei beträchtlich schlechterer Verkehrsanbindung (fehlender Eisenbahnanschluß), die Einwohnerzahl in diesem Zeit-

---

[1] Weiler wird als frühmittelalterlicher Ausbauort eingeordnet, und auch für Dürrn wird die Entstehung in der gleichen Periode angenommen (Das Land Baden-Württemberg, Bd. V, 1976, S. 542, 572/3)

raum abgenommen hat, so daß 1939 die Bevölkerungsdichte in Dürrn deutlich niedriger war als in den meisten Gemeinden im näheren Umkreis von Pforzheim und Karlsruhe[1] (DEUTSCH, 1973, S. 22; Die badische Landwirtschaft ..., 1932, S. 233).

Diese Unterschiede in der Bevölkerungsdichte zwischen beiden Gemeinden können auch noch für 1950 festgestellt werden und obwohl sich in Dürrn die Einwohnerzahl in den nachfolgenden 2 Jahrzehnten stärker erhöht hat als in Weiler, lag die Bevölkerungsdichte in Dürrn auch 1970 noch beträchtlich unter derjenigen von Weiler und dem Gesamt-Kraichgau (215 E/km^2) (s. Tab. 59 und 1). Die in Weiler in diesen 20 Jahren geringere Zunahme der Bevölkerung ist u. a. im Zusammenhang mit veränderten Verkehrsgegebenheiten zu sehen. Denn durch die Individualmotorisierung gewann Dürrn an Attraktivität im Vergleich zu Weiler, da die schon immer geringere kilometermäßige Entfernung zu Pforzheim nun mit einer schnelleren Erreichbarkeit des Oberzentrums verknüpft werden konnte.

Tab. 59: Bevölkerungsdichte (E/km^2) in Dürrn und Weiler (1950, 1961, 1970)[2]

	Dürrn	Weiler
1950	112	205
1961	121	196
1970	142	220

Auch die Erwerbsstruktur beider Gemeinden zeigte 1950 noch deutliche Unterschiede. Entsprechend der vor dem 2. Weltkrieg in Dürrn geringeren Abwanderung aus der Landwirtschaft lag die Agrarquote in dieser Gemeinde 1950 beträchtlich über derjenigen von Weiler. Ein Aufholen erfolgte erst zwischen 1961 und 1970. Die Erwerbsstruktur in Weiler zeigte zu allen drei Zeitschnitten einen über demjenigen des Kraichgaus liegenden Anteil im II. Sektor (Tab. 60 und Tab. 2).

Tab. 60: Anteile der Erwerbspersonen (1950, 1961) bzw. der Erwerbstätigen (1970) nach Wirtschaftsbereichen in Dürrn und Weiler

	% Anteile 1950 Dürrn	Weiler	% Anteile 1961 Dürrn	Weiler	% Anteile 1970 Dürrn	Weiler
I. Sektor	50.5	35.6	31.4	20.5	8.1	6.5
II. Sektor	39.8	54.9	55.9	64.2	68.7	72.9
III. Sektor	9.7	9.5	12.7	15.3	23.2	20.6

---

[1] So betrug die Bevölkerungsdichte 1939 in Dürrn 89 E/km^2, in Weiler 163 E/km^2. Zum Vergleich sei der für den gesamten Kraichgau für 1939 berechnete Wert genannt: 127 E/km^2

[2] Die Angaben wurden im gesamten Kapitel 10, soweit nicht anders vermerkt, nach den Statistiken, die auch für Kapitel 6 herangezogen wurden, berechnet

Angenähert haben sich beide Gemeinden auch bezüglich des außerlandwirtschaftlichen Arbeitsplatzangebotes (Tab. 61). Lag dieses 1950 in Weiler noch über demjenigen des Gesamt-Kraichgaus, so ist hierin bis 1970 eine so starke Abnahme zu verzeichnen gewesen, daß Weiler zu diesem Zeitpunkt einen höheren Arbeitsplatzindex und damit einen unterdurchschnittlichen Anteil an außerlandwirtschaftlichen Arbeitsplätzen aufwies.[1] In Dürrn dagegen hat das außerlandwirtschaftliche Arbeitsplatzangebot, wenn auch nur geringfügig, bis 1970 zugenommen. Der überwiegende Teil der Erwerbstätigen aus Dürrn und Weiler ist aber auch heute noch gezwungen auszupendeln (s. Tab. 61), wichtigster Zielort der Auspendler beider Gemeinden ist gegenwärtig Pforzheim.

Tab. 61: Außerlandwirtschaftlicher Arbeitsplatzindex und Pendlerzahlen in Dürrn und Weiler (1950, 1961, 1970)

	1950		1961		1970	
	Dürrn	Weiler	Dürrn	Weiler	Dürrn	Weiler
außerlandwirtschaftlicher Arbeitsplatzindex	10,7	3,2	10,3	4,0	8,5	5,6
Auspendler	178	146	328	282	420	352
Einpendler	6	86	9	47	7	49

Zusammenfassend kann festgehalten werden, daß in Dürrn vor der Individualmotorisierung im Gegensatz zu Weiler nur wenige Arbeitsplätze im außerlandwirtschaftlichen Bereich vorhanden waren, zudem war die Verkehrsanbindung dieser Gemeinde an benachbarte Industriestandorte deutlich schlechter, so daß eine Abwanderung aus der Landwirtschaft erst mit der Individualmotorisierung in einem Umfang erfolgen konnte, der demjenigen in Weiler bzw. im gesamten Untersuchungsgebiet entsprach.

10.2. Flurbereinigung als agrarstrukturverbessernde Maßnahme

In beiden Untersuchungsgemeinden des Agrarstrukturtyps IV war der Zersplitterungsgrad mit 684 Teilstücken pro 100 ha in Dürrn und 856 pro 100 ha in Weiler 1960[2] beträchtlich höher als in den meisten Gemeinden des Kraichgaus (s. 6.3.2.4.). Die durchschnittliche Besitzstückgröße betrug 1960 in Dürrn 0,15 ha, in Weiler 0,12 ha; beide Gemeinden lagen damit deutlich unter dem für den Gesamt-Kraichgau berechneten Wert mit 0,21 ha.

---

[1] Aufgegeben wurden vor allem größere Betriebe im II. Sektor; betrug die durchschnittliche Beschäftigtenzahl pro Industriebetrieb in Weiler 1950 noch 6,7, so ging diese bis 1961 auf 6,4, bis 1970 auf 4,3 zurück.

[2] Zur Quelle zu den Angaben zum Zersplitterungsgrad s. S. 64

Die auch gegenwärtig noch hohe Zersplitterung im nichtflurbereinigten Weiler zeigt sich bei Betrachtung eines Gemarkungsausschnittes (s. Karte 28).

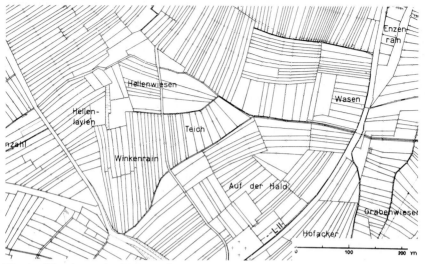

Karte 28: Ausschnitt aus der Gemarkung Weiler

In Dürrn wurde auf Antrag der Grundeigentümer 1967 ein Beschleunigtes Zusammenlegungsverfahren (s. 2.3.2.) mit einer Fläche von 467 ha angeordnet,[1] die Besitzeinweisung erfolgte 1968, die Schlußfeststellung 1975; parallel hierzu wurde auch ein Rebverfahren (Verfahrensfläche 12 ha; Rebland 8 ha) durchgeführt. Durch die Zusammenlegung konnte die durchschnittliche Flurstückgröße von 0,12 ha auf 0,43 ha erhöht werden, das Zusammenlegungsverhältnis der Flurstücke erreichte 3,7:1. Die nach dem Verfahren günstigeren Bedingungen werden deutlich bei Gegenüberstellung eines Gemarkungsausschnittes vor und nach der Durchführung der Agrarstrukturmaßnahme (Karte 29 und 30).

Das Zusammenlegungsverhältnis der Besitzstücke, das am höchsten in der Betriebsgrößenklasse 10 - 20 ha war (s. Tab. 62), betrug insgesamt 9,1:1 und entsprach damit dem Durchschnittswert, der für alle zwischen 1960 und 1969 im Kraichgau erfolgten Verfahren berechnet worden ist (s. S.^{65}).

Im Rahmen der Flurbereinigung wurden in Dürrn Wege bzw. Straßen, entsprechend der Art des Verfahrens (s. 2.3.2.) nur im Umfang von wenigen Kilometern neu angelegt, an Bodenmeliorationen wurden 7 ha Dränungen durchgeführt, weiterhin wurde 1 Aussiedlung vorgenommen.

---

[1] Die Angaben zur Flurbereinigung Dürrn konnten freundlicherweise den Unterlagen des Flurbereinigungsamtes Karlsruhe entnommen werden

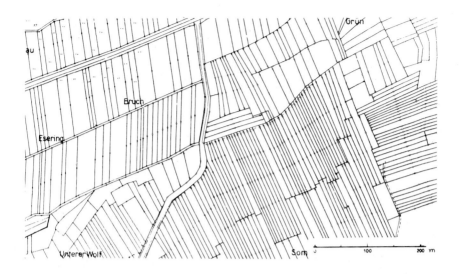

Karte 29: Ausschnitt aus der Gemarkung Dürrn vor der Flurbereinigung

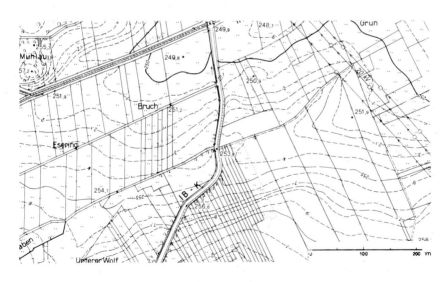

Karte 30: Ausschnitt aus der Gemarkung Dürrn nach der Flurbereinigung

Tab. 62: Zusammenlegungsverhältnis (Besitzstücke) nach Betriebsgrößenklassen in Dürrn

Betriebsgrößenklasse	Zusammenlegungsverhältnis
< 5 ha	6,6 : 1
5 - 10 ha	9,6 : 1
10 - 20 ha	13,6 : 1

Die durch die Zusammenlegung erfolgte Vergrößerung der Besitzstücke vor allem in den oberen Betriebsgrößenklassen und die dadurch deutlich günstigeren Verhältnisse im Vergleich zu Weiler zeigen sich auch bei der Gegenüberstellung der durchschnittlichen Teilstückgrößen der in die Befragung eingegangenen Betriebe[1] beider Gemeinden (s. Tab. 63).

Tab. 63: Durchschnittliche Teilstückgröße in den Betriebsgrößenklassen und den sozioökonomischen Betriebstypen in Dürrn und Weiler

	Betr. insg.	Haupt- erw.b.	Neben- erw.b.	0,5 - 2 ha	2 - 5 ha	5 - 10 ha	10 - 20 ha	20 - 30 ha	≥ 30 ha
Dürrn (vor der Flurber.)	0,19	0,21	0,19	0,17	0,19	0,25	0,19	0,24	0,20
Dürrn (1980)	0,67	1,2	0,55	0,24	0,37	0,42	0,98	0,67	1,39
Weiler (1980)	0,18	0,31	0,18	0,12	0,17	0,18	0,28	-	0,31

Flurbereinigungsbedingte Vorteile konnten alle befragten Haupt- und Nebenerwerbslandwirte in Dürrn für ihren Betrieb vermerken. In Weiler ist der Anteil an Betriebsleitern, der sich von einer etwaigen Flurbereinigung Vorteile erwartet, mit 100% der Haupt- und 79% der Nebenerwerbslandwirte ebenfalls sehr hoch. Betrachtet man sich die Häufigkeit der Nennungen bei den einzelnen aufgeführten Vorteilen (s. Tab. 64), so kann zumindest bei den Haupterwerbslandwirten eine große Übereinstimmung zwischen festgestellten und erwarteten Vorteilen verzeichnet werden, während bei den Nebenerwerbslandwirten schon umfangreichere Unterschiede zwischen beiden Gemeinden festzuhalten sind. Wie auch bei den Untersuchungsgemeinden der anderen Agrarstrukturtypen ist der Anteil an Betriebsleitern, der "höhere Erträge" als Vorteil angegeben hatte, deutlich niedriger im Vergleich zu den Anteilen bei anderen Vorteilen; auf die Gründe hierfür wurde bereits hingewiesen (s. S. 115).

Bei den Nebenerwerbslandwirten zeigen sich wiederum größere Unterschiede zwischen festgestellten und erwarteten Nachteilen (Tab. 65). Insgesamt betrachtet befürchten alle befragten nebenberuflichen Landwirte aus Weiler

---
[1] Fußnote s. nachfolgende Seite

[1] Die Adressen der befragten Betriebsleiter stellte das Landwirtschaftsamt in Pforzheim, ausgehend von den Gasölverbilligungsanträgen, zusammen; die jeweiligen Gemeindeverwaltungen korrigierten die Listen entsprechend den neueren Veränderungen; der Vergleich der in die Befragung einbezogenen Betriebe, geordnet nach Größenklassen, mit der jüngsten Aufstellung des Statistischen Landesamtes von 1978, zeigt, abgesehen von den unteren Größenklassen, weitgehende Übereinstimmung; in den oberen Betriebsgrößenklassen erfolgten in diesen 2 Jahren nur ganz wenige Betriebsaufgaben.

Anzahl der landwirtschaftlichen Betriebe

BGKl	Dürrn 1978	Dürrn 1980	Weiler 1978	Weiler 1980
0,5 - 2 ha	41	4	9	2
2 - 5 ha	11	9++	15	9+++
5 - 10 ha	3	1	4	6+
10 - 20 ha	7	6	1	1
20 - 30 ha	1	1	1	-
30 - 50 ha	1	1	-	-
≥ 50 ha	2	2	1	1

+ in dieser BGKl verweigerte 1 Betriebsleiter die Befragung
++ in dieser BGKl verweigerten 2 Betriebsleiter die Befragung
+++ in dieser BGKl verweigerten 3 Betriebsleiter die Befragung

18% der befragten Betriebsleiter aus Dürrn gaben an, daß sie ihren Betrieb im Haupterwerb bewirtschaften, in Weiler lag der vergleichbare Anteil mit 7% deutlich niedriger; weitere Unterschiede zeigen sich bei der Größenverteilung der Nebenerwerbsbetriebe; so wiesen in Dürrn 33% der nebenberuflich geführten Betriebe eine Größe ≥ 10 ha auf, in Weiler nur 7%; dagegen waren der Größenklasse 5 - 10 ha in Dürrn nur 6% der Nebenerwerbsbetriebe zuzuordnen, in Weiler 36%. Zuerwerbsbetriebe haben zwar in beiden Gemeinden eine größere anteilsmäßige Bedeutung an den Haupterwerbsbetrieben als in den Untersuchungsgemeinden fast aller anderen Agrarstrukturtypen, sie wurden aber auch hier aus Datenschutzgründen nicht weiter ausgegliedert. 1969 wurden in Weiler weniger als 30% der landwirtschaftlichen Nutzfläche von Haupterwerbslandwirten bewirtschaftet, in Dürrn waren es rund ein Drittel; zum Zeitpunkt der Befragung hatte sich dieser Anteil in Dürrn auf rund 50% erhöht, in Weiler auf knapp 30%; der Ausbildungsstand war in beiden Gemeinden sehr niedrig; in Dürrn wiesen nur 25% der hauptberuflichen Betriebsleiter die Gehilfen- bzw. Meisterprüfung auf, in Weiler waren 93% aller Landwirte ohne landwirtschaftliche Ausbildung, nur 7% hatten die Landwirtschaftsschule besucht.

flurbereinigungsbedingte Nachteile, in Dürrn ist der Anteil an Nebenerwerbslandwirten, die solche Nachteile feststellen konnten, mit 67% deutlich niedriger.

Tab. 64: Festgestellte bzw. erwartete Vorteile durch die Flurbereinigung in Dürrn und Weiler

Vorteile	Dürrn Nennungen in %[+] aller			Weiler Nennungen in %[+] aller		
	Betr. insg.	Haupterw.b.	Nebenerw.b.	Betr. insg.	Haupterw.b.	Nebenerw.b.
bearbeitungsgerechte Teilstücke	100	100	100	73	100	71
größere Teilstücke	100	100	100	73	100	71
verringerter Arbeitsaufwand	100	100	100	73	100	71
verbesserte Wirtschaftswege	95	100	94	73	100	71
besserer Maschineneinsatz	91	100	89	67	100	64
höhere Erträge (weniger Randstreifen, Furchen etc.)	55	75	50	27	100	21
günstigere Verpachtungsmögl.	5	-	6	7	-	7

[+] Mehrfachnennungen waren möglich

Von den hauptberuflichen Landwirten gaben immerhin in Dürrn 50% an, daß sie Nachteile, die durch die Flurbereinigung hervorgerufen worden wären, für ihren Betrieb zu verzeichnen hatten, in Weiler nahm dies keiner der Haupterwerbslandwirte an. Die von einem hohen Prozentsatz der Nebenerwerbslandwirte in Weiler erwarteten Nachteile "hohe finanzielle Belastung" und "schlechtere Böden" konnten in Dürrn von weit weniger als der Hälfte der befragten Haupt- und Nebenerwerbslandwirte vermerkt werden. In Dürrn wurden die Pachtpreise flurbereinigungsbedingt nicht wesentlich erhöht, worauf viele der Befragten hingewiesen haben. Daher ist es verständlich, daß im Gegensatz zu den befragten Landwirten in den flurbereinigten Gemeinden Eschelbach und Meckesheim in Dürrn keiner "höhere Pachtpreise" als Nachteil angegeben hatte; in Weiler erwarten aber mehrere Nebenerwerbslandwirte, daß sich die Pachtpreise flurbereinigungsbedingt erhöhen würden.

Tab. 65: Festgestellte bzw. erwartete Nachteile durch die Flurbereinigung in Dürrn und Weiler

Nachteile	Dürrn Nennungen in %+ aller			Weiler Nennungen in %+ aller		
	Betr. insg.	Haupt-erw. b.	Neben-erw. b.	Betr. insg.	Haupt-erw. b.	Neben-erw. b.
hohe finanzielle Belastung	14	25	11	67	-	71
schlechtere Böden	36	25	39	67	-	71
höhere Pachtpreise	-	-	-	27	-	29
landeskulturelle Nachteile	9	-	11	7	-	7
Sonstiges	14	-	17	13	-	14

+ Mehrfachnennungen waren möglich

Zusammenfassend kann festgehalten werden, daß durch das Flurbereinigungsverfahren in Dürrn Verbesserungen in den Bewirtschaftungsbedingungen erreicht worden sind, dies wurde auch von den meisten der befragten Landwirte vermerkt und nur von wenigen sind Nachteile verzeichnet worden. Daher bewerteten alle hauptberuflichen und fast alle nebenberuflichen Landwirte die in ihrer Gemeinde durchgeführte Agrarstrukturmaßnahme als "lohnend" bzw. "sehr lohnend" für ihren Betrieb (s. Tab. 66). Entsprechend dieser positiven Bewertung bejahten ebenfalls fast alle der befragten Betriebsleiter die Frage "Wenn Sie nochmals entscheiden könnten, würden Sie, ausgehend von Ihren jetzigen Erfahrungen, der Flurbereinigung zustimmen?" (s. Tab. 67).

Tab. 66: Bewertung der Agrarstrukturmaßnahme Flurbereinigung in Dürrn und Weiler+

Bewertung	Dürrn Nennungen in % aller			Weiler Nennungen in % aller		
	Betr. insg.	Haupt-erw. b.	Neben-erw. b.	Betr. insg.	Haupt-erw. b.	Neben-erw. b.¹
hat sich sehr gelohnt	9	25	5,5	-	-	-
hat sich gelohnt	86	75	89	53	100	50
brachte keine Veränderung	-	-	-	13	-	14
hat sich nicht gelohnt	5	-	5,5	13	-	14
hat nur Nachteile gebracht	-	-	-	13	-	14

+ Frage in Weiler: "Angenommen, in Ihrer Gemeinde wäre bereits eine Flurbereinigung durchgeführt worden, was glauben Sie, wie Sie diese für sich bewerten würden?"

¹ Einer der befragten Nebenerwerbslandwirte sah sich nicht in der Lage, eine Bewertung abzugeben

Auch in Weiler ist der Anteil an Landwirten, der eine etwaige Flurbereinigung als lohnend einschätzt, hoch und übertrifft diejenigen Anteile in den nichtflurbereinigten Gemeinden Mauer und Eschelbach (s. Tab. 20 und 41). Gesehen werden kann dies im Zusammenhang mit der in Weiler (s.o.) sehr starken Zersplitterung, die viele Betriebsleiter die Notwendigkeit einer Zusammenlegung erkennen läßt. Die Zustimmungsbereitschaft der Landwirte ist ebenfalls sehr hoch.

Tab. 67: Zustimmungsbereitschaft zur Flurbereinigung in Dürrn und Weiler

Zustimmung zur Flurbereinigung	Dürrn Nennungen in % aller			Weiler Nennungen in % aller		
	Betr. insg.	Haupt-erw.b.	Neben-erw.b.	Betr. insg.	Haupt-erw.b.	Neben-erw.b.
ja	95	100	94	67	100	64
nein	5	-	6	27	-	29
unentschieden	-	-	-	7	-	7

10.3. Entwicklung von Betriebsgrößenstruktur und sozioökonomischen Betriebstypen

In der Abnahme der Anzahl der land- und forstwirtschaftlichen Betriebe zeigen sich zwischen den beiden Untersuchungsgemeinden des Agrarstrukturtyps IV deutliche Unterschiede zwischen 1949 und 1960 (Tab. 68). So wurden in Weiler, entsprechend dem Vorhandensein von außerlandwirtschaftlichen Arbeitsplätzen und der günstigen Verkehrsanbindung an Pforzheim, mehr Betriebe aufgegeben als in Dürrn. Zwischen 1960 und 1971 kann für Weiler eine beträchtlich umfangreichere Abnahme an Betrieben als für das Untersuchungsgebiet verzeichnet werden. Für Dürrn dagegen ist in diesem Zeitraum eine Abnahme an Betrieben zu vermerken, die derjenigen des Gesamt-Kraichgaus in der Größenordnung entspricht. Vergleicht man diese Abnahmeraten in Dürrn und Weiler unter dem Aspekt etwaiger Flurbereinigungswirkungen, so kann hierbei kein auf die Agrarstrukturmaßnahme zurückzuführender Unterschied festgestellt werden.

Tab. 68: Anzahl der land- und forstwirtschaftlichen Betriebe ≥ 0,5 ha in Dürrn und Weiler (1949, 1960, 1971)

	1949 Betriebe	1960 Betriebe	in % von 1949	1971 Betriebe	in % von 1949
Dürrn	162	155	96	90	56
Weiler	133	104	78	41	31
Kraichgau	28081	22923	82	13858	49

Ein genauerer Vergleich der Abnahme der Betriebe läßt sich anhand unveröffentlichter Unterlagen des Statistischen Landesamtes zur Betriebsgrößenstruktur von 1965 - 1978 durchführen. Der in Fig. 30 dargestellte Entwicklungsverlauf für Dürrn zeigt weder vor, während, noch nach der Flurbereinigung auffällige Veränderungen in der Abnahmerate, die auf die Agrarstrukturmaßnahme zurückgeführt werden könnten, was der Vergleich mit Weiler zusätzlich bestätigt.

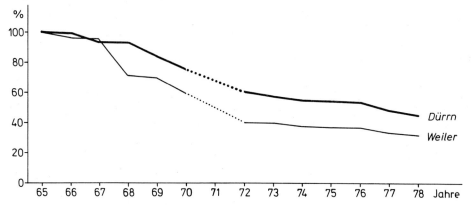

Fig. 30: Entwicklung der Anzahl der landwirtschaftlichen Betriebe ($\geq 0,5$ ha) in Dürrn und Weiler (1965 - 1978)*

Abgenommen hat auch die Anzahl der hauptberuflich bewirtschafteten Betriebe. Gemessen an 1956 waren in Dürrn 1969 noch 12%, 1980 noch 5% vorhanden, in Weiler ist die Anzahl der Haupterwerbsbetriebe bis 1969, verglichen mit 1956, auf 6% und bis 1980 auf 3%[1] gesunken. Für die Entwicklungsunterschiede bis 1969 kann zwar nicht ausgeschlossen werden, daß die Flurbereinigung bedeutungsvoll war, wahrscheinlicher aber ist, daß die bis zur allgemeinen Individualmotorisierung ungünstigeren Pendelmöglichkeiten, die den Prozeß der zunehmenden Aufgabe auch von Haupterwerbsbetrieben in Dürrn langsamer ablaufen ließen, hierfür ausschlaggebend war; bestätigt wird dies durch die längerfristig, bis 1980, erfolgte Angleichung der Abnahmeraten beider Gemeinden.

Die durchschnittliche Betriebsgröße lag in Weiler deutlich unter derjenigen des Gesamt-Kraichgaus (3,1 ha) und derjenigen von Dürrn (s. Tab. 69). Die bis 1960 umfangreiche Abnahme an Betrieben in Weiler (s. Tab. 68) hat sich aber nicht in einer deutlichen Zunahme der durchschnittlichen Betriebsgröße niedergeschlagen, so daß auch 1960 der Unterschied zwischen dieser Gemeinde und dem Untersuchungsraum beträchtlich war. Der Unterschied zu Dürrn dagegen hat sich bis 1960 verringert, da trotz der Abnahme der Betriebe in Dürrn der für 1960 berechnete Wert unter demjenigen von 1949 lag. Erst im nachfolgenden Jahrzehnt ist für beide Gemeinden eine etwas stärkere Entwicklung hin zum größeren Betrieb zu erkennen, dennoch wiesen auch 1971 Dürrn und Weiler im Vergleich zum Kraichgau (7,7 ha) unterdurchschnittliche Werte auf, was als Hinweis

---

[1] Zu den Berechnungsgrundlagen s. S. 121; eine der Strukturerhebung von 1975 der Landwirtschaftsämter Sinsheim, Eppingen, Bruchsal vergleichbare Datengrundlage war für die Gemeinden im Bereich des Landwirtschaftsamtes Pforzheim nicht vorhanden.

*Für 1971 lagen die vergleichbaren Angaben nicht vor

auf den überdurchschnittlichen Anteil an Kleinbetrieben in Dürrn und Weiler zu bewerten ist.

Betrachtet man sich diese Veränderungen des durchschnittlichen Betriebsgrößenwertes unter dem Aspekt etwaiger Flurbereinigungswirkungen und bezieht die jüngere Entwicklung bis 1978 mit ein (s. Fig. 31), so kann, unter Berücksichtigung der unterschiedlichen Ausgangsposition, eine in Dürrn schnellere Entwicklung zum größeren Betrieb nicht festgestellt werden. Vielmehr ist die günstigere Entwicklung im nichtflurbereinigten Weiler zu verzeichnen, denn die durchschnittliche Betriebsgröße hatte sich in dieser Gemeinde von 1949 bis 1978 um 180% erhöht (auf 5,6 ha), in Dürrn dagegen im selben Zeitraum um 93% (auf 5,8 ha).

Tab. 69: Durchschnittliche Betriebsgröße (ha) der landwirtschaftlichen Betriebe ≥ 0,5 ha (1949, 1960) bzw. ≥ 1 ha (1971) in Dürrn[1] und Weiler

	durchschnittliche Betriebsgröße (ha)		
	1949	1960	1971[2]
Dürrn	3,0	2,8	5,9
Weiler	1,8	1,9	4,5

Auch in der Entwicklung der durchschnittlichen Betriebsgröße der hauptberuflich bewirtschafteten Betriebe ist in Dürrn keine flurbereinigungsbedingte stärkere Zunahme festzustellen. Betrug die durchschnittliche Größe eines Haupterwerbsbetriebes 1956 in Dürrn 4,3 ha, in Weiler 2,8 ha, so stieg diese in beiden Gemeinden bis 1980 auf je knapp 50 ha. Die hierfür berechneten Variationskoeffizienten lagen jeweils bei über 40%, so daß die Aussagekraft der angegebenen Durchschnittswerte für einen genaueren Vergleich nicht hoch einzuschätzen ist.

Auch bei Betrachtung der Betriebsgrößenstruktur lassen sich schon 1949 Unterschiede zwischen Dürrn und Weiler feststellen (s. Fig. 32), wobei allerdings diese relativ gering sind im Vergleich zu den Unterschieden zwischen diesen beiden Gemeinden und denjenigen der anderen Agrarstrukturtypen. 86% aller Betriebe waren 1949 in Dürrn kleiner als 5 ha, und kein einziger Betrieb wies eine Größe ≥ 10 ha auf. In Weiler war eben-

---

[1] Der vom Karlshäuserhof bewirtschaftete Flächenumfang konnte den Statistischen Zusammenstellungen der Gemeindeverwaltung entnommen werden, so daß bei der Berechnung der durchschnittlichen Betriebsgröße und auch der nachfolgend aufgeführten Betriebsgrößenstrukturen für den Zeitraum vor 1971 dieser Hof ausgeschlossen werden konnte, damit war die Vergleichbarkeit mit den Daten vor 1971 gewährleistet (s. 7.4.)

[2] Auch hier muß auf die unterschiedlichen Erhebungsgrundlagen und die damit eingeschränkte Vergleichbarkeit verwiesen werden; für 1972 konnte die durchschnittliche Betriebsgröße für alle Betriebe ≥ 0,5 ha (Quelle: unveröffentlichte Unterlagen des Statistischen Landesamtes) berechnet werden: Dürrn und Weiler je 4,6 ha

falls kein Betrieb mit ≥ 10 ha vorhanden, der Anteil der Betriebe < 5 ha war mit 98% noch höher als in Dürrn.

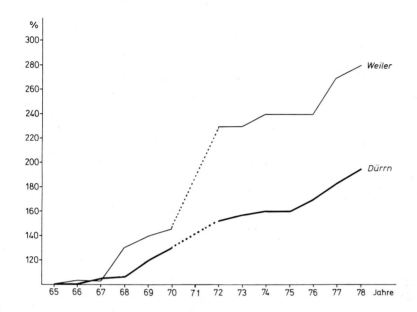

Fig. 31: Entwicklung der durchschnittlichen Betriebsgröße in Dürrn und Weiler (1965 - 1978)[1]

Zwischen 1949 und 1960 hatte in den beiden unteren Größenklassen in Weiler die Anzahl der Betriebe fast in gleichem Umfang abgenommen und nur einige wenige Betriebe stockten in die Betriebsgrößenklasse mit 5 - 10 ha auf, so daß sich in der Betriebsgrößenstruktur dieser Gemeinde bis 1960 keine wesentliche Veränderung vollzogen hatte. In Dürrn dagegen waren, obwohl die Anzahl an Betrieben insgesamt sich nur geringfügig vermindert hatte (s. Tab. 68), bis 1960 größere Umstrukturierungen zu vermerken, was sich bereits in der Abnahme der durchschnittlichen Betriebsgröße angedeutet hatte (s. Tab. 69). Hervorgerufen wurden diese durch das Abstocken vieler Betriebsleiter aus der Größenklasse 2 - 5 ha in die darunterliegende. Bis 1960 haben sich daher beide Gemeinden des Agrarstrukturtyps IV in ihren Betriebsgrößenstrukturen angenähert, was sich auch bei der Betrachtung der flächenmäßigen Anteile der einzelnen Größenklassen zeigt (s. Fig. 32) - in Dürrn und in Weiler wurde jeweils ungefähr die Hälfte der landwirtschaftlichen Nutzfläche von Betrieben mit 2 - 5 ha bewirtschaftet.

Im nachfolgenden Jahrzehnt waren in beiden Gemeinden größere Veränderungen festzustellen. Zwar lag auch 1971 der Anteil an Betrieben < 5 ha in Dürrn und in Weiler bei über 80%, aber gerade in den beiden unteren

---

[1] Für 1971 lagen die vergleichbaren Angaben nicht vor

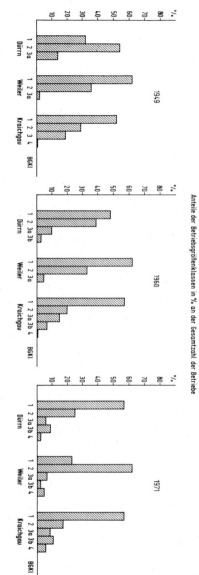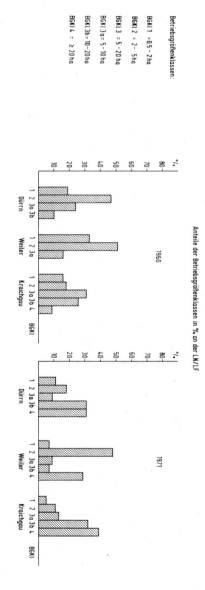

Fig. 32: Betriebsgrößenstrukturen in Dürrn und Weiler (1949, 1960, 1971)

Größenklassen sind deutliche Entwicklungsunterschiede festzustellen. Denn die in diesem Jahrzehnt erfolgte Abnahme an Betrieben wurde in Weiler vor allem durch die sehr umfangreiche Verminderung der Betriebe mit 0,5 - 2 ha hervorgerufen - 1971 waren nur noch 14%[1] der Betriebe, gemessen an 1960, in dieser Größenklasse vorhanden. Im Vergleich hierzu war die Abnahme an Betrieben mit 2 - 5 ha gering (noch 74% von 1960), so daß wegen der viel höheren Gesamtabnahme der prozentuale Anteil dieser Größenklasse sich von 1960 bis 1971 fast verdoppelt hatte. In Dürrn dagegen war die Abnahme am stärksten in der Größenklasse 2 - 5 ha, in der 1971 noch 37% der Betriebe, verglichen mit 1960, enthalten waren. In der untersten Größenklasse war die Abnahme niedriger (noch 69% von 1960) als die Gesamtabnahme, so daß für diese Größenklasse bis 1971 ein relativer Bedeutungszuwachs zu verzeichnen war.

In beiden Gemeinden zugenommen hat der Anteil an Betrieben ≥ 10 ha, wobei diese Zunahme in Weiler, wo 1960 noch kein Betrieb eine Größe ≥ 10 ha aufwies, etwas stärker war als in Dürrn. In der Größenklasse 5 - 10 ha hat die Anzahl an Betrieben in beiden Gemeinden abgenommen; niedergeschlagen hat sich dies in einer Abnahme des prozentualen Anteils lediglich in Dürrn, da nur hier die Abnahmerate in dieser Größenklasse die Gesamtabnahmerate übertroffen hat.

Diese Unterschiede zeigen sich auch bei der Betrachtung der flächenmäßigen Anteile 1971, wobei hier allerdings darauf verwiesen werden muß, daß eine Einbeziehung der Flächenanteile der Betriebe mit 0,5 - 1 ha nicht möglich war, was gerade bei Dürrn zu größeren Ungenauigkeiten geführt haben dürfte.[2]

Betrachtet man sich die im Jahrzehnt der Durchführung der Flurbereinigung deutlich unterschiedliche Entwicklung und berücksichtigt die differierenden Ausgangspositionen beider Gemeinden, so erscheint es als sehr schwierig, ausgehend von den Daten der Landwirtschaftszählungen, eine Bewertung über die Flurbereinigungsbedingtheit einzelner Veränderungen abzugeben, festgehalten werden kann lediglich, daß die Agrarstrukturmaßnahme in Dürrn bis 1971 nicht zu einer beträchtlichen Beschleunigung der Entwicklung zum größeren Betrieb geführt hatte. Erst die jährlichen Zusammenstellungen des Statistischen Landesamtes, die den Zeitraum der Durchführung der Flurbereinigung in Dürrn abdecken, ermöglichen genauere Aussagen (s. Fig. 33 - 36).

---

[1] Die Anzahl der Betriebe mit 1 - 2 ha 1971 wurde ergänzt durch diejenigen der Betriebe mit 0,5 - 1 ha (s. S.57)

[2] Vor der Umrechnung lag der prozentuale Anteil der Betriebe mit 1 - 2 ha an der Gesamtzahl der Betriebe in Dürrn bei 41%, in Weiler bei 18%; nach Einbeziehung der Betriebe mit 0,5 - 1 ha betrugen die Anteile in Dürrn 57%, in Weiler 23%.

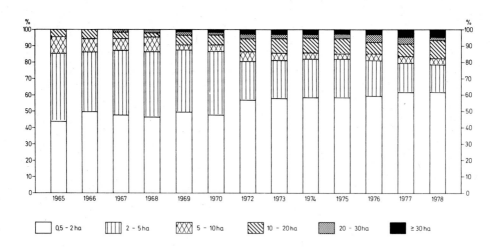

Fig. 33: Entwicklung der Anteile der Betriebsgrößenklassen an der Gesamtzahl der Betriebe (≥0,5ha) in Dürrn (1965 - 1978)

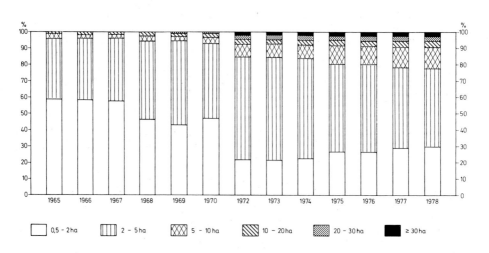

Fig. 34: Entwicklung der Anteile der Betriebsgrößenklassen an der Gesamtzahl der Betriebe (≥0,5ha) in Weiler (1965 - 1978)

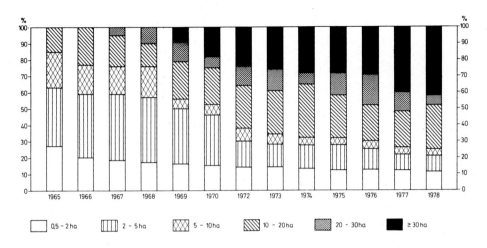

Fig. 35: Entwicklung der Anteile der Betriebsgrößenklassen an der landwirtschaftlichen Nutzfläche in Dürrn (1965 - 1978)

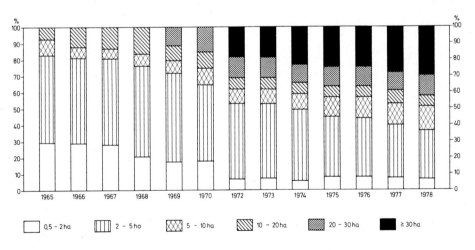

Fig. 36: Entwicklung der Anteile der Betriebsgrößenklassen an der landwirtschaftlichen Nutzfläche in Weiler (1965 - 1978)

Auf die schon vor der Flurbereinigung bestehenden Unterschiede in den Betriebsgrößenstrukturen wurde bereits hingewiesen. Während der Durchführung des Verfahrens (1967 - 1968) haben sich die Anteile der beiden unteren Größenklassen an der Gesamtzahl der Betriebe nicht wesentlich verändert (s. Fig. 33). Die Betrachtung der flächenhaften Anteile dieser Grössenklassen allerdings macht deutlich, daß doch Umschichtungen stattgefunden haben (s. Fig. 35). So hat die Abnahme der Anzahl der Betriebe mit 2 - 5 ha im Jahr der Besitzeinweisung zu einem Freisetzen von knapp 7% der gesamten landwirtschaftlichen Nutzfläche geführt und auch in der Größenklasse 0,5 - 2 ha hat sich zwischen 1966 und 1969 die Anzahl der Betriebe verringert (um 25%), was aber nur ein Freiwerden von knapp 4% der landwirtschaftlichen Nutzfläche hervorgerufen hat. Zwar war diese durch die Aufgabe bzw. Verkleinerung von Betrieben der unteren Größenklassen verursachte Bodenmobilität nicht sehr hoch, sie ermöglichte es aber einigen Landwirten, deren Betriebe bis zu diesem Zeitpunkt mit 5 - 20 ha ausgestattet waren, flächenmäßig aufzustocken.

Auf diese Entwicklung zum größeren Betrieb in Dürrn kann ein Einfluß der Flurbereinigung nicht á priori ausgeschlossen werden, doch muß darauf verwiesen werden, daß zum einen auch in Weiler gerade in diesem Zeitraum Aufgaben vieler Betriebe mit 0,5 - 2 ha stattgefunden haben, die zu einem Freisetzen von knapp 10% der landwirtschaftlichen Nutzfläche geführt haben, was in dieser Gemeinde ebenfalls von einigen wenigen Betriebsleitern zum Aufstocken in höhere Größenklassen genutzt worden ist. Zum anderen zeigt die Entwicklung zwischen 1970 und 1972, daß die bedeutenderen, da eine höhere Bodenmobilität auslösenden Umstrukturierungen in Dürrn in diesem Zeitraum stattgefunden haben - der konjunkturelle Aufschwung (s. 1.) bewog in beiden Gemeinden viele Betriebsleiter der unteren Betriebsgrößenklassen zur Aufgabe (s. Fig. 33 - 36).

Nach 1972 waren für Dürrn in den Größenklassen ≥ 5 ha kaum Veränderungen in der Anzahl der Betriebe zu verzeichnen, aber die Abnahme an Betrieben mit 2 - 5 ha, insbesondere zwischen 1976 und 1977, führte zu einer Zunahme der prozentualen Anteile der anderen Größenklassen. Flächenmäßig haben sich diese Veränderungen allerdings in etwas grösserem Umfang niedergeschlagen, die freiwerdenden Flächen konnten von den großen Betrieben zum Aufstocken genutzt werden.

In Weiler hat nach 1972 ebenfalls nur die Größenklasse 2 - 5 ha zahlenmäßig abgenommen, was auch hier eine Erhöhung der prozentualen Anteile der anderen Betriebsgrößenklassen an der Gesamtzahl der Betriebe hervorgerufen hat. Übernommen wurden diese hierdurch freiwerdenden Flächen nur von Betrieben der obersten Größenklassen.

1978 lassen sich wie vor der Flurbereinigung noch deutliche Unterschiede in den Betriebsgrößenstrukturen feststellen, aber es kann auch für die längerfristige Entwicklung festgehalten werden (s.o.), daß in Weiler die Entwicklung zum größeren Betrieb, berücksichtigt man die ungünstigeren

Ausgangsbedingungen, stärker abgelaufen ist als in Dürrn.

Am wesentlichsten für die Betriebsgrößenentwicklung der in die Befragung eingegangenen Betriebe waren, wie auch in den Untersuchungsgemeinden der anderen Agrarstrukturtypen, die Veränderungen zwischen 1968 und 1971, daneben auch diejenigen zwischen 1971 und 1974 von Bedeutung (Fig. 37). Eine flurbereinigungsbedingte deutliche Steigerung der Bodenmobilität läßt sich für Dürrn auf einzelbetrieblicher Ebene nicht feststellen.

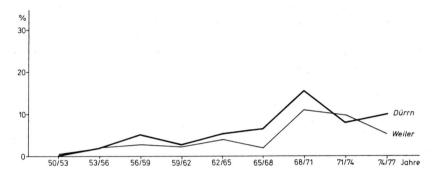

Fig. 37: Entwicklung der Bodenmobilität der in die Befragung eingegangenen Betriebe in Dürrn und Weiler (in % der gesamten LN der Gemeinde) (1950 - 1977)

In beiden Gemeinden haben jeweils alle hauptberuflichen Betriebsleiter ihren Betrieb seit der Übernahme vergrößert, wobei dies in Dürrn überwiegend durch Zupacht, in Weiler durch Zukauf erfolgt ist. Wurde die Betriebsfläche von den Haupterwerbslandwirten aus Dürrn durchschnittlich um 43% (gemessen an der zum Zeitpunkt der Befragung bewirtschafteten Fläche) vergrößert, so lag der entsprechende Wert in Weiler ($\geq 80\%$) deutlich darüber, wobei wiederum Variationskoeffizienten von knapp 30% diese Angaben relativieren. Zudem müssen Unterschiede im Übernahmejahrzehnt berücksichtgt werden: Alle befragten hauptberuflichen Landwirte in Dürrn gaben an, ihren Betrieb nach 1960 übernommen zu haben, in Weiler dagegen erfolgten alle Übernahmen vor 1960 - die Untersuchung auf Gemeindeebene aber hatte gezeigt, daß in Weiler, im Gegensatz zu Dürrn, 1960 noch kein Betrieb mit einer Fläche ≥ 10 ha ausgestattet war.

Als wesentlichen Grund für die Betriebsvergrößerung wurde von allen befragten hauptberuflichen Landwirten beider Gemeinden angegeben, daß der Betrieb vorher zu klein und damit zu unrentabel gewesen wäre. "Bessere Maschinenausnutzung" wurde nur von einigen als weiterer wesentlicher Faktor genannt.

Der Anteil an Nebenerwerbslandwirten, der seit der Übernahme eine Vergrößerung des Betriebes vorgenommen hatte, ist in Weiler mit 43% höher gewesen als in Dürrn, wo nur 22% der befragten nebenberuflichen Betriebsleiter eine flächenmäßige Aufstockung angegeben hatten. Ebenfalls Unterschiede zeigen sich bei den Anteilen an Nebenerwerbslandwirten, die seit der Übernahme ihren Betrieb verkleinert haben. Betrug dieser Anteil in Dürrn 50%, so lag er in Weiler bei 21%.

Zu sehen sind diese Unterschiede bei den Betriebsgrößenveränderungen der Nebenerwerbslandwirte im Zusammenhang mit den Differenzen in den Betriebsgrößenstrukturen zwischen beiden Gemeinden. Zwar haben 79% der befragten nebenberuflichen Landwirte aus Weiler ihren Betrieb erst nach 1960 übernommen, in Dürrn waren es 44%, aber trotz dieser späteren Übernahme waren die Nebenerwerbsbetriebe in Weiler, was die Untersuchung auf Gemeindeebene angedeutet hatte, im Durchschnitt kleiner als in Dürrn, so daß aus Rentabilitätsgründen vor allem parallel zur zunehmenden Mechanisierung die Nebenerwerbslandwirte, die ihren Betrieb nicht nur aus Gründen der Selbstversorgung oder als Hobby bewirtschafteten, vergrößern mußten.[1] In Dürrn waren bei der Übernahme die Betriebe im Durchschnitt größer und zudem haben 17% der befragten Nebenerwerbslandwirte seit der Übernahme vom Haupt- zum Nebenerwerb abgestockt, so daß trotz der flurbereinigungsbedingten Arbeitserleichterung in dieser Gemeinde der Anteil an Nebenerwerbslandwirten, die eine flächenmäßige Verkleinerung durchgeführt haben, höher lag.

Wesentlicher Grund für die Betriebsvergrößerung der Nebenerwerbslandwirte in beiden Gemeinden war, wie auch bei der Gruppe der hauptberuflichen Betriebsleiter, die mit der vorher zu geringen Größe verbundene ungenügende Rentabilität. "Bessere Maschinenausnutzung", "Veränderungen in der Viehhaltung", "günstigere Pacht- bzw. Kaufmöglichkeiten" und "Sonstiges" wurden als weitere wesentliche Faktoren nur von wenigen Nebenerwerbslandwirten beider Gemeinden genannt.

Bei den Gründen für die Betriebsverkleinerungen, die in Dürrn überwiegend durch Rückgabe von Pachtland, in Weiler von fast allen durch Verpachtung durchgeführt worden ist, zeigen sich ebenfalls keine großen Unterschiede. Arbeitsüberlastung war für fast alle dieser Nebenerwerbslandwirte der wesentliche Faktor, 7% nannten in Weiler das Auslaufen von Pachtverträgen als ausschlaggebenden Grund, in Dürrn gaben 11% die erfolgte "Abstockung zum Nebenerwerb" an.

Auf die Frage nach der Bedeutung der Flurbereinigung für Veränderungen in der Betriebsgröße antworteten 67% der Nebenerwerbslandwirte in Dürrn, daß die Agrarstrukturmaßnahme hierfür weder mittelbar noch unmittelbar bedeutungsvoll gewesen wäre.

Dagegen konnten 22% der Nebenerwerbs- und alle Haupterwerbslandwirte ihren Betrieb im Zusammenhang mit der Flurbereinigung vergrößern, wobei 50% von diesen angaben, daß dies ohne Flurbereinigung nicht möglich

---

[1] Zum Zeitpunkt der Befragung wiesen in Weiler mehr Nebenerwerbsbetriebe eine Größe ≥ 5 ha auf als 1971 in dieser Größe überhaupt Betriebe vorhanden waren.

gewesen wäre, 12% waren gegenteiliger Ansicht und 38% vertraten die Auffassung, daß ohne Flurbereinigung diese Vergrößerung nicht in dem Umfang durchführbar gewesen wäre.Zusätzlich meinten 75% der Haupterwerbslandwirte und 22% der nebenberuflichen Betriebsleiter, daß sie heute aus arbeitswirtschaftlichen Gründen ohne Flurbereinigung nicht in der Lage wären, die gegenwärtige Betriebsgröße im Haupt- bzw. Nebenerwerb zu bewirtschaften.

Von den 11% der nebenberuflichen Landwirte aus Dürrn, die im Zusammenhang mit der Flurbereinigung ihren Betrieb verkleinern mußten, waren 50% der Meinung, daß sie ohne Flurbereinigung ihren Betrieb nicht hätten flächenmäßig abstocken müssen (Verlust von Pachtland), die anderen 50% waren gegenteiliger Ansicht.

Ein Einfluß der Flurbereinigung auf die sozioökonomische Stellung wurde von keinem der befragten Betriebsleiter vermerkt. Diejenigen Landwirte, die seit der Übernahme hierin eine Veränderung vorgenommen hatten, haben diese sozioökonomische Abstockung bereits Jahre vor der Flurbereinigung bzw. erst Ende der 70er Jahre aus persönlichen Gründen durchgeführt.

In Weiler rechnen alle hauptberuflichen Landwirte mit flurbereinigungsbedingten günstigeren Vergrößerungsmöglichkeiten; gleichzeitig wiesen sie darauf hin, daß sie auch erst nach einer Durchführung einer Flurbereinigung in der Lage wären, arbeitsmäßig eine größere Fläche zu bewirtschaften. Von den nebenberuflichen Betriebsleitern erwarten fast alle keine Auswirkungen der Flurbereinigung auf ihre Betriebsgröße, lediglich 7% befürchten, daß sie flurbereinigungsbedingt ihren Betrieb, wegen Pachtlandverlust, verkleinern müßten.

Zusammenfassend können zur Bedeutung der Flurbereinigung für Veränderungen in der Betriebsgröße und in der sozioökonomischen Stellung folgende Ergebnisse festgehalten werden:

1. Auf Gemeindeebene konnte im flurbereinigten Dürrn im Vergleich zum nichtflurbereinigten Weiler keine schnellere Entwicklung zum größeren Betrieb festgestellt werden, weder die Abnahme an Betrieben, noch die Zunahme der durchschnittlichen Betriebsgröße und auch nicht die Betriebsgrößenstruktur wurden in deutlicher Weise durch die Agrarstrukturmaßnahme beeinflußt, was die Untersuchung der einzelbetrieblichen Bodenmobilität bestätigt. Zwar gaben auf einzelbetrieblicher Ebene alle Haupt- und einige wenige Nebenerwerbslandwirte eine flurbereinigungsbedingte Veränderung an, verwiesen sei hier aber wiederum auf die eingeschränkte Gültigkeit von Aussagen zu Kausalzuweisungen.
2. Ein Einfluß der Flurbereinigung auf den sozioökonomischen Status konnte von keinem der befragten Betriebsleiter vermerkt werden und auch in der Abnahmerate an hauptberuflich bewirtschafteten Betrieben konnten auf Gemeindeebene keine längerfristigen Unterschiede zwischen flurbereinigter und nichtflurbereinigter Gemeinde erkannt werden, die der Agrarstrukturmaßnahme zugeschrieben werden könnten.

10.4. Entwicklung von Bodennutzung und Viehhaltung

Die in Dürrn und in Weiler ungünstigeren natürlichen Voraussetzungen
(s. 10.1.) im Vergleich zu den meisten Gemeinden des Kraichgaus haben
sich in einem deutlich niedrigeren Acker-Grünlandverhältnis niedergeschlagen, 1949 betrug dieses in Dürrn 2,0:1, in Weiler 2,2:1, der für
den Gesamt-Kraichgau berechnete Durchschnittswert lag bei 5,7:1.
Bis 1978 sind in beiden Gemeinden Veränderungen zu verzeichnen
(s. Tab. 70), die in Weiler im Gegensatz zu Dürrn längerfristig zu einer
Verengung des Acker-Grünlandverhältnisses geführt haben, in Dürrn
erreichte seit 1974 das Acker-Grünlandverhältnis wieder den Wert von
1952. Betrachtet man sich diese Schwankungen[1] in Dürrn unter dem Aspekt
etwaiger Flurbereinigungswirkungen, so kann nicht angenommen werden,
daß die Agrarstrukturmaßnahme hierfür bedeutungsvoll war, da parallel
zur Durchführung des Verfahrens (1967 - 1968) bzw. nach der Besitzeinweisung keine grundlegenden Veränderungen festzustellen sind.

Tab. 70: Entwicklung des Acker-Grünlandverhältnisses in Dürrn und
Weiler (1952 - 1979)

	1952	1955	1960	1965	1968	1971	1974	1977	1979
Dürrn	2,5:1	2,4:1	1,9:1	2,0:1	2,2:1	2,1:1	2,6:1	2,8:1	2,7:1
Weiler	2,7:1	2,7:1	1,7:1	1,9:1	1,8:1	1,5:1	1,6:1	1,7:1	1,7:1

Eine Auswirkung der Rebflurbereinigung (s. 10.2.) auf den Sonderkulturanteil an der landwirtschaftlich genutzten Fläche kann allerdings bei Betrachtung der Veränderungen auf Gemeindeebene vermerkt werden (s. Tab. 71)
So ist der Sonderkulturanteil (mit Ausnahme der Jahre 1952, 1955, 1960 zähl-
te hierzu nur Rebland), der in beiden Gemeinden im Vergleich zu vielen
anderen Kraichgaugemeinden stets sehr niedrig war, in Dürrn nach der Besitzeinweisung auf das 3-fache gestiegen.

Tab. 71: Entwicklung des Anteils der Sonderkulturen an der landwirtschaftlich genutzten Fläche in Dürrn und Weiler[2] (1952 - 1979)

	1952	1955	1960	1965	1968	1971	1974	1977	1979
Dürrn	0,7	0,5	2,5	0,6	0,6	1,8	1,8	1,8	2,1
Weiler	0,7	0,02	-	-	-	-	-	-	-

---

[1] Bei der Berechnung des Acker-Grünlandverhältnisses konnte mangels
entsprechender Daten der Karlshäuserhof nicht ausgeschlossen werden;
seit 1971 wurde dieser in den Bodennutzungsvor- und haupterhebungen
nicht mehr zu Dürrn gezählt; der Vergleich der für 1968 (mit Hofgut)
und für 1971 (ohne Hofgut) berechneten Werte zeigt, daß die hierdurch
bedingte Fehlerquelle nicht sehr hoch sein dürfte.

[2] Quelle: unveröffentlichtes Material der Bodennutzungsvor- und haupterhebungen; die Berechnung erfolgte 1952 - 1968 nach Abzug der vom Karlshäuserhof bewirtschafteten Fläche.

Diese flurbereinigungsbedingte Erhöhung des Sonderkulturanteils an der landwirtschaftlich genutzten Fläche hat sich auch in einer deutlichen Veränderung des Bodennutzungssystems der Gemeinde Dürrn niedergeschlagen (s. Tab. 72). Für die in Dürrn seit dem Jahr der Besitzeinweisung auf Gemeindeebene feststellbare Extensivierung in Form einer Zunahme des Getreideanteils könnte zwar ein Einfluß der Flurbereinigung nicht ausgeschlossen werden, aber die dann in Weiler für 1971 ebenfalls zu verzeichnende gleiche Entwicklung läßt eher die Annahme zu, daß vor allem die in Dürrn frühere Herausbildung größerer Betriebe und die damit verbundene Extensivierung bedeutende Faktoren waren.

Tab. 72: Entwicklung der Bodennutzungssysteme in Dürrn und Weiler[1] (1952 - 1979)

	1952	1955	1960	1965	1968	1971	1974	1977	1979
Dürrn	HF	HF	HF	FH	FG	FGB	FGB	GFB	GBF
Weiler	HF	HF	HF	HF	FH	FG	FG	FG	FG

Eine wie auch bei den flurbereinigten Gemeinden der Agrarstrukturtypen II und III kurzfristige flurbereinigungsbedingte Erhöhung der Anteile der Sozialbrache an der landwirtschaftlichen Nutzfläche kann auch in Dürrn nicht ausgeschlossen werden (s. Tab. 73). Längerfristig ist allerdings keine deutliche Auswirkung der Flurbereinigung zu verzeichnen, die in den 70er Jahren in Dürrn erkennbare Abnahme des Sozialbracheanteils zeigt sich ebenfalls in Weiler, wobei aber gerade hier die eingeschränkte Vergleichbarkeit beider Gemeinden berücksichtigt werden muß.[2]

---

[1] Quelle: unveröffentlichtes Material der Bodennutzungsvor- und haupterhebungen; bei den Berechnungen bis einschließlich 1968 konnte der Karlshäuserhof wiederum wegen ungenügender Datenlage nicht ausgeschlossen werden.

[2] In Weiler hat vor allem die Anfang der 70er Jahre erfolgte Aufgabe zahlreicher Kleinbetriebe zu einer sehr starken Zunahme der Sozialbrache geführt; in Dürrn dagegen sind zwar auch viele Betriebe aufgegeben worden (s.o.), da aber in dieser Gemeinde, im Gegensatz zu Weiler, noch eine größere Schicht an hauptberuflich bewirtschafteten landauffangenden Betrieben vorhanden war, ist ein Anstieg der Sozialbrache im Ausmaß wie in Weiler nicht zu verzeichnen gewesen. Die Abnahme des Sozialbracheanteils in beiden Gemeinden in den 70er Jahren ist, worauf mehrere Landwirte in der Befragung hingewiesen haben, im Zusammenhang mit der Verschlechterung der konjunkturellen Lage zu sehen; denn dies hat einige Betriebsleiter kleinerer Betriebe, vor allem wenn sie zu Kurzarbeit gezwungen waren, veranlaßt, die Bewirtschaftung bisher brach liegender Parzellen wieder aufzunehmen; aus dem gleichen Grund ist es gerade in Weiler in den letzten Jahren nach Aussage von befragten Landwirten sehr schwer geworden, landwirtschaftliche Nutzfläche käuflich zu erwerben.

Tab. 73: Entwicklung des Anteils der Sozialbrache (%) an der landwirtschaftlichen Nutzfläche in Dürrn und Weiler

	1955	1960	1965	1968	1971[1]	1974	1977	1979
Dürrn	0,2	3,6	0,7	2,1	1,3	0,7	0,7	0,7
Weiler	0,4	3,5	3,7	12,4	24,5	23,3	17,3	16,9

Im Nutzflächenverhältnis lassen sich Anfang der 50er Jahre noch deutliche Unterschiede zwischen Dürrn[2] und Weiler feststellen (s. Fig. 38 und 39), die vor allem im Zusammenhang mit Unterschieden in den Betriebsgrößenstrukturen (s. o.) zu sehen sind. So war der in Weiler höhere Prozentsatz an Kleinbetrieben < 5 ha mitverantwortlich für den in dieser Gemeinde umfangreicheren Anteil der Futterpflanzen am Ackerland, da damals fast in jedem dieser Kleinbetriebe zumindest eine Milchkuh gehalten worden ist.

Die in den 50er Jahren in vielen kleineren Betrieben erfolgte Aufgabe der Großviehhaltung, häufig verbunden mit der Abstockung in die Größenklasse 0,5 - 2 ha und mit der durch die Stabilisierung der gesamtwirtschaftlichen Verhältnisse induzierten Zunahme der Abwanderung aus der Landwirtschaft, war wesentlich für die Ausdehnung des Getreideanteils in beiden Gemeinden zu Lasten des Futterpflanzenanteils.

In den 60er und 70er Jahren erfolgte in beiden Gemeinden, insgesamt gesehen, eine nur von einigen Schwankungen unterbrochene weitere Ausdehnung des Getreideanteils bei gleichzeitiger Abnahme der Hackfruchtanteile. Konnte die starke Verringerung der Kartoffelanbaufläche in anderen Gemeinden (u. a. Beispielsgemeinden des Agrarstrukturtyps II, s. 9.4.) zumindest teilweise aufgefangen werden durch eine Zunahme des Zuckerrübenanbaus, so war dies in Dürrn und Weiler nicht gegeben, da der Zuckerrübenanbau vor allem wegen dem Vorherrschen der kleinbetrieblichen Struktur (arbeitswirtschaftliche Gründe) und wegen den ungüstigeren natürlichen Voraussetzungen in diesen Gemeinden schon immer bedeutungslos war.

Betrachtet man sich die Veränderungen im Nutzflächenverhältnis in Dürrn unter dem Aspekt etwaiger Flurbereinigungswirkungen, so kann festgehalten werden, daß keine eindeutig anderen Entwicklungsleitlinien für die flurbereinigten im Vergleich zur nichtflurbereinigten Gemeinde zu vermerken sind.[3] Zwischen 1968 und 1974 ging zwar der Anteil an Getreide in

---

[1] Zu Quellen und zum Problem des Ansprechens der nicht mehr landwirtschaftlich genutzten Fläche als Sozialbrache s. S. 136

[2] Bis 1968 sind in den Angaben zum Nutzflächenverhältnis in Dürrn die vom Karlshäuserhof bewirtschafteten Flächen enthalten.

[3] Es muß hierbei allerdings, worauf bereits hingewiesen wurde, berücksichtigt werden, daß die Betrachtung des Entwicklungsverlaufes des Nutzflächenverhältnisses in Dürrn gestört ist durch die bis 1968 in den Bodennutzungshaupt- und vorerhebungen ausgewiesenen Flächen des Karlshäuserhofes.

Dürrn etwas zurück zugunsten des Futterflächenanteils, die hiermit vergleichbare Entwicklung hat allerdings auch in Weiler, mit einer zeitlichen Verzögerung, zwischen 1971 und 1977 stattgefunden, in beiden Gemeinden erfolgte eine erneute deutliche Zunahme des Getreideanteils nach 1977 (s. Fig. 38 und 39).

Auch bei Betrachtung der Veränderungen in der Bodennutzung auf einzelbetrieblicher Ebene lassen sich keine wesentlichen Unterschiede feststellen (s. Tab. 74). In beiden Gemeinden haben jeweils 73% der befragten Betriebsleiter, darunter alle Haupterwerbslandwirte, Umstellungen in der Bodennutzung vorgenommen.

Tab. 74: Bodennutzungsänderungen in Dürrn und Weiler (einzelbetriebliche Ebene)

Art der Änderung	Dürrn Nennungen in % aller			Weiler Nennungen in % aller		
	Betr. insg.	Haupt- erw. b.	Neben- erw. b.	Betr. insg.	Haupt- erw. b.	Neben- erw. b.
Getreideanteil erhöht	68	100	61	67	100	64
verringert	-	-	-	-	-	-
Hackfruchtanteil erhöht	-	-	-	-	-	-
verringert	68	100	61	73	100	71
Feldfutteranteil erhöht	9	25	6	7	100	-
verringert	32	-	39	47	-	-
Sonderkulturanteil erhöht	-	-	-	-	-	-
verringert	9	25	6	-	-	-
Dauergrünland- anteil erhöht	-	-	-	-	-	-
verringert	5	-	6	-	-	-

Eine größere Differenz ist nur bei der Erhöhung des Feldfutteranteils und der Verringerung des Sonderkulturanbaus bei den hauptberuflichen Landwirten zu vermerken, was bei letzterem darauf zurückzuführen ist, daß in Weiler schon seit Jahrzehnten (s.o.) keine Sonderkulturen mehr angebaut worden sind.

Der in Weiler deutlich höhere Anteil an Haupterwerbslandwirten, die eine Erhöhung des Feldfutteranteils vorgenommen haben, ist, was die hierfür angegebenen Gründe zeigen, im Zusammenhang zu sehen mit Umstellun-

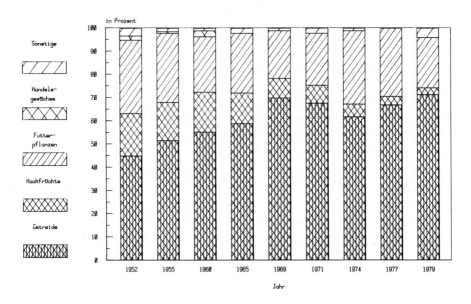

Fig. 38: Entwicklung des Anbaus auf dem Ackerland in Dürrn (1952 - 1979)

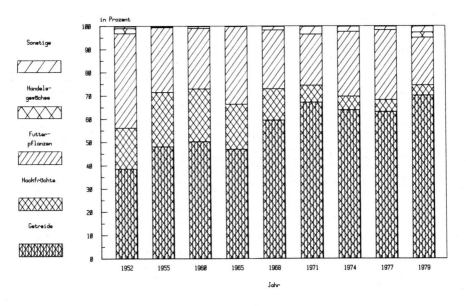

Fig. 39: Entwicklung des Anbaus auf dem Ackerland in Weiler (1952 - 1979)

gen in der Viehhaltung, die als notwendig erachtet wurden im Rahmen einer aus arbeitswirtschaftlichen Gründen erforderlichen Spezialisierung nach erfolgter flächenmäßiger Vergrößerung. In Dürrn dagegen wurde von keinem der befragten Haupterwerbslandwirte "Betriebsvereinfachung - bzw. Spezialisierung" und "Änderungen in der Viehhaltung" als wesentliche Gründe für Veränderungen in der Bodennutzung genannt.[1]

Bei den von den Nebenerwerbslandwirten beider Gemeinden angeführten Gründen für Bodennutzungsveränderungen zeigt sich eine große Übereinstimmung. Am häufigsten genannt wurden "arbeitswirtschaftliche Gründe" und "Veränderungen in der Viehhaltung". "Flächenmäßige bzw. sozioökonomische Abstockung" wurde von einem größeren Anteil an Nebenerwerbslandwirten in Dürrn im Vergleich zu Weiler als wesentlicher Grund angegeben, was in Verbindung mit dem in Dürrn höheren Anteil an Nebenerwerbslandwirten, der den Betrieb seit der Übernahme verkleinert hat, zu sehen ist (s. 10.3.).

Befragt nach der Bedeutung der Flurbereinigung für Veränderungen in der Bodennutzung, antworteten 68% aller befragten Betriebsleiter aus

---

[1] In Weiler haben alle Haupterwerbslandwirte ihren Betrieb vor 1960 übernommen, in Dürrn dagegen ist die Betriebsübergabe bei 50% der hauptberuflichen Betriebsleiter zwischen 1960 und 1970 erfolgt, bei weiteren 50% nach 1970; hiervon ausgehend hätte angenommen werden können, daß in Dürrn mehr Haupterwerbslandwirte ihren Betrieb bereits vereinfacht übernommen haben, entsprechende Umstellungen in der Bodennutzung daher gar nicht mehr notwendig waren. Die Berechnung der Betriebssysteme für die in die Befragung eingegangenen Haupterwerbsbetriebe zeigt allerdings, daß in Weiler alle Haupterwerbsbetriebe als "stark spezialisiert" (Leitbetriebszweig $\geq$ 67% des Betriebsgewichtes) einzustufen sind, in Dürrn dagegen waren 50% als "spezialisiert" (Leitbetriebszweig und Begleitbetriebszweig $\geq$ 67% des Betriebsgewichtes) und weitere 50% als "nicht spezialisiert" (Leit- und Begleitbetriebszweig < 67% des Betriebsgewichtes) zu charakterisieren (zur Berechnung s. S. 141); es könnte zwar angenommen werden, daß der Zwang zur Spezialisierung im nichtflurbereinigten Weiler wegen des hier höheren Zersplitterungsgrades größer war (eine Spezialisierung war auch bei den Nebenerwerbslandwirten in Weiler stärker verbreitet: "nicht spezialisiert": 7% in Weiler, 61% in Dürrn; "spezialisiert": 71% in Weiler, 28% in Dürrn; "stark spezialisiert": in Weiler 21%, in Dürrn 11%), der Vergleich mit den Gemeinden der anderen Agrarstrukturtypen aber zeigt, daß eine geringere Spezialisierung nicht abhängig vom Ausmaß der Besitzzersplitterung ist.

Dürrn (davon 25% der Haupterwerbslandwirte und 78% der Nebenerwerbslandwirte), daß die Agrarstrukturmaßnahme hierauf keinen Einfluß gehabt hätte. Einige Nebenerwerbslandwirte (17%) allerdings gaben an, daß sie nach der Flurbereinigung mehr Getreide angebaut hätten, da auf einigen Parzellen vor der Flurbereinigung Maschinen nicht einsetzbar gewesen wären, sie diese daher als Grünland bzw. überhaupt nicht genutzt hätten. Weiterhin vermerkten fast alle Haupterwerbslandwirte (75%), daß sie indirekt, über das Ausmaß der flurbereinigungsbedingten flächen-Vergrößerung, ihren Getreideanteil stärker erhöht hätten.

Von den befragten Landwirten in Weiler nehmen 93% nicht an, daß sie in der Bodennutzung durch eine etwaige Flurbereinigung etwas ändern würden, nur 7% meinten, daß sie indirekt, über die im Rahmen einer Flurbereinigung zu erwartende Verkleinerung, eine Veränderung in der Bodennutzung vornehmen müßten.

Etwas stärkere Umstrukturierungen als im Gesamt-Kraichgau können in den Untersuchungsgemeinden des Agrarstrukturtyps IV in der Viehhaltung verzeichnet werden (s. Tab. 75). So hat sich der Schweinebesatz, der in Dürrn und Weiler schon 1949 unter dem für den Kraichgau berechneten Wert lag, bis 1971 deutlich verringert, der Rindviehbesatz dagegen hat sich im selben Zeitraum nicht so stark verändert und lag auch 1971, vor allem wegen des relativ hohen Grünlandanteils, noch über dem Durchschnitt des Untersuchungsraumes.

Tab. 75: Viehbesatz in Dürrn und Weiler (1949, 1960, 1971)

	1949[1]			1960[1]			1971		
	Dürrn	Weiler	Kr.	Dürrn	Weiler	Kr.	Dürrn	Weiler	Kr.
Rindvieh/ 100 ha	99	102	71	107	106	81	88	109	84
Schweine/ 100 ha	65	66	73	43	58	63	26	15	158

Vergleicht man den Viehbesatz in beiden Gemeinden, ausgehend von den Daten der Landwirtschaftszählungen, miteinander, so können vor allem für 1971 größere Unterschiede festgestellt werden. Durch den schwerpunktmäßigen Ausbau der Rindviehhaltung insbesondere in den Haupterwerbsbetrieben in Weiler (s. o.) konnte die mit der Aufgabe bzw. der flächenmäßigen Abstockung vieler Betriebe verbundene Abnahme des Rindviehbestandes bis 1971 ausgeglichen werden. In Dürrn dagegen erfolgte nicht eine vergleichbare Vereinfachung bzw. Spezialisierung, so daß in dieser Gemeinde der Rindviehbesatz bis 1971 abgenommen und der Schweinebesatz im Gegensatz zur Entwicklung in Weiler sich nicht im gleichen Umfang verringert hat.

---

[1] Bei den Berechnungen für 1949 und 1960 konnte der Viehbestand des Karlshäuserhofes ausgeschlossen werden, so daß die Vergleichbarkeit mit 1971 gewährleistet ist

Betrachtet man sich diese Entwicklung bis 1971 in Dürrn unter dem Aspekt etwaiger Flurbereinigungswirkungen, so kann, ausgehend von den Angaben der Landwirtschaftszählungen, keine eindeutige Veränderung erkannt werden (z. B. eine Viehbesatzerhöhung), die der Flurbereinigung zugeschrieben werden könnte.

Zieht man zur genaueren Betrachtung vor allem auch der jüngeren Viehbestandsentwicklung die Angaben der Viehzählungen heran (Fig. 40), so muß darauf verwiesen werden, daß, wie auch beim Nutzflächenverhältnis, mangels entsprechender Daten der Viehbestand des Karlshäuserhofes nicht ausgeschlossen werden konnte, so daß die Vergleichbarkeit der Entwicklung in den 70er Jahren mit derjenigen der vorherigen Jahrzehnte beeinträchtigt ist. Versucht man dennoch, den in Fig. 40 festgehaltenen Entwicklungsverlauf beider Gemeinden unter dem Aspekt etwaiger Flurbereinigungswirkungen zu vergleichen, so kann auch hierbei bis 1978 keine deutlich abweichende Veränderung nach der Flurbereinigung festgestellt werden. Bestätigt wird dies auch durch die für 1978 berechneten Besatzzahlen. So betrug in Dürrn der Rindviehbesatz/100 ha 91, in Weiler 100, beim Schweinebesatz lagen die entsprechenden Werte in Dürrn bei 25 und in Weiler bei 27.[1]

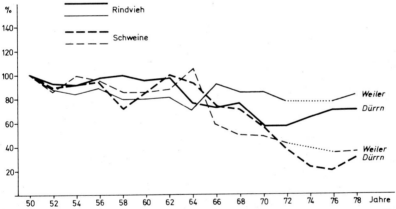

Fig. 40: Entwicklung des Viehbestandes in Dürrn und Weiler (1950 - 1978)[2]

Veränderungen in der Viehhaltung haben in Dürrn 86% und in Weiler 80% der befragten Betriebsleiter vorgenommen (darunter jeweils alle hauptberuflichen Landwirte). Die Unterschiede in der Art der Veränderung bei den Haupterwerbslandwirten sind im Zusammenhang mit der in Weiler

---

[1] Berechnungsgrundlage: Viehzählungen; zur eingeschränkten Vergleichbarkeit mit den nach Angaben der Landwirtschaftszählungen berechneten Besatzzahlen s. S. 61

[2] Für 1974 lagen die Angaben nicht vor

nicht aber in Dürrn erfolgten bereits mehrfach erwähnten Spezialisierung zu sehen. So gaben alle Haupterwerbslandwirte beider Gemeinden "wirtschaftliche Gründe" und "flächenmäßige Aufstockung" als die wesentlichen Faktoren für die Viehbestandsänderungen an, "Vereinfachung" bzw. "Spezialisierung" wurde ebenfalls von allen hauptberuflichen Landwirten in Weiler genannt, in Dürrn dagegen führten dies nur 25% als wesentlich an.

Tab. 76: Änderungen in der Viehhaltung in Dürrn und Weiler (einzelbetriebliche Ebene)

Art der Änderung	Dürrn Nennungen in % aller			Weiler Nennungen in % aller		
	Betr. insg.	Haupt-erw. b.	Neben-erw. b.	Betr. insg.	Haupt-erw. b.	Neben-erw. b.
Milchvieh erhöht	18	100	-	13	-	14
verringert	55	-	67	53	100	50
sonst. Rindvieh erhöht	32	100	17	20	100	14
verringert	27	-	33	40	-	43
Schweine erhöht	5	25	-	13	-	14
verringert	50	50	50	53	100	50

Bei den Nebenerwerbslandwirten zeigen sich größere Unterschiede in der Art der Änderung beim Milchvieh- und Schweinebestand. Hierfür waren vor allem die Unterschiede in der flächenmäßigen Veränderung seit der Betriebsübernahme (s. 10.3.) wesentlich: 33% der nebenberuflichen Betriebsleiter in Dürrn und nur 7% derjenigen in Weiler gaben als bedeutenden Faktor für Viehbestandsänderungen "flächenmäßige bzw. sozioökonomische Abstockung" an; "flächenmäßige Vergrößerung" führten 14% derjenigen aus Weiler aber keiner derjenigen aus Dürrn als wichtigen Grund an. Bei den anderen möglichen wesentlichen Gründen dagegen waren keine größeren Unterschiede festzustellen.

Auf die Frage nach der Bedeutung der Flurbereinigung für Viehbestandsänderungen gaben 94% aller Nebenerwerbslandwirte in Dürrn an, daß die Agrarstrukturmaßnahme hierfür bedeutungslos war. Dagegen führten alle hauptberuflichen und 6% der nebenberuflichen Landwirte an, daß sie erst nach der Flurbereinigung aus arbeitswirtschaftlichen Gründen bzw. indirekt über das flurbereinigungsbedingte Ausmaß der flächenmäßigen Vergrößerung ihren Viehbestand so ausweiten konnten. Von den befragten nebenberuflichen Betriebsleitern aus Weiler nahmen 93% an, daß sie nach einer etwaigen Flurbereinigung keine Veränderungen im Viehbestand vornehmen würden, 7% der Nebenerwerbs- und alle Haupterwerbslandwirte dagegen erwarten, daß sie, parallel zu einer flurbereinigungsbedingten Änderung der flächenmäßigen Ausstattung, Änderungen im Viehbestand durchführen würden.

Zur Bedeutung der Flurbereinigung für Veränderungen in der Bodennutzung und der Viehhaltung kann zusammenfassend festgehalten werden, daß auf Gemeindeebene eine längerfristige Auswirkung der Agrarstrukturmaßnahme auf den Sonderkulturanteil an der landwirtschaftlich genutzten Fläche und damit auch auf das Bodennutzungssystem nachzuweisen ist. Eine Beeinflussung des Nutzflächenverhältnisses und des Viehbestandes auf Gemeindeebene konnte nicht vermerkt werden. Bei der einzelbetrieblichen Untersuchung allerdings wurde von einigen, vor allem hauptberuflichen Landwirten angegeben, daß sie eine Erhöhung des Getreideanteils und des Viehbestandes flurbereinigungsbedingt vorgenommen hätten. Da diese Betriebsleiter aber weniger als die Hälfte der landwirtschaftlichen Nutzfläche der Gemeinde Dürrn bewirtschaften, haben sich diese Veränderungen auf überbetrieblicher Ebene nicht niedergeschlagen. Auf Gemeindeebene betrachtet, ist das durch die Flurbereinigung freigesetzte Arbeitspotential nicht produktiv in die "reguläre Landwirtschaft", sondern im Bereich des Weinbaus investiert worden; die Flurbereinigung hat somit zu einer auch auf überbetrieblicher Ebene feststellbaren Anbauintensivierung beigetragen. Berücksichtigt man allerdings die spezielle vor allem aber immaterielle Bedeutung des Weinbaus heute gerade bei den "Feierabendlandwirten", so kann genommen werden, daß wenn Weinbau in Dürrn nicht möglich wäre, das flurbereinigungsbedingt freigewordene Arbeitspotential nicht im Bereich der Landwirtschaft eingesetzt worden wäre. (vgl. hierzu auch die Ergebnisse für Eschelbach)

10.5. Entwicklung der arbeitswirtschaftlichen Verhältnisse

Auch bei Betrachtung der Veränderungen im Arbeitskräftebesatz, unter Zugrundelegung der Daten der Landwirtschaftszählungen 1960 und 1971/72, wird die bereits wegen den Unterschieden in der Erhebungsgrundlage (s. S. 63) eingeschränkte Vergleichbarkeit zwischen beiden Zeitpunkten zusätzlich dadurch beeinträchtigt, daß 1960, nicht aber 1971/72, der Karlshäuserhof in die Erhebung einbezogen war.

Tab. 77: Arbeitskräftebesatz in Dürrn und Weiler (1960, 1971/72)

	Dürrn		Weiler	
	Besatz pro 100 ha		Besatz pro 100 ha	
	ständige Arbeitskräfte insgesamt	ständige fam.-fremde Arb.kr.	ständige Arbeitskräfte insgesamt	ständige fam.-fremde Arb.kr.
1960	39.6	3.1	59.5	1.5
1971/72	55.2	0.3	54.4	0.6

1971/72 zeigen beiden Gemeinden, entsprechend dem Überwiegen der Kleinbetriebe, einen ähnlich hohen deutlich über demjenigen des Kraichgaus liegenden Arbeitskräftebesatz (Tab. 77 und 6.3.2.3.); eine flurbereinigungsbedingte höhere Arbeitsproduktivität in Dürrn im Vergleich zu Weiler kann hierbei nicht festgestellt werden.

1980 war die Arbeitsproduktivität, berechnet nach den Angaben der befragten Betriebsleiter, zumindest bei den Familienarbeitskräften, die immer bzw. nur bei Arbeitsspitzen eingesetzt werden, in Dürrn etwas höher (Tab. 78). Berücksichtigt man jedoch den 1980 in Weiler insgesamt höheren Anteil an Kleinbetrieben, so kann von diesen Daten ausgehend, diese in Dürrn höhere Arbeitsproduktivität nicht á priori als flurbereinigungsbedingt bewertet werden. Auf einzelbetrieblicher Ebene allerdings hatten alle befragten Betriebsleiter eine Arbeitsaufwandverminderung, hervorgerufen durch die Flurbereinigung, vermerken können (Tab. 64).

In beiden Gemeinden hat sich bei mehr als der Hälfte der jeweils befragten Landwirte seit der Betriebsübernahme der Arbeitsaufwand geändert (64% in Dürrn, 60% in Weiler). Bei der Art der Arbeitsaufwandveränderung zeigen sich bei den hauptberuflichen Landwirten keine größeren Unterschiede, bei den nebenberuflichen Betriebsleitern dagegen ist der Anteil derjenigen, die in Weiler eine Arbeitsaufwandsteigerung zu verzeichnen hatten, mit 36% höher als der entsprechende Anteil in Dürrn (22%), was wiederum im Zusammenhang vor allem mit Veränderungen in der Betriebsgröße zu sehen ist. So nannten in Weiler 21% der nebenberuflichen Landwirte "flächenmäßige Aufstockung" als wesentlichen Faktor, in Dürrn wurde dies von keinem angegeben. Der Anteil an Nebenerwerbslandwirten, die eine Arbeitaufwandverminderung vermerkten, war dagegen in Dürrn höher, entsprechend den in dieser von mehreren nebenberuflichen Landwirten durchgeführten Abstockungen: 28% derjenigen in Dürrn führten "flächenmäßige bzw. sozioökonomische Abstockung" als bedeutenden Faktor für Arbeitsaufwandveränderungen an, in Weiler waren es nur 14%. Bei den anderen möglichen Gründen für eine Arbeitsaufwandveränderung lassen sich bei den nebenberuflichen Landwirten keine bedeutenderen Unterschiede festhalten und auch bei den von den Haupterwerbslandwirten angeführten Faktoren zeigte sich eine große Übereinstimmung bei der Nennung "flächenmäßige Aufstockung" als ausschlaggebenden Grund.

Tab. 78: Besatz an Familienarbeitskräften und an familienfremden Arbeitskräften in Dürrn und Weiler 1980

	pro 100 ha Familienarbeitskräfte			pro 100 ha familienfremde Arb. kräfte		
	immer	häufig	nur bei Arb. spitzen	immer	häufig	nur bei Arb. spitzen
Dürrn	11.6	4.2	10.6	-	-	4.8
Weiler	15.2	0.9	15.2	-	-	3.6

Auch bei Betrachtung der Veränderungen des Schlepperbesatzes auf Gemeindeebene ist es sehr schwierig, eine etwaige flurbereinigungsbedingte Auswirkung der Flurbereinigung festzustellen zu können (s. Tab. 79). Denn entsprechend dem beträchtlich höheren Anteil an Kleinbetrieben in Weiler übertraf in dieser Gemeinde 1960 der Schlepperbesatz denjenigen von Dürrn und dem Gesamt-Kraichgau. Bis 1971/72 sind hierin in beiden Gemeinden Veränderungen zu verzeichnen, die in Weiler erfolgte umfangreichere Verringerung vor allem auch kleiner Betriebe hat zu einer Abnahme des Schlepperbesatzes geführt, in Dürrn dagegen ist, bei einem 1971/72 im Vergleich zu Weiler höheren Anteil an Betrieben ≤ 2 ha (s. 10.3.), der Schlepperbesatz bis zu diesem Zeitpunkt angestiegen.

Tab. 79: Schlepperbesatz in Dürrn und Weiler (1960, 1971/72)[1]

	Besatz pro 100 ha	
	1960	1971/72
Dürrn	13.6	15.7
Weiler	24.1	21.1

In beiden Gemeinden haben alle Haupterwerbslandwirte und mehr als 3/4 aller Nebenerwerbslandwirte seit der Betriebsübernahme eine Erhöhung des Maschinenbestandes durchgeführt. Bei den hierfür genannten wesentlichen Gründen sind keine größeren Unterschiede weder bei den haupt- noch bei den nebenberuflichen Landwirten festzustellen, zentraler Faktor für alle Betriebsleiter, die eine Vergrößerung vorgenommen haben, war der Zwang zur Erhöhung der Rentabilität. 1980 betrug der Schlepperbesatz, berechnet nach den Angaben der befragten Betriebsleiter in Dürrn, 10.0/100 ha, in Weiler 15.2/100 ha. Auch bei den leistungsfähigeren Schleppern ≥ 50 PS kann für die nichtflurbereinigte Gemeinde mit 5.4/100 ha ein höherer Besatz als in Dürrn (3.8/100 ha) verzeichnet werden. Auf Gemeindeebene kann somit nicht eine Auswirkung der Flurbereinigung hin zu leistungsfähigeren Schleppern und damit auch Maschinen festgestellt werden.

Auf einzelbetrieblicher Ebene allerdings gaben 22% aller Nebenerwerbslandwirte und alle hauptberuflichen Betriebsleiter an, daß sie nach der Flurbereinigung wegen den dann besseren Einsatzmöglichkeiten bzw. parallel zur flurbereinigungsbedingten flächenmäßigen Vergrößerung neue bzw. größere Maschinen gekauft hätten. 78% der Nebenerwerbslandwirte aber antworteten auf die Frage nach der Bedeutung der Flurbereinigung für die Maschinenausstattung, daß die Agrarstrukturmaßnahme hierauf keine Auswirkung hatte. Von den befragten Landwirten in Weiler nahm keiner an, daß sie nach einer etwaigen Flurbereinigung Veränderungen in der Maschinenausstattung vornehmen würden.

Zusammenfassend kann zur Bedeutung der Flurbereinigung für die arbeitswirtschaftlichen Verhältnisse festgehalten werden, daß zwar auf einzelbetrieblicher Ebene die Arbeitsproduktivität hierdurch erhöht worden ist und einige wenige Betriebsleiter flurbereinigungsbedingt neue und leistungsfähigere Maschinen gekauft haben, daß dies aber auf Gemeindeebene nicht zu einer deutlichen Verbesserung der Arbeitsproduktivität und der Maschinenausstattung geführt hat.

---
[1] Quelle: Landwirtschaftszählungen 1960 und 1971; die Berechnung 1960 erfolgte unter Ausschluß des Karlshäuserhofes

11. AGRARSTRUKTURTYP VI: OBERACKER - NEUENBÜRG

11.1. Grundzüge der Bevölkerungs- und Wirtschaftsentwicklung

Die für den Agrarstrukturtyp VI ausgesuchten Beispielsgemeinden Oberacker und Neuenbürg[1] liegen im westlichen Kraichgau (s. Karte 4) in weniger als 20 Straßenkilometerentfernung (Oberacker östlich, Neuenbürg nordöstlich) von Bruchsal. 1971 sind Oberacker und Neuenbürg mit 7 weiteren Gemeinden zur Stadt Kraichtal zusammengeschlossen worden.

Auch in diesen beiden Untersuchungsgemeinden sind die natürlichen Voraussetzungen für die Landwirtschaft günstig, was die durchschnittlichen Bodenklimazahlen, die in Oberacker und Neuenbürg der Klasse zwischen 61 und 70 zuzuordnen sind, verdeutlichen (Karte 3).

Nicht nur im 19. sondern auch noch im 20. Jahrhundert war die Landwirtschaft das prägende Element der Wirtschaftsstrukturen beider Gemeinden. 1896 wurde zwar im Kraichbachtal eine private Nebenbahn von Bruchsal nach Menzingen errichtet ("Planungsatlas von Baden-Württemberg", 1969, S. 72), da aber Oberacker und Neuenbürg zu abseits von dieser Eisenbahnlinie lagen, eröffneten sich hierdurch kaum Pendelmöglichkeiten. Die sehr schlechte Verkehrsanbindung und damit verbunden auch das weitgehende Fehlen außerlandwirtschaftlicher Arbeitsplätze war mitbestimmend für die Einstufung von Oberacker und Neuenbürg noch 1939 als bäuerliche Gemeinden (DEUTSCH, 1973, S. 55) bzw. Kleinbauerngemeinden (Das Land Baden-Württemberg, Bd. V, 1976, S. 96).

Entsprechend den ungünstigen außerlandwirtschaftlichen Erwerbsmöglichkeiten war die Abwanderung aus Oberacker und Neuenbürg zwischen 1852 und 1939 im Gegensatz zu den meisten Gemeinden im westlichen Kraichgau so hoch, daß trotz des Geburtenüberschusses in diesem Zeitraum die Bevölkerung anzahlsmäßig abgenommen hatte (DEUTSCH, 1973, S. 22/23).

Zwischen 1950 und 1961 war für beide Gemeinden eine Verringerung der Wohnbevölkerung[2] zu verzeichnen, die überwiegend durch die Abwanderung der nach dem 2. Weltkrieg eingewiesenen Heimatvertriebenen und Flüchtlinge hervorgerufen worden ist. In Neuenbürg, vor allem aber in der Gemeinde Oberacker, die nach 1945 mehr Flüchtlinge und Heimatvertriebene als Neuenbürg aufnehmen mußte, war daher die Bevölkerungsdichte

---

[1] Eine frühere Anlage von Oberacker im Vergleich zu Neuenbürg wird angenommen; so datiert die erste urkundliche Erwähnung von Oberacker von 1050; Neuenbürg, das auf der Gemarkung Oberöwisheim in Anlehnung an die neue Burg der Grafen von Eberstein entstanden ist, wurde zum erstenmal 1241 urkundlich erwähnt(Kraichtal Jahrbuch 1978, S. 160/61; Das Land Baden-Württemberg, Bd. V, 1976, S. 99)

[2] Die Zahlenangaben wurden im gesamten Kapitel 11, soweit nicht anders vermerkt, nach den Statistiken, die auch für Kapitel 6 herangezogen wurden (s. S. 45) berechnet.

1961 niedriger als 1950 (s. Tab. 80).[1] Bis 1970 hatte die Bevölkerungsdichte in beiden Gemeinden wieder zugenommen, wofür die Individualmotorisierung verbunden mit der Ansiedlung kleinerer Industriebetriebe in Nachbargemeinden aber auch in Oberacker selbst wesentliche Gründ waren. Die Bevölkerungsdichte lag dennoch in Oberacker und Neuenbürg 1971 immer noch deutlich unter derjenigen des Gesamt-Kraichgaus (vgl. Tab. 80 und 1).

Tab. 80: Bevölkerungsdichte (E/km^2) in Oberacker und Neuenbürg (1950, 1961, 1970)

	Oberacker	Neuenbürg
1950	140	166
1961	117	152
1970	134	164

Auch 1950 war, entsprechend der Ausgangssituation vor dem 2. Weltkrieg, die Agrarquote deutlich höher als im Gesamt-Kraichgau (s. Tab. 81 und 2). Bis 1961 haben sich die für die Abwanderung aus dem I. Sektor wichtigen Pendelmöglichkeiten[2] nicht grundlegend verbessert, so daß zu diesem Zeitpunkt die Agrarquote den für das gesamte Untersuchungsgebiet berechneten Wert ebenfalls beträchtlich übertraf. Eine umfangreichere Abwanderung aus der Landwirtschaft erfolgte erst mit der Individualmotorisierung und der Schaffung von nichtlandwirtschaftlichen Arbeitsplätzen in nahegelegenen Gemeinden (s.o.). Dennoch lag auch 1970 die Agrarquote immer noch über derjenigen des Kraichgaus (8,5%), wobei zur Erklärung hierfür zu berücksichtigen ist, daß die Anbindung der beiden Gemeinden an das öffentliche Nahverkehrssystem bis heute immer noch ungenügend geblieben ist.[3]

---

[1] Zum besseren Vergleich seien hier die Werte von 1939 angeführt: Oberacker 98 E/km^2, Neuenbürg 141 E/km^2

[2] Im gesamten Kraichbachtal war vor der Individualmotorisierung die von der Südwestdeutschen Eisenbahnen AG (SWEG) betriebene Nebenbahn das einzige öffentliche Nahverkehrsmittel. Die SWEG sah sich allerdings nicht veranlaßt, zu den nicht direkt an der Nebenbahn liegenden Gemeinden wie Oberacker und Neuenbürg eine Zubringerlinie einzurichten, so daß diese Gemeinden an das öffentliche Nahverkehrsnetz nicht angeschlossen waren, erst 1970 wurden von den Gemeinden selbst Zubringerlinien aufgestellt (Kraichtal Jahrbuch 1978, S. 66/67).

[3] Auch 1978 werden von der Stadtverwaltung die noch immer schlechten öffentlichen Verkehrsverbindungen moniert; eine verkehrsmäßige Anbindung ist nur nach Westen über die Nebenbahn der SWEG (Bruchsal - Menzingen) nicht aber nach Norden oder Osten (Bretten) vorhanden (Kraichtal Jahrbuch, 1978, S. 67).

Tab. 81: Anteile der Erwerbspersonen (1950, 1961) bzw. der Erwerbstätigen (1971) nach Wirtschaftsbereichen in Oberacker und Neuenbürg

	% Anteile 1950		% Anteile 1961		% Anteile 1970	
	Oberacker	Neuenbürg	Oberacker	Neuenbürg	Oberacker	Neuenbürg
I. Sektor	70.8	76.5	54.3	60.7	24.4	23.4
II. Sektor	21.6	16.9	37.4	28.9	54.7	46.3
III. Sektor	7.6	6.6	8.3	10.4	20.9	30.3

Das außerlandwirtschaftliche Arbeitsplatzangebot war in beiden Gemeinden zu allen 3 Zeitschnitten deutlich niedriger als im gesamten Untersuchungsgebiet (Tab. 82 und S. 50)[1], so daß der größte Teil der Erwerbspersonen im II. und III. Sektor auspendeln mußte. Für die Auspendler aus Oberacker sind auch gegenwärtig noch Bruchsal, Bretten und Oberderdingen die wichtigsten Zielorte, für diejenigen aus Neuenbürg sind es Bruchsal und Östringen.

Tab. 82: Außerlandwirtschaftlicher Arbeitsplatzindex und Pendlerzahlen in Oberacker und Neuenbürg (1950, 1961, 1970)

	1950		1961		1970	
	Oberacker	Neuenb.	Oberacker	Neuenb.	Oberacker	Neuenb.
außerlandwirtschaftlicher Arbeitsplatzindex	14,9	9,7	10,1	7,3	6,6	9,3
Auspendler	61	25	89	61	162	86
Einpendler	1	45[2]	8	23	14	21

Zusammenfassend kann festgehalten werden, daß das geringe außerlandwirtschaftliche Arbeitsplatzangebot und die schon vor der Individualmotorisierung schlechte Verkehrsanbindung eine Umschichtung in der Erwerbsstruktur beider Gemeinden sehr erschweren. In den 60er Jahren war zwar die Abwanderung aus der Landwirtschaft umfangreicher als im vorhergehenden Jahrzehnt gewesen, aber die auch 1970 noch unbefriedigende Verkehrssituation war mitbestimmend für die noch zu diesem Zeitpunkt im Vergleich zu den meisten anderen Gemeinden des Kraichgaus sehr hohe Agrarquote.

---

[1] Bis 1961 hat sich zwar nach absoluten Werten das außerlandwirtschaftliche Arbeitsplatzangebot nicht wesentlich vergrößert, da aber (s.o.) die Einwohnerzahl abgenommen hat, war hierfür in beiden Gemeinden eine relative Zunahme zu verzeichnen.

[2] Auf die positive Pendlerbilanz in Neuenbürg 1950 kann hier nicht weiter eingegangen werden, da angenommen wird, daß es sich hier um eine Ungenauigkeit in den statistischen Zusammenstellungen handelt; denn für denselben Stichtag wurde nur eine Anzahl an nichtlandwirtschaftlichen Beschäftigten von 44 angegeben.

11.2. Flurbereinigung als agrarstrukturverbessernde Maßnahme

Auch in Neuenbürg und vor allem in Oberacker war die Besitzersplitterung 1960 mit 528 Teilstücken/100 ha bzw. 822 Teilstücken/100 ha stärker als in sehr vielen anderen Kraichgaugemeinden. Die durchschnittliche Teilstückgröße betrug in Neuenbürg 0,19 ha, in Oberacker nur 0,12 ha und lag damit in beiden Gemeinden unter dem für den Gesamt-Kraichgau berechneten Wert von 0,21 ha.[1]

Die starke Besitzzersplitterung im teilflurbereinigten Neuenbürg zeigt sich bei Betrachtung eines Ausschnittes aus der Gemarkung dieser Gemeinde (s. Karte 31). Ein Teil der Neuenbürger Gemarkung wurde allerdings bereits bereinigt. So betrug die Verfahrensfläche der 2 Rebflurbereinigungen 24 ha[2] und im Rahmen der Verfahren Menzingen und Münzesheim (jeweils Anordnung 1959, Besitzeinweisung 1968) wurden insgesamt 60 ha zusammengelegt.

Das Zusammenlegungsverhältnis der Besitzstücke, das schon in der Grössenklasse 5 - 10 ha deutlich dasjenige der kleineren Betriebe übertraf (s. Tab. 83), erreichte mit 13,6 : 1 einen beträchtlich höheren Wert als dasjenige der Flurstücke und lag auch über demjenigen, der für die in diesem Jahrzehnt im Kraichgau durchgeführten Verfahren berechnet worden ist (S. 65).

In Oberacker wurde der erste Antrag auf eine Flurbereinigung von der Gemeinde bereits 1954 gestellt (Kraichtal Jahrbuch 1978, S. 53), die Anordnung eines Normalverfahrens durch die Flurbereinigungsbehörde erfolgte 1964, die Besitzeinweisung wurde 1971 vorgenommen, die Schlußfeststellung 1977. Das Verfahren umfaßte eine Fläche von 466 ha. Betrug die durchschnittliche Größe eines Flurstückes vor der Flurbereinigung 0,11 ha, so konnte dieser Wert durch die Agrarstrukturmaßnahme auf 0,35 ha erhöht werden, das Zusammenlegungsverhältnis der Flurstücke erreichte 3,0 : 1. Die durch die Flurbereinigung erzielten Verbesserungen sind gut erkennbar bei der Betrachtung eines Gemarkungsausschnittes vor und nach der Durchführung des Verfahrens (Karten 32 und 33).

Im Rahmen des Verfahrens wurden 45 km Wege bzw. Straßen neu angelegt, 7 ha wurden gedränt und 11 ha, die im Rahmen der Flurbereinigung überwiegend durch Geldabfindung bereitgestellt werden konnten, wurden zur Aufstockung an 5 Betriebe vergeben.

---

[1] Zu den Berechnungsgrundlagen s. S. 64

[2] Anordnung des Verfahrens Neuenbürg Silberberg 1958, Besitzeinweisung 1960; Anordnung des Verfahrens Neuenbürg Steig 1966, Besitzeinweisung 1967; sämtliche Angaben zu den Flurbereinigungsverfahren, auch desjenigen von Oberacker, konnten entnommen bzw. berechnet werden nach Unterlagen des Flurbereinigungsamtes Karlsruhe.

Karte 31: Ausschnitt aus der Gemarkung Neuenbürg

Tab. 83: Zusammenlegungsverhältnisse (Besitzstücke) nach Betriebsgrößenklassen in Oberacker

Betriebsgrößenklasse	Zusammenlegungsverhältnis
< 5 ha	5,6 : 1
5 - 10 ha	14,3 : 1
10 - 20 ha	14,8 : 1
≥ 20 ha	13,1 : 1

Durch die Flurbereinigung konnte in der Gemeinde Oberacker, in der die Besitzzersplitterung ein extrem hohes Ausmaß erreicht hatte (s.o.), eine Verbesserung der Bewirtschaftungsbedingungen erreicht werden, was sich auch bei der Gegenüberstellung der Teilstückgrößen der in die Befragung eingegangenen Betriebe beider Gemeinden zeigt (s. Tab. 84).

Tab. 84: Durchschnittliche Teilstückgröße in den Betriebsgrößenklassen und den sozioökonomischen Betriebstypen[1] in Oberacker und Neuenbürg

	Betr. insg.	Haupt-erw.b.	Neben-erw.b.	Teilstückgröße (ha)					
				0,5 - 2 ha	2 - 5 ha	5 - 10 ha	10 - 20 ha	20 - 30 ha	≥ 30 ha
Oberacker (vor der Flurbereinigung)	0,18	0,27	0,17	0,16	0,19	0,14	0,1	0,23	0,42
Oberacker (1980)	0,78	2,2	0,66	0,54	0,46	1,1	1,2	1,1	3,2
Neuenbürg (1980)	0,47	0,92	0,35	0,19	0,28	0,42	0,56	0,92	1,6

[1] Fußnote siehe nachfolgende Seite

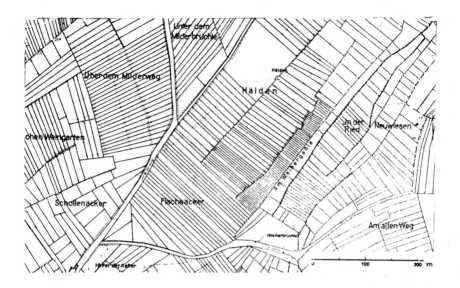

Karte 32: Ausschnitt aus der Gemarkung Oberacker vor der Flurbereinigung

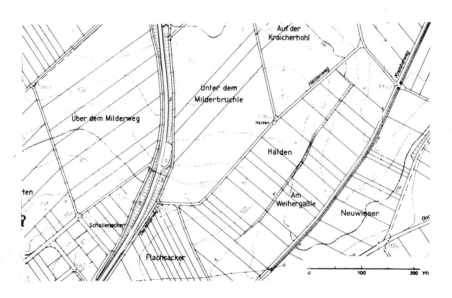

Karte 33: Ausschnitt aus der Gemarkung Oberacker nach der Flurbereinigung

[1] Die Adressen der Landwirte beider Gemeinden stellte freundlicherweise das Landwirtschaftsamt Bruchsal auf der Grundlage der dort eingehenden Gasölverbilligungsanträge zusammen, von den Gemeindeverwaltungen wurden diese Adressenlisten einer Korrektur entsprechend der jüngsten Entwicklung unterzogen; die Gegenüberstellung der neuesten Daten des Statistischen Landesamtes und der in die Befragung einbezogenen Betriebe zeigt, abgesehen von den unteren beiden Betriebsgrößenklassen (hier stellten viele Betriebsleiter keine Gasölverbilligungsanträge) eine relativ gute Übereinstimmung.

Anzahl der landwirtschaftlichen Betriebe

BGKl	Oberacker 1978	Oberacker 1980	Neuenbürg 1978	Neuenbürg 1980
0,5 - 2 ha	23	4	25	4+
2 - 5 ha	20	14++	17	11++
5 - 10 ha	8	6+	10	8
10 - 20 ha	3	2	1	2
20 - 30 ha	-	1	1	1
30 - 50 ha	-	-	-	-
50 ha	1	1	2	2

+ in dieser BGKl verweigerte 1 Betriebsleiter die Befragung
++ in dieser BGKl verweigerten 2 Betriebsleiter die Befragung

8 % der befragten Betriebsleiter aus Oberacker gaben an, daß sie ihren Betrieb hauptberuflich bewirtschaften, in Neuenbürg war dieser Anteil mit 20 % höher. Von den Haupterwerbsbetrieben wiesen in Oberacker alle eine Größe $\geq$ 10 ha auf, in Neuenbürg umfaßte bei 20 % dieser Betriebe die bewirtschaftete Fläche weniger als 10 ha ; bei den Nebenerwerbsbetrieben zeigen sich in den Anteilen der einzelnen Größenklassen keine großen Unterschiede: in Oberacker bewirtschafteten 8 %, in Neuenbürg 5 % der nebenberuflichen Betriebsleiter $\geq$ 10 ha, die anderen Nebenerwerbsbetriebe waren kleiner, die meisten der befragten nebenberuflichen Landwirte bewirtschafteten eine Fläche zwischen 2 und 5 ha. Zuerwerbsbetriebe waren in beiden Gemeinden nur wenige vorhanden, diese wurden daher nicht weiter ausgegliedert. 1969 bewirtschafteten die hauptberuflichen Landwirte weniger als 40 % der landwirtschaftlichen Nutzfläche in beiden Gemeinden; bis zum Zeitpunkt der Befragung hatte sich dieser Anteil auf rund 50 % erhöht. 50 % der hauptberuflichen Landwirte in Oberacker und 20 % derjenigen in Neuenbürg können die Gehilfen- bzw. Meisterprüfung vorweisen.

So ist in Oberacker für alle Betriebe ≥ 5 ha eine deutliche Zunahme in der durchschnittlichen Teilstückgröße zu verzeichnen. In Neuenbürg weisen auch die Betriebe ≥ 20 ha relativ große Besitzparzellen auf, was, worauf in der Befragung hingewiesen wurde, im Zusammenhang zu sehen ist einmal mit privaten Tauschaktionen. Zum anderen ist dies stark beeinflußt worden durch die sich einigen Landwirten aus Neuenbürg, die grössere Betriebe bewirtschaften, bietende Möglichkeit der Zupacht im nichtflurbereinigten benachbarten Oberöwisheim, wobei darauf geachtet wurde, möglichst nebeneinanderliegende bzw. größere Parzellen zu pachten, was wiederum erleichtert wurde durch das in Oberöwisheim vor allem seit Ende der 60er Jahre stark abnehmende Interesse fast aller Betriebsleiter an der Landwirtschaft.[1]

Tab. 85: Festgestellte bzw. erwartete Vorteile durch die Flurbereinigung in Oberacker und Neuenbürg

Vorteile	Oberacker Nennungen in %[+] aller			Neuenbürg Nennungen in %[+] aller		
	Betr. insg.	Haupt- erw.b.	Neben- erw.b.	Betr. insg.	Haupt- erw.b.	Neben- erw.b.
bearbeitungsgerechte Teilstücke	96	100	96	68	80	65
größere Teilstücke	96	100	96	68	80	65
verringerter Arbeitsaufwand	96	100	96	72	80	70
verbesserte Wirtschaftswege	96	100	96	72	60	75
besserer Maschineneinsatz	96	100	96	68	80	65
höhere Erträge (weniger Randstreifen, Furchen etc.)	42	100	38	52	80	45
günstigere Verpachtungsmöglichkeiten	8	-	8	28	-	35

[+] Mehrfachnennungen waren möglich

[1] Nach den Unterlagen der Verwaltungsstelle Neuenbürg konnte berechnet werden, daß zwischen 1959 und 1980 88,47 ha aus Oberöwisheim von Landwirten aus Neuenbürg gepachtet bzw. gekauft worden sind (davon der überwiegende Teil nach 1973); aus den Gemeinden Menzingen und Münzesheim erfolgte im selben Zeitraum ein Zuwachs von 19,70 ha. Seit 1959 wurden 17,25 ha, die vormals von Neuenbürger Landwirten bewirtschaftet worden sind, von Landwirten aus Menzingen und Münzesheim übernommen, an Betriebsleiter aus Oberöwisheim dagegen wurden lediglich 1,96 ha von Neuenbürg übergeben.

Von fast allen der befragten Landwirte der Gemeinde Oberacker konnten Vorteile durch die Flurbereinigung festgestellt werden (alle Haupt- und 96% der Nebenerwerbslandwirte). Auch der überwiegende Teil der Betriebsleiter in Neuenbürg erwartet sich von einer etwaigen Flurbereinigung Vorteile (80% der Haupt- und 85% der Nebenerwerbslandwirte). Die meisten der angeführten Vorteile konnten von fast allen Landwirten in Oberacker vermerkt werden, nur "höhere Erträge" und "günstigere Verpachtungsmöglichkeiten" wurden von deutlich weniger Betriebsleitern angegeben (s. Tab. 85), auf die Gründe hierfür wurde bereits hingewiesen.

Von fast allen Landwirten in Neuenbürg, die sich Vorteile von einer Flurbereinigung erwarten, wurden diejenigen Vorteile genannt, die von den Landwirten in Oberacker ebenfalls vermerkt werden konnten. "Bearbeitungsgerechte Teilstücke", "größere Teilstücke" und "besserer Maschineneinsatz" wurden von einigen nebenberuflichen Landwirten in Neuenbürg, deren bewirtschaftete Fläche teilweise auf bereits bereinigten Gemarkungsteilen liegt, nicht als Vorteile erwartet. "Günstigere Verpachtungsmöglichkeiten" dagegen erhoffen sich relativ viele Nebenerwerbslandwirte. Dies wurde nur von wenigen der Betriebsleiter aus Oberacker festgestellt, was, worauf mehrere in der Befragung hinwiesen, darauf zurückzuführen ist, daß in Oberacker nur noch wenige hauptberufliche Landwirte vorhanden waren, die Preise damit nicht in so starkem Ausmaß erhöht werden konnten (mangels Nachfragekonkurrenz).

Flurbereinigungsbedingte Nachteile konnten 50% der Haupt- und 79% der Nebenerwerbslandwirte in Oberacker verzeichnen; der Anteil an hauptberuflichen Betriebsleitern in Neuenbürg, der flurbereinigungsbedingte Nachteile befürchtet, war mit 80% höher, bei den nebenberuflichen Landwirten - 75% rechnen mit Nachteilen - zeigen sich keine wesentlichen Unterschiede in der Häufigkeit zwischen festgestellten und erwarteten Nachteilen.

Bei den Häufigkeiten der Nennungen der einzelnen Nachteile zeigen sich deutlichere Unterschiede nur bei "hoher finanzieller Belastung" und "landeskulturelle Nachteile" (s. Tab. 86). Ersteres wurde vor allem von Nebenerwerbslandwirten in Neuenbürg befürchtet, letzteres dagegen wird nur von sehr wenigen nebenberuflichen Betriebsleitern angenommen. In Oberacker dagegen war der entsprechende Anteil deutlich höher, was im Zusammenhang mit den in dieser Gemeinde umfangreichen Abholzungen von Obstbäumen innerhalb der Flurbereinigung zu sehen ist.[1] Die hauptberuflichen Landwirte in Oberacker empfanden dies allerdings nicht als Nachteil, für sie überwogen die durch die Entfernung der Bäume verbesserten Bewirtschaftungsbedingungen.

---

[1] So wechselten im Rahmen der Flurbereinigung in Oberacker 11400 Bäume den Besitzer bzw. wurden gefällt, nur 75 Bäume und 100 Sträucher wurden neu gepflanzt (Kraichtal Jahrbuch 1978, S. 53/54).

Tab. 86: Festgestellte bzw. erwartete Nachteile durch die Flurbereinigung in Oberacker und Neuenbürg

Nachteile	Oberacker Nennungen in % aller			Neuenbürg Nennungen in % aller		
	Betr. insg.	Haupt- erw.b.	Neben- erw.b.	Betr. insg.	Haupt- erw.b.	Neben- erw.b.
hohe finanzielle Belastung	38	-	42	64	40	70
schlechtere Böden	27	-	29	32	-	40
höhere Pachtpreise	23	50	21	20	40	15
landeskulturelle Nachteile	27	-	29	8	20	5
Sonstiges	8	-	8	12	-	15

Trotz einiger Nachteile stuften bei einer Gesamtbewertung alle Landwirte in Oberacker, die flurbereinigungsbedingte Vorteile für ihren Betrieb verzeichnen konnten, die Agrarstrukturmaßnahme als "sehr lohnend" bzw. "lohnend" ein (s. Tab. 87). Dennoch wurden nur von 67% aller nebenberuflichen Landwirte die Frage "Wenn Sie nochmals entscheiden könnten, würden Sie, ausgehend von Ihren jetzigen Erfahrungen, der Flurbereinigung zustimmen" bejaht.

Tab. 87: Bewertung der Agrarstrukturmaßnahme Flurbereinigung in Oberacker und Neuenbürg

Bewertung	Oberacker Nennungen in % aller			Neuenbürg Nennungen in % aller		
	Betr. insg.	Haupt- erw.b.	Neben- erw.b.	Betr. insg.	Haupt- erw.b.	Neben- erw.b.
hat sich sehr gelohnt	19	100	13	68	80	65
hat sich gelohnt	77	-	83	20	20	20
brachte keine Veränderung	4	-	4	4	-	5
hat sich nicht gelohnt	-	-	-	8	-	10
hat nur Nachteile gebracht	-	-	-	-	-	-

Auch der größte Teil der Haupterwerbslandwirte und mehr als die Hälfte der Nebenerwerbslandwirte in Neuenbürg geht davon aus, daß, wenn eine

Flurbereinigung in ihrer Gemeinde bereits durchgeführt worden wäre, sich diese für ihren Betrieb gelohnt hätte und rund 3/4 aller befragten Betriebsleiter würden einer Flurbereinigung in ihrer Gemeinde zustimmen (s. Tab. 88).

Tab. 88: Zustimmungsbereitschaft zur Flurbereinigung in Oberacker und Neuenbürg

Zustimmung zur Flurbereinigung	Oberacker Nennungen in % aller			Neuenbürg Nennungen in % aller		
	Betr. insg.	Haupt-erw.b.	Neben-erw.b.	Betr. insg.	Haupt-erw.b.	Neben-erw.b.
ja	69	100	67	76	80	75
nein	8	-	8	20	20	20
unentschieden	23	-	25	4	-	5

Zusammenfassend kann festgehalten werden, daß durch die Flurbereinigung in Oberacker die extrem starke Besitzzersplitterung eine deutliche Verringerung erfahren hat, wodurch eine Verbesserung der Bewirtschaftungsbedingungen erzielt werden konnte. Fast alle der befragten Landwirte in Oberacker konnten flurbereinigungsbedingte Vorteile feststellen, mehrere allerdings mußten auch Nachteile, die durch die Agrarstrukturmaßnahme hervorgerufen wurden, verzeichnen. Insgesamt wird die Flurbereinigung jedoch positiv bewertet. In der noch nicht flurbereinigten Gemeinde Neuenbürg war der Anteil an Landwirten, der sich von einer etwaigen Flurbereinigung Vorteile erwartet, auch recht hoch, die Mehrzahl der Betriebsleiter befürchtet aber auch Nachteile. Dennoch glauben deutlich mehr als die Hälfte der Landwirte in Neuenbürg, daß sie eine Flurbereinigung in ihrer Gemeinde positiv bewerten würden.

11.3. Entwicklung von Betriebsgrößenstruktur und sozioökonomischen Betriebstypen

Für beide Gemeinden des Agrarstrukturtyps VI war eine Entwicklung in der Anzahl der land- und forstwirtschaftlichen Betriebe festzustellen, die deutlich andere Merkmale aufweist als diejenigen des Gesamt-Kraichgaus und der Beispielsgemeinden der anderen Agrarstrukturtypen (vgl. Tab. 89, 21. 45. 68). So erfolgte in Oberacker bis 1960 nur eine geringe Abnahme der Betriebe, in Neuenbürg dagegen nahm die Anzahl der Betriebe in diesem Zeitraum sogar zu. Im nachfolgenden Jahrzehnt ist zwar für Neuenbürg eine umfangreichere Verringerung zu verzeichnen, in Oberacker aber erhöhte sich die Anzahl der land- und forstwirtschaftlichen Betriebe $\geq 0,5$ ha. Betrachtet man sich diese Abnahmeraten unter dem Aspekt etwaiger Flurbereinigungswirkungen, so kann, ausgehend von den Daten der Landwirtschaftszählungen, nicht eine flurbereinigungsbedingte stärkere Aufgabe von Betrieben im Jahrzehnt der Durchführung der Agrarstrukturmaßnahme festgestellt werden.

[1] Fußnote s. nachfolgende Seite

[1] Dem Ursachenkomplex für diese Unterschiede zwischen den Gemeinden der einzelnen Agrarstrukturtypen konnte im Rahmen dieser Arbeit nicht genauer nachgegangen werden; verwiesen sei hier aber auf die bereits angesprochene sehr ungünstige Verkehrslage von Oberacker und Neuenbürg, den bis 1970 fehlenden Anschluß an das öffentliche Nahverkehrsnetz und damit verbunden die vergleichsweise schlechten Pendelmöglichkeiten; dies bewirkte, daß trotz steigender Disparität zwischen außerlandwirtschaftlichem und landwirtschaftlichem Einkommen relativ viele Erwerbspersonen in Oberacker und Neuenbürg sich länger als in anderen Gemeinden mit einem geringen aus der Landwirtschaft erzielten Einkommen zufrieden gaben, anstatt sich für das Auspendeln bzw. für eine Wohnstandortverlegung zu entscheiden; bestätigt wird dies durch die in diesen beiden Gemeinden 1969 deutlich niedrigere durchschnittliche Größe der hauptberuflich bewirtschafteten Betriebe mit 9,1 bzw. 9,8 ha; in allen Untersuchungsgemeinden der anderen Agrarstrukturtypen lagen die entsprechenden Werte zwischen 15 und 19 ha (entnommen werden konnten diese Werte den agrarstrukturellen Erhebungen der Landwirtschaftsämter). Angesprochen sei eine weiterhin in der Bevölkerung beider Gemeinden nicht nur wie in den anderen untersuchten Orten vereinzelt, sondern auchauf Gemeindeebene festellbare "Verbundenheit" mit der Landwirtschaft, die nicht auf ihre Bestimmungsgründe hin untersucht werden konnte; als Indikator hierfür wurde die Anzahl der land- und forstwirtschaftlichen Betrieb≥0,5 ha pro Haushalt herangezogen:

land- und forstwirtschaftliche Betriebe/Haushalt

	Oberacker	Neuenbürg	Eschelbach	Waldangelloch	Meckesheim	Mauer	Dürrn	Weiler	Rohrbach	Elsenz
1960	0,67	0,84	0,41	0,43	0,11	0,10	0,43	0,31	0,51	0,37
1971	0,56	0,56	0,13	0,25	0,04	0,04	0,15	0,10	0,22	0,23

Diese größere "Verbundenheit" zeigte sich auch darin, daß sehr häufig beim Eintreten eines Erbfalles die Betriebe in Oberacker und Neuenbürg noch in den 70er Jahren geteilt und von den Erben in verkleinerter Form weiter bewirtschaftet wurden; in den anderen Beispielsgemeinden konnte dies schon in den 60er Jahren nicht mehr in diesem Ausmaß festgestellt werden, hier war der Generationswechsel zumeist der Anlaß für die Betriebsaufgabe (Quelle: Unterlagen der Gemeindeverwaltungen).

Tab. 89: Anzahl der land- und forstwirtschaftlichen Betriebe ≥ 0,5 ha in Oberacker und Neuenbürg (1949, 1960, 1971)

	1949 Betriebe	1960 Betriebe	in % von 1949	1971 Betriebe	in % von 1949
Oberacker	113	98	87	109	96
Neuenbürg	75	90	120	64	85
Kraichgau	28081	22923	82	13858	49

Einen genaueren Einblick in die Entwicklung der Anzahl der landwirtschaftlichen Betrieb erlauben die unveröffentlichten Zusammenstellungen des Statistischen Landesamtes für den Zeitraum von 1965 - 1978. Der in Fig. 41 dargestellte Entwicklungsverlauf zeigt eine weitgehende Übereinstimmung zwischen flurbereinigter und nichtflurbereinigter Gemeinde, die umfangreichste Abnahme an Betrieben erfolgte jeweils am Anfang der 70er Jahre.

Da die Anordnung der Flurbereinigung in Oberacker bereits 1964 stattgefunden hat, müssen zusätzlich die Angaben der Landwirtschaftszählung von 1960 herangezogen werden.[1] Die Gegenüberstellung dieser Angaben mit denjenigen von 1965 zeigt keinen wesentlichen Unterschied; so ist für Oberacker eine Erhöhung der Anzahl der Betriebe um 2% zu verzeichnen, in Neuenbürg hat die Anzahl der Betriebe um 6% abgenommen.

Auch bei der Abnahme der hauptberuflich bewirtschafteten Betriebe sind keine großen Unterschiede zu vermerken; waren 1969 in Oberacker noch 18% gemessen an 1956 vorhanden, so ging dieser Anteil bis 1980 auf 3% zurück, in Neuenbürg betrugen die entsprechenden Werte 12% und 8%.[2]

Die Veränderungen in der Anzahl der Betriebe in Oberacker und Neuenbürg haben sich in den für beide Gemeinden berechneten durchschnittlichen Betriebsgrößen niedergeschlagen. Diese lagen 1949 und 1960 über dem für den Kraichgau ermittelten Wert (Tab. 90 und 4), bis 1971 allerdings ist ein Zurückbleiben in der Entwicklung zur Erhöhung der durchschnittlichen Betriebsgröße festzustellen, was sich in der in diesem Jahrzehnt in Oberacker und Neuenbürg geringeren Abnahme bzw. sogar Zunahme der Anzahl der Betriebe angedeutet hatte.

Bezieht man in diese Betrachtung die jüngeren Veränderungen mit ein (s. Fig. 42), so kann auch hierbei keine in Oberacker wesentlich andere Entwicklung festgestellt werden, die auf die Durchführung der Agrarstrukturmaßnahme zurückgeführt werden könnte. Bis 1978 hat sich, verglichen mit 1949, die durchschnittliche Betriebsgröße in Oberacker um 44%, in Neuenbürg um 39% erhöht.

---
[1] Zur eingeschränkten Vergleichbarkeit s. S. 121

[2] Zur Datengrundlage s. S. 121

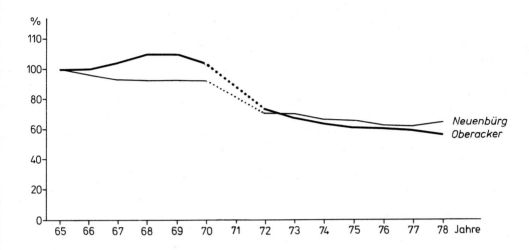

Fig. 41: Entwicklung der Anzahl der landwirtschaftlichen Betriebe
(≥0,5ha) in Oberacker und Neuenbürg (1965 - 1978)[1]

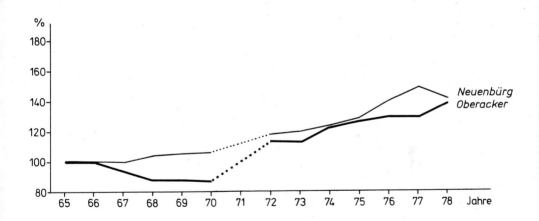

Fig. 42: Entwicklung der durchschnittlichen Betriebsgröße in
Oberacker und Neuenbürg (1965 - 1978)[1]

---

[1] Für 1971 lagen die vergleichbaren Angaben nicht vor

Die durchschnittliche Größe der hauptberuflich bewirtschafteten Betriebe hat in beiden Gemeinden ebenfalls zugenommen. Lag diese in Oberacker 1956 bei 4,6 ha, so erhöhte sie sich bis 1980 auf 54,5 ha, in Neuenbürg von 4,1 ha auf 38,9 ha 1980. Da der Variationskoeffizient hierfür 1956 in Oberacker 39% und in Neuenbürg 43% betrug, 1980 sogar in Oberacker 110%, in Neuenbürg 91% erreichte, genügen diese Daten nicht, um eine etwaige flurbereinigungsbedingte stärkere Erhöhung der durchschnittlichen Größe der Haupterwerbsbetriebe in Oberacker erkennen zu können.

Tab. 90: Durchschnittliche Betriebsgröße (ha) der landwirtschaftlichen Betriebe ≥ 0,5 ha (1949, 1960) bzw. ≥ 1 ha (1971) in Oberacker und Neuenbürg

	durchschnittliche Betriebsgröße (ha)		
	1949	1960	1971[1]
Oberacker	3,4	3,8	4,0
Neuenbürg	4,4	3,9	5,7

Die Betriebsgrößenstrukturen waren in beiden Gemeinden des Agrarstrukturtyps VI 1949, wie auch im Gesamt-Kraichgau, gekennzeichnet durch ein Überwiegen der Betriebe < 5 ha (s. Fig. 43). Der Schwerpunkt lag allerdings nicht wie im Kraichgau bei der untersten Betriebsgrößenklasse, sondern bei derjenigen mit 2 - 5 ha. Im Zusammenhang zu sehen ist dies mit den in Oberacker und Neuenbürg deutlich ungünstigeren außerlandwirtschaftlichen Möglichkeiten, was, im Vergleich zu anderen Gemeinden, nur wenige Betriebsleiter mit 2 - 5 ha veranlaßt hatte, ihren Betrieb zum Nebenerwerb und damit in die darunter liegende Größenklasse abzustocken.

---

[1] Zu den Unterschieden im Erhebungsumfang und damit zur eingeschränkten Vergleichbarkeit s. S.54 ; die durchschnittliche Größe aller Betriebe ≥ 0,5 ha lag 1972 (nach Unterlagen des Statistischen Landesamtes berechnet) bei 4,0 ha in Oberacker und bei 5,1 ha in Neuenbürg.

[2] Den Unterlagen der Verwaltungsstellen Oberacker und Neuenbürg konnte entnommen werden, daß noch 1956 der überwiegende Teil der Betriebe mit 2 - 5 ha im Haupterwerb bewirtschaftet wurde (Oberacker 85%, Neuenbürg 81%); zwar erreichten auch in den Beispielsgemeinden der anderen Agrarstrukturtypen diese Anteile vielfach diese Größenordnung, der Prozentsatz der Betriebe mit 2- 5 ha an der Gesamtzahl aber war in diesen Gemeinden beträchtlich niedriger, derjenige der Betriebe mit 0,5 - 2 ha dagegen deutlich höher, so daß, hiervon ausgehend, festgehalten werden kann, daß zu diesem Zeitpunkt der Anteil an Nebenerwerbsbetrieben in Oberacker und Neuenbürg am niedrigsten war im Vergleich zu den anderen Beispielsgemeinden (mit Ausnahme der Gemeinde Dürrn, s. 10.3.)

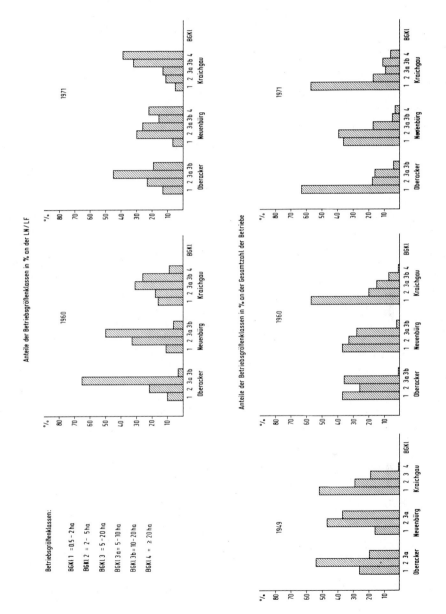

Fig. 43: Betriebsgrößenstrukturen in Oberacker und Neuenbürg (1949, 1960, 1971)

Mangelnde flächenmäßige Vergrößerungsmöglichkeiten zwangen viele Betriebsleiter, im Zeitraum zwischen 1949 und 1960 eine Abstockung vom Haupt- zum Nebenerwerb vorzunehmen, was aus arbeitswirtschaftlichen Gründen zum damaligen Zeitpunkt nicht ohne Verkleinerung der bewirtschafteten Fläche möglich war. Niedergeschlagen hat sich dies in einer Abnahme des Anteils an Betrieben mit 2 - 5 ha bis 1960 bei gleichzeitiger Zunahme des Anteils derjenigen mit 0,5 - 2 ha. Bei den Betrieben ≥ 5 ha ist der Wandel in diesem Jahrzehnt in Oberacker stärker gewesen (s. Fig. 43). Lag 1949 der Anteil an Betrieben ≥ 5 ha in Oberacker unter demjenigen von Neuenbürg, so war 1960 der Anteil an Betrieben mit 5 - 10 ha in dieser Gemeinde höher als in Neuenbürg. Größere Betriebe ≥ 10 ha waren in beiden Gemeinden des Agrarstrukturtyps VI unterrepräsentiert, was sich deutlich bei der Aufteilung der Flächenanteile nach Betriebsgrößenklassen zeigt (s. Fig. 43). Beeinflußt ist dies durch die in Oberacker und Neuenbürg bis 1960 noch nicht so weit fortgeschrittene Abwanderung aus der Landwirtschaft (s. 11.1.), was die Herausbildung größerer Betriebe mangels Freiwerden von Land zum Aufstocken stark beeinträchtigte.

Bis 1971 erfolgte in beiden Gemeinden erneut eine starke Umstrukturierung. Für die Betriebsgrößenklasse 5 - 10 ha, in der viele Betriebsleiter nun auch gezwungen waren, zum Nebenerwerb abzustocken, ist die umfangreichste Abnahme zu verzeichnen. Gemessen an 1960 waren in Oberacker 1971 noch 49%, in Neuenbürg noch 44% der Betriebe in dieser Größenordnung vorhanden. Zudem hat in beiden Gemeinden die Anzahl der Betriebe mit 2 - 5 ha abgenommen (in Oberacker waren es noch 76% verglichen mit 1960, in Neuenbürg noch 83%), was sich allerdings in Neuenbürg nicht in einer Verringerung des prozentualen Anteils niedergeschlagen hat, da die Abnahme der Gesamtzahl der Betriebe höher war. Die durch die Verkleinerung von Betrieben mit 5 - 10 ha freiwerdende Fläche konnte von einigen Landwirten zur Aufstockung in höhere Größenklassen genutzt werden. Ein deutlicher Unterschied zwischen beiden Gemeinden zeigt sich allerdings bei Betrachtung der untersten Betriebsgrößenklasse. Ist für Neuenbürg nur eine geringfügige Abnahme zu vermerken, so hat in Oberacker von 1960 bis 1971 fast eine Verdoppelung der Anzahl der Betriebe mit 0,5 - 2 ha stattgefunden. Flächenmäßig hat sich dies nicht in so starkem Umfang niedergeschlagen, wobei allerdings berücksichtigt werden muß, daß in beiden Gemeinden der Anteil an Betrieben mit 0,5 - 1 ha[1] hoch war, bei den in Fig. 43 dargestellten Flächenanteilen für 1971 daher Ungenauigkeiten in Kauf genommen werden müssen.

---

[1] 1971 lag der Anteil der Betriebe mit 1 - 2 ha, gemessen an der Gesamtzahl der Betriebe ≥ 1 ha, in Oberacker bei 41%, in Neuenbürg bei 24%; nach der Umrechnung, unter Einbezug der Betriebe mit 0,5 - 1 ha (s. S. 57) betrug der Anteil der untersten Größenklasse an der Gesamtzahl der Betriebe ≥ 0,5 ha in Oberacker 63% und in Neuenbürg 36%.

Betrachtet man sich diese Divergenzen in der Entwicklung zwischen 1960 und 1971 unter dem Aspekt etwaiger Flurbereinigungswirkungen und berücksichtigt hierbei die bereits 1960 vorhandenen Unterschiede in den Betriebsgrößenstrukturen, so könnte nur die Zunahme an Betrieben mit 0,5 - 2 ha, die zu einer Zunahme der Gesamtzahl der Betriebe geführt hat (s. Tab. 89) mit der Agrarstrukturmaßnahme in Zusammenhang stehen. Angenommen wird hier aber eher eine durch Betriebsaufteilungen im Rahmen von Generationswechseln bedingte Zunahme an Betrieben[1]. Eine denkbare, durch die Flurbereinigung beschleunigte Entwicklung zum größeren Betrieb konnte dagegen bis zum Jahr der Besitzeinweisung, ausgehend von den Angaben der Landwirtschaftszählungen, nicht festgestellt werden.

Zur genaueren Untersuchung etwaiger auch längerfristiger flurbereinigungsbedingter Veränderungen in den Betriebsgrößenstrukturen können wiederum die Zusammenstellungen des Statistischen Landesamtes für 1965 - 1978 herangezogen werden (s. Fig. 44 - 47).

Da aber die Flurbereinigung in Oberacker bereits 1964 angeordnet worden ist, müssen trotz der eingeschränkten Vergleichbarkeit (s. S. 121) die Angaben der Landwirtschaftszählung von 1960 denjenigen von 1965 gegenübergestellt werden.

Für Oberacker sind in diesen 5 Jahren stärkere Veränderungen in den Betriebsgrößenstrukturen festzuhalten als für Neuenbürg. So ist der Anteil der Größenklasse 2 - 5 ha von 26% 1960 auf 15% 1965 zurückgegangen, parallel hierzu hat der Anteil der Größenklasse 0,5 - 2 ha von 37% 1960 auf 52% 1965 zugenommen. Bei den Betrieben ≥ 5 ha waren keine so umfangreichen Veränderungen zu vermerken, die Abnahme an Betrieben mit 5 - 10 ha in diesem Zeitraum um 11% führte nur zu einer Verringerung des prozentualen Anteils von 36% 1960 auf 31% 1965. Zwei Betriebsleiter konnten die durch das Abstocken der Betriebe mit 2 - 5 ha freigewordene Fläche zum Aufstocken in die Größenklasse 10 - 20 ha nutzen, so daß 1965 dieser Größenklasse 3 Betriebe zuzuordnen waren, was allerdings nur einer Zunahme des prozentualen Anteils von 1960 1% auf 3% 1965 entsprach. In der Aufteilung der landwirtschaftlichen Nutzfläche nach Betriebsgrößenklassen änderte sich, da die Umschichtung in der Anzahl der Betriebe vor allem in den unteren beiden Größenklassen stattgefunden hatte, nichts Grundlegendes. Wurden von den Betrieben mit 2 - 5 ha 1960 22% der landwirtschaftlichen Nutzfläche bewirtschaftet, so ging dieser Anteil bis 1965 auf 12% zurück; für den Anteil der Betriebe mit 0,5 - 2 ha dagegen ist eine Zunahme von 10% auf 17% 1965 festzustellen. Die Umschichtung der landwirtschaftlichen Nutzfläche zum größeren

---

[1] Den Unterlagen der Verwaltungsstelle Oberacker konnte entnommen werden, daß die Anzahl der versicherungspflichtigen landwirtschaftlichen Betriebseinheiten (umfaßt auch Betriebe < 0,5 ha) zwischen 1959 und 1969 sich erhöht hat, wodurch diese Annahme gestützt wird.

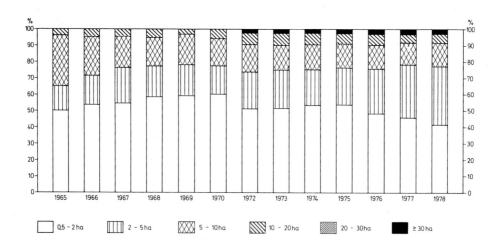

Fig. 44: Entwicklung der Anteile der Betriebsgrößenklassen an der Gesamtzahl der Betriebe (≥ 0, 5ha) in Oberacker (1965 - 1978)

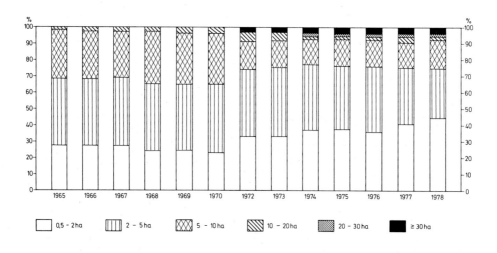

Fig. 45: Entwicklung der Anteile der Betriebsgrößenklassen an der Gesamtzahl der Betriebe (≥ 0, 5ha) in Neuenbürg (1965 - 1978)

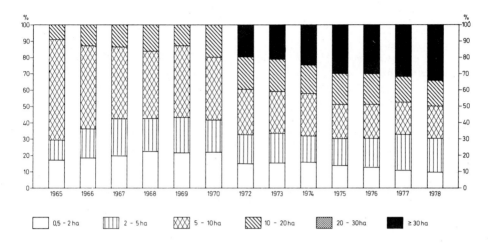

Fig. 46: Entwicklung der Anteile der Betriebsgrößenklassen an der landwirtschaftlichen Nutzfläche in Oberacker (1965 - 1978)

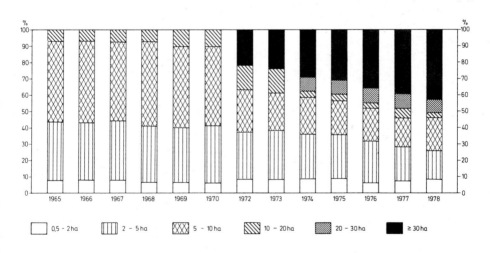

Fig. 47: Entwicklung der Anteile der Betriebsgrößenklassen an der landwirtschaftlichen Nutzfläche in Neuenbürg (1965 - 1978)

Betrieb konnte durch die Veränderungen in der Aufteilung der Betriebe nach Größenklassen nicht wesentlich beschleunigt werden, so betrug der Anteil der Betriebe mit 10 - 20 ha an der landwirtschaftlichen Nutzfläche 1960 3% und 1965 9%.

In Neuenbürg waren in diesen 5 Jahren keine so umfangreichen Umschichtungen zu verzeichnen. In den Betriebsgrößenklassen 5 - 20 ha hat anzahlsmäßig keine Veränderung stattgefunden, nur aus der Größenklasse 0,5 - 2 ha konnten einige Betriebe in die nächsthöhere aufschließen, so daß für diese Größenklasse eine Erhöhung des prozentualen Anteils von 33% 1960 auf 42% 1965 zu vermerken ist, für die Größenklasse 0,5 - 2 ha eine Abnahme von 37% 1960 auf 27% 1965. Flächenmäßig hat dies allerdings ebenfalls nicht zu größeren Umstrukturierungen zwischen 1960 und 1965 geführt, was der Vergleich der Fig. 43 und 47 zeigt.

Betrachtet man diese in beiden Gemeinden unterschiedliche Entwicklung und berücksichtigt bei sonst relativ homogenen außerlandwirtschaftlichen Bedingungen die 1964 erfolgte Anordnung der Flurbereinigung, so kann nicht ausgeschlossen werden, daß diese mitbestimmend war für die Entscheidung mehrerer Betriebsleiter, aus der Größenklasse 2 - 5 ha in die darunterliegende abzustocken, wobei diese Umstrukturierung allerdings flächenmäßig zu gering war, um die Entwicklung zum größeren Betrieb deutlich beschleunigen zu können.

Während der ersten Jahre der Durchführung der Flurbereinigung hat die Anzahl der Betriebe mit 5 - 10 ha in Oberacker weiter abgenommen (von 1965 bis 1967 um 36%), was eine Zunahme der Betriebe mit 2 - 5 ha nach Anzahl und Fläche hervorgerufen hatte. Von 1967 bis 1970 waren dann in diesen beiden, ebenso wie in der Größenklasse 10 - 20 ha keine umfangreicheren Veränderungen mehr festzustellen. Nur in der Betriebsgrößenklasse 0,5 - 2 ha erfolgte zwischen 1965 und 1970 eine Zunahme an Betrieben um 28%, was auch zu einer Erhöhung der Gesamtzahl an Betrieben geführt hatte - auf die wesentlichen Gründe hierfür wurde bereits verwiesen.

In Neuenbürg sind von 1965 bis 1970 weder in der Anzahl der Betriebe noch in der Aufteilung der landwirtschaftlichen Nutzfläche nach Größenklassen umfangreichere Veränderungen festzustellen. Daher kann auch für die Entwicklungsunterschiede zwischen beiden Gemeinden in diesem Zeitraum eine beeinflussende Wirkung der Flurbereinigung nicht ausgeschlossen werden.

Dieses "Nachhinken" in der Abnahme der Betriebe mit 2 - 10 ha konnte allerdings in Neuenbürg zwischen 1970 und 1971 weitgehend aufgeholt werden. So nahm in diesen 2 Jahren die Anzahl der Betriebe mit 5 - 10 ha um 56%, die derjenigen mit 2 - 5 ha um 26% ab, in Oberacker betrugen die entsprechenden Angaben 33% und 16%. In Oberacker allerdings schlugen sich diese Abnahmeraten nicht in einer Verringerung der prozentualen Anteile dieser Größenklassen an der Gesamtzahl der Betriebe nieder, da die Gesamtabnahme, hervorgerufen durch die umfangreichere Aufgabe an Betrieben mit 0,5 - 2 ha, größer war. Deutlich zeigen sich diese beträchtlichen Umschichtungen in beiden Gemeinden aber bei Betrachtung der Anteile der Größenklassen an der landwirtschaftlichen Nutzfläche (s. Fig. 45 und 47).

Von 1972 bis 1978 hat in Oberacker nur die Anzahl der Betriebe mit 0,5 - 2 ha in größerem Umfang abgenommen. Aus den Größenklassen mit 5 - 20 ha stockten lediglich einige wenige Betriebsleiter in diejenige mit 2 - 5 ha ab, was zu einer Zunahme des Anteils dieser Größenklasse sowohl an der Gesamtzahl der Betriebe als auch an der landwirtschaftlichen Nutzfläche führte.[1] Die durch diese Abstockungen freiwerdenden Flächen konnten von den Landwirten der Betriebe ≥ 30 ha zur weiteren Aufstockung genutzt werden.

Auch in Neuenbürg erfolgte die Abstockung nur einiger weniger Betriebe aus den Größenklassen 5 - 20 ha in den 70er Jahren. Da aber gleichzeitig eine Abnahme der Anzahl der Betriebe mit 2 - 5 ha erfolgte, konnte für Neuenbürg im Gegensatz zu Oberacker eine Bedeutungszunahme dieser Größenklasse weder an der landwirtschaftlichen Nutzfläche noch an der Gesamtzahl der Betriebe verzeichnet werden. Hierdurch stand in Neuenbürg ein größerer Anteil der landwirtschaftlichen Nutzfläche zum Aufstocken zur Verfügung, was die Herausbildung einiger weniger Betriebe mit 20 - 30 ha erleichtert hatte.

Vergleicht man diese, wenn auch nur relativ geringfügigen Entwicklungsunterschiede zwischen beiden Gemeinden bis 1978, so könnte auch hierbei nicht ausgeschlossen werden, daß die durch die Flurbereinigung erzielte Arbeitserleichterung das Abstockungsverhalten einiger Landwirte beeinflußt hat, so daß weniger als in Neuenbürg aus der Größenklasse 2 - 5 ha in die nächstniedere abstockten und daß bei einem Abbau des Betriebes aus den oberen Größenklassen eine Verkleinerung nicht bis in die unterste Größenklasse durchgeführt wurde. Wahrscheinlicher aber ist, daß diese Unterschiede im Zusammenhang zu sehen sind mit dem in Neuenbürg im Gegensatz zu Oberacker von fast allen Landwirten betriebenen Weinbau, der aus arbeitswirtschaftlichen Gründen eher eine Abstockung in die Größenklasse 0,5 - 2 ha nahelegt.

Die bei der Betrachtung des Entwicklungsverlaufes in den Betriebsgrößenstrukturen für beide Gemeinden festgestellte letzte umfangreiche Umschichtung erfolgte zwischen 1970 und 1972, wobei der Vergleich der Figuren 43, 44 und 45 zeigt, daß diese in Neuenbürg zwischen 1970 und 1971 in Oberacker erst nach der Besitzeinweisung zwischen 1971 und 1972 stattgefunden hatte. Für die in die Befragung einbezogenen Betriebe beider Gemeinden war diese Umstrukturierung auch die wesentlichste, was sich an der Entwicklung der Bodenmobilität dieser Betriebe erkennen läßt (Fig. 48).

---

[1] Die Verringerung der Anzahl der Betriebe mit 5 - 20 ha hat sich nicht in einer Abnahme des prozentualen Anteils dieser Größenklassen an der Gesamtzahl der Betriebe niedergeschlagen, da die Gesamtabnahme aller Betriebe höher war.

Seit der Übernahme ihres Betriebes haben alle befragten hauptberuflichen Landwirte in Neuenbürg und alle derjenigen in Oberacker ihren Betrieb vergrößert, wobei dies jeweils überwiegend auf dem Pachtweg erfolgt ist. Betrug die durchschnittliche Vergrößerung der Haupterwerbsbetriebe in Neuenbürg 56% der zum Zeitpunkt der Befragung bewirtschafteten Fläche, so war der entsprechende Wert in Oberacker mit 38% deutlich niedriger. Die Variationskoeffizienten hierfür - 41% in Neuenbürg, 68% in Oberacker - zeigen allerdings, daß hiermit keine weiterreichenden Aussagen getroffen werden können.

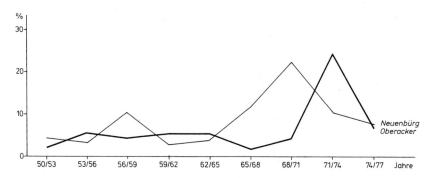

Fig. 48: Entwicklung der Bodenmobilität der in die Befragung eingegangenen Betriebe in Oberacker und Neuenbürg (in % der gesamten LN der Gemeinde) (1950 - 1977)

Als ausschlaggebendsten Grund für diese Vergrößerung gaben alle hauptberuflichen Betriebsleiter beider Gemeinden an, daß ohne diese Aufstockungen der Betrieb zu klein und unrentabel gewesen wäre. Als weitere wichtige Faktoren wurden von einigen wenigen "bessere Maschinenausnutzung" und "günstigere Pacht- bzw. Kaufmöglichkeiten" genannt. Andere mögliche Faktoren waren für die Aufstockungsentscheidung nicht von wesentlicher Bedeutung.

Bei den Anteilen der Nebenerwerbslandwirte, die zuletzt eine flächenmäßige Vergrößerung vorgenommen haben, zeigen sich zwischen beiden Gemeinden keine Unterschiede. So haben 17% derjenigen in Oberacker und 15% derjenigen in Neuenbürg eine flächenmäßige Vergrößerung durchgeführt. In fast allen Fällen ist dies auf dem Pachtweg erfolgt (nur in einem Fall auf dem Erbweg).

Auch bei den von diesen Nebenerwerbslandwirten als wesentlich angegebenen Gründen zeigen sich keine bedeutenden Unterschiede zwischen den Gemeinden, die vor der Vergrößerung mangelhafte Rentabilität, "bessere Maschinenausnutzung", "Veränderungen in der Bodennutzung" und "günstige Pacht- bzw. Kaufmöglichkeiten" wurden in ähnlicher Häufigkeit als bedeutende Faktoren genannt.

Weitere 58% der nebenberuflichen Betriebsleiter in Oberacker und 50%
derjenigen in Neuenbürg haben ihren Betrieb seit der Übernahme verkleinert, wobei sich auch hier bei den Häufigkeiten der Nennungen der
als wesentlich für diese Entscheidung erachteten Gründe keine auffallenden Unterschiede zwischen flurbereinigter und nichtflurbereinigter Gemeinde feststellen lassen (s. Tab. 91).

Tab. 91: Wesentliche Gründe für Betriebsverkleinerungen der Nebenerwerbslandwirte in Oberacker und Neuenbürg

Gründe	Nennungen in % aller Nebenerwerbslandwirte[+]	
	Oberacker	Neuenbürg
Abstockung zum Nebenerwerb	29	35
Arbeitsüberlastung	38	30
mangelnde Rentabilität	21	25
Sonstiges	8	10

[+]Mehrfachnennungen waren möglich

Befragt, ob die Veränderungen in der Betriebsgröße im Zusammenhang mit der Flurbereinigung standen, antworteten 92% der Nebenerwerbslandwirte in Oberacker, daß die Flurbereinigung hierfür bedeutungslos gewesen sei. Zwar haben 29% der nebenberuflichen Betriebsleiter ihren Betrieb während oder direkt nach der Flurbereinigung verkleinert, diese gaben aber alle an, daß sie diese flächenmäßige Abstockung auch ohne Flurbereinigung durchgeführt hätten.

Ihren Betrieb im Zusammenhang mit der Flurbereinigung vergrößert haben alle Haupt- und 8% der Nebenerwerbslandwirte, wobei letztere darauf hinweisen, daß sie ohne Flurbereinigung eine flächenmäßige Aufstockung aus arbeitswirtschaftlichen Gründen nicht hätten vornehmen können. Die hauptberuflichen Betriebsleiter vermerkten, daß sie zwar auch ohne Flurbereinigung ihren Betrieb hätten vergrößern können, sie nahmen allerdings an, daß dies nicht ohne die Agrarstrukturmaßnahme in so kurzer Zeit möglich gewesen wäre und verwiesen in diesem Zusammenhang auf das direkt nach der Besitzeinweisung umfangreiche Freiwerden von landwirtschaftlicher Nutzfläche durch die Aufgabe bzw. weitere Verkleinerung sehr vieler Betriebe der unteren Größenklassen. Dieses direkt nach der Flurbereinigung (1971 - 1972) schlagartige Freiwerden von landwirtschaftlicher Nutzfläche konnte auch bei der Untersuchung auf Gemeindeebene vermerkt werden; es sei aber darauf verwiesen, daß diese Fläche, was der Vergleich nicht nur mit dem nichtflurbereinigten Neuenbürg, sondern auch mit den anderen Untersuchungsgemeinden nahelegt, sicherlich auch ohne Flurbereinigung Anfang der 70er Jahre freigeworden wäre.

Eine Auswirkung der Flurbereinigung auf die sozioökonomische Stellung konnte von 50% der hauptberuflichen Landwirte vermerkt werden, die angaben, daß eine Abstockung zum Zuerwerb erst nach der Flurbereinigung wegen den dann günstigeren arbeitswirtschaftlichen Verhältnissen möglich gewesen wäre.

Von den befragten Betriebsleitern in Neuenbürg nahmen 80% der Haupt- und 95% der Nebenerwerbslandwirte an, daß eine etwaige Flurbereinigung bedeutungslos wäre für Betriebsgröße und sozioökonomische Stellung. Nur 20% der hauptberuflichen und 5% der nebenberuflichen Betriebsleiter erwarten, daß die Durchführung solch einer Agrarstrukturmaßnahme einige Landwirte mit kleineren Betrieben wegen den zu erwartenden Kosten veranlassen würden, ihren Betrieb aufzugeben bzw. zu verkleinern, so daß mehr Land zum Aufstocken zur Verfügung stehen würde.

Zusammenfassend können zur Bedeutung der Flurbereinigung für Veränderungen in der Betriebsgröße und der sozioökonomischen Stellung auf über- und einzelbetrieblicher Ebene folgende Ergebnisse vermerkt werden:

1. Während der Durchführung des Verfahrens war eine umfangreichere Abnahme an Betrieben mit 2 - 10 ha zu vermerken, wobei hierfür der Flurbereinigung eine beschleunigende Wirkung zuerkannt werden konnte. Da aber diese Abnahme zumeist in Form einer Abstockung in die unterste Größenklasse und nicht einer Betriebsaufgabe erfolgte, führte diese nicht zu einer im Vergleich zur nichtflurbereinigten Gemeinde sehr viel stärkeren Umschichtung der landwirtschaftlichen Nutzfläche in die Größenklasse ≥ 10 ha. Zudem konnte für die nichtflurbereinigte Gemeinde zwischen 1970 und 1971 eine stärkere Umschichtung und damit ein Aufholen dieses geringfügigen Entwicklungsvorsprungs festgestellt werden. Auch längerfristig (bis 1978) weist die flurbereinigte Gemeinde keine umfangreichere Umstrukturierung zugunsten der größeren Betriebe auf.

2. Ein Einfluß der Flurbereinigung auf die sozioökonomische Stellung konnte nur von einem geringen Anteil der befragten Landwirte vermerkt werden, auf überbetrieblicher Ebene konnte keine Auswirkung festgestellt werden.

11.4. Entwicklung von Bodennutzung und Viehhaltung

In Oberacker entsprach das Acker-Grünlandverhältnis 1949 mit 6,3:1 in der Größenordnung demjenigen des Gesamt-Kraichgaus, in Neuenbürg lag es zu diesem Zeitpunkt mit 10,2:1 darüber (vgl. S.53). Für beide Gemeinden ist, insgesamt betrachtet, bis 1971 eine längerfristige Zunahme zu verzeichnen. Zwischen 1971 und 1974 erfolgte dann in beiden Ge-

meinden wiederum ein Rückgang und bis 1979 sind nur noch kleinere
Schwankungen zu vermerken (s. Tab. 92). Betrachtet man sich diese
Veränderungen unter dem Aspekt etwaiger Flurbereinigungswirkungen,
so kann für Oberacker nicht, parallel zu dem in dieser Gemeinde durchgeführten Verfahren oder direkt nach der Besitzeinweisung, eine grund-
sätzlich andere Entwicklung im Vergleich zu Neuenbürg festgestellt werden.

Tab. 92: Entwicklung des Acker-Grünlandverhältnisses in Oberacker
und Neuenbürg (1951 - 1979)[1]

	1952	1955	1960	1965	1968	1971	1974	1977	1979
Oberacker	6,6:1	6,8:1	9,5:1	7,4:1	9,9:1	17,2:1	14,5:1	13,5:1	12,7:1
Neuenbürg	10,6:1	10,9:1	14,2:1	14,2:1	14,5:1	22,6:1	15,5:1	17,3:1	17,2:1

Auch in der Entwicklung des Anteils der Sonderkulturen an der landwirtschaftlich genutzten Fläche (Tab. 93) lassen sich für Oberacker keine
grundlegend andersgearteten Veränderungen vermerken, die durch die
Flurbereinigung hervorgerufen sein könnten. Die zwischen 1960 und
1965 in Oberacker umfangreichere Abnahme des Sonderkulturanteils im
Vergleich zu Neuenbürg war bedingt durch die Aufgabe des noch in den
50er Jahren einen bedeutenden Umfang erreichenden Tabak- und Zicchorien-
anbaus. In Neuenbürg war zwar auch nach 1960 ein entsprechender Rückgang
der Tabak- und Zicchorienanbaufläche zu verzeichnen, dieser allerdings
schlug sich nicht in einer so deutlichen Verringerung des Sonderkulturanteils an der landwirtschaftlich genutzten Fläche nieder, da parallel hierzu eine Zunahme der Rebanbaufläche erfolgt ist.[2]

Tab. 93: Entwicklung des Anteils der Sonderkulturen (%) an der landwirtschaftlich genutzten Fläche in Oberacker und Neuenbürg[1]
(1952 - 1979)

	1952	1955	1960	1965	1968	1971	1974	1977	1979
Oberacker	2,5	2,6	3,7	0,7	0,7	0,4	0,7	1,6	1,3
Neuenbürg	2,6	2,4	3,1	3,1	2,7	3,5	3,7	3,3	3,0

Der bis 1960 in Oberacker und Neuenbürg im Vergleich zum Gesamt-
Kraichgau relativ hohe Sonderkulturanteil hat sich auch in den Bodennutzungssystemen beider Gemeinden niedergeschlagen. Der Bedeutungsverlust des Sonderkulturanbaus in Oberacker nach 1960 zeigt sich ebenfalls im Bodennutzungssystem dieser Gemeinde. Nach 1971 ist für beide
Gemeinden, entsprechend vor allem den Umschichtungen in den Betriebsgrößenstrukturen, eine Extensivierung im Anbau festzustellen, der Getreidebau wird in Oberacker zum Leitkulturzweig, in Neuenbürg zum Be-
gleitkulturzweig. Auch bei diesen Veränderungen im Bodennutzungssystem

---

[1] Quelle: unveröffentlichtes Material der Bodennutzungsvorerhebungen

[2] Gesehen werden kann dies im Zusammenhang mit den in dieser Gemeinde durchgeführten Rebflurbereinigungen (s. S.227)

auf Gemeindeebene kann für Oberacker keine flurbereinigungsbedingte Sonderentwicklung erkannt werden (Tab. 94).

Tab. 94: Entwicklung der Bodennutzungssysteme in Oberacker und Neuenbürg[1] (1952 - 1979)

	1952	1955	1960	1965	1968	1971	1974	1977	1979
Oberacker	HBF	HBG	HBG	HG	HG	HG	GH	GH	GH
Neuenbürg	HBF	HBF	HBG	HBG	HBG	BHG	BG	BG	BG

Bei Betrachtung der Entwicklung des Anteils der nicht mehr landwirtschaftlich genutzten Fläche an der landwirtschaftlichen Nutzfläche kann allerdings eine flurbereinigungsbedingte kurzfristige Erhöhung während der Durchführung des Verfahrens vermerkt werden.[2] Aber auch in dieser Gemeinde (vgl. S.136) konnte längerfristig durch die Flurbereinigung nicht das Auftreten von Sozialbrache verhindert werden, was die Entwicklung in den 70er Jahren belegt (Tab. 95).

Tab. 95: Entwicklung des Anteils der Sozialbrache (%) an der landwirtschaftlichen Nutzfläche in Oberacker und Neuenbürg[1]

	1955	1960	1965	1968	1971	1947	1977	1979
Oberacker	0,3	0,2	1,5	5,7	10,7	1,7	1,5	1,8
Neuenbürg	-	-	0,9	3,2	2,2	3,0	2,7	1,8

Die Entwicklung des Nutzflächenverhältnisses in beiden Gemeinden von 1952 bis 1979 ist, wie auch diejenige im Gesamt-Kraichgau, insgesamt geprägt von einer zunehmenden Extensivierung, was sich in einer deutlichen Erhöhung des Getreideanteils am Ackerland niedergeschlagen hat (s. Fig. 49 und 50).

Die 1952 feststellbaren Unterschiede zwischen beiden Gemeinden im Feldfutter- und Getreideanteil waren wesentlich mitbestimmt durch Unterschiede in den Betriebsgrößenstrukturen und im Dauergrünlandanteil. So war in Oberacker, bedingt durch den hier höheren Dauergrünlandanteil (s.o.) und durch den größeren Anteil an Betrieben mit 0,5 - 2 ha (s. 11.2.), in denen Rindvieh nur in wenigen Fällen gehalten wurde, der Feldfutteranteil am Ackerland geringer. Der bis 1960 in Neuenbürg er-

---

[1] Quelle: unveröffentlichtes Material der Bodennutzungsvor- und haupterhebungen

[2] Der hohe Anteil der nicht mehr landwirtschaftlich genutzten Fläche wurde in den unveröffentlichten Unterlagen des Statistischen Landesamtes mit dem Hinweis auf Planierungsarbeiten im Rahmen der Flurbereinigung erklärt; dieser Anteil ist somit nicht als "Sozialbrache" anzusprechen

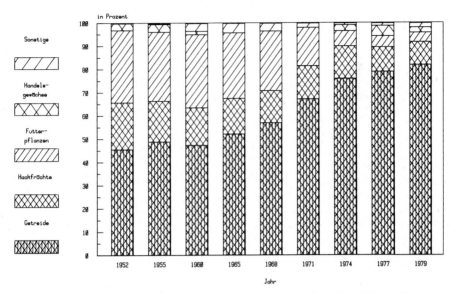

Fig. 49: Entwicklung des Anbaus auf dem Ackerland in Oberacker (1952 - 1979)

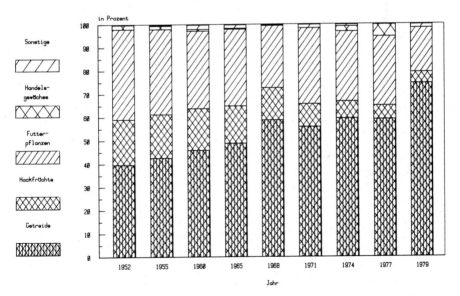

Fig. 50: Entwicklung des Anbaus auf dem Ackerland in Neuenbürg (1952 - 1979)

folgte Rückgang des Feldfutteranteils muß im Zusammenhang gesehen werden mit der in dieser Gemeinde im Vergleich zu Oberacker umfangreicheren Zunahme an Betrieben mit 0,5 - 2 ha.

Eine etwas stärkere Abnahme des Feldfutteranteils, parallel zur umfangreicheren Abnahme an Betrieben mit 2 - 5 ha bei gleichzeitiger Zunahme derjenigen der untersten Größenklasse, ist für Oberacker zwischen 1960 und 1965 zu verzeichnen; da auf diese Umschichtung in der Betriebsgrößenstruktur ein Einfluß der Flurbereinigung nicht ausgeschlossen werden konnte (s. 11.3.), kann auch für diese Änderung im Nutzflächenverhältnis eine indirekte Bedeutung der Flurbereinigung angenommen werden. Allerdings muß hier darauf verwiesen werden, daß diese divergierende Entwicklung flächenmäßig nicht von großer Bedeutung war.

Seit 1965, während und auch nach der Durchführung der Flurbereinigung, sind in der Entwicklung der Nutzflächenverhältnisse zwischen beiden Gemeinden deutliche Unterschiede festzustellen (s. Fig. 49 und 50). In Neuenbürg nahm, entsprechend der allgemeinen Entwicklung, der Getreideanteil bis 1968 zu; danach allerdings ist, von Schwankungen abgesehen, hierin, wie auch im Futterflächenanteil, eine Stagnation festzustellen. In Oberacker dagegen hat der Getreideanteil bis zur Besitzeinweisung und auch in den 70er Jahren weiter stark zugenommen, parallel hierzu ist, vor allem seit 1974, für den Feldfutteranteil ein beträchtlicher Rückgang zu verzeichnen.

Zur Erklärung dieser Entwicklungsunterschiede müssen, wofür die zwischen beiden Gemeinden divergierenden Veränderungen im Feldfutteranteil einen deutlichen Hinweis liefern, Unterschiede in der Entwicklung der Viehhaltung herangezogen werden. So erfolgte in Oberacker eine Schwerpunktbildung in der Schweinehaltung, wofür einmal persönliche Gründe[1] und zum anderen, worauf viele befragte Landwirte hingewiesen haben, die Schließung der Milchsammelstelle in den 70er Jahren von wesentlicher Bedeutung waren. In Neuenbürg dagegen wurde in den flächenmäßig sich ständig vergrößernden Betrieben, in denen eine Betriebsvereinfachung notwendig geworden war, eine Schwerpunktbildung in der Rindviehhaltung (Milchviehhaltung kombiniert mit Rindermast) durchgeführt. Somit kann der Flurbereinigung nicht die Bedeutung als erklärender Faktor für diese Unterschiede in der Entwicklung der Nutzflächenverhältnisse zuerkannt werden.

Auf die jüngere Entwicklung in Neuenbürg zwischen 1977 und 1979, die durch eine sprunghafte Zunahme des Getreideanteils zu Lasten des Feldfutteranteils gekennzeichnet ist, kann hier nicht weiter eingegangen werden, da die zu Klärung notwendigen Angaben zur Betriebsgrößenstruktur auf Gemeindeebene und zur jüngeren Viehbestandsentwicklung zum Zeitpunkt der Durchführung dieser Untersuchung noch nicht vorlagen - angenommen werden könnte, daß in mehreren kleineren Betrieben die Rindviehhaltung vor allem aus arbeitswirtschaftlichen Gründen reduziert bzw. aufgegeben wurde, was eine Verringerung des Anbaus von Feldfutter zu Folge gehabt hätte.

---

[1] Genannt wurden u.a. mangelnde Stallkapazitäten bzw. Erweiterungsmöglichkeiten

Bei der Untersuchung von Bodennutzungsveränderungen auf einzelbetrieblicher Ebene zeigen sich keine größeren Unterschiede zwischen beiden Gemeinden; so haben in Oberacker 73% der befragten Landwirte seit der Betriebsübernahme Umstrukturierungen vorgenommen, in Neuenbürg lag der entsprechende Anteil bei 80%.

In der Art der Veränderungen lassen sich bei den befragten Nebenerwerbslandwirten zwischen beiden Gemeinden umfangreichere Differenzen nur bei der Verringerung von Gartengewächsen in feldmäßigem Anbau feststellen (s. Tab. 96). Die hierin in Neuenbürg von einem größeren Anteil vorgenommenen Veränderungen sind im Zusammenhang zu sehen mit dem in dieser Gemeinde bis vor wenigen Jahren von vielen Landwirten betriebenen Anbau von Gurken und Kürbissen, der vor allem wegen auftretender Absatzschwierigkeiten aus Rentabilitätsgründen aufgegeben wurde zugunsten des Getreideanbaus. 60% der befragten nebenberuflichen Betriebsleiter gaben im Zusammenhang damit "wirtschaftliche Gründe" als wesentlich für erfolgte Bodennutzungsveränderungen an, in Oberacker war der entsprechende Anteil mit 29% deutlich niedriger.

Tab. 96: Bodennutzungsänderungen in Oberacker und Neuenbürg (einzelbetriebliche Ebene)

Art der Änderung	Oberacker Nennungen in % aller			Neuenbürg Nennungen in % aller		
	Betr. insg.	Haupt- erw. b.	Neben- erw. b.	Betr. insg.	Haupt- erw. b.	Neben- erw. b.
Getreideanteil erhöht	73	50	75	76	60	80
verringert	4	-	4	-	-	-
Hackfruchtanteil erhöht	4	-	4	-	-	-
verringert	54	50	54	52	60	50
Feldfutteranteil erhöht	4	-	4	-	-	-
verringert	58	50	58	60	60	60
Sonderkulturanteil erhöht	-	-	-	-	-	-
verringert	38	50	38	44	40	45
Dauergrünlandanteil erhöht	-	-	-	-	-	-
verringert	8	-	8	-	-	-
Gartengewächse (feldm. Anbau) erhöht	-	-	-	4	20	-
verringert	50	50	50	76	60	80

Der in Neuenbürg bei den Haupterwerbsbetrieben größere Anteil an Landwirten, die eine flächenmäßige Ausdehnung der Gartengewächse in feldmäßigem Anbau vorgenommen haben, ist bedingt durch eine aus persönlichen Gründen erfolgte Betriebsschwerpunktbildung.

Keine auffallenden Unterschiede können zwischen beiden Gemeinden bei den anderen Arten der Bodennutzungsveränderungen und den Gründen hierfür verzeichnet werden. In vielen Fällen erfolgten Umstrukturierungen parallel zur flächenmäßigen bzw. sozioökonomischen Abstockung und/ oder im Zuge von Veränderungen in der Viehhaltung; als weiterer bestimmender Faktor wurden häufig "arbeitswirtschaftliche Gründe" angegeben.[1]

Befragt, ob Veränderungen in der Bodennutzung im Zusammenhang mit der Flurbereinigung zu sehen seien, antworteten 85% der Landwirte in Oberacker, darunter 92% der nebenberuflichen Betriebsleiter, daß die Agrarstrukturmaßnahme hierfür bedeutungslos gewesen wäre. 8% der Neben- und alle Haupterwerbslandwirte dagegen gaben an, daß sie ihren Getreideanteil stärker erhöht hätten als ohne Flurbereinigung, was zurückzuführen sei zum einen auf das flurbereinigungsbedingte Ausmaß der flächenmäßigen Vergrößerung und zum anderen darauf, daß vor der Durchführung der Agrarstrukturmaßnahme auf einigen sehr kleinen Parzellen Maschinen nicht einsetzbar waren, diese daher brach lagen.

Von den befragten Landwirten aus Neuenbürg nahmen alle an, daß eine etwaige Durchführung einer Flurbereinigung nicht den Anlaß für Veränderungen in der Bodennutzung darstellen würde.

In der Viehhaltung lassen sich für Oberacker und Neuenbürg, im Gegensatz zum Gesamt-Kraichgau, Umstrukturierungen in stärkerem Ausmaß vor allem zwischen 1960 und 1971, parallel zu den umfangreichen Veränderungen in den Betriebsgrößenstrukturen und im sozioökonomischen Status vieler Landwirte, verzeichnen (s. Tab. 97).

Die bereits 1949 zwischen beiden Gemeinden feststellbaren Unterschiede sind wesentlich mitbestimmt durch den in Oberacker deutlich höheren Anteil an Betrieben < 2 ha, in denen vor allem Schweine gehalten wurden.

Bis 1960 sind in beiden Gemeinden größere Veränderungen in der Schweinehaltung zu vermerken, wobei die in Neuenbürg beträchtliche Erhöhung des Besatzes zurückzuführen ist auf die umfangreiche Zunahme an Betrieben mit 0,5 - 2 ha. Die hierzu im Gegensatz in Oberacker im selben Zeitraum erfolgte Abnahme an Betrieben der unteren Größenklassen hat sich in dem in dieser Gemeinde 1960 im Vergleich zu 1949 niedrigeren Schweinebesatz niedergeschlagen. Bis 1971 sind für beide Gemeinden deut-

---
[1] Der Anteil an allen befragten Landwirten, die diese verschiedenen Faktoren als wesentlich für Bodennutzungsveränderungen genannt hatten, lag in beiden Gemeinden jeweils knapp unter oder nur geringfügig über 50%.

lich divergierende Entwicklung festzustellen, die Gründe für die Unterschiede im Rinderbesatz wurden bereits genannt. Die zwischen 1960 und 1971 in Neuenbürg stärkere Zunahme auch im Schweinebesatz ist im Zusammenhang zu sehen mit der allerdings nur von einigen wenigen Betriebsleitern, die keine flächenmäßigen Vergrößerungsmöglichkeiten hatten, vorgenommenen enormen Ausweitung des Schweinebestandes[1] - in Oberacker konnte Vergleichbares nicht festgestellt werden.

Tab. 97: Viehbesatz in Oberacker und Neuenbürg (1949, 1960, 1971)

	1949			1960			1971		
	Obera.	Neu.b.	Krg.	Obera.	Neu.b.	Krg.	Obera.	Neu.b.	Krg.
Rindvieh/100 ha	90	77	71	90	79	81	35	84	84
Schweine/100 ha	71	52	73	62	81	63	72	117	158

Bei Betrachtung dieser Entwicklung in der Viehhaltung zwischen 1960 und 1971 können, ausgehend von den Angaben der Landwirtschaftszählungen, keine Veränderungen, die auf die Flurbereinigung zurückgeführt werden könnten, erkannt werden.

Zur genaueren Untersuchung vor allem auch des jüngeren Entwicklungsverlaufes wurden wiederum die unveröffentlichten Daten der Viehzählungen von 1952 - 1978 herangezogen (s. Fig. 51).

Entsprechend den bereits beschriebenen unterschiedlichen Umschichtungen in den Betriebsgrößenstrukturen zwischen beiden Gemeinden erfolgte in den 50er Jahren in Neuenbürg im Gegensatz zu Oberacker ein beträchtlicher Anstieg im Schweinebestand, in der Rindviehhaltung waren in beiden Gemeinden im Jahrzehnt bis 1960 keine umfangreichen Veränderungen festzustellen.

Für die zwischen 1962 und 1964 in Oberacker zu verzeichnende sprunghafte Zunahme des Schweinebestandes könnte ein Zusammenhang mit der Flurbereinigung, über die flurbereinigungsbedingte umfangreichere Umschichtung in der Betriebsgrößenstruktur zugunsten der untersten Grössenklasse, angenommen werden. Der Vergleich mit der Entwicklung in Neuenbürg allerdings zeigt, daß hierfür die Agrarstrukturmaßnahme zur Erklärung nicht herangezogen werden kann.

Das in den 60er Jahren in beiden Gemeinden erfolgte Abstocken vieler Landwirte zum Nebenerwerb und die damit zumeist verbundene Aufgabe der Rindviehhaltung hat sich in Oberacker in einer Abnahme des Rindviehbestandes niedergeschlagen, in Neuenbürg aber konnte dies, worauf bereits bei der Untersuchung der Daten der Landwirtschaftszählungen verwiesen wurde, ausgeglichen werden durch die Bestandserhöhung in einigen flächenmäßig sich vergrößernden Betrieben.

---

[1] In einem Fall betrug die Vergrößerung des Schweinebestandes innerhalb von 3 Jahren über 500%; nach Angaben dieser Betriebsleiter führte dies aber nicht zu längerfristig hohen Bestandszahlen, da ein Abbau bereits wieder in der 1. Hälfte der 70er Jahre, zumeist in Verbindung mit sozioökonomischen Veränderungen (Abstockung zum Nebenerwerb) erfolgte.

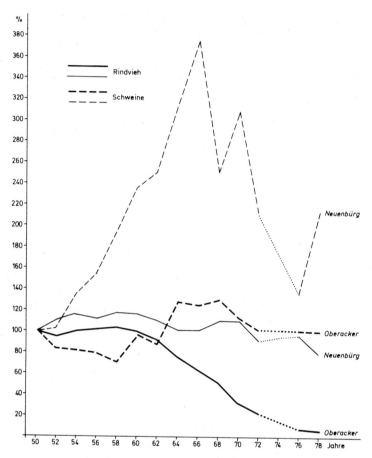

Fig. 51: Entwicklung des Viehbestandes in Oberacker und Neuenbürg[1] (1950 - 1978)

Auch nach der Besitzeinweisung konnten in den 70er Jahren für Oberacker keine deutlich anderen Entwicklungstendenzen vermerkt werden. In Neuenbürg dagegen zeichnet sich nach 1976 eine Umschichtung im Viehbestand zugunsten der Schweinehaltung ab, was sich bereits in den jüngsten Veränderungen im Nutzflächenverhältnis angedeutet hatte.

In der Viehhaltung haben seit der Übernahme 85% der befragten Betriebsleiter in Oberacker (50% der Haupt- und 83% der Nebenerwerbslandwirte) Veränderungen in der Viehhaltung durchgeführt, in Neuenbürg lag der entsprechende Anteil bei 80% (60% der Haupt- und 85% der Nebenerwerbslandwirte).

---

[1] Für 1974 lagen die Angaben nicht vor

Größere Unterschiede in der Art der Veränderung (Tab. 98) lassen sich nur bei den hauptberuflich bewirtschafteten Betrieben feststellen, wobei auf die hierfür wesentlichen Gründe bereits mehrfach verwiesen wurde.

Tab. 98: Änderungen in der Viehhaltung in Oberacker und Neuenbürg

Art der Änderung	Oberacker Nennungen in % aller			Neuenbürg Nennungen in % aller		
	Betr. insg.	Haupt- erw.b.	Neben- erw.b.	Betr. insg.	Haupt- erw.b.	Neben- erw.b.
Milchvieh erhöht	-	-	-	12	40	5
verringert	73	50	75	60	20	70
sonst. Rindvieh erhöht	4	-	4	16	60	5
verringert	62	50	63	48	-	60
Schweine erhöht	35	50	33	28	-	35
verringert	38	-	42	32	40	30

Bei den Nebenerwerbsbetrieben können in der Art der Veränderungen keine größeren Differenzen vermerkt werden und auch bei den als wesentlich angeführten Gründen zeigt sich eine relativ gute Übereinstimmung. Von den meisten der befragten nebenberuflichen Betriebsleitern wurden "arbeitswirtschaftliche Gründe" (79% in Oberacker, 70% in Neuenbürg) und die "flächenmäßige bzw. sozioökonomische Abstockung" (38% in Oberacker, 40% in Neuenbürg) genannt. Ein größerer Unterschied läßt sich nur bei "Sonstiges" erkennen (hierunter wurde auch der Hinweis auf die Schliessung der Milchsammelstelle eingeordnet), in Oberacker gaben dies 30% der befragten Nebenerwerbslandwirte an, in Neuenbürg lag dieser Anteil bei 5%.

Die Frage, ob Umstrukturierungen in der Viehhaltung im Zusammenhang mit der Durchführung der Agrarstrukturmaßnahme zu sehen seien, bejahten nur 4% der Betriebsleiter (entsprach 50% der Haupterwerbslandwirte) und diese wiesen darauf hin, daß sie parallel zur flurbereinigungsbedingten flächenmäßigen bzw. sozioökonomischen Veränderung Umstellungen in der Viehhaltung vorgenommen hätten. Alle anderen in die Befragung einbezogenen Landwirte in Oberacker gaben an, daß die Flurbereinigung für Veränderungen in der Viehhaltung bedeutungslos gewesen wäre.

Von den befragten Landwirten in Neuenbürg nahmen 10% der nebenberuflichen Betriebsleiter an, daß sie wegen der nach der Flurbereinigung höheren Arbeitsproduktivität bzw. parallel zur flurbereinigungsbedingten flächenmäßigen Vergrößerung ihren Viehbestand erhöhen würden. Alle Haupterwerbslandwirte dagegen und 90% der nebenberuflichen Landwirte erwarten, daß eine etwaige Durchführung einer Flurbereinigung bedeutungslos wäre für die Viehhaltung.

Zusammenfassend kann festgehalten werden, daß die Durchführung der Flurbereinigung sich auf Gemeindeebene weder in der Bodennutzung noch in der Viehhaltung längerfristig niedergeschlagen hat, erkannt werden konnte lediglich ein kurzfristiger Einfluß der Flurbereinigung auf das Nutzflächenverhältnis parallel zu flurbereinigungsbedingten Veränderungen in der Betriebsgrößenstruktur, der allerdings flächenmäßig nur von geringfügiger Bedeutung war. Als Bestätigung dieses Ergebnisses auf Gemeindeebene können, mit den nötigen Einschränkungen die Befragungsergebnisse herangezogen werden. Fast alle Landwirte gaben an, daß die Agrarstrukturmaßnahme für Veränderungen im Betriebssystem bedeutungslos gewesen sei.

11.5. Entwicklung der arbeitswirtschaftlichen Verhältnisse

Auf die auf einzelbetrieblicher Ebene von beinahe allen Landwirten in Oberacker festgestellten flurbereinigungsbedingten Verringerungen des Arbeitsaufwandes wurde bereits verwiesen (Tab. 85). Auf überbetrieblicher Ebene aber zeigen sich bis 1971/72 keine wesentlichen Unterschiede, so daß, ausgehend von den Angaben der Landwirtschaftszählungen 1960 und 1971/72, eine Auswirkung der Flurbereinigung auf die Arbeitsproduktivität nicht erkannt werden kann (Tab. 99). In beiden Gemeinden war bereits 1960 und auch 1971/72, entsprechend dem in diesen geringeren Anteil an Betrieben $\geq$ 10 ha, ein höherer Arbeitskräftebesatz zu verzeichnen als im Gesamt-Kraichgau (s. 6.3.2.3.)

Tab. 99: Arbeitskräftebesatz in Oberacker und Neuenbürg (1960, 1971/72)

	Oberacker		Neuenbürg	
	Besatz pro 100 ha		Besatz pro 100 ha	
	ständige Arb.-kräfte insg.	ständige familienfremde Arb.kr.	ständige Arb.-kräfte insg.	ständige familienfremde Arb.kr.
1960	46,8	-	42,0	0,6
1971	49,8	-	45,6	0,3

Eine Veränderung des Arbeitsaufwandes seit der Übernahme ihres Betriebes verzeichneten 65% der befragten Betriebsleiter in Oberacker und 68% derjenigen in Neuenbürg. In der Art der Arbeitsaufwandveränderung zeigen sich bei den Nebenerwerbslandwirten in beiden Gemeinden keine größeren Unterschiede: 46% derjenigen in Oberacker gaben eine Arbeitsaufwandverringerung an, in Neuenbürg lag dieser Anteil bei 55%; eine Zunahme des Arbeitsaufwandes mußten 21% in Oberacker und 15% in Neuenbürg feststellen, wobei hierfür als wesentlicher Grund in beiden Gemeinden fast ausschließlich die Verringerung der Anzahl der mithelfenden Familienarbeitskräfte genannt wurde. Bei den für die Arbeitsaufwandverringerung als wesentlich genannten Faktoren lassen sich keine größeren Unterschiede zwischen beiden Gemeinden erkennen, die häufigsten Nennungen erhielten die Gründe "flächenmäßige Abstockung", "Kauf neuer Maschinen" und "Veränderungen in der Viehhaltung". Nur bei dem Grund "Veränderungen in der Bodennutzung" konnten größere Differenzen festgehalten werden (Oberacker 13%, Neuenbürg 40%), was auf den in Neuenbürg deutlich höheren Anteil an Betriebsleitern, die eine Aufgabe des Anbaus von Gartengewächsen in feldmäßigem Anbau vorgenommen haben, zurückzuführen ist (s. 11.4.).

Bei den hauptberuflichen Betriebsleitern lassen sich bei den Gründen für die in Oberacker von 50%, in Neuenbürg von 40% verzeichnete Arbeitsaufwandverringerung keine wesentlichen Unterschiede feststellen. Eine Zunahme des Arbeitsaufwandes wurde in Oberacker von keinem der Haupterwerbslandwirte vermerkt, in Neuenbürg gaben dies 20% an, wobei auf den Grund hierfür (Betriebsschwerpunktbildung im Bereich des feldmäßigen Anbaus von Gartengewächsen) bereits hingewiesen worden ist.

Vergleicht man zusätzlich den durch die Befragung ermittelten Arbeitskräftebesatz 1980, so kann auch zu diesem Zeitpunkt, zumindest bei den Familienarbeitskräften, keine höhere Arbeitsproduktivität in der flurbereinigten Gemeinde festgestellt werden (Tab. 100). Der in Neuenbürg höhere Besatz an familienfremden Arbeitskräften ist im Zusammenhang zu sehen mit dem zu dieser Gemeinde umfangreicheren Anbau von Sonderkulturen und Gartengewächsen in feldmäßigem Anbau (s. 11.4.).

Tab. 100: Besatz an Familienarbeitskräften und an familienfremden Arbeitskräften in Oberacker und Neuenbürg 1980

	pro 100 ha Familienarbeitskräfte			pro 100 ha familienfremde Arb. kräfte		
	immer	häufig	nur bei Arbeitsspitzen	immer	häufig	nur bei Arbeitsspitzen
Oberacker	4,6	13,3	17,3	0,5	-	0,9
Neuenbürg	4,5	11,0	13,4	-	-	7,9

Beim Schlepperbesatz lassen sich, ausgehend von den in den Landwirtschaftszählungen enthaltenen Angaben, keine Veränderungen feststellen (s. Tab. 101), die eindeutig der Flurbereinigung zugeschrieben werden könnten. Zwar ist für Oberacker bis 1971/72 eine etwas stärkere Zunahme im Besatz festzustellen, berücksichtigt man aber bei der Erklärung hierfür die Unterschiede in den Betriebsgrößenstrukturen 1971 zwischen beiden Gemeinden (s. Fig. 43), so kann eher angenommen werden, daß für diese Differenzen der in Oberacker höhere Anteil an Betrieben mit 0,5 - 2 ha bei gleichzeitig niedrigerem Anteil an Betrieben mit ≥10 ha verantwortlich war.

Tab. 101: Schlepperbesatz in Oberacker und Neuenbürg (1960, 1971/72)

	Besatz pro 100 ha	
	1960	1971/72
Oberacker	7,2	16,4
Neuenbürg	6,9	14,6

Seit der Übernahme ihres Betriebes haben in Oberacker 77% der befragten Betriebsleiter, in Neuenbürg 76% ihren Maschinenbestand erhöht, eine Verringerung haben nur Nebenerwerbslandwirte (8% in Oberacker und 10% in Neuenbürg) vorgenommen, wobei dies jeweils parallel zur flächenmäßigen Verkleinerung erfolgt ist. Als bedeutendster Faktor für die Erhöhung des Maschinenbestandes wurde übereinstimmend von allen denjenigen, die Maschinen neu gekauft hatten, der Zwang zur Erhöhung der Rentabilität angegeben; für die Haupterwerbslandwirte war zudem die flächenmäßige Vergrößerung ihres Betriebes wesentlich.

1980, zum Zeitpunkt der Befragung, zeigen sich Unterschiede im Schlepperbesatz zwischen beiden Gemeinden, obwohl die Unterschiede bei den Anteilen der einzelnen Größenklassen an der Gesamtzahl der befragten Betriebe relativ gering waren (s. 11.2.). Für Oberacker ist mit 14,6/100 ha im Vergleich zu Neuenbürg mit 10,3/100 ha ein höherer Besatz an Schleppern zu verzeichnen. Bewertet werden kann dies als Hinweis auf eine nach der Besitzeinweisung erfolgte stärkere Mechanisierung in Oberacker im Vergleich zu Neuenbürg.[1]

Als bestätigt angesehen werden könnte diese Annahme durch die Aussage von 35% der befragten Landwirte in Oberacker (darunter 50% der Haupterwerbslandwirte), die angaben, daß sie erst nach der Flurbereinigung neue und größere Maschinen gekauft hätten, wobei hierfür vor allem die flurbereinigungsbedingte Verbesserung der Maschineneinsatzmöglichkeiten wesentlich gewesen wäre. Von den befragten Betriebsleitern aus Neuenbürg dagegen nahmen nur 12% (darunter 40% der Haupterwerbslandwirte) an, daß sie wegen den nach einer Flurbereinigung verbesserten Einsatzmöglichkeiten neue und größere Maschinen anschaffen würden.

Zusammenfassend kann zur Bedeutung der Flurbereinigung für die arbeitswirtschaftlichen Verhältnisse festgehalten werden, daß zwar auf einzelbetrieblicher Ebene von fast allen Landwirten in Oberacker eine flurbereinigungsbedingte Verminderung des Arbeitsaufwandes vermerkt werden konnte, auf überbetrieblicher Ebene allerdings konnte, ausgehend von den Angaben der Landwirtschaftszählungen und der Befragung, keine höhere Arbeitsproduktivität in der flurbereinigten Gemeinde verzeichnet werden. Eine Auswirkung auf die Maschinenausstattung konnte dagegen auf Gemeinde- und einzelbetrieblicher Ebene erkannt werden.

---

[1] Vor allem bei den Nebenerwerbsbetrieben zeigen sich Unterschiede beim Besatz an leistungsfähigeren Schleppern ≥ 50 PS; betrug dieser in Oberacker 2,7/100 ha, so lag er in Neuenbürg nur bei 1/100 ha.

12. AGRARSTRUKTURTYP I: ROHRBACH - ELSENZ

12.1. Grundzüge der Bevölkerungs- und Wirtschaftsentwicklung

Die beiden räumlich benachbarten Untersuchungsgemeinden des Agrarstrukturtyps I liegen im zentralen Kraichgau (s. Karte 4), in weniger als 10 Straßenkilometer Entfernung von Eppingen (Rohrbach westlich, Elsenz nordwestlich von Eppingen). Rohrbach und Elsenz sind seit der jüngsten Gemeindereform (1972) Stadtteile von Eppingen.[1]

In beiden Gemeinden, deren Gemarkungen jeweils hohe Bodengütewerte aufweisen (Rohrbach und Elsenz: BKZ 61 - 70, s. Karte 3), war die Wirtschaftsstruktur im 19. und auch noch in der ersten Hälfte des 20. Jahrhunderts geprägt von der Landwirtschaft. Erste gewerbliche Ansätze waren in beiden Gemeinden in der Errichtung einiger Zigarrenfabriken am Anfang des 20. Jahrhunderts zu verzeichnen (KIEHNLE et al., 1973, S. 46).

1900 erhielt Elsenz über eine Nebenbahn eine Verbindung zu außerlandwirtschaftlichen Arbeitsplatzstandorten (Linie Bruchsal-Hilsbach). Dennoch war Elsenz wie auch Rohrbach, das nicht an das Eisenbahnnetz angeschlossen wurde, 1939 noch als bäuerliche Gemeinde anzusprechen (DEUTSCH, 1973, S.55; Das Land Baden-Württemberg, Bd. IV, 1980, S. 70).

In Elsenz war die Abwanderung von 1852 bis 1939 niedriger als in Rohrbach und in vielen anderen Gemeinden des zentralen und östlichen Kraichgaus, was im Zusammenhang mit der in dieser Gemeinde nicht ganz so ungünstigen Anbindung an das öffentliche Verkehrsnetz zu sehen ist. So ist für Elsenz eine Zunahme der Bevölkerung in diesem Zeitraum um 10% zu verzeichnen, in Rohrbach dagegen hat die Bevölkerung trotz Geburtenüberschuß um 4% abgenommen.

Zwischen 1950 und 1961 war die Bevölkerungsentwicklung in beiden Gemeinden durch eine Abnahme gekennzeichnet, die in Rohrbach mit 27% stärker war als in Elsenz mit 10%. Zu sehen ist dieser Unterschied im Zusammenhang mit den in Elsenz besseren Pendelmöglichkeiten und der etwas günstigeren außerlandwirtschaftlichen Arbeitsplatzsituation, was eine so umfangreiche Abwanderung der nach dem 2. Weltkrieg eingewiesenen Heimatvertriebenen und Flüchtlinge wie in Rohrbach verhindert hatte[2]. Daher lag vor allem in Rohrbach die Bevölkerungsdichte 1961 deut-

---

[1] Rohrbach wurde später als Elsenz angelegt; so datiert die erste Erwähnung Rohrbachs von 1252, diejenige von Elsenz von 988 (Das Land Baden-Württemberg, Bd. IV, 1980, S. 70, 72).

[2] So waren in Elsenz 1961 noch 60% der Heimatvertriebenen und Flüchtlinge gemessen an 1950 vorhanden, in Rohrbach waren es nur noch 33%.

lich unter derjenigen von 1950 (Tab. 102). In den 60er Jahren war dann in beiden Gemeinden eine Bevölkerungszunahme festzustellen, wobei diese in Rohrbach ein größeres Ausmaß erreichte. Hierfür von Bedeutung war bei zunehmender Individualmotorisierung die geringere kilometermäßige Entfernung Rohrbachs zu aufstrebenden außerlandwirtschaftlichen Arbeitsplatzstandorten wie Sulzfeld und Eppingen. Trotz dieser Bevölkerungszunahme lag auch 1970 die Bevölkerungsdichte in Rohrbach und in Elsenz unter dem für den Gesamt-Kraichgau berechneten Wert (Tab. 102 und 1).

Tab. 102: Bevölkerungsdichte (E/km^2) in den Gemeinden Rohrbach und Elsenz[1] (1950, 1961, 1970)

	Rohrbach	Elsenz
1950[2]	162	153
1961	117	137
1970	134	138

Zu allen drei Zeitschnitten unterschieden sich die beiden Untersuchungsgemeinden in ihren Erwerbsstrukturen deutlich von derjenigen des Gesamt-Kraichgaus (Tab. 103, 2), wofür die größere Entfernung beider Gemeinden zu den dem Kraichgau benachbarten Industriestandorten mitverantwortlich war. Der für Elsenz feststellbare Vorsprung in der Abwanderung aus der Landwirtschaft, der wesentlich bestimmt war durch den Anschluß dieser Gemeinde an das Eisenbahnnetz, hat sich bis 1970 parallel zur zunehmenden Individualmotorisierung verringert.

Tab. 103: Anteile der Erwerbspersonen (1950, 1961) bzw. der Erwerbstätigen (1970) nach Wirtschaftsbereichen in Rohrbach und Elsenz

	% Anteile 1950		% Anteile 1961		% Anteile 1970	
	Rohrbach	Elsenz	Rohrbach	Elsenz	Rohrbach	Elsenz
I. Sektor	62,5	51,4	49,0	39,9	24,1	18,4
II. Sektor	28,7	37,2	41,1	47,2	57,9	61,9
III. Sektor	8,8	11,4	9,9	12,9	18,0	19,7

Betrachtet man sich das außerlandwirtschaftliche Arbeitsplatzangebot in beiden Untersuchungsgemeinden, so zeigt sich, daß dieses zu allen Zeitschnitten insbesondere in Rohrbach, deutlich unter demjenigen des Gesamt-Kraichgaus lag (Tab. 104 und S. 50); daher waren auch die Pendlerbilanzen jeweils negativ.

---

[1] Die Angaben wurden im gesamten Kapitel 12, soweit nicht anders vermerkt, nach den Statistiken, die auch für Kapitel 6 herangezogen wurden (s. S. 45), berechnet.

[2] Zur Relativierung der weitgehend kriegsbedingten Zunahme seien die entsprechenden Werte von 1939 angeführt: Rohrbach 104 E/km^2, Elsenz 109 E/km^2.

Tab. 104: Außerlandwirtschaftlicher Arbeitsplatzindex und Pendlerzahlen in Rohrbach und Elsenz (1950, 1961, 1970)

	1950		1961		1970	
	Rohrbach	Elsenz	Rohrbach	Elsenz	Rohrbach	Elsenz
außerlandwirtschaftlicher Arbeitsplatzindex	10,6	7,6	6,1	7,6	8,9	7,0
Auspendler	89	93	153	304	307	429
Einpendler	5	8	6	25	19	42

Zusammenfassend kann festgehalten werden, daß in beiden Untersuchungsgemeinden eine Umschichtung zugunsten des II. und III. Sektors erschwert worden ist durch das jeweils geringe außerlandwirtschaftliche Arbeitsplatzangebot und die relativ große Entfernung zu bedeutenderen Industriestandorten. In den 60er Jahren konnte eine umfangreiche Abwanderung aus der Landwirtschaft verzeichnet werden, parallel zum wachsenden außerlandwirtschaftlichen Arbeitsplatzangebot in einigen Gemeinden der näheren Umgebung und zur zunehmenden Individualmotorisierung, dennoch war die relativ abseitige Lage beider Gemeinden auch 1970 noch mitverantwortlich für die, im Vergleich zu den meisten Gemeinden im nordwestlichen, westlichen und südlichen Kraichgau, sehr hohe Agrarquote.

12.2. Flurbereinigung als agrarstrukturverbessernde Maßnahme

Auch in den Untersuchungsgemeinden des Agrarstrukturtyps I war die Grundstückszersplitterung mit 543 Teilstücken pro 100 ha in Rohrbach und 718 pro 100 ha in Elsenz sehr hoch. Entsprechend lag die durchschnittliche Teilstückgröße vor allem in Elsenz mit 0,14 ha, aber auch in Rohrbach mit 0,18 ha deutlich unter dem für den Gesamt-Kraichgau berechneten Wert von 0,21 ha (vgl. S. 64).[1]

Die starke Besitzzersplitterung in Rohrbach und in Elsenz vor der Flurbereinigung läßt sich unschwer bei Betrachtung der Kartenausschnitte aus den jeweiligen Gemarkungen erkennen (s. Karten 34 und 35). Inzwischen sind in beiden Gemeinden Flurbereinigungen durchgeführt worden, die Anordnung eines Normalverfahrens erfolgte in Rohrbach 1961, die Besitzeinweisung 1967, die Schlußfeststellung 1972. Damit war in Rohrbach bereits zu einem Zeitpunkt eine deutliche Verbesserung der Bewirtschaftungsbedingungen erreicht worden (vgl. Karten 35 und 36), zu dem in Elsenz noch eine starke Zersplitterung vorherrschte; in Elsenz wurde ein Normalverfahren erst 1969 angeordnet, die Besitzeinweisung erfolgte knapp ein Jahrzehnt später (1976) als in Rohrbach.[2]

---

[1] Zu den Berechnungsgrundlagen s. S. 64

[2] Die Angaben zu den Flurbereinigungsverfahren konnten den Statistischen Zusammenstellungen des Flurbereinigungsamtes Sinsheim entnommen werden; auf das Verfahren Elsenz wurde hier nicht weiter eingegangen.

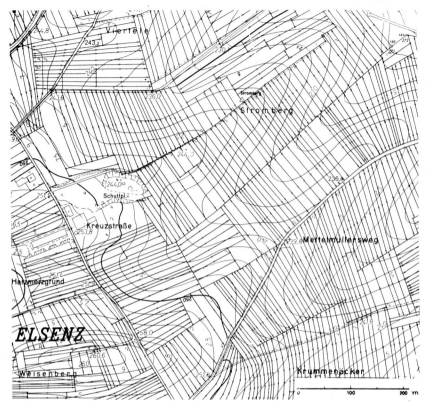

Karte 34: Ausschnitt aus der Gemarkung Elsenz vor der Flurbereinigung

Die Verfahrensfläche umfaßte in Rohrbach 979 ha. Neu angelegt im Rahmen der Flurbereinigung wurden 91 km befestigte und unbefestigte Wege/ Straßen, insgesamt 54 ha wurden gedränt bzw. einer Moor- und Ödlandkultivierung unterzogen, 3 Betriebe wurden ausgesiedelt.[1] Die durchschnittliche Größe eines Flurstückes erhöhte sich durch die Flurbereinigung von 0,17 ha auf 0,62 ha, das Zusammenlegungsverhältnis betrug 3,5:1. Das Zusammenlegungsverhältnis der Besitzstücke erreichte sogar 16,6:1 und lag damit deutlich über dem Wert, der für die in diesem Jahrzehnt durchgeführten Verfahren berechnet worden ist (9,5:1, s.S. 65). In den oberen Größenklassen war das Zusammenlegungsverhältnis am höchsten (Tab. 105).

---

[1] Laut den Statistischen Zusammenstellungen des Flurbereinigungsamtes Sinsheim wurden im Verfahren Rohrbach 7 Aussiedlungen vorgenommen; bei der Befragung allerdings gaben nur 3 Landwirte an, im Rahmen der Flurbereinigung eine Aussiedlung durchgeführt zu haben, die Leiter der anderen 5 außerhalb der Ortschaft liegenden Betriebe wiesen darauf hin, daß sie entweder bereits Jahre vor oder aber in den 70er Jahren und damit nach der Flurbereinigung ausgesiedelt haben.

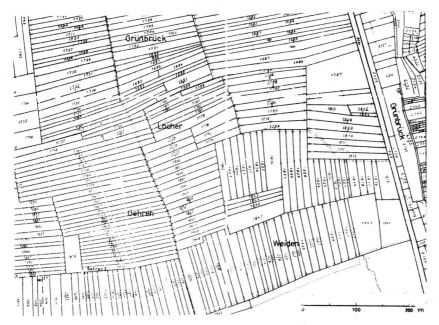

Karte 35: Ausschnitt aus der Gemarkung Rohrbach vor der Flurbereinigung

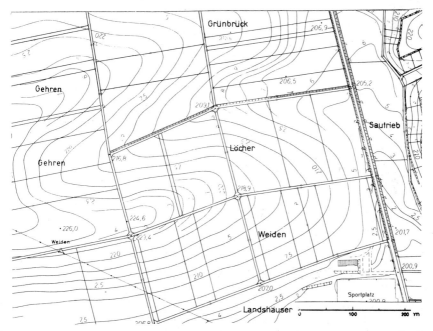

Karte 36: Ausschnitt aus der Gemarkung Rohrbach nach der Flurbereinigung

Tab. 105: Zusammenlegungsverhältnisse (Besitzstücke) nach Betriebsgrößenklassen in Rohrbach

Betriebsgrößenklasse	Zusammenlegungsverhältnis
< 5 ha	9,7:1
5 - 10 ha	13,4:1
10 - 20 ha	20,2:1
20 - 50 ha	34,8:1

Diese nach Größenklassen unterschiedlichen Zusammenlegungsverhältnisse zeigen sich auch bei Betrachtung der durchschnittlichen Teilstückgrößen der in die Befragung einbezogenen Betriebe (Tab. 106).

Tab. 106: Durchschnittliche Teilstückgröße in den Betriebsgrößenklassen und den sozioökonomischen Betriebstypen[1] in Rohrbach

	Betr. insg.	Haupterw. b.	Nebenerw. b.	Teilstückgröße (ha)					
				0,5 - 2 ha	2 - 5 ha	5 - 10 ha	10 - 20 ha	20 - 30 ha	≥ 30 ha
Rohrbach (vor der Flurbereinigung)	0,25	0,14	0,18	0,33	0,26	0,27	0,24	0,26	0,24
Rohrbach (1980)	1,63	2,1	1,7	0,75	0,94	1,58	1,92	1,68	1,79

[1] Die Adressen der Landwirte in Rohrbach stellte freundlicherweise das Landwirtschaftsamt Eppingen zur Verfügung; die Gemeindeverwaltung korrigierte die Adressenliste entsprechend den neuesten Veränderungen; der Vergleich mit der jüngsten Zusammenstellung des Statistischen Landesamtes zur Betriebsgrößenstruktur zeigt, zumindest in den oberen Größenklassen, eine relativ gute Übereinstimmung; bei den Differenzen in den unteren Größenklassen muß berücksichtigt werden, daß hier nur von wenigen Betriebsleitern Gasölverbilligungsanträge gestellt werden.

Anzahl der landwirtschaftlichen Betriebe Rohrbach

BGKl	1978	1980
0,5 - 2 ha	15	1
2 - 5 ha	15	5
5 - 10 ha	12	9
10 - 20 ha	11	10 +
20 - 30 ha	8	8 ++
30 - 50 ha	7	8
≥ 50 ha	3	4

+ in dieser BGKl verweigerte 1 Betriebsleiter die Befragung
++ in dieser BGKl verweigerten 2 Betriebsleiter die Befragung

Von den 42 befragten Landwirten gaben 50 % an, daß sie ihren Betrieb im Haupterwerb bewirtschaften; 76 % dieser Haupterwerbsbetriebe wiesen 1980 eine Größe ≥ 20 ha auf; von den Nebenerwerbsbetrieben waren 29 % den Größenklassen ≥ 10 ha zuzuordnen; Zuerwerbsbetriebe waren anteilsmäßig unbedeutend und wurden daher nicht gesondert betrachtet. In Rohrbach wurden 1969 und 1980 rund 70 % der landwirtschaftlichen Nutzfläche von Haupterwerbslandwirten bewirtschaftet; 38 % der befragten hauptberuflichen Betriebsleiter wiesen als landwirtschaftlichen Ausbildungsabschluß die Gesellen- bzw. Meisterprüfung auf.

Die Frage, ob die Flurbereinigung für ihren Betrieb Vorteile gebracht habe, bejahten alle befragten Rohrbacher Landwirte. Fast sämtliche der genannten möglichen Vorteile konnten von den Rohrbacher Betriebsleitern übereinstimmend festgestellt werden, lediglich "höhere Erträge"[1] und "günstigere Verpachtungsmöglichkeiten" wurden nicht von allen vermerkt (Tab. 107).

Tab. 107: Festgestellte Vorteile durch die Flurbereinigung in Rohrbach

Vorteile	Betr. insg.	Nennungen in %[+] aller Haupterwerbsbetriebe	Nebenerwerbsbetriebe
bearbeitungsgerechte Teilstücke	100	100	100
größere Teilstücke	100	100	100
verringerter Arbeitsaufwand	100	100	100
verbesserte Wirtschaftswege	100	100	100
besserer Maschineneinsatz	100	100	100
höhere Erträge (weniger Randstreifen, Furchen etc.)	81	95	67
günstigere Verpachtungsmöglichkeiten	2	-	5

[+] Mehrfachnennungen waren möglich

Aber auch Nachteile durch die Flurbereinigung mußten von 71% der Betriebsleiter aus Rohrbach (67% der Haupt- und 76% der Nebenerwerbslandwirte) festgestellt werden, wobei die Übersicht zur Art der Nachteile deutlich zeigt, daß nur dem Nachteil "höhere Pachtpreise" eine größere Bedeutung zukommt (Tab. 108).

Trotz dieser festgestellten Nachteile aber wird die Flurbereinigung insgesamt von fast allen Haupt- und Nebenerwerbslandwirten in Rohrbach als lohnend bzw. sehr lohnend für ihren Betrieb bewertet (Tab. 109). Diese übereinstimmend positive Einschätzung der Agrarstrukturmaßnahme hat sich auch in der von allen Landwirten vorgenommenen Bejahung der Frage: "Wenn Sie nochmals entscheiden könnten, würden Sie, ausgehend von Ihren jetzigen Erfahrungen, der Flurbereinigung zustimmen?" niedergeschlagen.

---
[1] Vgl. hierzu S. 39

Tab. 108: Festgestellte Nachteile durch die Flurbereinigung in Rohrbach

Nachteile	Betr. insg.	Nennungen in % aller Haupterwerbsbetriebe	Nebenerwerbsbetriebe
hohe finanzielle Belastung	14	10	19
schlechtere Böden	14	10	19
höhere Pachtpreise	48	52	43
landeskulturelle Nachteile	2	-	5
Sonstiges	19	19	19

Tab. 109: Bewertung der Agrarstrukturmaßnahme Flurbereinigung in Rohrbach

Bewertung	Betr. insg.	Nennungen in % aller Haupterwerbsbetriebe	Nebenerwerbsbetriebe
hat sich sehr gelohnt	19	33	5
hat sich gelohnt	79	67	90
brachte keine Veränderung	-	-	-
hat sich nicht gelohnt	-	-	-
hat nur Nachteile gebracht	2	-	5

Zusammenfassend kann festgehalten werden, daß auch in Rohrbach durch die Flurbereinigung eine deutliche Verbesserung der Bewirtschaftungsbedingungen erreicht worden ist. Zwar mußten von mehreren Landwirten auch flurbereinigungsbedingte Nachteile in Kauf genommen werden, da aber die flurbereinigungsbedingten Vorteile deutlich überwiegen, wurde die Agrarstrukturmaßnahme übereinstimmend positiv bewertet.

12.3. Entwicklung von Betriebsgrößenstruktur und sozioökonomischen Betriebstypen[1]

In der Entwicklung der Anzahl der landwirtschaftlichen Betriebe ist für Elsenz zwischen 1949 und 1960 (Quelle: Landwirtschaftszählungen) eine höhere Abnahmerate als für Rohrbach zu verzeichnen, was im Zusammenhang mit der in dieser Gemeinde günstigeren Anbindung an bedeutendere außerlandwirtschaftliche Arbeitsplatzstandorte zu sehen ist (s. 12.1.).

Zwischen 1960 und 1965[2] (Tab. 110), in den ersten Jahren der Durchführung der Flurbereinigung, hat sich die Anzahl der Betriebe in Rohrbach nur um 1% verringert, die Abnahme in Elsenz lag bei 6%, so daß hier keine Auswirkung der Flurbereinigung erkannt werden kann.

Tab. 110: Entwicklung der Anzahl der landwirtschaftlichen Betriebe ≥ 0,5 ha in Rohrbach und Elsenz (1949 - 1968)

	1949	1960	in % v.1949	1965	in % v.1949	1966	in % v.1949	1967	in % v.1949	1968	in % v.1949
Rohrbach	188	156	83	154	82	145	77	144	77	112	60
Elsenz	244	177	73	167	68	162	66	159	65	157	64

Auch während der weiteren Durchführung der Flurbereinigung (1965 - 1967) kann in Rohrbach keine von derjenigen in Elsenz sich unterscheidende Abnahme festgestellt werden. Im Jahr nach der Besitzeinweisung allerdings hat in Rohrbach eine Verringerung der Anzahl der Betriebe um 22% stattgefunden, in Elsenz lag diese zwischen 1967 und 1968 nur bei 1%. Angenommen werden kann, daß für diese konzentrierte Abnahme die Flurberei-

---

[1] Es wurde bereits darauf hingewiesen (s.S. 105), daß bei den Untersuchungsgemeinden des Agrarstrukturtyps I nur ein rudimentärer horizontaler Vergleich möglich ist, da in Rohrbach die Besitzeinweisung 1967 und in Elsenz die Anordnung 1969 erfolgt ist; der Vergleich auf Gemeindeebene kann damit nur etwaige kurzfristige Auswirkungen der Flurbereinigung - bis 1968 - aufzeigen. Zur Entwicklung der sozioökonomischen Betriebstypen können bei diesem Gemeindevergleich keine Aussagen getroffen werden, da Angaben zur Situation vor und nach der Flurbereinigung in Rohrbach bzw. zeitlich vergleichbare Angaben für Elsenz nicht vorlagen.

[2] Zur weiteren Betrachtung der Entwicklung der Anzahl der landwirtschaftlichen Betriebe mußte auf unveröffentlichte Zusammenstellungen des Statistischen Landesamtes zurückgegriffen werden, wobei darauf hingewiesen werden muß, daß diese Angaben mit denjenigen der Landwirtschaftszählungen nur in der Größenordnung vergleichbar sind (s. S. 121).

nigung von Bedeutung war, wofür die nach der Besitzeinweisung höheren Pacht- und Kaufpreise, die von einem Großteil der befragten Landwirte als nachteilig bewertet worden waren (Tab. 108) und die viele Landwirte der unteren Größenklassen zur Aufgabe veranlaßt hatten, zur Erklärung mitherangezogen werden können. Zwar wären in Rohrbach in den 60er Jahren auch ohne Flurbereinigung, ausgehend vom Vergleich der Entwicklung in den 50er Jahren zwischen beiden Gemeinden, Betriebsaufgaben in größerem Umfang als in Elsenz zu erwarten gewesen, aber diese Abnahme an Betrieben wäre sicherlich kontinuierlicher und nicht so konzentriert in diesem Ausmaß innerhalb eines Jahres erfolgt.

Weitgehend parallel zur Abnahme der Anzahl der landwirtschaftlichen Betriebe ist in beiden Gemeinden eine Erhöhung der durchschnittlichen Betriebsgröße, die 1949 und 1960 über dem für den Kraichgau berechneten Wert lag (Tab. 111 und 4), festzustellen. Entsprechend der zwischen 1949 und 1960 in Elsenz umfangreicheren Verringerung an landwirtschaftlichen Betrieben übertraf in diesem Zeitraum die Zunahme der durchschnittlichen Betriebsgröße mit 32% in dieser Gemeinde diejenige in Rohrbach (21%). Während der Durchführung der Flurbereinigung bis 1967 zeigen sich zwischen beiden Gemeinden keine größeren Entwicklungsunterschiede. Erst im Jahr nach der Besitzeinweisung hat in Rohrbach ein deutlicher Schub in der Entwicklung zum größeren Betrieb stattgefunden, die durchschnittliche Betriebsgröße lag in Rohrbach 1968 um 24% über derjenigen von 1967, in Elsenz dagegen war zwischen 1967 und 1968 hierin keine Veränderung zu verzeichnen. Da auf die konzentrierte Abnahme an Betrieben zwischen 1967 und 1968 eine Einwirkung der Flurbereinigung erkannt werden konnte, wird auch angenommen, daß die Agrarstrukturmaßnahme als erklärender Faktor für das Ausmaß der Erhöhung der durchschnittlichen Betriebsgröße herangezogen werden muß.

Tab. 111: Entwicklung der durchschnittlichen Betriebsgröße (ha) der landwirtschaftlichen Betriebe ≥ 0,5 ha in Rohrbach und Elsenz (1949 - 1968)[1]

	1949	1960	1965	1966	1967	1968
Rohrbach	4,8	5,8	5,8	6,2	6,3	7,8
Elsenz	3,8	5,0	5,3	5,5	5,6	5,6

In ihren Betriebsgrößenstrukturen unterschieden sich Rohrbach und Elsenz 1949 deutlich von den Beispielsgemeinden der anderen Agrarstrukturtypen und vom Gesamt-Kraichgau, in dem nur 19% der landwirtschaftlichen Betriebe eine Größe ≥ 5 ha aufwiesen. Allerdings zeigten sich auch Unterschiede zwischen beiden Gemeinden; so lag der entsprechende Anteil in Rohrbach bei 50%, Elsenz bei 34% (Fig. 2, 52 und 53). Betrachtet man

[1] Quelle für 1949 und 1960: Landwirtschaftszählungen; für 1965 - 1968: unveröffentlichte Zusammenstellungen des Statistischen Landesamtes; zur eingeschränkten Vergleichbarkeit s. S. 54

zusätzlich zu diesen Unterschieden zwischen beiden Gemeinden diejenigen in den Größenklassen < 5 ha, so kann, hiervon ausgehend, angenommen werden, daß der Anteil an Nebenerwerbslandwirten zu diesem Zeitpunkt in Elsenz höher war als in Rohrbach, wofür die Differenzen in der Agrarquote (Tab. 103) und der durchschnittlichen Betriebsgröße (Tab. 111) bereits erste Indikatoren darstellten.[1]

Bis 1960 sind in den Betriebsgrößenstrukturen beider Gemeinden deutliche, wenn auch unterschiedliche Veränderungen festzustellen. So hat in Rohrbach der Differenzierungsprozeß zwischen Haupt- und Nebenerwerbsbetrieb 1960 bereits die Größenklassen 5 - 20 ha erreicht, in denen 1960 noch 93% der Betriebe, gemessen an 1949, vorhanden waren. Die Abnahme dieser Betriebe hat sich aber, wie auch diejenige der Betriebe < 2 ha, nicht in einer Verringerung des prozentualen Anteils an der Gesamtzahl der Betriebe niedergeschlagen (Fig. 52), da die Abnahmerate der Betriebe insgesamt (Tab. 110) größer war. Stärker verringert hat sich dagegen die Anzahl der Betriebe mit 2 - 5 ha, was im Rückgang des prozentualen Anteils von 18% 1949 auf 9% 1960 erkennbar ist (Fig. 52). Zwar hat in Elsenz die Anzahl der Betriebe mit 2 - 5 ha ebenfalls abgenommen, der prozentuale Anteil ging von 23% 1949 auf 10% 1960 zurück, aber diese Verringerung erfolgte nicht nur, wie in Rohrbach, durch Verkleinerung oder durch Aufgabe von Betrieben, sondern auch durch das Aufstocken einiger Betriebsleiter in die Größenklassen ≥ 5 ha, so daß in diesen zwischen 1949 und 1960 eine Zunahme um 7% zu verzeichnen war. Der Differenzierungsprozeß hat sich in dieser Gemeinde bis 1960 noch nicht, wie in Rohrbach, in die Größenklassen ≥ 5 ha verlagert. Diese unterschiedlichen Entwicklungslinien sind vor allem im Zusammenhang zu sehen mit Unterschieden in Art und Umfang des Sonderkulturanbaus[2],

---

[1] Leider liegen Angaben zum sozioökonomischen Typus der Betriebe für 1949 nicht vor; in Rohrbach waren 1949 33 Betriebe mit 2 - 5 ha vorhanden, 1960 noch 14 (Quelle: Landwirtschaftszählung); den Zusammenstellungen der Gemeindeverwaltung (KIEHNLE et al., 1973, S. 138) kann entnommen werden, daß in Rohrbach 1957 28 Betriebe < 5 ha und 1960 20 Betriebe < 5 ha als Haupterwerbsbetriebe angesprochen werden konnten; hiervon ausgehend kann angenommen werden, daß 1949 der überwiegende Teil der Betriebe mit 2 - 5 ha im Haupterwerb bewirtschaftet worden ist; für die Nachbargemeinde Elsenz liegen leider solche Angaben nicht vor; da aber diese Gemeinde bezüglich Bodennutzung und Viehhaltung zu diesem Zeitpunkt Rohrbach sehr ähnlich war, wird Entsprechendes auch für Elsenz angenommen.

[2] Zwar war in beiden Gemeinden bis 1960 das jeweilige Bodennutzungssystem durch Sonderkulturanbau als Begleitkultur geprägt, aber in der Art der Sonderkulturen und deren Flächenanteile zeigen sich deutliche Unterschiede. In Rohrbach wurden in den 50er Jahren an Sonderkulturen vor allem Zicchorien, daneben auch Tabak angebaut, in Elsenz aber herrschte bei den Sonderkulturen Tabak und Weinbau vor. Die parallel zum wirtschaftlichen Aufschwung stark rückläufige Nachfrage nach Kaffeesurrogat war die wesentlichste Ursache für die Verringerung der Zicchorienanbaufläche in Rohrbach von 1950 bis 1960 um 54%, die Tabakanbaufläche ging ebenfalls zurück, wofür insbesondere arbeitswirtschaftliche Gründe und der Konkurrenzdruck günstigerer Anbaustandorte zur Erklärung herangezogen werden müssen. In Elsenz war zwar auch eine Abnahme der Tabakanbaufläche festzustellen, da im Weinbau aber bis 1960 keine Veränderungen zu verzeichnen waren, erreichte der Rückgang der Sonderkulturanbaufläche in Elsenz nicht das Ausmaß wie in Rohrbach.

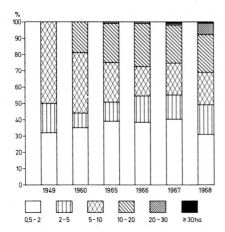

Fig. 52: Entwicklung der Anteile der Betriebsgrössenklasse an der Gesamtzhal der Betriebe (≥ 0, 5ha) in Rohrbach (1949 - 1968)

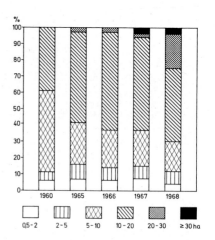

Fig. 54: Entwicklung der Anteile der Betriebsgrössenklassen an der landwirtschaftlichen Nutzfläche in Rohrbach (1960 - 1968)

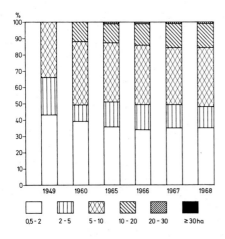

Fig. 53: Entwicklung der Anteile der Betriebsgrössenklassen an der Gesamtzahl der Betriebe (≥ 0, 5ha) in Elsenz (1949 - 1968)

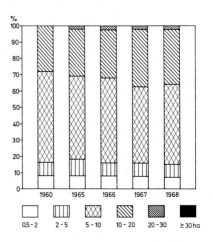

Fig. 55: Entwicklung der Anteile der Betriebsgrössenklassen an der landwirtschaftlichen Nutzfläche in Elsenz (1960 - 1968)

die dazu geführt haben, daß in Rohrbach 1960 die erforderliche Ackernahrung über derjenigen von Elsenz lag.

1960 wiesen zwar beide Untersuchungsgemeinden in den prozentualen Anteilen der Größenklassen sowohl an der Gesamtzahl der Betriebe als auch an der landwirtschaftlichen Nutzfläche eine ähnliche Verteilung auf (Fig. 52 - 55), die Betrachtung der Veränderungen zwischen 1949 und 1960 aber zeigte, daß in beiden Gemeinden differierende Entwicklungstendenzen vorherrschten.

Auch in den Jahren von 1960 bis zur Besitzeinweisung ist in beiden Gemeinden die Fortsetzung dieser unterschiedlichen Tendenzen festzustellen.

So sind in Rohrbach im Zeitraum zwischen 1960 und 1965 beträchtliche Umschichtungen in der Betriebsgrößenstruktur zu verzeichnen[1] (Fig. 52), obwohl sich die Gesamtzahl der Betriebe nur unwesentlich verändert hat (Tab. 110). Die Anzahl der Betriebe mit 5 - 10 ha hat weiter stark abgenommen, 1965 waren, gemessen an 1960, nur noch 52% vorhanden. Parallel hierzu erfolgte eine umfangreiche Zunahme der Betriebe mit 2 - 5 ha (+ 71%). Von einigen Betriebsleitern konnte die durch die Verkleinerung vieler Betriebe mit ehemals 5 - 10 ha freiwerdende Fläche zum Aufstocken in die Größenklassen ≥ 10 ha genutzt werden: 1965 waren, verglichen mit 1960, 30% mehr Betriebe mit einer Flächenausstattung ≥ 10 ha zu vermerken. Diese Umschichtungen zeigen sich insbesondere bei Betrachtung der Veränderungen der Flächenanteile der einzelnen Betriebsgrößenklassen (Fig. 54): Wurden 1960 noch 50% der gesamten landwirtschaftlichen Nutzfläche von Betrieben mit 5 - 10 ha bewirtschaftet, so ging dieser Anteil bis 1965 auf 26% zurück, der Anteil der Größenklassen ≥ 10 ha dagegen erhöhte sich von 39% 1960 auf 59% 1965.

In Elsenz haben im selben Zeitraum keine umfangreichen Veränderungen stattgefunden. Zwar hat der Differenzierungsprozeß in Haupt- und Nebenerwerbsbetrieb auch in dieser Gemeinde die Größenklasse 5 - 10 ha erfaßt, die Verringerung der Anzahl der Betriebe in dieser Größenklasse lag mit 12% allerdings deutlich unter der entsprechenden Abnahmerate in Rohrbach. Diese Abnahme hat eine Zunahme an Betrieben mit 2 - 5 ha hervorgerufen, in den Größenklassen ≥ 10 ha dagegen ist keine Veränderung in der Anzahl der Betriebe festzustellen. Für die Aufteilung der landwirtschaftlichen Nutzfläche nach Größenklassen waren diese Umschichtungen - im Gegensatz zu Rohrbach - nicht von größerer Bedeutung (Fig. 55).

---

[1] Die Angaben für 1949 und 1960 konnten den Landwirtschaftszählungen entnommen werden, diejenigen von 1965 bis 1968 den unveröffentlichten Zusammenstellungen des Statistischen Landesamtes in Stuttgart; zur eingeschränkten Vergleichbarkeit s. S. 121

Betrachtet man sich diese differierende Entwicklung unter dem Aspekt etwaiger Flurbereinigungswirkungen, so erweist sich, wegen der zeitlichen Koinzidenz der weiteren Verringerung der Sonderkulturanbaufläche und der Durchführung der Agrarstrukturmaßnahme, eine Kausalanalyse als sehr schwierig. Da diese Entwicklungsunterschiede aber schon vor der Anordnung des Verfahrens feststellbar waren, hierfür als wesentlicher Grund Veränderungen in der Sonderkulturanbaufläche herangezogen werden konnten, liegt es nahe, die Entwicklungsunterschiede zwischen 1960 und 1965 wiederum im Zusammenhang mit Divergenzen in der Entwicklung der Sonderkulturanbaufläche zu sehen. Diese nahm in Rohrbach 1965 nur noch 1% der landwirtschaftlich genutzten Fläche ein, in Elsenz dagegen lag der Anteil zu diesem Zeitpunkt bei 3,2%. Der Flurbereinigung kann daher sicherlich nicht die Bedeutung des auslösenden Faktors zuerkannt werden, es kann allerdings auch nicht ausgeschlossen werden, daß sie zu einer Beschleunigung dieser Entwicklung beigetragen hat - über das durch die bevorstehenden Kosten hervorgerufenen Nachdenken bei Betriebsleitern von Grenzbetrieben über Verbleib oder Abwanderung aus der Landwirtschaft.

Zwischen 1965 und 1967 sind in Rohrbach nur geringfügige Veränderungen in der Betriebsgrößenstruktur zu verzeichnen, was sich vor allem über die Betrachtung der weitgehend gleichgebliebenen Anteile der Größenklassen an der landwirtschaftlichen Nutzfläche erschließt (Fig. 55). Als erstes Anzeichen für die Verlagerung des Differenzierungsprozesses Haupt-Nebenerwerbsbetrieb in die Größenklasse 20 - 30 ha in dieser Gemeinde ist die Abnahme der Anzahl der Betriebe ≥ 10 ha zwischen 1966 und 1967 zu werten. In Elsenz erfolgten in diesen Jahren etwas stärkere Umschichtungen in der Betriebsgrößenstruktur. So ist für die Größenklassen 10 - 20 ha noch eine Zunahme um 25% zu vermerken, was durch die Aufgabe bzw. Verkleinerung von Betrieben < 10 ha ermöglicht worden ist. Diese Zunahme der Betriebe mit 10 - 20 ha zu einem Zeitpunkt, als in Rohrbach hier bereits die erste Abnahme festzustellen war, zeigt wiederum deutlich das "Hinterherhinken" von Elsenz in der Entwicklung zum grösseren Betrieb.

Zwischen 1967 und 1968, im Jahr nach der Besitzeinweisung in Rohrbach, sind in der Entwicklung der Betriebsgrößenstrukturen wieder deutliche Unterschiede zwischen beiden Gemeinden zu erkennen. So sind in Elsenz nur geringfügige Veränderungen festzustellen (Fig. 53 und 55), die Abnahmeraten in den Größenklassen 0,5 - 5 ha und 10 - 20 ha lagen zwischen 2% und 5%, die Anzahl der Betriebe mit 20 - 30 ha veränderte sich nicht und diejenige mit 5 - 10 ha hat um 2% zugenommen. In Rohrbach dagegen erfolgten beträchtliche Umschichtungen in den Betriebsgrößenstrukturen, was sich in der umfangreichen Abnahme der Gesamtzahl der Betriebe (Tab. 110) und der deutlichen Erhöhung der durchschnittlichen Betriebsgröße (Tab. 111) bereits angedeutet hatte. Zwar wies die Abnahmerate an Betrieben mit 2 - 5 ha in Rohrbach eine derjenigen von Elsenz vergleichbare Größenordnung auf, aber in der Größenklasse < 2 ha verringerte sich die Anzahl der Betriebe innerhalb eines Jahres um 40%, in der Größenklasse 10 - 20 ha um 28% und in derjenigen mit 5 - 10 ha um 9%.[1] Die durch Aufgaben bzw. Verkleinerungen freigewordene Fläche konnte von einigen der Betriebsleiter, die bisher 10 - 20 ha bewirtschaftet hatten, zum Aufstocken in die nächsthöhere Größenklasse verwendet werden, was zu einer Zunahme des prozentualen Anteils der Größenklasse mit 20 - 30 ha an der landwirtschaftlichen Nutzfläche von 2% 1967 auf 21% 1968 geführt hatte.

Betrachtet man sich diese Unterschiede in der Entwicklung der Betriebsgrößenstrukturen in den Jahren 1967 bis 1968 zwischen beiden Gemeinden, so muß, bei sonst weitgehend gleichen außerlandwirtschaftlichen Bedingungen und dem Fehlen einer speziellen Entwicklung im Sonderkulturanteil in Rohrbach, die derjenigen der vorangegangenen Jahre vergleichbar wäre, die Flurbereinigung, - und hier auch das nach der Besitzeinweisung höhere Pachtpreisniveau - zur Erklärung herangezogen werden, da dies gerade Landwirte, deren Betriebe eine nicht mehr ausreichende Flächenausstattung aufwiesen, zur Abstockung bewogen hat.[2]

---

[1] Wegen der bedeutend höheren Gesamtabnahme hat sich dies allerdings bei den Größenklassen 2 - 20 ha nicht in einer deutlichen Verringerung der prozentualen Anteile an der Gesamtzahl der Betriebe niedergeschlagen (Fig. 52), dies läßt sich aber bei Betrachtung der Anteile der Größenklassen an der landwirtschaftlichen Nutzfläche erkennen.

[2] Zwar waren für Landwirte beider Gemeinden Möglichkeiten zur Abwanderung aus der Landwirtschaft gegeben, da in den 60er Jahren in Orten in der näheren Umgebung außerlandwirtschaftliche Arbeitsplätze geschaffen worden sind. Die Entscheidung zum Überwechseln in den außerlandwirtschaftlichen Bereich wurde aber, worauf von Landwirten in Gesprächen häufig hingewiesen worden ist, in der Regel so lange hinausgezögert, bis das aus der Landwirtschaft erzielte Einkommen tatsächlich, selbst bei Niedrighalten der eigenen Ansprüche, nicht mehr ausreichte, oder aber bis ein konkreter Anlaß, in diesem Fall die Flurbereinigung - vielfach unfreiwillig (Pachtlandverlust, da zu hohe Pachtkosten) - die Entscheidung herbeiführte. Eine ähnliche Entwicklung läßt sich auch für Elsenz im Jahr nach der Besitzeinweisung (1976) feststellen (Abnahme der Anzahl der Betriebe mit 10 - 20 ha innerhalb eines Jahres um 62%); die hierdurch freigewordene Fläche wurde allerdings nicht, wie in Rohrbach, von anderen Haupterwerbsbetrieben aus Elsenz zur Vergrößerung ihrer Flächenausstattung genutzt, sondern diese wurde von Landwirten benachbarter Gemeinden übernommen; wesentlicher Grund hierfür war die vor allem auch durch die Flurbereinigung forcierte Ausweitung der Sonderkulturanbaufläche (Rebland) auf 7% der LF (1977), wodurch eine flächenmäßige Vergrößerung der Haupterwerbsbetriebe im Umfang wie in Rohrbach aus arbeitswirtschaftlichen Gründen nicht möglich war.

Bestätigt wird diese auf Gemeindeebene feststellbare Bedeutung der Flurbereinigung für die Entwicklung der Betriebsgrößenstruktur durch die Befragungsergebnisse. So gaben 67% der hauptberuflichen und 19% der nebenberuflichen Landwirte in Rohrbach an, daß während bzw. direkt nach der Flurbereinigung mehr landwirtschaftliche Nutzfläche zum Vergrößern ihres Betriebes zur Verfügung gestanden hätte. Von diesen vertraten bei näherem Nachfragen 39% die Ansicht, daß diese Vergrößerung wohl auch ohne Flurbereinigung möglich gewesen wäre, 22% äußerten die gegenteilige Ansicht und 39% meinten, daß ohne die Agrarstrukturmaßnahme eine flächenmäßige Aufstockung nicht in diesem Ausmaß durchführbar gewesen wäre.

Zudem gaben 19% der Haupt- und 14% der Nebenerwerbslandwirte an, daß sie erst nach der Flurbereinigung - wegen den dann besseren arbeitswirtschaftlichen Verhältnissen - in der Lage gewesen wären, diese Betriebsgröße mit dem jeweiligen Betriebssystem im Voll-, Zu- bzw. Nebenerwerb zu bewirtschaften.

Im zeitlichen Zusammenhang mit der Flurbereinigung verkleinerten 5% der befragten Haupt- und 29% der Nebenerwerbslandwirte ihren Betrieb. Von diesen vermerkten nur 29%, daß sie auch ohne die Durchführung der Agrarstrukturmaßnahme die von ihnen bewirtschaftete landwirtschaftliche Nutzfläche verringert hätten, aber immerhin 71% meinten, daß sie diese Verkleinerung nicht ohne Flurbereinigung (Pachtlandverlust) hätten vornehmen müssen.

Auf eine Auswirkung der Flurbereinigung auf die sozioökonomische Stellung wurde von 19% der Nebenerwerbslandwirte hingewiesen. Von diesen gaben 75% an, daß sie ohne Flurbereinigung nicht ihren Betrieb hätten verkleinern und damit auch nicht zum Nebenerwerb hätten abstocken müssen. Die restlichen 25% vermerkten, daß sie erst nach der Flurbereinigung zum Nebenerwerb abgestockt haben, nachdem sie festgestellt hatten, daß sie wegen den durch die Flurbereinigung verbesserten arbeitswirtschaftlichen Bedingungen diese Betriebsgröße auch im Nebenerwerb bewirtschaften konnten.

Zusammenfassend können zur Bedeutung der Flurbereinigung für die Betriebsgrößenstruktur und den sozioökonomischen Status folgende Ergebnisse festgehalten werden:
1. Eine flurbereinigungsbedingte deutlich schnellere Entwicklung zum größeren Betrieb konnte auf überbetrieblicher Ebene in Rohrbach im Jahr nach der Besitzeinweisung durch die vergleichende Untersuchung der Veränderungen in der Gesamtzahl der Betriebe, der durchschnittlichen Betriebsgröße und der Betriebsgrößenstruktur verzeichnet werden. Bestätigt wurde dies auf einzelbetrieblicher Ebene durch die Aussagen vieler Haupt- aber auch einiger Nebenerwerbslandwirte, die angaben, daß sie flurbereinigungsbedingt ihren Betrieb vergrößern konnten. Aussagen über längerfristige flurbereinigungsbedingte Auswirkungen auf die Betriebsgröße konnten allerdings nicht getroffen werden (s. S. 105).

2. Eine Bedeutung der Flurbereinigung für die sozioökonomische Stellung kann, gestützt auf die Aussage einiger weniger nebenberuflicher Betriebsleiter, angenommen werden. Über das tatsächliche Ausmaß aber konnten, mangels Daten auf überbetrieblicher Ebene für beide Gemeinden, keine Aussagen gemacht werden.

12.4. Entwicklung von Bodennutzung und Viehhaltung

Für das Acker-Grünlandverhältnis sind in beiden Gemeinden in den Jahren 1952 bis 1965 keine wesentlichen Veränderungen zu verzeichnen (Tab. 112). Zwischen 1965 und 1968 allerdings erfolgte hierin in Rohrbach, nicht aber in Elsenz, eine beträchtliche Ausweitung. Bei sonst relativ gleichen ausserlandwirtschaftlichen Bedingungen kann angenommen werden, daß die 1967 in Rohrbach durchgeführte Besitzeinweisung für die Verringerung des Grünlandanteils von Bedeutung gewesen war.

Tab. 112: Entwicklung des Acker-Grünlandverhältnisses in Rohrbach und Elsenz (1952 - 1968)[1]

	1952	1955	1960	1965	1968
Rohrbach	8,3:1	8,2:1	7,1:1	7,8:1	14,7:1
Elsenz	7,6:1	7,5:1	7,6:1	7,1:1	7,1:1

Der Anteil an Sonderkulturen an der landwirtschaftlich genutzten Fläche (Tab. 113) hat in beiden Untersuchungsgemeinden seit 1952 abgenommen, wobei die deutlich stärkere Verringerung in Rohrbach aber nicht, wie bereits ausgeführt (12.3.), auf die Flurbereinigung zurückzuführen ist, sondern im Zusammenhang mit Unterschieden in der Art des Sonderkulturanbaus zu sehen ist (Rohrbach: Zicchorien und Tabak; Elsenz: Tabak und Weinbau).

Tab. 113: Entwicklung des Anteils der Sonderkulturen (%) an der landwirtschaftlich genutzten Fläche in Rohrbach und Elsenz (1952 - 1968)[1]

	1952	1955	1960	1965	1968
Rohrbach	5,1	5,2	3,4	1,0	1,3
Elsenz	5,2	5,0	3,8	3,2	3,7

Die hohen Sonderkulturanteile in beiden Gemeinden haben sich auch in den Bodennutzungssystemen niedergeschlagen. (Tab. 114). Da die Abnahme des Sonderkulturanteils in Rohrbach nach 1955 nicht im Zusammenhang mit der Flurbereinigung zu sehen ist (s.o.), kann eine Auswirkung der Flurbereinigung auf das Bodennutzungssystem auf Gemeindeebene bis 1968 ausgeschlossen werden.

---

[1] Quelle: unveröffentlichtes Material der Bodennutzungsvor- und haupterhebungen

Tab. 114: Entwicklung der Bodennutzungssysteme in Rohrbach und Elsenz[1] (1952 - 1968)

	1952	1955	1960	1965	1968
Rohrbach	HB	HB	HB	HG	HG
Elsenz	HB	HB	HB	HB	HB

Betrachtet man sich die Entwicklung des Anteils der nicht mehr landwirtschaftlich genutzten Fläche an der landwirtschaftlichen Nutzfläche in Rohrbach im Vergleich zu Elsenz, so kann, wie auch bei den Untersuchungsgemeinden der anderen Agrarstrukturtypen, eine kurzfristige flurbereinigungsbedingte Zunahme festgestellt werden (Tab. 115).

Tab. 115: Entwicklung des Anteils der Sozialbrache (%) an der landwirtschaftlichen Nutzfläche in Rohrbach und Elsenz[2]

	1955	1960	1965	1968
Rohrbach	-	0,1	1,7	0,4
Elsenz	0,6	0,1	0,3	0,5

Im Nutzflächenverhältnis zeigen sich bereits 1952 Unterschiede zwischen beiden Gemeinden. So nahmen in Rohrbach Futterpflanzen einen geringeren, Getreide dagegen einen höheren Anteil an Ackerland als in Elsenz ein (Fig. 56 und 57), was im Zusammenhang vor allem mit dem in Rohrbach deutlich umfangreicheren Anbau von Zicchorien und Zuckerrüben zu sehen ist, da hierbei zur Rindviehfütterung verwendbare Kuppelprodukte anfallen.[3]

Bis 1960 ist für beide Gemeinden eine Zunahme des Getreideanteils festzustellen, die in Elsenz, entsprechend den in dieser Gemeinde umfangreicheren Veränderungen in der Betriebsgrößenstruktur, über derjenigen von Rohrbach lag. Zurückzuführen ist diese Zunahme des Getreideanteils zu Lasten der Futterpflanzen insbesondere auf die in beiden Gemeinden erfolgte Abstockung vieler Betriebsleiter zum Nebenerwerb, womit fast immer eine Aufgabe, zumindest aber eine Verringerung der Rindviehhaltung und damit des Futterpflanzenbedarfs verbunden war.

---

[1] Zu Quellen und Berechnungsmethoden s. S. 136

[2] Quelle: unveröffentlichtes Material der Bodennutzungsvor- und haupterhebungen; zum Problem des Ansprechens der nicht mehr landwirtschaftlichen Nutzfläche als Sozialbrache s. S. 136

[3] Der Vergleich der prozentualen Anteile dieser beiden Pflanzen am Ackerland zeigt, daß 1952 in Rohrbach der Zuckerrübenanteil den 2,3-fachen Umfang desjenigen in Elsenz einnahm, der Zicchorienanteil war in Rohrbach sogar um das 7-fache höher als in Elsenz (berechnet nach unveröffentlichten Unterlagen der Bodennutzungshaupterhebungen)

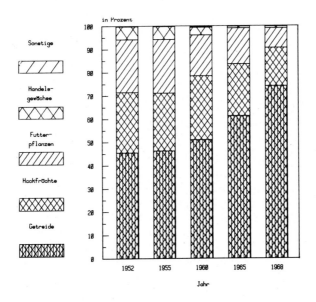

Fig. 56: Entwicklung des Anbaus auf dem Ackerland in Rohrbach (1952 - 1968)

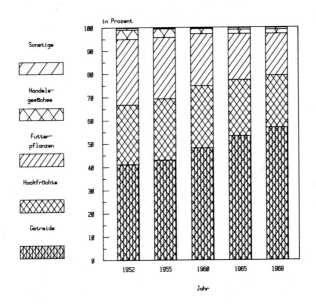

Fig. 57: Entwicklung des Anbaus auf dem Ackerland in Elsenz (1952 - 1968)

Deutlichere Entwicklungsunterschiede im Nutzflächenverhältnis sind zwischen 1960 und 1965 zu vermerken (Fig. 56 und 57). Die in Rohrbach im Vergleich zu Elsenz stärkere Zunahme des Getreideanteils ist insbesondere im Zusammenhang mit der schon mehrfach angesprochenen Verringerung der Sonderkulturanbaufläche[1] zu sehen, die zu einer umfangreicheren Erhöhung des Anteils an größeren Betrieben geführt hat (s. 12.3.), in denen, hauptsächlich aus arbeitswirtschaftlichen Gründen, eine Betriebsvereinfachung in Form einer Ausweitung des Getreideanteils erforderlich geworden ist.

Im Zeitraum 1965 bis 1968 ist in Rohrbach, ganz im Gegensatz zu Elsenz, eine weitere beträchtliche Anbauextensivierung festzustellen (Fig. 56 und 57). So hat in Rohrbach in diesen 3 Jahren die Getreideanbaufläche, gemessen an 1952, von 130% 1965 auf 164% 1968 zugenommen, in Elsenz dagegen nur von 124% 1965 auf 133% 1968. Entsprechend höher war in Rohrbach die Verringerung der Futterpflanzen- und Hackfruchtanbauflächen. Waren 1965 in Rohrbach noch 83% der Hackfruchtanbaufläche, verglichen mit 1952, vorhanden, so verminderte sich diese bis 1968 auf 65%, die vergleichbaren Werte für Elsenz lagen bei 92% bzw. 84%. Bei den Futterpflanzen waren die Unterschiede noch größer: Nahmen 1965 diese in Rohrbach 65% der Fläche von 1952 ein, so ging dieser Anteil bis 1968 auf 38% zurück, in Elsenz aber war nur eine Abnahme von 68% 1965 auf 60% 1968 zu verzeichnen.

Betrachtet man sich diese Entwicklungsunterschiede zwischen beiden Gemeinden, wiederum vor dem Hintergrund relativ gleicher außerlandwirtschaftlicher Bedingungen, so muß zur Erklärung hierfür die Flurbereinigung herangezogen werden, die, wie gezeigt werden konnte, gerade im Jahr nach der Besitzeinweisung die wesentliche Ursache für die starke Zunahme des Anteils der landwirtschaftlichen Nutzfläche in den oberen Betriebsgrößenklassen war (s. 12.3.). Mit dieser innerhalb eines Jahres erfolgten Umschichtung in der Betriebsgrößenstruktur muß die zwischen 1965 und 1968 auf Gemeindeebene feststellbare starke Erhöhung des Getreideanteils im Zusammenhang gesehen werden, denn gerade die Leiter der flächenmäßig schnell vergrößerten Betriebe waren aus arbeitswirtschaftlichen Gründen gezwungen, eine Vereinfachung mittels Anbauextensivierung durchzuführen.

Bestätigt wird dies auch durch die Befragungsergebnisse. Zwar antworteten 62%[2] der Betriebsleiter (52% der Haupt- und 71% der Nebenerwerbslandwirte) auf die Frage nach der Bedeutung der Flurbereinigung für Veränderungen in der Bodennutzung, daß die Agrarstrukturmaßnahme hierauf keinen Einfluß gehabt hätte. Aber 29% der befragten Haupt- und 14% der

---
[1] Die Anbaufläche an Handelsgewächsen (= Sonderkulturen, die in die Fruchtfolge einbezogen sind) ist in Rohrbach zwischen 1960 und 1965, gemessen an 1952, von 63% auf 16% zurückgegangen, in Elsenz dagegen verringerte sich der Anteil von 78% 1960 auf 68% 1965.

[2] Da Mehrfachnennungen bei der Beantwortung dieser Frage möglich waren, muß die Summe der prozentualen Anteile nicht 100% ergeben.

Nebenerwerbslandwirte gaben an, daß sie indirekt, über die flurbereinigungsbedingte Veränderung der Betriebsgröße bzw. der sozioökonomischen Stellung vor allem den Getriedeanteil erhöht hätten. Ebenfalls eine indirekte Auswirkung der Flurbereinigung auf die Bodennutzung, über die flurbereinigungsbedingte Änderung der Viehhaltung, vermerkten 14% der hauptberuflichen Betriebsleiter.

Weitere 19% der Haupt- und 24% der Nebenerwerbslandwirte verwiesen darauf, daß sie nach der Durchführung der Agrarstrukturmaßnahme den Dauergrünlandanteil verringert bzw. aufgegeben hätten. Zur Erklärung hierfür wurde zum einen auf Bodenmeliorationen, die im Rahmen der Flurbereinigung durchgeführt worden sind (s. 12.2.), hingewiesen und zum anderen wurde angegeben, daß vielfach erst nach der Flurbereinigung auf den dann größeren Parzellen Maschinen eingesetzt werden konnten, diese daher nicht mehr als Grünland, sondern als Ackerland (überwiegend Getreideanbau) genutzt wurden.

In der Viehhaltung waren für Rohrbach 1949 höhere Besatzzahlen als für Elsenz und für den Gesamt-Kraichgau zu verzeichnen (Tab. 116), was im Zusammenhang insbesondere mit Unterschieden in den Betriebsgrößenstrukturen zu sehen ist. Entsprechend der durch die unterschiedlichen Entwicklungslinien in beiden Gemeinden erfolgten Angleichung in den Betriebsgrößenstrukturen (s. 12.3.), haben sich diese Differenzen zwischen Rohrbach und Elsenz im Viehbesatz bis 1960 verringert. In beiden Gemeinden übertrafen zu diesem Zeitpunkt der Rindvieh- und der Schweinebesatz die für den Gesamt-Kraichgau berechneten Werte, was wiederum im wesentlichen auf den in Rohrbach und Elsenz höheren Anteil an größeren Betrieben zurückzuführen ist.

Tab. 116: Viehbesatz in Rohrbach und Elsenz 1949, 1960 und 1968[1]

	1949			1960			1968	
	Rohrb.	Elsenz	Krg.	Rohrb.	Elsenz	Krg.	Rohrb.	Elsenz
Rindvieh/100 ha	83	75	71	99	95	81	60	92
Schweine/100 ha	110	74	73	70	73	63	268	141

1968, im letzten möglichen Vergleichsjahr zwischen flurbereinigter und nichtflurbereinigter Gemeinde (s. S.105), sind wieder beträchtliche Unterschiede im Viehbesatz zu verzeichnen. So hat in Rohrbach eine deutliche Schwerpunktbildung im Bereich der Schweinehaltung bei gleichzeitigem Rückgang der Rindviehhaltung stattgefunden, Veränderungen im gleichen Ausmaß sind für Elsenz nicht zu vermerken. Betrachtet man sich

---

[1] Quellen: der Viehbesatz wurde für 1949 und 1960 nach Angaben der Landwirtschaftszählungen berechnet, derjenige für 1968 dagegen nach unveröffentlichten Unterlagen der Viehzählung von 1968; da die Zählungsergebnisse nur eingeschränkt miteinander vergleichbar sind, dürfen die Viehbesatzwerte von 1949 und 1960 denjenigen von 1968 nur in der Größenordnung gegenübergestellt werden (s. S.61)

diese Unterschiede in der Nutzviehhaltung unter dem Aspekt etwaiger Flurbereinigungswirkungen, so kann bei dieser ersten Grobanalyse nicht ausgeschlossen werden, daß die Flurbereinigung für Betriebsvereinfachungen, die sich im Viehbesatz niedergeschlagen haben, von Bedeutung gewesen ist.

Eine genauere Untersuchung der Bedeutung der Flurbereinigung für Veränderungen in der Viehhaltung ermöglichen die Angaben der Viehzählungen von 1950 bis 1968 (Fig. 58).

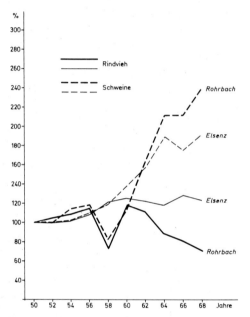

Fig. 58: Entwicklung des Viehbestandes in Rohrbach und Elsenz
(1950 - 1968)

Zwischen 1950 und 1960 sind, abgesehen von der kurzfristigen Abweichung 1958 in Rohrbach, in der Entwicklung des Schweine- und Rindviehbestandes keine auffälligen Unterschiede festzustellen. Seit Anfang der 60er Jahre aber ist, was sich schon bei der Grobanalyse angedeutet hatte, eine Schwerpunktbildung in der Schweinehaltung zu vermerken, wobei parallel hierzu der Rindviehbestand abgenommen hat. In Elsenz dagegen ist die Entwicklung in der Viehhaltung durch einen relativ gleichbleibenden Rindviehbestand und durch eine im Vergleich zu Rohrbach geringere Zunahme im Schweinebestand gekennzeichnet. Von diesem Entwicklungsverlauf ausgehend kann darauf geschlossen werden, daß in Rohrbach im Gegensatz zu Elsenz in einer größeren Anzahl an Betrieben eine Vereinfachung vorgenommen worden ist. Wesentliche Ursache für diese Entwicklungsunterschiede war wiederum die in Rohrbach in den 60er Jahren umfangreichere Zunahme an größeren Betrieben, in denen aus arbeitswirtschaftlichen Gründen, parallel zur flächenmäßigen Aufstockung, eine Vereinfachung im Betriebssystem durchgeführt werden mußte. Da als bedeutender Faktor für die Umschichtung zum größeren Betrieb in Rohrbach, zumindest zwischen 1967 und 1968, die Flurbereinigung erkannt werden konnte (s. 12.3.), kann auch angenommen werden, daß auf diese Unterschiede in der Viehhaltung die Agrarstrukturmaßnahme indirekt, über die durch sie forcierte Aufstockung, eine Auswirkung hatte.

Bestätigt wird diese Annahme durch die Befragungsergebnisse. Zwar gaben 43% der Haupt- und 76% der Nebenerwerbslandwirte an, daß die Flurbereinigung für Veränderungen in der Viehhaltung bedeutungslos gewesen wäre. Aber 33% der hauptberuflichen und 19% der nebenberuflichen Betriebsleiter vermerkten eine indirekte Auswirkung der Flurbereinigung über flurbereinigungsbedingte flächenmäßigen bzw. sozioökonomischen Veränderungen, die eine Vereinfachung im Viehhaltungssystem und/oder eine Vergrößerung des Bestandes erforderlich werden ließen. Ebenfalls eine indirekte Auswirkung der Flurbereinigung in Form einer Aufgabe der Rindviehhaltung - über den nach der Flurbereinigung verminderten Dauergrünlandanteil (s. S. 277 und 281) - vermerkten 10% der Haupt- und 5% der Nebenerwerbslandwirte; weitere 14% der hauptberuflichen Betriebsleiter antworteten auf die Frage nach der Bedeutung der Flurbereinigung für Veränderungen in der Viehhaltung, daß sie erst nach der Durchführung der Agrarstrukturmaßnahme, wegen den dann verbesserten arbeitswirtschaftlichen Bedingungen, in der Lage gewesen wären, ihren Viehbestand so aufzustocken.

Zusammenfassend kann für die Bedeutung der Flurbereinigung für Bodennutzung und Viehhaltung festgehalten werden, daß durch die Agrarstrukturmaßnahme auf Gemeindeebene das Kulturartenverhältnis verändert worden ist, was auch auf einzelbetrieblicher Ebene durch die Befragung bestätigt werden konnte. Weiterhin konnte sowohl auf über- als auch auf einzelbetrieblicher Ebene eine mittelbare Auswirkung (Vereinfachung) auf Veränderungen im Anbauflächenverhältnis und im Viehbestand vermerkt werden - über flurbereinigungsbedingte sozioökonomische bzw. flächenmäßige Veränderungen. Auf eine flurbereinigungsbedingte Intensivierung im Anbau und in der Viehhaltung wurde nur von einigen Betriebsleitern hingewiesen, auf Gemeindeebene aber konnte eine solche nicht verzeichnet werden, da die durch die Flurbereinigung freigesetzte Arbeitszeit vor allem von vielen Haupterwerbslandwirten zur flächenmäßigen Vergrößerung verwendet worden ist, von den meisten nebenberuflichen Betriebsleitern dagegen wurde diese nicht im landwirtschaftlichen Bereich produktiv eingesetzt.

12.5. Entwicklung der arbeitswirtschaftlichen Verhältnisse

Zur Bedeutung der Flurbereinigung für den Einsatz menschlichen Arbeitsaufwandes können auf Gemeindeebene keine quantitativen Aussagen getroffen werden, da für beide Gemeinden zwar für den Zeitpunkt vor der Anordnung der Flurbereinigung in Rohrbach einige wenige Daten, die im Rahmen der Landwirtschaftszählung 1960 erhoben worden sind, vorliegen, auf entsprechende aber für 1968, dem letztmöglichen Vergleichsjahr, nicht zurückgegriffen werden kann. Ausgehend von den Aussagen der befragten Rohrbacher Landwirte (Tab. 117) und den Ergebnissen der Untersuchung der Bedeutung der Flurbereinigung für die Entwicklung von Betriebsgrößenstruktur und sozioökonomischem Status (s. 12.3.) kann allerdings angenommen werden, daß die Agrarstrukturmaßnahme auch auf Gemeindeebene zu einer Verringerung des Arbeitskräftebesatzes geführt hat.

Aus denselben Gründen können Aussagen zu etwaigen Auswirkungen der Flurbereinigung auf den Maschinenbesatz nicht auf überbetrieblicher, sondern nur auf einzelbetrieblicher Ebene gemacht werden. Von den befragten Rohrbacher Landwirten gaben 55% (33% der Haupt- und 76% der Nebenerwerbslandwirte) an, daß die Agrarstrukturmaßnahme für Veränderungen im Maschinenbestand keine Bedeutung hatte. Aber immerhin 67% der hauptberuflichen und 24% der nebenberuflichen Betriebsleiter vermerkten, daß sie erst nach der Flurbereinigung neue und vor allem größere Maschinen erworben hätten. Als Gründe hierfür wurde angegeben, daß zum einen erst nach der Flurbereinigung deren Einsatz auf den dann größeren Parzellen lohnend bzw. möglich gewesen wäre und daß zum anderen durch die flurbereinigungsbedingte Vergrößerung der bewirtschafteten Fläche dies erst erforderlich geworden wäre.

Zusammenfassend kann festgehalten werden, daß die Flurbereinigung auf einzelbetrieblicher Ebene zu einer Verbesserung der arbeitswirtschaftlichen Verhältnisse in Rohrbach geführt hat; zur Bedeutung der Flurbereinigung auf Gemeindeebene konnte allerdings mangels entsprechender Daten keine weiterreichende Aussage getroffen werden.

13. ZUSAMMENFASSUNG UND ERGEBNISSE

Ziel der vorliegenden Untersuchung war es, die Bedeutung der agrarpolitischen Maßnahme Flurbereinigung, die eine jahrhundertelange Tradition aufweist, für das Ausmaß agrarstruktureller Veränderungen auf Gemeindeebene in der Gegenwart zu erfassen, um somit zu Aussagen gelangen zu können, unter welchen Bedingungen die Flurbereinigung welche Umstrukturierungen in der Betriebsgrößenstruktur einer Gemeinde, in den sozioökonomischen Verhältnissen, in der Bodennutzung und der Viehhaltung und in der Arbeitswirtschaft hervorruft.

Den zentralen Ausgangspunkt für eine umfassende Wirkungsanalyse stellen die überbetrieblichen Verbesserungen der innerwirtschaftlichen Erzeugungsgrundlagen dar, die direkt zu einer Minderung des betriebsnotwendigen Arbeitsbedarfs führen. Über diese Verringerung des Arbeitsbedarfs hinausgehende Auswirkungen können durch die Flurbereinigung nicht vorprogrammiert werden, sondern diese sind abhängig von der Bereitschaft und Fähigkeit der Landwirte, die "gewonnene Arbeitszeit" im landwirtschaftlichen Betrieb wieder einzusetzen. Bereitschaft und Art der "Reinvestitionsmöglichkeiten" sind aber abhängig von der Ausgangssituation in einer Gemeinde, die bestimmt wird durch die jeweiligen wirtschaftlichen, sozialen und staatlich-politischen Determinanten und die tradierten Strukturen.

Ausgehend von den Überlegungen zu tatsächlichen und potentiellen Auswirkungen wurden einige mögliche idealtypische Entwicklungsvarianten nach erfolgter Flurbereinigung vorgestellt, die nachfolgend einer empirischen Überprüfung unterzogen wurden. Die empirische Untersuchung wurde methodisch als tatsächliche Wirkungsanalyse (ex-post-Untersuchungsansatz) verknüpft mit einer Kausal- und Situationsanalyse durchgeführt.

Als Untersuchungsgebiet wurde die im südwestdeutschen Realteilungsgebiet liegende Naturräumliche Einheit des Kraichgaus herangezogen, die zwar relativ homogen bezüglich der physiogeographischen Voraussetzungen ist, die aber beträchtliche räumliche Unterschiede in der Ausprägung der anderen, das jeweilige Entscheidungsverhalten der Landwirte beeinflussenden Faktoren aufweist und in der in den letzten Jahrzehnten in einer großen Anzahl der Gemeinden Flurbereinigungsverfahren durchgeführt worden sind.

In Anlehnung an die durch die amtliche Statistik vorgegebenen Zeitschnitte 1949/50, 1960/61, 1970/71/72 wurden agrarstrukturelle Gemeindetypisierungen vorgenommen und aus fünf der durch diese Typisierungen erhaltenen Gemeindegruppen wurden je eine flurbereinigte und eine nichtflurbereinigte Referenzgemeinde ausgewählt. Als erstes Ergebnis der Gemeindetypisierungen zu den drei Zeitschnitten kann festgehalten werden, daß die flurbereinigten Gemeinden nicht generell nach erfolgter Besitzeinweisung ihre Typenzugehörigkeit geändert haben, diese sich somit in ihrer agrarstrukturellen Entwicklung - bei der Betrachtung auf der Ebene des Kraichgaus - nicht von den nichtflurbereinigten Gemeinden des jeweiligen Typs unterscheiden. Dies wurde auch bestätigt durch die Befragungsergebnisse, die zwischen flurbereinigten und nichtflurbereinigten Vergleichsgemeinden in der Art der agrarstrukturellen Veränderungen und deren Bestimmungsgründen keine flurbereinigungsbedingten Unterschiede erkennen ließen.

In allen untersuchten flurbereinigten Gemeinden sind die Produktions- und Arbeitsbedingungen durch die Agrarstrukturmaßnahme deutlich verbessert worden, von den befragten Landwirten in diesen Gemeinden wurden jeweils fast alle der direkt aus einer Flurbereinigung resultierenden Vorteile (verringerter Arbeitsaufwand, besserer Maschineneinsatz u.a.) genannt. Zwar mußten in allen flurbereinigten Gemeinden auch von einigen Landwirten flurbereinigungsbedingte Nachteile (vor allem höhere Pachtpreise) verzeichnet werden, dennoch wurde jeweils von fast allen befragten Landwirten die Flurbereinigung als lohnend bzw. sehr lohnend eingestuft und ebenfalls jeweils fast alle Landwirte würden ausgehend von ihren jetzigen Erfahrungen einer Flurbereinigung zustimmen.

Fast in allen nichtflurbereinigten Gemeinden erwartet ein Großteil der befragten Landwirte (vor allem der hauptberuflichen Landwirte) ebenfalls die Vorteile, die auch von den Landwirten in den flurbereinigten Gemeinden tatsächlich festgestellt werden konnten. Der Anteil an Landwirten in den noch nicht flurbereinigten Gemeinden, der flurbereinigungsbedingt Nachteile befürchtet, ist dagegen größer - entsprechend geringer sind die Anteile an Landwirten, die annehmen, daß sie eine etwaige Flurbereinigung als lohnend bzw. sehr lohnend bewerten würden und die einem Flurbereinigungsverfahren zustimmen würden. Auf die Frage, welche über die direkten Auswirkungen hinausgehende Auswirkungen sie sich von einer etwaigen Flurbereinigung auf die Betriebsgröße, das Betriebssystem und den Maschinenbestand erwarten würden, antworteten jeweils fast alle Landwirte in den nichtflurbereinigten Gemeinden, daß sie nicht glauben, daß sie flurbereinigungsbedingte Veränderungen in der Bodennutzung, in der Viehhaltung und in der Maschinenausstattung vornehmen würden. Mehrere hauptberufliche Landwirte in diesen Gemeinden erwarten allerdings, daß flurbereinigungsbedingt mehr Land zum Aufstocken freiwerden würde, und jeweils mehrere Landwirte befürchten andererseits, daß sie flurbereinigungsbedingt Pachtland abgeben müßten. Insgesamt betrachtet zeigen die Antworten der Landwirte in den nichtflurbereinigten Gemeinden, daß diese nicht mit einer über die unmittelbaren Auswirkungen hinausgehenden Bedeutung der Flurbereinigung für agrarstrukturelle Veränderungen rechnen. Dies könnte zumindest bei den hauptberuflichen Landwirten, die, geht man vom Modell des "homo oeconomicus" aus, danach trachten müßten, die freiwerdende Arbeitskraft zwecks Einkommenssteigerung im Betrieb zu reinvestieren, unter anderem auf die mangelnde Kenntnis des Ausmaßes des flurbereinigungsbedingten Freiwerdens von Arbeitskraft zurückgeführt werden.

Über die tatsächliche über die unmittelbaren Auswirkungen hinausgehende
Bedeutung der Flurbereinigung für agrarstrukturelle Veränderungen konnten
durch die Wirkungsanalysen in den Untersuchungsgemeinden der fünf Agrarstrukturtypen folgende Ergebnisse festgehalten werden:

Agrarstrukturtyp II: Meckesheim - Mauer

In den Untersuchungsgemeinden bzw. in den von diesen bereits vor der Individualmotorisierung durch öffentliche Nahverkehrsmittel leicht und schnell
erreichbaren benachbarten Industriestandorten war schon vor dem 2. Weltkrieg eine Vielzahl an Arbeitsplätzen im außerlandwirtschaftlichen Bereich
vorhanden, so daß in diesen Gemeinden nach 1950 ein flächenmäßig relativ
unbedeutendes Potential an aufgabebereiten Betriebsleitern vorhanden war
(nur relativ wenige Grenz- und Nebenerwerbsbetriebe). Daher konnte auch
die Anordnung und Durchführung der Flurbereinigung in Meckesheim in den
60er Jahren nicht zu einem umfangreichen Freiwerden von landwirtschaftlicher Nutzfläche führen, so daß durch die Agrarstrukturmaßnahme weder
kurz- noch längerfristig die Entwicklung zum größeren Betrieb nachhaltig
beschleunigt worden ist. Auf die Entwicklung im Betriebssystem dagegen
konnte auch längerfristig eine Auswirkung der Flurbereinigung in Form einer
deutlich stärkeren Erhöhung des Viehbestandes erkannt werden. Zurückzuführen ist dies vor allem darauf, daß der überwiegende Teil der landwirtschaftlichen Nutzfläche in Meckesheim in den letzten Jahrzehnten von hauptberuflichen Landwirten bewirtschaftet worden ist, die bereit und auf Grund
ihrer Ausbildung auch in der Lage waren, die durch die Flurbereinigung
gewonnene Arbeitskraft wieder im landwirtschaftlichen Betrieb einzusetzen.
Da diese Arbeitskraft mangels genügend Land zum Aufstocken nicht zu
einer stärkeren Erhöhung der Betriebsgröße verwendet werden konnte,
wurde dieses zusätzliche arbeitswirtschaftliche Potential insbesondere
von den Haupterwerbslandwirten zu einer Aufstockung in der Viehhaltung
genutzt. Eine flurbereinigungsbedingte Auswirkung auf die Bodennutzung
konnte nicht vermerkt werden, da der schwerpunktmäßige Ausbau der Viehhaltung im Bereich der Schweinemast lag. Eine Auswirkung der Flurbereinigung auf die Maschinenausstattung konnte zwar nicht quantitativ, mangels Daten, auf Gemeindeebene ermittelt werden, durch die Befragung
aber konnte eine flurbereinigungsbedingte Zunahme an größeren Maschinen
festgestellt werden.

Agrarstrukturtyp III: Eschelbach - Waldangelloch

In den Untersuchungsgemeinden des Agrarstrukturtyps III ist gegenwärtig
das außerlandwirtschaftliche Arbeitsplatzangebot gering. Da allerdings
schon vor der Individualmotorisierung Pendelmöglichkeiten und zudem
Arbeitsplätze in der ehemals bedeutenden Zigarrenindustrie vorhanden
waren, konnte zwar eine Abwanderung in den außerlandwirtschaftlichen
Bereich erfolgen, diese aber war in ihrem Umfang deutlich geringer als
in den Gemeinden des Agrarstrukturtyps II, so daß in den vergangenen
Jahrzehnten ein relativ großes Potential an Landwirten, die längerfristig

gesehen aufgeben mußten, vorhanden war. Daher konnte die Flurbereinigung in Eschelbach eine geballte Abnahme bzw. eine Verkleinerung von Nebenerwerbsbetrieben und Haupterwerbsbetrieben mit ungenügender Flächenausstattung hervorrufen, was zu einer beträchtlich schnelleren Entwicklung hin zum größeren Betrieb im Vergleich zur nichtflurbereinigten Gemeinde führte. Längerfristig war allerdings keine Auswirkung der Flurbereinigung auf die Betriebsgrößenentwicklung festzustellen, da das auch in der nichtflurbereinigten Gemeinde vorhandene Potential an aufgabe- bzw. verkleinerungsbereiten Landwirten mit einer zeitlichen Verzögerung freigesetzt worden ist. Eine längerfristig sogar leicht hemmende Wirkung der Flurbereinigung auf die Entwicklung zum größeren Betrieb - durch die flurbereinigungsbedingte Ausbildung eines höheren Anteils an aufstockungswilligen bzw. nicht abstockungsbereiten Landwirten - ließ sich allerdings in der flurbereinigten Gemeinde feststellen. In der Viehhaltung führte die Flurbereinigung zu einer kurzfristig stärkeren Abnahme des Rindviehbestandes, längerfristig ließen sich hierin ebensowenig wie im Nutzflächenverhältnis auf dem Ackerland Veränderungen, die flurbereinigungsbedingt sind, feststellen. Im Bereich des Kulturartenverhältnisses, vor allem im Sonderkulturanteil, dagegen konnte die Flurbereinigung als ein auch längerfristig bedeutungsvoller Faktor vermerkt werden. Verwiesen werden muß hier vor allem auf die durchgeführte Rebflurbereinigung, die insbesondere Leiter von sehr kleinen Nebenerwerbsbetrieben veranlaßt hat, Weinbau weiter zu betreiben und die zudem die Ansiedlung und Ausdehnung eines reinen Weinbaubetriebes erleichtert hat. Insgesamt kann aber festgehalten werden, daß das durch die Flurbereinigung zusätzlich verfügbare Arbeitspotential nicht auf Gemeindeebene erkennbar zu einer Intensivierung in der "regulären" Landwirtschaft, sondern im Bereich des Weinbaus eingesetzt worden ist. Daher kann angenommen werden, daß wenn in Eschelbach kein Weinbau möglich und keine Rebflurbereinigung durchgeführt worden wäre, auf Gemeindeebene auch im Bereich der gesamten Bodennutzung keine Intensivierung zu vermerken wäre, obwohl in Eschelbach fast ein genauso hoher Anteil an der landwirtschaftlichen Nutzfläche von hauptberuflichen Landwirten bewirtschaftet wird wie in der Gemeinde Meckesheim. Als mitbestimmender Faktor für diesen Unterschied kann der in Eschelbach deutlich niedrigere Ausbildungsstand der hauptberuflichen Landwirte herangezogen werden. Auf den Mechanisierungsgrad konnte ein verstärkender Einfluß der Flurbereinigung auch auf überbetrieblicher Ebene verzeichnet werden.

Agrarstrukturtyp IV: Dürrn - Weiler

Das Potential an Landwirten, die längerfristig aufgeben bzw. verkleinern müssen, war in Dürrn wegen des verschwindend geringen außerlandwirtschaftlichen Arbeitsplatzangebotes und der relativ schlechten Verkehrsanbindung zum Zeitpunkt der Durchführung der Flurbereinigung größer als in Weiler; dennoch konnte durch die Flurbereinigung in Dürrn weder kurz- noch längerfristig eine Beschleunigung in der Entwicklung zum grösseren Betrieb hervorgerufen werden. Weiterhin war weder im Acker-Grün-

landverhältnis, noch im Anbauverhältnis auf dem Ackerland noch in der
Viehbestandsentwicklung und auch nicht im Bestand an leistungsfähigen
Maschinen eine flurbereinigungsbedingte Veränderung zu vermerken, was
im Zusammenhang zu sehen ist mit dem relativ geringen Anteil an der landwirtschaftlichen Nutzfläche, die von den Haupterwerbslandwirten bewirtschaftet wird. Im Sonderkulturanteil allerdings ließ sich wie auch in der
flurbereinigten Gemeinde des Agrarstrukturtyps III eine deutliche Erhöhung
nach der Flurbereinigung feststellen. Das durch die Flurbereinigung freigesetzte Arbeitspotential ist somit nicht in der "regulären" Landwirtschaft,
sondern im Bereich des Weinbaus eingesetzt worden, wobei hier aber vor
allem auf die im nichtfinanziellen Bereich anzusiedelnde Bedeutung des Weinbaus gerade für Nebenerwerbslandwirte hinzuweisen ist, so daß, ausgehend
von den anderen Befunden, ebenso wie beim Agrarstrukturtyp II, angenommen werden kann, daß in Gemeinden mit vergleichbarer Ausgangssituation,
in denen Weinbau nicht möglich ist und in denen keine Rebflurbereinigung
durchgeführt wurde, das durch die Flurbereinigung freigesetzte Arbeitspotential nicht auf Gemeindeebene erkennbar in der Landwirtschaft wieder
eingesetzt werden wird.

Agrarstrukturtyp VI: Oberacker - Neuenbürg

In beiden Gemeinden war das Potential an Landwirten, die längerfristig
gesehen aufgeben bzw. verkleinern mußten, in den letzten Jahrzehnten
noch sehr groß, was insbesondere auf das geringe außerlandwirtschaftliche
Arbeitsplatzangebot und die sehr schlechte Verkehrsanbindung zurückzuführen ist. Dennoch konnte in der Entwicklung zum größeren Betrieb weder
kurz- noch längerfristig eine flurbereinigungsbedingte deutliche Beschleunigung festgestellt werden, wobei hier zur Erklärung die noch große Verbundenheit mit der Landwirtschaft herangezogen werden kann. In der Bodennutzung
und in der Viehhaltung ließen sich ebenfalls auf Gemeindeebene keine flurbereinigungsbedingten beträchtlichen Veränderungen nachweisen, lediglich
im Maschinenbestand war eine flurbereinigungsbedingte stärkere Entwicklung zu größeren Maschinen festzuhalten. Das durch die Flurbereinigung
freigesetzte Arbeitspotential ist in dieser Gemeinde insgesamt betrachtet
nicht wieder im Bereich der Landwirtschaft eingesetzt worden, wobei hier
zur Erklärung vor allem auf den relativ geringen Anteil der landwirtschaftlichen Nutzfläche, der von Haupterwerbslandwirten bewirtschaftet wird,
verwiesen werden muß.

Agrarstrukturtyp I : Rohrbach - Elsenz

In beiden Gemeinden war nach 1950 das Potential an aufgabebereiten Landwirten groß, wofür das geringe außerlandwirtschaftliche Arbeitsplatzangebot
und die relativ große Entfernung zu bedeutenderen Industriestandorten
die wesentlichsten Ursachen waren. Durch die Flurbereinigung konnte in
Rohrbach ein beträchtlicher Teil dieses Potentials aktiviert werden, so daß
in Rohrbach kurzfristig eine deutliche Beschleunigung in der Entwicklung
zum größeren Betrieb verzeichnet werden konnte. Ebenfalls flurbereinigungs-

bedingt waren eine deutliche Zunahme des Ackerlandanteils und Veränderungen im Viehbestand zu vermerken. Das durch die Flurbereinigung freigesetzte Arbeitspotential wurde auf überbetrieblicher Ebene erkennbar in dieser Gemeinde, in der der überwiegende Anteil der landwirtschaftlichen Nutzfläche in Haupterwerbsbetrieben bewirtschaftet wird, wieder im landwirtschaftlichen Betrieb eingesetzt. Zu etwaigen Veränderungen im Maschinenbestand und zu längerfristigen Auswirkungen der Flurbereinigung auf die Betriebsgrößenstruktur, die Bodennutzung, die Viehhaltung konnten allerdings keine Aussagen getroffen werden, da ein Vergleich nur bis 1968, ein Jahr nach der Besitzeinweisung, möglich war.

Ausgehend von diesen empirischen Befunden kann zur Bedeutung der Flurbereinigung für weitergehende agrarstrukturelle Veränderungen insgesamt festgehalten werden, daß die Durchführung einer Flurbereinigung bei Betrachtung auf makro- und mesoregionaler Ebene weder kurz- noch längerfristig die Agrarstruktur einer Gemeinde so verändert, daß flurbereinigte Gemeinden deutlich andere Entwicklungen aufweisen als vergleichbare nichtflurbereinigte Gemeinden.

Bei der Betrachtung auf mikroregionaler Ebene allerdings, beim direkten gemeindeweisen Vergleich, kann die Durchführung einer Flurbereinigung unter bestimmten Voraussetzungen Divergenzen in der Entwicklung der Betriebsgrößenstrukturen, der Bodennutzung und der Viehhaltung hervorrufen.

So kann die Durchführung einer Flurbereinigung eine Beschleunigung der Entwicklung zum größeren Betrieb verursachen, wenn in einer Gemeinde zum Zeitpunkt der Durchführung Nebenerwerbslandwirte vorhanden sind, deren Bindung an die Landwirtschaft, sei sie materieller oder immaterieller Art, überdeckt wird entweder von der mangelnden Bereitschaft, die durch die Flurbereinigung entstehenden Kosten zu übernehmen, oder die überdeckt wird von den finanziellen Anreizen nach einer Besitzeinweisung (in der Regel höheres Niveau der Pacht- und Kaufpreise), so daß diese Landwirte sich entschließen, ihre Betriebe aufzugeben oder zu verkleinern. Noch bedeutender aber ist die Existenz vieler Haupterwerbsbetriebe mit unzureichender Flächenausstattung, für deren Inhaber die Flurbereinigung den Anlaß darstellt, ihre Situation zu überdenken und die Entscheidung zum Überwechseln in den außerlandwirtschaftlichen Haupterwerb zu treffen. Für das auch flächenmäßig bedeutende Vorhandensein solcher Haupterwerbslandwirte wiederum bestimmend ist der Bestand an außerlandwirtschaftlichen Arbeitsplätzen in einer Gemeinde bzw. in den von dieser aus leicht erreichbaren anderen Gemeinden und die konjunkturelle Lage.
Berücksichtigt werden muß allerdings hierbei, daß auch ohne Flurbereinigung die angesprochenen hauptberuflichen Betriebsleiter zwar nicht kurzfristig in geballter Form, aber längerfristig nach und nach aufgeben würden. Das Potential an aufgabebereiten Nebenerwerbslandwirten wird ebenfalls nicht erst durch die Flurbereinigung geschaffen, so daß auch auf mikroregionaler Ebene die Flurbereinigung, wenn überhaupt, dann nur kurz-

fristig zu einer Beschleunigung in der Entwicklung zum größeren Betrieb führen kann.

Kurzfristige und auch längerfristige Veränderungen in der Bodennutzung und der Viehhaltung auf Gemeindeebene wird die Durchführung einer Flurbereinigung in solchen Gemeinden hervorrufen, in denen nicht nur einige wenige Betriebsleiter die durch die Flurbereinigung gewonnene Arbeitszeit wieder im Bereich der Landwirtschaft einsetzen, sondern in denen Landwirte, die reinvestitionsbereit und -fähig sind, den größten Teil der landwirtschaftlichen Nutzfläche einer Gemeinde bewirtschaften. Diese Bereitschaft aber ist vor allem bei den Haupterwerbslandwirten festzustellen, so daß in Gemeinden, in denen der größte Teil der landwirtschaftlichen Nutzfläche von solchen bewirtschaftet wird, die Flurbereinigung als erklärender Faktor für das Ausmaß der Veränderungen herangezogen werden muß - aber nur dann, wenn die meisten der hauptberuflichen Landwirte von ihrer persönlichen Situation vor allem aber von ihrem Ausbildungsstand aus zu einer Reinvestition in der Lage sind.

Wenn eine solche flächenmäßig bedeutende Anzahl von Haupterwerbslandwirten mit guter Ausbildung in einer Gemeinde nicht vorhanden ist, dann wird es nur dann zu einer kurz- und auch längerfristigen flurbereinigungsbedingten Veränderung in der Bodennutzung kommen, wenn in solch einer Gemeinde Weinbau betrieben werden kann und zudem eine Rebflurbereinigung durchgeführt worden ist. Dann sind nämlich aus materiellen und auch aus immateriellen Gründen die Nebenerwerbs- bzw. Feierabendlandwirte zu einem Wiedereinsatz der durch die Flurbereinigung gewonnenen Arbeitszeit im Weinbau in Form einer flächenmäßigen Ausdehnung bereit.

Durch die Untersuchung konnte insgesamt belegt werden, daß die Durchführung einer Flurbereinigung nur unter bestimmten strukturellen Voraussetzungen in einer Gemeinde Veränderungen in der Agrarstruktur hervorruft, Veränderungen, die über diejenigen hinausgehen, die auch ohne Flurbereinigung eintreten würden.

LITERATURVERZEICHNIS

ABB, W. (1971): Die moderne Flurbereinigung als schlagkräftiges Instrument zur Planung und Gestaltung ländlicher Räume. In: Berichte aus der Flurbereinigung H. 11, S.1 - 14

ALBERS, W. (1963): Wandlungen in der Struktur der deutschen Landwirtschaft. In: Zeitschr. f. d. gesamte Staatswissenschaft Bd. 119, S. 579 - 591

ALLMENDINGER, A. (1976): Der Innovationsprozeß des Maisanbaus in Baden-Württemberg. In: Stuttgarter Geogr. Studien Bd. 90, S. 189 - 213

AMTSFELD, P. (1973): Die siedlungsgeographische Struktur von Gäudörfern im Endstadium einer extrem einseitigen agrarischen Entwicklung. Freiburger Geographische Hefte 13

ANDREAE, B. (1960): Spezialisierung und Betriebsvereinfachung. In: Ber. über Landwirtschaft NF, Bd. 38: S. 467 - 481

ANDREAE, B. (1977): Agrargeographie. Berlin/New York

ANDREAE, B. & E. GREISER (1978): Strukturen deutscher Agrarlandschaft. Forschungen z. dt. Landeskunde Bd. 199

ARNIM, V. von (1957): Krisen und Konjunkturen der Landwirtschaft in Schleswig-Holstein vom 16. bis zum 18. Jahrhundert. Quellen und Forschungen zur Geschichte Schleswig-Holsteins Bd. 35

BABO, F. von (1956): Landwirtschaftliche Betriebslehre für die Flurneuordnung. Frankfurt

Die badische Landwirtschaft im Allgemeinen und in den einzelnen Gauen. 1. Band 1932, 3. Band 1936. Karlsruhe

BÄHR, J. (1971): Regionalisierung mit Hilfe von Distanzmessungen. In: Raumforschung und Raumordnung 29, S. 11 - 18

BAHRENBERG, G. & E. GIESE (1975): Statistische Methoden und ihre Anwendung in der Geographie. Stuttgart

BAHRENBERG, G. & E. GIESE (1974): Zum Problem der Normalität und der Transformationen bei der Faktorenanalyse bzw. Hauptkomponentenanalyse. In: Giessener Geogr. Schriften H. 32, S.2 - 29

BECK, H. (1976): Untersuchung über die Effizienz von Flurbereinigungsverfahren. Diss. München

BECK, O. (1963): Veränderungen in der Wirtschafts- und Sozialstruktur der Vorderpfalz und ihre Auswirkungen auf das Landschaftsbild seit dem Ende des 19. Jahrhunderts. Veröff. d. Pfälz. Gesellsch. f. Förderung d. Wissensch. B. 43

BECKER, F. (1976): Neuordnung ländlicher Siedlungen in der Bundesrepublik Deutschland. Bochumer Geogr. Arb. H. 26

BECKER, H.-J. (1978): Die Entwicklung der Agrarverfassung in ausgewählten Gebieten Südwestdeutschlands. Diss. Hohenheim

BERGMANN, H. (1971): Entwicklungstendenzen der Agrarstruktur und ihre Bestimmungsgründe. In: Veröff. Akad. f. Raumf. u. Landesplanung, Forsch.-u. Sitzungsber. 66, S. 131-153

BERGMANN, T. (1978): Agrarstrukturwandel und Agrarpolitik. In: Strukturwandel und Strukturpolitik im ländlichen Raum. Festschr. H. Röhm, S. 157 - 189

BERKENBUSCH, F. (1972): Die Rechtsgeschichte der Flurbereinigung in Deutschland. Diss. Göttingen

BIRKENHAUER, J. (1964): Jüngere Wandlungen in der Kulturlandschaft der Eifel. In: Geogr. Rundsch. 16, S. 15 - 26

BLOHM, G. (1979): Der betriebswirtschaftliche Entwicklungsstand in der EG im Vergleich zu anderen Ländern. In: Ber. über Landw. NF, 57, S. 1-14

BLOHM, E. & H. SCHMIDT (1970): Landwirtschaftliche Betriebswirtschaft. Stuttgart

BOESLER, K.A. (1969): Kulturlandschaftswandel durch raumwirksame Staatstätigkeit. Abh. d. 1. Geogr. Instit. FU Berlin, Bd. 12

BOHTE, H.-G. (1928): Die Bodenzersplitterung und ihr Einfluß auf die betriebswirtschaftlichen Verhältnisse der Landwirtschaft in Deutschland. Diss. Kiel

BOHTE, H.-G. (1957): Strukturverbesserung im Bauernbetrieb. Schriftenreihe für Flurbereinigung Sonderheft.

BOHTE, H.-G. (1965): Grundlagen der Agrarstruktur in der Bundesrepublik Deutschland. In: Ber. über Landwirtschaft NF 43, S. 393 - 442

BOHTE, H.-G. (1968): 250 Jahre Flurbereinigungsgesetzgebung - 200 Jahre Landeskulturbehörden in Deutschland. Innere Kolonisation, Jg. 17, Heft 6

BOHTE, H.-G. (1970^3): Landeskultur und Verbesserung der Agrarstruktur in der Gesetzgebung der Bundesrepublik Deutschland und ihrer Länder. Schriftenreihe d. Gesellschaft z. Förderung der inneren Kolonisation H. 23

BOHTE, H.-G. (1976): Landeskultur in Deutschland. Ber. über Landw. Sonderheft 193

BOLLACK, (1931): Die Bedeutung der Flurbereinigung für die badische Landwirtschaft. In: Zeitschrift für Vermessungswesen H. 3, S. 82 - 91

BORTZ, J. (1979): Lehrbuch der Statistik für Sozialwissenschaftler. Berlin/Heidelberg/New York

BOUSTEDT, O. & H. RANZ (1957): Regionale Struktur- und Wirtschaftsforschung - Aufgaben und Methoden. Veröff. Akad. f. Raumf. u. Landesplanung, Abh. Bd. 33

BRAACH, R. (1958): Landwirtschaft und Bevölkerung des Siegerlandes unter dem Einfluß industrieller und landeskultureller Wirkkräfte. Diss. Bonn

BRANDKAMP, F. (1963): Folgemaßnahmen nach der Flurbereinigung und ihre Auswirkungen in fünf Flurbereinigungsgebieten des Landes Nordrhein-Westfalen. Forschung und Beratung Reihe B, H. 9

BRANDKAMP, F. (1964): Auswirkungen der Flurbereinigung und der landwirtschaftlichen Folgemaßnahmen. In: Ber. über Landw. NF 42, S. 269 - 292

BREIT, R. D. (1968): Die Verbesserung der Betriebsgrößenstruktur in der Landwirtschaft der EWG unter besonderer Berücksichtigung von Maßnahmen zur Steigerung des Landangebotes. Diss. Gießen

BRÜNNER, F. (1973): Der Wandel der Agrarstruktur und seine Einflüsse auf das Agrarrecht dargestellt insbesondere an den Gegebenheiten des Landes Baden-Württemberg. In: Agrarrecht 3 Jg., H. 8, S. 245 - 249

BRÜSCHKE, W.; VOGLER, L. & W. WÖHLKE (1973): Prozesse der Kulturlandschaftsgestaltung: Empirische Untersuchung zu raumrelevanten Verhaltensweisen gesellschaftlicher Gruppierungen am Beispiel von neun ländlichen Gemeinden des Kreises Eschwege. In: Marburger Geogr. Schriften H. 60, S. 327 - 353

BRUNDKE, M.; GOLDSCHMITT, P.H.; JÄGER, P.; MÜSSIG, G. & F. WELLING (1979): Einfluß der Flurbereinigung auf die Bewirtschaftung landwirtschaftlicher Betriebe. KTBL Schriften H. 237

BUROSE, H. (1977): Analyse der agrarstrukturellen Entwicklung ehemals kleinbäuerlicher Dörfer unter besonderer Berücksichtigung exemplarischer Tragfähigkeitsberechnungen. Forschungsgesellsch. f. Agrarpolitik u. Agrarsoziologie H. 236

CLOOS, H.-M. (1980): Die nordbadische Agrarlandschaft - Aspekte räumlicher Differenzierung. Forsch. z. dt. Landeskunde Bd. 215

DAMS, T. (1970): Agrarstruktur. In: Handwörterbuch Raumf. u. Raumordnung, S. 58 - 68, Hannover

DEENEN, B. van (1970): Wandel im Verhalten, in den Einstellungen und Meinungen westdeutscher Landwirte zu Beruf, Familie und Gesellschaft. Forschungsgesellschaft f. Agrarpolitik u. Agrarsoziologie H. 211

DEUTSCH, K. (1973): Kulturlandschaftswandel im Kraichgau und Oberen Nahebergland seit 1945. Arb. aus d. Geogr. Inst. d. Univ. d. Saarlandes Bd. 17

DIETZE, C. von (1967): Grundzüge der Agrarpolitik. Hamburg

DOEPPING, H. (1870): Die bessere Eintheilung der Felder und die Zusammenlegung der Grundstücke. Heidelberg

DORN, H. (1904): Die Vereinödung in Oberschwaben. Kempten

EILFORT, H. (1975): Der Einfluß der Flurbereinigung auf die Mobilität des landwirtschaftlich genutzten Bodens. In: Zeitschr. f. Kulturtechnik und Flurbereinigung 16, S. 221 - 229

ENDRISS, G. (1961): Die Separation im Allgäu. In: Geografiska Annaler 43, S. 46 - 56

ENGBERDING, H. (1952): Die Wirtschaftlichkeit der Flurbereinigung im Bereich großbäuerlicher Betriebe, untersucht an einem niedersächsischen Beispiel. Diss. Göttingen

ERNST, E.(1968a): Siedlungsgeographische Folgeerscheinungen der Agrarstrukturverbesserung innerhalb der Dörfer. In: Ber. z. dt. Landeskunde 40, S. 223 - 237

ERNST, E. (1968b): Die agrar- und siedlungsgeographische Bedeutung der "Beispielsmaßnahme Trendelburg". In: Geogr. Rundsch. 20, S. 234 - 244

ERTL, F. (1953): Die Flurbereinigung im deutschen Raum. Volkswirtschaftliche Zeitfragen H. 14

FASTERDING, F. & W. PETERS (1981): Betriebsgrößenstruktur und Beschäftigung in der Landwirtschaft. In: Agrarwirtschaft 30, S. 165 - 171

Faustzahlen für Landwirtschaft und Gartenbau (1983^{10}). Münster-Hiltrup

FEITER, F.-J. (1969): Die betriebswirtschaftlichen Auswirkungen der Flurbereinigung auf die Landwirtschaft der Gemeinde Mutscheid und zukünftige Entwicklungsmöglichkeiten von Voll- und Nebenerwerbsbetrieben. Schriftenr. f. Flurbereinigung H. 51

Die Flurbereinigung in Zahlen (1980). Schriftenreihe des Bundesministeriums für Ernährung, Landwirtschaft und Forsten Reihe B: Flurbereinigung. Sonderheft

FRICKE, W. (1959): Sozialfaktoren in der Agrarlandschaft des Limburger Beckens. Rhein-Mainische Forschungen H. 48

FRICKE, W. (1961): Lage und Struktur als Faktoren des gegenwärtigen Siedlungswachstums im nördlichen Umland von Frankfurt. In: Rhein-Mainische Forschungen H. 50: S. 45 - 83

GAENSSLEN, H. & W. SCHUBÖ (1973): Einfache und komplexe statistische Analyse. München

GALLUSSER, W. A. (1964): Die landwirtschaftliche Aussiedlung in der strukturverbesserten Agrarlandschaft am Beispiel des Kreises Schleiden. Erdkunde 18, S. 311 - 328

GAMPERL, H. (1949): Der Landwirt und die Flurbereinigung. In: Landw. Jahrb. f. Bayern 26 Jg. H. 11/12, S. 3 - 30

GAMPERL, H. (1955): Die Flurbereinigung im westlichen Europa. München

Die Gemeinde Meckesheim (1972). Meckesheim

GERNER, K. (1960): Die Landwirtschaft im Karlsruher Raum. In: Der Kreis Karlsruhe S. 264 - 274, Aalen

GEYER, O. F. & M. P. GWINNER (1964): Einführung in die Geologie von Baden-Württemberg. Stuttgart

GIESE, E. (1978): Kritische Anmerkungen zur Anwendung faktorenanalytischer Verfahren in der Geographie. In: Geogr. Zeitschr. 66, S. 160 - 18

Grundlagen und Methoden der landwirtschaftlichen Raumplanung. (1969). Hannover

GUMMERT, H. & U. WERSCHNITZKY (1965): Wirtschaftliche Auswirkungen von Maßnahmen zur Verbesserung der Agrarstruktur im Zusammenhang mit der Flurbereinigung in Schleswig-Holstein und den nördlichen Teilen Niedersachsens und Nordrhein-Westfalens. Schritenreihe f. Flurbereinigung H. 39

HAAF, A. (1975^2): Meine Meimat Mauer an der Elsenz. Mauer

HÄSELBARTH, C. (1966): Strukturwandel in der Rindviehhaltung in der Bundesrepublik Deutschland zwischen 1951 und 1964. Diss. Hohenheim

HAHN, H. (1977): Auswirkungen von Weinbergsflurbereinigungen auf die Sozial- und Wirtschaftsstruktur der Weinbaubetriebe am Beispiel der Verfahren Boppard I und Oberwesel I, Oberes Mittelrheingebiet. In: Erdkunde 31, S. 193 - 206

HAHN, H. (1979): Strukturwandlungen in Weinbaugemeinden des "Oberen Mittelrheintales" im Gefolge von Flurbereinigungen. In: Innsbrucker Geogr. Studien Bd. 5, S. 341 - 356

HANTELMANN, H. (1978): Agrarische Wirkungen der Flurbereinigung. Forschungsgesellschaft f. Agrarpolitik und Agrarsoziologie H. 249

HARTKE, W. (1966): Sozialbrache. In: Handwörterbuch Raumf. u. Raumordnung, S. 1797 - 1806

HEIMBÜRGER, H. (1964): Die Flurbereinigung, eine Maßnahme zur Verbesserung der Lebensverhältnisse in ländlichen Räumen. In: Zeitschr. f. Kulturtechnik und Flurbereinigung 5, S. 85 - 101

HEINRICHS, W.-C. (1975): Die Neuordnung des ländlichen Raumes durch Flurbereinigung. Schriftenr. f. Flurbereinigung Sonderheft

HELD, R. (1971): Probleme moderner Landentwicklung unter besonderer Berücksichtigung der Kulturlandschaft - aus der Sicht der Flurbereinigung. In: Zeitschr. f. Kulturtechnik und Flurbereinigung 12, S. 65 - 74

HENNEN, W. (1952): Die betriebswirtschaftlichen Auswirkungen der Flurbereinigung dargestellt an Flurbereinigungsverfahren im Kreise Schleiden. Diss. Bonn

HENNING, F. W. (1978): Landwirtschaft und ländliche Gesellschaft in Deutschland. Bd. 2 1750 - 1976. Paderborn

HENRICHSMEYER, W. (1978): Einfluß veränderter gesamtwirtschaftlicher Rahmenbedingungen auf Landwirtschaft und Agrarpolitik. In: Agrarwirtschaft 27, S. 93 - 102

HERLEMANN, H.-H. (1976): Ausgangssituation und zukünftige Rahmenbedingungen. In: Betriebs- und Arbeitswirtschaft in der Praxis 21, S. 9 - 19

HOLFELDER, G. (1955): Verbesserung der Agrarstruktur in den Naturlandschaften des Regierungsbezirkes Südbaden durch Flurbereinigung und ländliche Siedlung. Diss. Freiburg

HOTTES, K.; BLENCK, J. & U. Meyer (1973): Die Flurbereinigung als Instrument aktiver Landschaftspflege dargestellt an Flurbereinigungsbeispielen aus dem Hochsauerland und seinen Randgebieten Forschung und Beratung C 21

HOTTES, H. & J. NIGGEMANN (1971): Flurbereinigung als Ordnungsaufgabe. Bd. V der Materialien zur Raumordnung aus dem Geogr. Inst. d. Ruhr-Universität Bochum, Forschungsabt. f. Raumordnung

JANETZKOWSKI, J, (1960): Auswirkungen der Flurbereinigung und Wirtschaftsberatung in der Gemeinde Schaafheim. Schriftenreihe für Flurbereinigung H. 27

KARMASIN, F & H. KARMASIN (1977): Einführung in die Methoden und Probleme der Umfrageforschung. Graz

KEES, H. P. & W. PERSCH (1973): Die Weinbergsflurbereinigung als eine der wichtigsten Maßnahmen zur nachhaltigen Verbesserung der Agrarstruktur unter besonderer Berücksichtigung der Reblandumlegung Oberwesel-Engehöll-Weiler Bopparder Tal. In: Weinberg und Keller 20, S. 271 - 280

KELLER, K. (1975): Aus Waldangellochs Vergangenheit. Waldangelloch

KEMPER, F.-J. (1975): Die Anwendung faktorenanalytischer Rotationsverfahren in der Geographie des Menschen. In: Giessener Geogr. Schriften H. 32, S. 34 - 47

KESSLER, M. (1969): Neue Betriebsformen in der Landwirtschaft. In: Geogr. Rundschau 21, S. 471 - 475

KIEHNLE, E. et al (1973): Rohrbach am Gießhübel. Heimatbuch. Eppingen-Rohrbach

KILCHENMANN, A. (1968): Untersuchungen mit quantitativen Methoden über die fremdenverkehrs- und wirtschaftsgeographische Struktur der Gemeinden im Kanton Graubünden (Schweiz). Diss. Zürich

KILCHENMANN, A. (1975): Zum gegenwärtigen Stand der "quantitativen und theoretischen Geographie". In: Giessener Geogr. Schriften H. 32, S. 194 - 203

KLASEN, M. (1953): Die betriebswirtschaftlichen Auswirkungen der Flurbereinigung, dargestellt an Flurbereinigungsverfahren im Siegerland. Diss. Bonn

KLEMMER, P. (1971): Die Faktorenanalyse im Rahmen der Regionalforschung. In: Raumforsch. u. Raumordnung 29, S. 6-11

Klimaatlas von Baden-Württemberg (1953). Hrsg. v. Dt. Wetterdienst. Bad Kissingen

KÖBLER, E. (1925): Die natürlichen und wirtschaftlichen Verhältnisse in ihrem Einfluß auf die Landwirtschaft in Baden. Diss. Hohenheim

KÖHNE, M. (1980): Auswirkungen veränderter Rahmenbedingungen auf die landwirtschaftlichen Betriebe. In: Schriftenr. f. ländl. Sozialfragen H. 83, S. 7 - 22

KÖHNE, M. & N. LORENZEN (1977): Längerfristige Auswirkungen eines abgeschwächten Wirtschaftswachstums auf den Strukturwandel in der Landwirtschaft der Bundesrepublik Deutschland. Landwirtschaft - Angewandte Wissenschaft H. 198

KÖNIG, R. (1980): Die Wohnflächenbestände der Gemeinden der Vorderpfalz. Heidelberger Geogr. Arb. H. 68

KOHLER, W. (1971): Flurbereinigung und Dorferneuerung dargestellt an der Beispieldorferneuerung Stebbach im Realteilungsgebiet Südwestdeutschlands. Karlsruhe

KOPP, I. (1975): Untersuchungen zur Siedlungsgenese, Wirtschafts- und Sozialstruktur in Gemeinden des Südost-Spessarts. Mainzer Geogr. Studien H.1

KRAICHTAL Jahrbuch (1978). Kraichtal

KROES, G. (1971): Der Beitrag der Flurbereinigung zur regionalen Entwicklung: Sozialökonomische Auswirkungen, Kosten, Konsequenzen. Schriftenr. f. Flurbereinigung H. 55

KRUMM, G. (1954): Die Flurbereinigung allein genügt nicht. Inst. f. Raumforschung Informationen 4, S. 447 - 452

LÄPPLE, E. C. (1981): Untersuchungen zur Effizienz der Flurbereinigung. In: Zeitschr. f. Kulturtechnik und Flurbereinigung 22, S. 323 - 332

LAMPE, A. (1976): Mobilitätsverhältnisse und einzelbetriebliche Investitionsförderung. In: Agrarwirtschaft 25, S. 207 - 214

Das Land Baden-Württemberg. (1980) Bd. IV. Regierungsbezirk Stuttgart, Regionalverbände Franken und Ostwürttemberg. Stuttgart

Das Land Baden-Württemberg. (1976) Bd. V. Regierungsbezirk Karlsruhe. Stuttgart

LAUX, H.-D. (1977): Jüngere Entwicklungstypen der Agrarstruktur, dargestellt am Beispiel des Landkreises Mayen/Eifel. Arb. z. Rheinischen Landeskunde H. 41

LAUX, H.-D. & G. THIEME (1978): Die Agrarstruktur der Bundesrepublik Deutschland. In: Erdkunde 32: 182 - 198

LEHMANN, G. (1975): Einflüsse der Flurbereinigung auf die landwirtschaftliche Betriebsstruktur im Kraichgau. Univ. Heidelberg, Geowiss. Fak. Zulassungsarbeit Geogr.

LINDAUER, G. (1972): Zum Strukturwandel der ländlichen Gebiete nach dem Zweiten Weltkrieg. In: Geogr. Rundschau 24, S. 49

LIPINSKI, E. (1970): Möglichkeiten der Mobilisierung des Bodens im Interesse einer beschleunigten Verbesserung der Betriebsgrößenstruktur in der Landwirtschaft. Ber. über Landwirtschaft, Sonderheft 186

LÜTGE, F. (1963): Geschichte der deutschen Agrarverfassung vom frühen Mittelalter bis zum 19. Jahrhundert. Stuttgart

MAYHEW, A. (1970): Zur strukturellen Reform der Landwirtschaft in der BRD, erläutert an der Flurbereinigung in der Gemeinde Moorien/Wesermarsch. Westfälische Geogr. Studien H. 22

METZ, F. (1922): Der Kraichgau. Karlsruhe

MEYER, K. (1964): Ordnung im ländlichen Raum. Stuttgart

MIKUS, W. (1967): Flurbereinigung, Aussiedlung und landwirtschaftliche Neusiedlung in Westfalen. Festschr. z. Vollendung d. 65. Lebensjahres v. Dr. K. Keil. Münster

MIKUS, W. (1968a): Die Auswirkungen der Agrarplanung nach 1945 auf die Agrar- und Siedlungsstruktur des Raumes Westfalen, dargestellt an Beispielen durchgeführter Flurbereinigungsverfahren. Schriftenr. f. Flurbereinigung H. 47

MIKUS, W. (1968b): Geographische Aspekte der Flurbereinigung, Aussiedlung und landwirtschaftlichen Neusiedlung in Westfalen. In: Ber. z. dt. Landeskunde Bd. 41, S. 73 - 84

MÜLLER, G. (1962): Die Agrarstruktur der Bundesrepublik Deutschland. Diss. Graz

MÜLLER, G. (1967): Die Effizienz von Förderungsmaßnahmen im Bereich der Strukturverbesserung. Vorträge der 21. Hochschultagung der landwirtsch. Fakultät der Univ. Bonn am 3. u. 4. Okt. 1967 in Münster

MÜLLER, W. (1970): Städtebau. Stuttgart

MÜSSIG, H. P. (1981): Determinanten und sozialökonomische Auswirkungen der Weinbergsflurbereinigung in Franken. Würzburger Geogr. Arb. H. 52

NAGEL, F. N. (1978): Historische Verkoppelung und Flurbereinigung der Gegenwart - ihr Einfluß auf den Wandel der Kulturlandschaft. In: Zeitschr. f. Agrargeschichte u. Agrarsoziologie 26, S. 13 -41

NEANDER, E. (1981): Entwicklungstendenzen der Agrarstruktur in der Bundesrepublik Deutschland. In: Zeitschr. f. Kulturtechnik u. Flurbereinigung, 22,S. 140 - 150

NECKERMANN, L. & T. BERGMANN (1958): Die Wiederaufsplitterung nach der Flurbereinigung in Unterfranken. Schriftenr. f. Flurbereinigung H. 18

NEUMANN, L. (1892): Die Volksdichte im Großherzogtum Baden. Forschungen z. dt. Landes- u. Volkskunde 7

NEUMEISTER, H. (1973): Probleme der Anwendung und Auswertung der Faktorenanalyse bei geographischen Untersuchungen. Diss. Halle-Wittenberg

NICLAS, M. (1966): Veränderungen der Agrarstruktur von 1949 bis 1960 und Entwicklungsmöglichkeiten der Landwirtschaft in kleinbäuerlichen Gebieten. Diss. Freiburg

NIGGEMANN, J. (1980): Die Agrarstruktur- und Kulturlandschaftsentwicklung. In: Geogr. Rundschau 32, S. 171 - 176

OLSEN, K. H. (1954): Veränderungen in der westdeutschen Agrarstruktur. In: Raumforsch. u. Raumordnung 12, S. 1 - 6

OPPERMANN, E. (1960): Weitere Untersuchungen über wirtschaftliche Auswirkungen von Maßnahmen zur Verbesserung der Agrarstruktur im Rahmen der Flurbereinigung. Schriftenr. f. Flurbereinigung H. 29

OSTHEIDER, M. (1979): Multivariate Analyse für Geographen. Berichte und Skripten zur Quantitativen Geographie Nr. 3

OSTHOFF, F. (1967): Flurbereinigung und Dorferneuerung. Schriftenr. f. Flurbereinigung H. 42

PANTHER, A. (1963): Agrarstruktur und Flurbereinigung im ehemaligen Land Baden. In: Allg. Vermessungs-Nachr., 70, S. 385-392

PEINEMANN, B. (1975): Zur Neugestaltung der Ziele der Flurbereinigung Innere Kolonisation 24, S. 59 - 62

Planungsatlas von Baden-Württemberg. (1969):Hrsg. v. Akad. f. Raumf. u. Landesplanung u. Innenministerium Bad.-Württemberg Hannover

PRIEBE, H. & E. OPPERMANN, (1957): Wirtschaftliche Auswirkungen von Maßnahmen zur Verbesserung der Agrarstruktur im Rahmen der Flurbereinigung. Schriftenr. f. Flurbereinigung H. 15

RADLOFF, A. (1951): Betriebswirtschaftliche Probleme der Flurbereinigung, dargestellt am einer Gemeinde des Hohen Westerwaldes Diss. Gießen

RANDOW, F. von (1964): Die Landmobilisierung als Schlüssel zur Verbesserung der Agrarstruktur. In: Innere Kolonisation 13, S. 246 - 250

RASE, W. D. (1970): Elektronische Datenverarbeitung in der Geographie. In: Elektronische Datenverarbeitung 8, S. 343 - 350

RÖHM, H. (1957): Die Vererbung des landwirtschaftlichen Grundeigentums in Baden-Württemberg. Forschungen z. dt. Landeskunde Bd. 102

RÖHM, H. (1960): Agrarplanung als Grundlage der Flurbereinigung und anderer landwirtschaftlicher Strukturverbesserungen in städtisch-industriellen Ballungsräumen. Schriftenr. f. Flurbereinigung H. 28

RÖHM, H. (1964): Die westdeutsche Landwirtschaft. Agrarstruktur, Agrarwirtschaft und landwirtschaftliche Anpassung. München/Basel/Wien

RUWENSTROTH, G. & B. SCHIERENBECK (1980): Effizienz der Flurbereinigung. Schriftenr. d. Bundesministeriums f. Ernährung, Landw. u. Forsten, Reihe B: Flurbereinigung H. 69

SARA, Y. (1977): Die Effizienz der Flurbereinigung unter besonderer Berücksichtigung der landwirtschaftlichen Betriebsgröße in Schleswig-Holstein. Agrarwirtschaft Sonderheft 71

SCHÄFLE, H. (1967): Die Aussiedlung in Baden-Württemberg im Rahmen der Maßnahmen zur Verbesserung der Agrarstruktur. Diss. Innsbruck

SCHENK, C. (1867): Die bessere Eintheilung der Felder und Zusammenlegung der Grundstücke mit besonderer Rücksicht auf das südwestliche Deutschland. Wiesbaden

SCHERER, H. (1940): Landschaft und Wirtschaft des Pfinzgaus. Oberrhein-Geogr. Abh. H. 4

SCHICKE, H. (1969): Zu den Problemen der Neuordnung der Flur. In: Zeitschr. f. Kulturtechnik und Flurbereinigung, 10, S. 322-327

SCHMITT, G. (1982): Veränderte Rahmenbedingungen und sozialökonomischer Strukturwandel in der Landwirtschaft. In: Agrarwirtschaft 31, S. 1 - 6

SCHNEPPE, F. (1970): Gemeindetypisierungen auf statistischer Grundlage. Veröff. d. Akad. f. Raumforschung und Landesplanung Beitr. 5

SCHÖCK, G. (1970): Die Aussiedlung landwirtschaftlicher Betriebe. In: Württ. Jahrb. f. Volkskunde S. 85 - 96

SCHOTTMÜLLER, H. (1961): Der Löß als gestaltender Faktor in der Kulturlandschaft des Kraichgaus. Forsch. z. dt. Landeskunde Bd. 130

SCHREINER, G. (1974): Ziele und Mittel der Agrarstrukturpolitik seit 1871 im Deutschen Reich und in der Bundesrepublik Deutschland. Diss. Bonn

SCHREYER, A. (1969): Flurbereinigung und Straßenbau. In: Zeitschrift f. Kulturtechnik und Flurbereinigung 10, S. 202 - 216

SCHRÖDER, F. (1951): Die betriebswirtschaftlichen Auswirkungen der Flurbereinigung im Jura. In: Landwirtschaftliches Jahrb. f. Bayern, 28, S. 3 - 71

SCHWARZ, G. (1955): Geographische Zusammenhänge der Verkoppelung in Niedersachsen. In: Tagungsber. u. wiss. Abh. dt. Geographentag in Essen, 29, S. 187 - 194

SCHWARZ, G. (1968a): Schwerpunktbildung in der Nutzviehhaltung. In: Statistische Monatshefte Bad.-Württembg. 16, S. 259 - 265

SCHWARZ, G. (1968b): Wandlungen im Ackerbau. In: Statistische Monatshefte Bad.-Württembg. 16, S. 250 - 254

SCHWEDE, T. C. (1969): Die Bedeutung der Flurbereinigung für die Betriebsgrößenstruktur in der Landwirtschaft. In: Berichte über Landwirtschaft NF, 47, S. 531 - 545

SCHWEDE, T. C. (1971): Entwicklungsziele der in der Bundesrepublik Deutschland mit der Verbesserung der Agrarstruktur befaßten Behörden und Institutionen im Vergleich mit der Organisation im benachbarten Ausland unter besonderer Berücksichtigung der Flurbereinigung. Schriftenr. f. Flurbereinigung H. 57

SENKE, W. (1938): Untersuchungen über den Einfluß der Gemengelage auf den Arbeitsaufwand. In: Landwirtschaftliche Jahrbücher 86, S. 122 - 167

SICK, W.-D. (1952): Die Vereinödung im nördlichen Bodenseegebiet. In: Württemberg. Jahrbücher f. Statistik u. Landeskunde Jg. 1951/52, S. 81 - 105

SICK, W.-D. (1955): Flurzusammenlegung und Ausbausiedlung in der Nordostschweiz. In: Erdkunde 9, S. 169 - 188

SPAETGENS, F.H. (1955a): Die Auswirkungen der Flurbereinigung in der Muschelkalkzone der Südeifel, dargestellt am Beispiel der bereinigten Gemarkung Eisenach im Landkreis Trier. Diss. Bonn

SPAETGENS, F.H. (1955b): Woher kommt das Land für Betriebsaufstockung? In: Zeitschr. f. d. gesamte Siedlungswesen 4, S. 2 - 4

SPERBER, K. (1938): Bäuerliche Betriebsorganisation in der Hocheifel und ihre Beeinflussung durch die wirtschaftliche Umlegung der Grundstücke. Diss. Bonn

SPITZER, H. (1975): Regionale Landwirtschaft. Hamburg/Berlin

Die Stadt- und die Landkreise Heidelberg und Mannheim (1966) Bd. I (1968) Bd. II

STAMMER, J. (1930): Die Entwicklung der Feldbereinigung in Baden. Karlsruhe

STATISTIK VON BADEN-WÜRTTEMBERG:
 (1952) Bd. 3 Gemeinde- und Kreisstatistik 1950
 (1964) Bd. 90, Teile 1, 3, 4
 (1970) Bd. 161, Hefte 2, 3
 (1974) Bd. 161, Hefte 4a, 4b

STATISTISCHES JAHRBUCH FÜR DIE BUNDESREPUBLIK DEUTSCHLAND 1952, 1954, 1965, 1970, 1972, 1973

STEINDL, E. (1954): Die Flurbereinigung und ihr Verhältnis zur Kulturlandschaft in Mittelfranken. Schriftenr. f. Flurbereinigung H. 3

STEINER, D. (1979): Multivariate Analyse für Geographen. Berichte u. Skripten zur Quantitativen Geographie. Nr. 4

STETTLER, O. (1960): Die Grundprobleme der Rationalisierung in der westdeutschen Landwirtschaft unter besonderer Berücksichtigung der Verhältnisse in Bayern. Diss. Nürnberg

STRAUB, H.R. (1953): Die wirtschaftlichen und soziologischen Auswirkungen der Güterzusammenlegung in der Schweiz. Luzern

STRÖSSNER, G. (1976): Aufgaben und Probleme der Flurbereinigung heute. In: Zeitschr. f. Vermessungswesen 8, S. 339 - 346

STRUFF, R. et al. (1978): Regionale Wirkungen der Flurbereinigung. Schriftenreihe "Raumordnung" des Bundesministers für Raumordnung, Bauwesen und Städtebau 06.027

THIEME, G. (1971): Jüngere Strukturwandlungen im unteren Lahntal unter besonderer Berücksichtigung der Gemeinde Weinähr. In: Arb. z. Rheinischen Landeskunde H 32, S. 71 - 89

THIEME, G. (1975): Regionale Unterschiede der agrarstrukturellen Entwicklung. Arb. z. Rheinischen Landeskunde H. 38

THOMAS, R.J.P. (1967): Flurbereinigung, Aussiedlung und Neusiedlung im rheinischen Schiefergebirge (anhand ausgewählter Beispiele). Diss. Bonn

ÜBERLA, K. (1971^2): Faktorenanalyse. Berlin

URFF, W. von & H. AHRENS (1982): Landwirtschaft unter veränderten Rahmenbedingungen. In: Berichte über Landw. NF 60, S. 294 - 305

Die Verbesserung der Agrarstruktur in der Bundesrepublik Deutschland. Hrsg. Bundesministerium f. Ernährung, Landwirtschaft u. Forsten, 1964/65, 1970, 1971, 1979 und 1980. Bonn

VIESER, K. (1964): Probleme der ländlichen Bodenordnung im südwestdeutschen Raum. Schriftenr. f. Flurbereinigung H. 38

VÖGELY, L. (1964): Eschelbacher Heimatbuch. Eschelbach

WALTER, W. (1977): Die Entwicklung der Agrarstruktur zehn ehemaliger Kleinbauerndörfer und daraus abgeleitete Konsequenzen für Planungen im ländlichen Raum. Forschungsgesellsch. f. Agrarpolitik und Agrarsoziologie H. 237

WEICHBRODT, E. (1981): Der Einfluß von Raumausstattung, Betriebsgrößen und Bevölkerungsgruppen auf den agrarstrukturellen Wandel in Nordhessen. Berliner Geogr. Studien Bd. 6

WELLING, F. (1955): Flurzersplitterung und Flurbereinigung im nördlichen und westlichen Europa. Schriftenr. f. Flurbereinigung H. 6

WIESNER, J. (1960): Die Wiederzersplitterung der landwirtschaftlichen Nutzfläche nach der Flurbereinigung, dargestellt an 49 Flurbereinigungsunternehmen, die vor 45 - 50 Jahren im Regierungsbezirk Oberbayern durchgeführt wurden. Diss. Bonn

WILSTACKE, L. (1978): Der Beitrag der Flurbereinigung zur Raumordnung. Forschungsgesellschaft f. Agrarpolitik u. Agrarsoziologie H. 248

WILSTACKE, L. (1980): Beitrag der Flurbereinigung zur Landentwicklung. In: Agrarwirtschaft 29, S. 197 - 209

WIRTH, E. (1979): Theoretische Geographie. Stuttgart

WIRTH, H. (1960): Die Entwicklung der Landwirtschaft in Baden-Württemberg. Jahrbücher f. Statistik u. Landeskunde v. Baden-Württemberg, 5, H. 1

WIRTH, H. (1967): Die Lage des badenwürttembergischen Landbaus in der Endphase der Eingliederung in die EWG. Jahrbücher f. Statistik und Landeskunde v. Baden-Württemberg, 11

WIRTH, H. (1970): Die Lage der badenwürttembergischen Landwirtschaft um 1970. Jahrbücher f. Statistik u. Landeskunde v. Baden-Württemberg, 15, S. 5 - 80

WOLF, C. (1961): Flurbereinigung und Aussiedlung als Voraussetzung und Mittel der Rationalisierung der deutschen Landwirtschaft. Diss. Köln

SUMMARY

The aim of this study was to determine the repercussions of land consolidation, a centuries-old traditional instrument of agricultural policy, on the extent of structural changes in present-day agriculture at municipal level. The information gained was used to find out under which conditions land consolidation caused changes in the farm size structure of a municipality, in the socio-economic framework, in land use and in animal husbandry; in addition, the nature of the changes was defined.

A comprehensive impact analysis was carried out based on the global improvements of the productive factors at farm level, which led to a reduction in the labor input necessary for the individual agricultural undertaking. Effects other than this reduction in the labor force cannot be preprogrammed but depend upon the readiness and ability of the farmers to reinvest the time "gained" into their farms. However, this readiness and the type of reinvestment depend on the prevailing conditions in a certain municipality, which are in turn determined by economic, social and political factors and by traditional structures.

Based on the findings concerning actual and potential repercussions, several ideal types of developmental variants attributable to land consolidation were presented and evaluated empirically. The method used for this evaluation was that of an actual impact analysis including a vertical comparison (situational analysis "before and after") and a horizontal comparison (causal analysis - comparison with a non-consolidated municipality). A vertical comparison alone does not suffice to clearly define the individual effects of land consolidation, since the changes observed can also be due to other factors. The vertical comparison was therefore complemented by a horizontal comparison contrasting the structural development in a consolidated municipality with that of a non-consolidated municipality with a comparable agricultural structure. On the other hand, a horizontal comparison alone is not sufficient either; it requires additional vertical comparisons which permit to include the specific conditions prevailing in a municipality before land consolidation.

The informative value of a horizontal comparison is determined by the selection of the non-consolidated reference municipality. It was therefore necessary to classify all municipalities in the region covered by this study according to their agricultural structure.

This classification was carried out by means of a factor analysis and a subsequent distance grouping on the basis of the time spans used in official statistics (1949/50, 1960/61, 1970/71/72). From each of the five groups of municipalities obtained by this classification a consolidated municipality and a non-consolidated reference municipality were selected. This classification of municipalities for the three time spans showed as a first result that the consolidated municipalities as a rule remained in the same group after the completion of the land consolidation. Looking at the Kraichgau region this means that the development of the agricultural structure of consolidated municipalities does not differ from that of the non-consolidated municipalities of the same group. This was confirmed by the results of a poll revealing no differences in the type of structural changes and in their causes between consolidated and non-consolidated reference municipalities.

Before discussing the results of the empirical study it is important to point out that production and working conditions have been clearly improved in all municipalities where land consolidation measures were implemented: the lot size in the municipalities concerned increased from an average 0.11 to 0.18 hectares before land consolidation to 0.35 to 0.62 hectares after land consolidation. Furthermore, between 88% and 100% of the farmers included in the poll, which covered all the municipalities, mentioned virtually all the advantages resulting directly from land consolidation, as for example "reduction of labor input" or "improved capacity utilization of machinery due to larger lot sizes." Although farmers in the consolidated municipalities were also aware of the disadvantages caused by land consolidation (above all higher rentals, additional costs and poorer soils), the vast majority of the farmers asked (between 84% and 98%) considered the land consolidation measures as advantageous or even very advantageous for their farms.

The study of the repercussions beyond these direct effects of land consolidation on the agricultural structure led to different results depending on the type of agricultural structure. Based on these empirical findings at macroregional and meso-regional level it can be concluded that neither in the short nor in the longer run the implementation of land consolidation measures changes the agricultural structure of a municipality in such a way that the development of consolidated municipalities differs significantly from that of comparable non-consolidated municipalities.

When directly comparing municipalities at microregional level, however, divergences in the development of farm size structures, land use and animal husbandry due to land consolidation become apparent.

Land consolidation can accelerate the tendency to increase farm sizes if at the time of its implementation there is a certain number of part-time farmers in the municipality whose commitment to agriculture - be it of a material or immaterial nature - is not quite as strong as their reluctance to bear the costs resulting from land consolidation nor strong enough to counteract the financial incentives brought about by the possibility of leasing out or selling property once the land consolidation is completed. These farmers either give up their farms altogether or reduce them in size. This tendency is increased in those cases where there is a substantial number of full-time farmers who do not own sufficient land and who are motivated by the land consolidation measures to reconsider their situation and decide to take a full-time job outside the agricultural sector. The relevance of these full-time farmers in terms of the surface covered is determined by the number of non-agricultural jobs within a municipality and its surrounding region, and by the general economic situation.

It should not be ignored that these full-time farmers would eventually give up their farms in the long run even without the effects of consolidation. This would, however, happen gradually and not take place in a very short time span. Likewise, the potential of part-time farmers willing to give up their farms is not influenced by land consolidation measures. This means that also at micro-regional level land consolidation only leads to a short-term acceleration, if any, of the tendency to increase farm sizes.

Short-term and longer-term changes in land use and animal husbandry at municipal level are caused by land consolidation in those municipalities where not only a minority of farmers reinvest the labor saved back into agriculture, but where those farmers who own the major part of the arable land of a municipality are willing and able to reinvest. The readiness to do so prevails among full-time farmers. Therefore land consolidation has to be taken into consideration as a factor accounting for the extent of changes in those municipalities where most of the arable land is cultivated by full-time farmers. This, however, only holds true in those cases where the personal situation and above all the level of education of the majority of the full-time farmers puts them in a position to reinvest.

If in a municipality the number of full-time farmers with an adequate education is not sufficiently relevant in terms of the surface covered by their farms, land consolidation will bring about short-time or longer-term changes in land use only if viticulture is possible in this municipality and a viticultural land consolidation is implemented. In this case the part-time and hobby farmers are willing - for material and in particular for immaterial reasons - to reinvest the labor saved by land consolidation into viticulture by expanding the vine growing surface.

This study demonstrates that changes in the agricultural structure of a municipality going beyond those which would have happened anyway are only brought about by land consolidation if certain structural preconditions prevail in these municipalities.

HEIDELBERGER GEOGRAPHISCHE ARBEITEN

Heft 1 Felix Monheim: Beiträge zur Klimatologie und Hydrologie des Titicacabeckens. 1956. 152 Seiten, 38 Tabellen, 13 Figuren, 3 Karten im Text und 1 Karte im Anhang. DM 12,—

Heft 2 Adolf Zienert: Die Großformen des Odenwaldes. 1957. 156 Seiten, 1 Abbildung, 6 Figuren, 4 Karten, davon 2 mit Deckblatt. Vergriffen

Heft 3 Franz Tichy: Die Land- und Waldwirtschaftsformationen des kleinen Odenwaldes. 1958. 154 Seiten, 21 Tabellen, 18 Figuren, 6 Abbildungen, 4 Karten. DM 14,—

Heft 4 Don E. Totten: Erdöl in Saudi-Arabien. 1959. 174 Seiten, 1 Tabelle, 11 Abbildungen, 16 Figuren. DM 15,—

Heft 5 Felix Monheim: Die Agrargeographie des Neckarschwemmkegels. 1961. 118 Seiten, 50 Tabellen, 11 Abbildungen, 7 Figuren, 3 Karten. DM 22,80

Heft 6 Alfred Hettner – 6. 8. 1859. Gedenkschrift zum 100. Geburtstag. Mit Beiträgen von E. Plewe und F. Metz, drei selbstbiograph. Skizzen A. Hettners und einer vollständigen Bibliographie. 1960. 88 Seiten, mit einem Bild Hettners. DM 5,80

Heft 7 Hans-Jürgen Nitz: Die ländlichen Siedlungsformen des Odenwaldes. 1962. 146 Seiten, 35 Figuren, 1 Abbildung, 2 Karten. vergriffen

Heft 8 Franz Tichy: Die Wälder der Basilicata und die Entwaldung im 19. Jahrhundert. 1962. 175 Seiten, 15 Tabellen, 19 Figuren, 16 Abbildungen, 3 Karten. DM 29,80

Heft 9 Hans Graul: Geomorphologische Studien zum Jungquartär des nördlichen Alpenvorlandes. Teil I: Das Schweizer Mittelland. 1962. 104 Seiten, 6 Figuren, 6 Falttafeln. DM 24,80

Heft 10 Wendelin Klaer: Eine Landnutzungskarte von Libanon. 1962. 56 Seiten, 7 Figuren, 23 Abbildungen, 1 farbige Karte. DM 20,20

Heft 11 Wendelin Klaer: Untersuchungen zur klimagenetischen Geomorphologie in den Hochgebirgen Vorderasiens. 1963. 135 Seiten, 11 Figuren, 51 Abbildungen, 4 Karten. DM 30,70

Heft 12 Erdmann Gormsen: Barquisimeto, eine Handelsstadt in Venezuela. 1963. 143 Seiten, 11 Karten, 26 Tabellen, 16 Abbildungen. DM 32,—

Heft 13 Ingo Kühne: Der südöstliche Odenwald und das angrenzende Bauland. 1964. 364 Seiten, 20 Tabellen, 22 Karten. vergriffen

Heft 14 Hermann Overbeck: Kulturlandschaftsforschung und Landeskunde. 1965. 357 Seiten, 1 Bild, 5 Karten, 6 Figuren. vergriffen

Heft 15 Heidelberger Studien zur Kulturgeographie. Festgabe für Gottfried Pfeifer. 1966. 373 Seiten, 11 Karten, 13 Tabellen, 39 Figuren, 48 Abbildungen. vergriffen

Heft 16 Udo Högy: Das rechtsrheinische Rhein-Neckar-Gebiet in seiner zentralörtlichen Bereichsgliederung auf der Grundlage der Stadt-Land-Beziehungen. 1966. 199 Seiten, 6 Karten. vergriffen

Heft 17 Hanna Bremer: Zur Morphologie von Zentralaustralien. 1967. 224 Seiten, 6 Karten, 21 Figuren, 48 Abbildungen. DM 28,—

Sämtliche Hefte sind über das Geographische Institut der Universität Heidelberg zu beziehen.

HEIDELBERGER GEOGRAPHISCHE ARBEITEN

Heft 18 Gisbert Glaser: Der Sonderkulturanbau zu beiden Seiten des nördlichen Oberrheins zwischen Karlsruhe und Worms. Eine agrargeographische Untersuchung unter besonderer Berücksichtigung des Standortproblems. 1967. 302 Seiten, 116 Tabellen und 12 Karten.
DM 20,80

Heft 19 Kurt Metzger: Physikalisch-chemische Untersuchungen an fossilen und relikten Böden im Nordgebiet des alten Rheingletschers. 1968. 99 Seiten, 8 Figuren, 9 Tabellen, 7 Diagramme, 6 Abbildungen.
DM 9,80

Heft 20 Beiträge zu den Exkursionen anläßlich der DEUQUA-Tagung August 1968 in Biberach an der Riß. Zusammengestellt von Hans Graul. 1968. 124 Seiten, 11 Karten. 16 Figuren, 8 Diagramme und 1 Abbildung.
DM 12,—

Heft 21 Gerd Kohlhepp: Industriegeographie des nördlichen Santa Catarina (Südbrasilien). Ein Beitrag zur Geographie eines deutsch-brasilianischen Siedlungsgebietes. 1968. 402 Seiten, 31 Karten, 2 Figuren, 15 Tabellen und 11 Abbildungen.
vergriffen

Heft 22 Heinz Musall: Die Entwicklung der Kulturlandschaft der Rheinniederung zwischen Karlsruhe und Speyer vom Ende des 16. bis zum Ende des 19. Jahrhunderts. 1969. 274 Seiten, 55 Karten, 9 Tabellen und 3 Abbildungen
DM 24,—

Heft 23 Gerd R. Zimmermann: Die bäuerliche Kulturlandschaft in Südgalicien. Beitrag zur Geographie eines Übergangsgebietes auf der Iberischen Halbinsel. 1969. 224 Seiten, 20 Karten, 19 Tabellen, 8 Abbildungen.
DM 21,—

Heft 24 Fritz Fezer: Tiefenverwitterung circumalpiner Pleistozänschotter. 1969. 144 Seiten, 90 Figuren, 4 Abbildungen und 1 Tabelle. DM 16,—

Heft 25 Naji Abbas Ahmad: Die ländlichen Lebensformen und die Agrarentwicklung in Tripolitanien. 1969. 304 Seiten, 10 Karten und 5 Abbildungen.
DM 20,—

Heft 26 Ute Braun: Der Felsberg im Odenwald. Eine geomorphologische Monographie. 1969. 176 Seiten, 3 Karten, 14 Figuren, 4 Tabellen und 9 Abbildungen.
DM 15,—

Heft 27 Ernst Löffler: Untersuchungen zum eiszeitlichen und rezenten klimagenetischen Formenschatz in den Gebirgen Nordostanatoliens. 1970. 162 Seiten, 10 Figuren und 57 Abbildungen. DM 19,80

Heft 28 Hans-Jürgen Nitz: Formen der Landwirtschaft und ihre räumliche Ordnung in der oberen Gangesebene. IX, 193 S., 41 Abbildungen, 21 Tabellen, 8 Farbtafeln. Wiesbaden: Franz Steiner Verlag 1974. vergriffen

Heft 29 Wilfried Heller: Der Fremdenverkehr im Salzkammergut – eine Studie aus geographischer Sicht. 1970. 224 S., 15 Karten, 34 Tabellen.
DM 32,—

Heft 30 Horst Eichler: Das präwürmzeitliche Pleistozän zwischen Riss und oberer Rottum. Ein Beitrag zur Stratigraphie des nordöstlichen Rheingletschergebietes. 1970. 144 Seiten, 5 Karten, 2 Profile, 10 Figuren, 4 Tabellen und 4 Abbildungen.
DM 14,—

Heft 31 Dietrich M. Zimmer: Die Industrialisierung der Bluegrass Region von Kentucky. 1970. 196 Seiten, 16 Karten, 5 Figuren, 45 Tabellen und 11 Abbildungen.
DM 21,50

Sämtliche Hefte sind über das Geographische Institut der Universität Heidelberg zu beziehen.

HEIDELBERGER GEOGRAPHISCHE ARBEITEN

Heft 32 Arnold Scheuerbrandt: Südwestdeutsche Stadttypen und Städtegruppen bis zum frühen 19. Jahrhundert. Ein Beitrag zur Kulturlandschaftsgeschichte und zur kulturräumlichen Gliederung des nördlichen Baden-Württemberg und seiner Nachbargebiete. 1972. 500 S., 22 Karten, 49 Figuren, 6 Tabellen   vergriffen

Heft 33 Jürgen Blenck: Die Insel Reichenau. Eine agrargeographische Untersuchung. 1971. 248 Seiten, 32 Diagramme, 22 Karten, 13 Abbildungen und 90 Tabellen.   DM 52,—

Heft 34 Beiträge zur Geographie Brasiliens. Von G. Glaser, G. Kohlhepp, R. Mousinho de Meis, M. Novaes Pinto und O. Valverde. 1971. 97 Seiten, 7 Karten, 12 Figuren, 8 Tabellen und 7 Abbildungen.   vergriffen

Heft 35 Brigitte Grohmann-Kerouach: Der Siedlungsraum der Ait Ouriaghel im östlichen Rif. 1971. 226 Seiten, 32 Karten, 16 Figuren und 17 Abbildungen.   DM 20,40

Heft 36 Symposium zur Agrargeographie anläßlich des 80. Geburtstages von Leo Waibel am 22.2.1968. 1971. 130 Seiten.   DM 11,50

Heft 37 Peter Sinn: Zur Stratigraphie und Paläogeographie des Präwürm im mittleren und südlichen Illergletscher-Vorland. 1972. XVI, 159 S., 5 Karten, 21 Figuren, 13 Abbildungen, 12 Längsprofile, 11 Tabellen.   DM 22,—

Heft 38 Sammlung quartärmorphologischer Studien I. Mit Beiträgen von K. Metzger, U. Herrmann, U. Kuhne, P. Imschweiler, H.-G. Prowald, M. Jauß †, P. Sinn, H.-J. Spitzner, D. Hiersemann, A. Zienert, R. Weinhardt, M. Geiger, H. Graul und H. Völk. 1973. 286 S., 13 Karten, 39 Figuren, 3 Skizzen, 31 Tabellen, 16 Abbildungen.   DM 31,—

Heft 39 Udo Kuhne: Zur Stratifizierung und Gliederung quartärer Akkumulationen aus dem Bièvre-Valloire, einschließlich der Schotterkörper zwischen St.-Rambert-d'Albon und der Enge von Vienne. 94 Seiten, 11 Karten, 2 Profile, 6 Abbildungen, 15 Figuren und 5 Tabellen (mit englischem summary und französischem résumé). 1974.   DM 24,—

Heft 40 Hans Graul-Festschrift. Mit Beiträgen von W. Fricke, H. Karrasch, H. Kohl, U. Kuhne, M. Löscher u. M. Léger, L. Piffl, L. Scheuenpflug, P. Sinn, J. Werner, A. Zienert, H. Eichler, F. Fezer, M. Geiger, G. Meier-Hilbert, H. Bremer, K. Brunnacker, H. Dongus, A. Kessler, W. Klaer, K. Metzger, H. Völk, F. Weidenbach, U. Ewald, H. Musall u. A. Scheuerbrandt, G. Pfeifer, J. Blenck, G. Glaser, G. Kohlhepp, H.-J. Nitz, G. Zimmermann, W. Heller, W. Mikus. 1974. 504 Seiten, 45 Karten, 59 Figuren und 30 Abbildungen.   DM 44,—

Heft 41 Gerd Kohlhepp: Agrarkolonisation in Nord-Paraná. Wirtschafts- und sozialgeographische Entwicklungsprozesse einer randtropischen Pionierzone Brasiliens unter dem Einfluß des Kaffeeanbaus. Wiesbaden: Franz Steiner Verlag 1974.   DM 94,—

Heft 42 Werner Fricke, Anneliese Illner und Marianne Fricke: Schrifttum zur Regionalplanung und Raumstruktur des Oberrheingebietes. 1974. 93 Seiten   DM 10,—

Heft 43 Horst Georg Reinhold: Citruswirtschaft in Israel. 1975. 307 S., 7 Karten, 7 Figuren, 8 Abbildungen, 25 Tabellen.   DM 30,—

Sämtliche Hefte sind über das Geographische Institut der Universität Heidelberg zu beziehen.

HEIDELBERGER GEOGRAPHISCHE ARBEITEN

Heft 44 Jürgen Strassel: Semiotische Aspekte der geographischen Erklärung. Gedanken zur Fixierung eines metatheoretischen Problems in der Geographie. 1975. 244 S. DM 30,—

Heft 45 M. Löscher: Die präwürmzeitlichen Schotterablagerungen in der nördlichen Iller-Lech-Platte. 1976. XI, 157 S., 4 Karten, 11 Längs- und Querprofile, 26 Figuren, 3 Tabellen, 8 Abbildungen. DM 30,—

Heft 46 Heidelberg und der Rhein-Neckar-Raum. Sammlung sozial- und stadtgeographischer Studien. Mit Beiträgen von B. Berken, W. Fricke, W. Gaebe, E. Gormsen, R. Heinzmann, A. Krüger, C. Mahn, H. Musall, T. Neubauer, C. Rösel, A. Scheuerbrandt, B. Uhl und H.-O. Waldt. 1981. 335 S. DM 36,—

Heft 47 Fritz Fezer und R. Seitz (Herausg.): Klimatologische Untersuchungen im Rhein-Neckar-Raum. Mit Beiträgen von H. Eichler, F. Fezer, B. Friese, M. Geiger, R. Hille, K. Jasinski, R. Leska, B. Oehmann, D. Sattler, A. Schorb, R. Seitz, G. Vogt und R. Zimmermann. 1978. 243 S., 111 Abbildungen, 11 Tabellen. DM 31,—

Heft 48 G. Höfle: Das Londoner Stadthaus, seine Entwicklung in Grundriß, Aufriß und Funktion. 1977. 232 S., 5 Karten, 50 Figuren, 6 Tabellen und 26 Abbildungen. DM 34,—

Heft 49 Sammlung quartärmorphologischer Studien II. Mit Beiträgen von W. Essig, H. Graul, W. König, M. Löscher, K. Rögner, L. Scheuenpflug, A. Zienert u. a. 1979. 226 S. DM 35,—

Heft 50 Hans Graul: Geomorphologischer Exkursionsführer für den Odenwald. 1977. 212 S., 40 Figuren und 14 Tabellen. DM 19,80

Heft 51 F. Ammann: Analyse der Nachfrageseite der motorisierten Naherholung im Rhein-Neckar-Raum. 1978. 163 S., 22 Karten, 6 Abbildungen, 5 Figuren und 46 Tabellen. DM 31,—

Heft 52 Werner Fricke: Cattle Husbandry in Nigeria. A study of its ecological conditions and social-geographical differentiations. 1979. 328 S., 33 Maps, 20 Figures, 52 Tables, and 47 Plates. DM 42,—

Heft 53 Adolf Zienert: Klima-, Boden- und Vegetationszonen der Erde. Eine Einführung. 1979. 34 Abb., 9 Tab. DM 21,—

Heft 54 Reinhard Henkel: Central Places in Western Kenya. A comparative regional study using quantitative methods. 1979. 274 S., 53 Maps, 40 Figures, and 63 Tables. DM 38,—

Heft 55 Hans-Jürgen Speichert: Gras-Ellenbach, Hammelbach, Litzelbach, Scharbach, Wahlen. Die Entwicklung ausgewählter Fremdenverkehrsorte im Odenwald. 1979. 184 S., 8 Karten, 97 Tabellen. DM 31,—

Heft 56 Wolfgang-Albert Flügel: Untersuchungen zum Problem des Interflow. Messungen der Bodenfeuchte, der Hangwasserbewegung, der Grundwassererneuerung und des Abflußverhaltens der Elsenz im Versuchsgebiet Hollmuth/Kleiner Odenwald. 1979. 170 S., 3 Karten, 27 Figuren, 12 Abbildungen, 60 Tabellen. DM 29,—

Heft 57 Werner Mikus: Industrielle Verbundsysteme. Studien zur räumlichen Organisation der Industrie am Beispiel von Mehrwerksunternehmen in Südwestdeutschland, der Schweiz und Oberitalien. Unter Mitarbeit von G. Kost, G. Lamche und H. Musall. 1979. 173 S., 42 Figuren, 45 Tabellen.
vergriffen

Sämtliche Hefte sind über das Geographische Institut der Universität Heidelberg zu beziehen.

HEIDELBERGER GEOGRAPHISCHE ARBEITEN

Heft 58 Hellmut R. Völk: Quartäre Reliefentwicklung in Südostspanien. Eine stratigraphische, sedimentologische und bodenkundliche Studie zur klimamorphologischen Entwicklung des mediterranen Quartärs im Becken von Vera. 1979. 143 S., 1 Karte, 11 Figuren, 11 Tabellen und 28 Abb.
DM 28,—

Heft 59 Christa Mahn: Periodische Märkte und zentrale Orte – Raumstrukturen und Verflechtungsbereiche in Nord-Ghana. 1980. 197 S., 20 Karten, 22 Figuren und 50 Tabellen.   DM 28,—

Heft 60 Wolfgang Herden: Die rezente Bevölkerungs- und Bausubstanzentwicklung des westlichen Rhein-Neckar-Raumes. Eine quantitative und qualitative Analyse. 1983. 229 S., 27 Karten, 43 Figuren und 34 Tabellen.
DM 39,—

Heft 61 Traute Neubauer: Der Suburbanisierungsprozeß an der Nördlichen Badischen Bergstraße. 1979. 252 S., 29 Karten, 23 Figuren, 89 Tabellen.
DM 35,—

Heft 62 Gudrun Schultz: Die nördliche Ortenau. Bevölkerung, Wirtschaft und Siedlung unter dem Einfluß der Industrialisierung in Baden. 1982. 350 S., 96 Tabellen, 12 Figuren und 43 Karten.   DM 35,—

Heft 63 Roland Vetter: Alt-Eberbach 1800–1975. Entwicklung der Bausubstanz und der Bevölkerung im Übergang von der vorindustriellen Gewerbestadt zum heutigen Kerngebiet Eberbachs. 1981. 496 S., 73 Karten, 38 Figuren und 101 Tabellen.   DM 48,—

Heft 64 Jochen Schröder: Veränderungen in der Agrar- und Sozialstruktur im mittleren Nordengland seit dem Landwirtschaftsgesetz von 1947. Ein Beitrag zur regionalen Agrargeographie Großbritanniens, dargestellt anhand eines W-E-Profils von der Irischen See zur Nordsee. 1983. 206 S., 14 Karten, 9 Figuren, 21 Abbildungen und 39 Tabellen.   DM 36,—

Heft 65 Fränzle et al.: Legendenentwurf für die geomorphologische Karte 1:100.000 (GMK 100). 1979. 18 S.   DM 3,—

Heft 66 Interflow · Oberflächenabfluß · Grundwasser. Hydrologische und hydrochemische Messungen und Arbeiten auf dem Versuchsfeld Hollmuth/Elsenz im Kleinen Odenwald (in Vorbereitung)

Heft 67 German Müller et al.: Verteilungsmuster von Schwermetallen in einem ländlichen Raum am Beispiel der Elsenz (Nordbaden) (In Vorbereitung)

Heft 68 Robert König: Die Wohnflächenbestände der Gemeinden der Vorderpfalz. Bestandsaufnahme, Typisierung und zeitliche Begrenzung der Flächenverfügbarkeit raumfordernder Wohnfunktionsprozesse. 1980. 226 S., 46 Karten, 16 Figuren, 17 Tabellen und 7 Tafeln.   DM 32,—

Heft 69 Dietrich Barsch und Lorenz King (Hrsg.): Ergebnisse der Heidelberg-Ellesmere Island-Expedition. Mit Beiträgen von D. Barsch, H. Eichler, W.-A. Flügel, G. Hell, L. King, R. Mäusbacher und H. R. Völk. 573 S., 203 Abbildungen, 92 Tabellen und 2 Karten als Beilage. DM 70,—

Heft 70 Erläuterungen zur Siedlungskarte Ostafrika (Blatt Lake Victoria). Mit Beiträgen von W. Fricke, R. Henkel und Chr. Mahn. (In Vorbereitung)

Sämtliche Hefte sind über das Geographische Institut der Universität Heidelberg zu beziehen.

HEIDELBERGER GEOGRAPHISCHE ARBEITEN

Heft 71 Stand der grenzüberschreitenden Raumordnung am Oberrhein. Kolloquium zwischen Politikern, Wissenschaftlern und Praktikern über Sach- und Organisationsprobleme bei der Einrichtung einer grenzüberschreitenden Raumordnung im Oberrheingebiet und Fallstudie: Straßburg und Kehl. 1981. 116 Seiten, 13 Abbildungen. DM 15,—

Heft 72 Adolf Zienert: Die witterungsklimatische Gliederung der Kontinente und Ozeane. 1981. 20 Seiten, 3 Abbildungen; mit farbiger Karte 1:50 Mill.
DM 12,—

Heft 73 American-German International Seminar. Geography and Regional Policy: Resource Management by Complex Political Systems. Editors: John S. Adams, Werner Fricke and Wolfgang Herden. 387 P., 23 Maps, 47 Figures and 45 Tables. DM 50,—

Heft 74 Ulrich Wagner: Tauberbischofsheim und Bad Mergentheim. Eine Analyse der Raumbeziehungen zweier Städte in der frühen Neuzeit (In Vorbereitung)

Heft 75 Kurt Hiehle-Festschrift. Mit Beiträgen von U. Gerdes, K. Goppold, E. Gormsen, U. Henrich, W. Lehmann, K. Lüll, R. Möhn, C. Niemeitz, D. Schmidt-Vogt, M. Schumacher und H.-J. Weiland. 1982. 256 Seiten, 37 Karten, 51 Figuren, 32 Tabellen und 4 Abbildungen. DM 25,—

Heft 76 Lorenz King: Permafrost in Skandinavien (In Vorbereitung)

Heft 77 Ulrike Sailer: Untersuchungen zur Bedeutung der Flurbereinigung für agrarstrukturelle Veränderungen – dargestellt am Beispiel des Kraichgaus. 1984. 308 S., 36 Karten, 58 Figuren und 116 Tabellen. DM 44,—

Sämtliche Hefte sind über das Geographische Institut der Universität Heidelberg zu beziehen.